目　　录

历年真题及押题模拟试卷

参考答案及解析

图书在版编目(CIP)数据

建设工程项目管理历年真题・押题模拟/全国一级建造师执业资格考试命题研究中心主编.—南京：东南大学出版社，2014.10

全国一级建造师执业资格考试专业辅导用书

ISBN 978-7-5641-5275-8

Ⅰ.①建… Ⅱ.①全… Ⅲ.①基本建设项目—项目管理—建筑师—资格考试—自学参考资料 Ⅳ.①F284-44

中国版本图书馆 CIP 数据核字(2014)第 249065 号

建设工程项目管理　历年真题・押题模拟

出版发行：东南大学出版社
社　　址：南京四牌楼 2 号　邮编：210096
出 版 人：江建中
经　　销：全国各地新华书店
印　　刷：三河市华润印刷有限公司
开　　本：787mm×1092mm　1/16
印　　张：12
字　　数：336 千字
版　　次：2014 年 10 月第 1 版
印　　次：2017 年 10 月第 5 次印刷
书　　号：ISBN 978-7-5641-5275-8
定　　价：30.00 元

环球书业
Huanqiushuye

2018年 用 | 通 |
全国一级建造师执业资格考

JIANSHE GONGCHENG XIANGMU

建设工程项目管

历年真题 · 押题模拟

全国一级建造师执业资格考试命题研究中心

环球网校建造师考试研究院

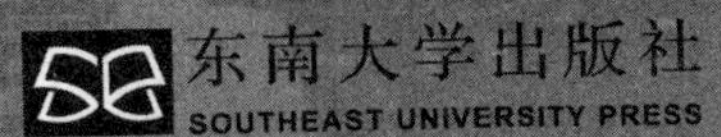

东南大学出版社
SOUTHEAST UNIVERSITY PRESS

Qian Yan 前 言

级建造师是一种建筑类的执业资格，是担任大中型工程施工项件。取得建造师执业资格证书并经过注册登记后，即获得一级注册后的建造师方可受聘执业。一级建造师执业资格考试由共同组织实施，原则上每年举行一次考试。

分《建设工程法规及相关知识》《建设工程项目管理》《建设工程管理与实务》《市政公用工程管理与实务》《机电工程管理程管理与实务》《水利水电工程管理与实务》《铁路工程管理广电工程管理与实务》十个科目，可供参加全国一级建造师考生复习使用。

点如下：

指点技巧，专家引导。对近年来的真题进行详细讲解，向考生和难点，总结历年考试的命题规律，使考生能深刻领会命题人助考生获得专家般的点拨。

把握趋势，突破无忧。在真题详解的基础上，试卷编委会又精训性质的押题模拟试卷，力图通过对考点的精准把握帮助考生，巩固强化知识点，增强实战经验。

名师讲解，快速提高。针对部分考试重难点，试卷中配以环球微课，考生通过扫码听课，可以在老师的带领下把握做题的思过命题人的“坑”，使备考达到事半功倍的效果。

足、水平有限，书中难免有疏漏和不当之处，恳请广大读者批

全国一级建造师执业资格考试命题研究中心

目　录

历年真题及押题模拟试卷

参考答案及解析

全国一级建造师执业资格考试

2017 年《建设工程项目管理》真题

（考试时间 180 分钟　满分 130 分）

一、单项选择题（共 70 题，每题 1 分。每题的备选项中，只有 1 个最符合题意）

1. 在解决国际工程承包合同争议的时候，应该首选（　　）方式。

A. 仲裁　　B. DAB

C. DRB　　D. 协商

2. 施工过程中，工程师下令暂停部分工程，而暂停的起因并非承包商违约或其他意外风险，承包商向业主提出索赔，则（　　）。

A. 工期和费用索赔均能成立　　B. 工期和费用索赔均不能成立

C. 工期索赔成立、费用索赔不能成立　　D. 工期索赔不能成立、费用索赔能成立

3. 根据《建筑施工场界环境噪声排放标准》（GB 12523—2011），打桩机在昼间施工噪声排放限值是（　　）dB（A）。

A. 55　　B. 60　　C. 65　　D. 70

4. 根据《工程网络计划技术规程》（JGJ/T 121—2015），直接法绘制时标网络计划的第一步工作是（　　）。

A. 将起点节点定位在时标计划表的起始刻度线上

B. 绘制标时网络计划

C. 计算各工作的最早时间

D. 确定各节点的位置号

5. 根据《工程网络计划技术规程》（JGJ/T 121—2015），网络图存在的绘图错误是（　　）。

A. 编号相同的工作

B. 多个起点节点

C. 相同的节点编号

D. 无箭尾节点的箭线

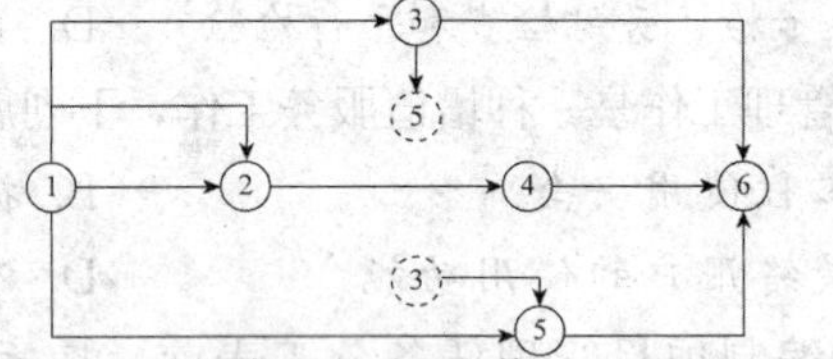

6. 某房屋建筑拆除工程施工中，发生倒塌事故，造成 12 人重伤、6 人死亡，根据《企业职工伤亡事故分类标准》，该事故属于（　　）。

A. 较大事故　　B. 特大伤亡事故

C. 重大事故　　D. 重大伤亡事故

7. 工程建设过程中，对施工场界范围内的污染防治属于（　　）。

A. 现场文明施工问题　　B. 环境保护问题

C. 职业健康安全问题　　D. 安全生产问题

8. 关于工程变更的说法，正确的是（　　）。

A. 合同实施中，承包人应就合同范围内的业主变更先提出补偿要求

B. 工程变更的索赔有效期一般为 7 天，不超过 14 天

C. 工程变更的补偿范围越大，承包人的风险越大

D. 工程变更索赔期越短，对承包人越有利

9. 编制安全技术措施计划包括以下工作：①工作活动分类；②风险评价；③危险源识别；④制定安全技术措施计划；⑤评价安全技术措施计划的充分性；⑥风险确定。正确的编制步骤是（　　）。

A. ①—②—③—④—⑤—⑥　　B. ③—①—②—⑥—④—⑤

C. ①—③—⑥—②—⑤—④　　D. ①—③—⑥—②—④—⑤

10. 根据《中华人民共和国建筑法》，工程监理人员发现工程设计不符合建筑工程质量标准或者合同约定的质量要求的，应当报告（　　）要求设计单位改正。

A. 总监理工程师　　B. 专业监理工程师

C. 质量监督站　　D. 建设单位

11. 建设工程生产安全事故应急预案的管理包括应急预案的（　　）。

A. 评审、备案、实施和奖惩　　B. 制订、评审、备案和实施

D. 评审、备案、实施和落实　　C. 制订、备案、实施和奖惩

12. 下列建设工程项目总进度目标论证的工作中，属于项目结构分析的是（　　）。

A. 将项目进行逐层分解　　B. 了解和调查项目的总体部署

C. 对每一个工作项进行编码　　D. 调查项目实施的主客观条件

13. 关于建设工程项目施工质量验收的说法，正确的是（　　）。

A. 分项工程、分部工程应由专业监理工程师组织验收

B. 分部工程的质量验收在分项工程验收的基础上进行

C. 分项工程是工程验收的最小单元

D. 分部工程所含全部分项工程质量验收合格，即可认为该分部工程验收合格

14. 物资采购管理程序中，完成编制采购计划后下一步应进行的工作是（　　）。

A. 进行采购合同谈判，签订采购合同

B. 选择材料设备的采购单位

C. 进行市场调查，选择合格的产品供应单位并建立名录

D. 明确采购产品的基本要求、采购分工和有关责任

15. 关于建设工程现场宿舍管理的说法，正确的是（　　）。

A. 每间宿舍居住人员不得超过 16 人　　B. 室内净高不得小于 2.2m

C. 通道宽度不得小于 0.8m　　D. 不宜使用通铺

16. 某工程双代号网络计划如下图，其计算工期是（　　）天。

A. 11

B. 13

C. 15

D. 22

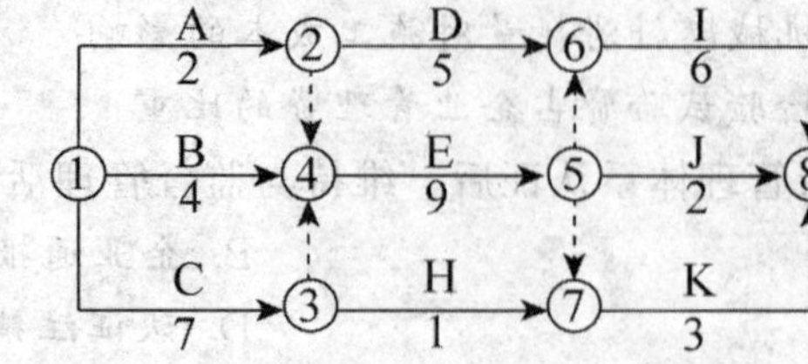

17. 关于施工成本分析依据的说法，正确的是（　　）。
A. 统计核算可以用货币计算
B. 业务核算主要是价值核算
C. 统计核算的计量尺度比会计核算窄
D. 会计核算可以对尚未发生的经济活动进行核算

18. 编制实施性成本计划的主要依据是（　　）。
A. 施工图预算　B. 投资估算　C. 施工预算　D. 设计概算

19. 下列工程质量事故中，可由事故发生单位组织事故调查组的是（　　）。
A. 2人以下死亡，100万元～500万元的直接经济损失
B. 5人以下重伤、100万元～500万元的直接经济损失
C. 未造成人员伤亡，1 000万元～5 000万元的直接经济损失
D. 未造成人员伤亡，100万元～1 000万元的直接经济损失

20. 项目质量控制体系得以运行的基础条件是（　　）。
A. 项目合同结构合理　B. 组织制度健全
C. 人员和资源合理配置　D. 程序性文件规范

21. 某工作间逻辑关系如右图，则正确的是（　　）。
A. A、B均完成后同时进行C、D
B. A、B均完成后进行D
C. A、B、C均完成后同时进行D、E
D. B、C均完成后进行E

22. 根据《建设工程项目管理规范》（GB/T 50326—2006）条文风险等级划分的说明，右图中风险区A的风险等级为（　　）等风险。
A. 1
B. 3
C. 5
D. 7

23. 某工程基础包含开挖基槽、浇筑混凝土垫层，砌筑砖基础三项工作，分三个施工段组织流水施工，每项工作均由一个专业班组施工，各工作在各施工段上的流水节拍分别是4天、1天和2天，混凝土垫层和砖基础之间有1天的技术间歇。在保证各专业班组连续施工的情况下，完成该基础施工的工期是（　　）天。
A. 8　B. 12　C. 18　D. 22

24. 下列成本项目的分析中，属于材料费分析的是（　　）。
A. 分析材料节约奖对劳务分包合同的影响
B. 分析材料储备天数对材料储备金的影响
C. 分析施工机械燃料消耗量对施工成本的影响
D. 分析材料检验试验费占企业管理费的比重

25. 企业获准质量管理体系认证后，维持与监督管理活动中的自愿行为是（　　）。
A. 监督检查　B. 企业通报
C. 认证暂停　D. 认证注销

26. 根据《建筑施工组织设计规范》（GB/T 50502—2009），“合理安排施工顺序”属于施工组织设计中（　　）的内容。
A. 施工部署和施工方案　B. 施工进度计划
C. 施工平面图　D. 施工准备工作计划

27. 下列工程项目管理工作中，属于信息管理部门工作任务的是（　　）。
A. 工程质量管理　B. 工程安全管理
C. 工程档案管理　D. 工程进度管理

28. 某项目在进行资金成本分析时，其计算期实际工程款收入为220万元，计算期实际成本支出为119万元，计划工期成本为150万元，则该项目成本支出率为（　　）。
A. 30.69%　B. 54.09%　C. 68.18%　D. 79.33%

29. 根据《建设工程项目管理规范》（GB/T 50326—2006），项目管理规划大纲的编制工作包括：①收集项目的有关资料和信息；②明确项目目标；③确定项目管理组织模式；④明确项目管理内容；⑤编制项目目标计划；⑥报送审批；⑦分析项目环境和条件。正确的编制程序是（　　）。
A. ①—②—⑦—④—③—⑤—⑥　B. ①—②—⑦—⑤—③—④—⑥
C. ②—⑦—①—③—④—⑤—⑥　D. ②—①—⑦—④—⑤—③—⑥

30. 关于施工总承包模式特点的说法，正确的是（　　）。
A. 招标和合同管理工作量大　B. 业主组织与协调的工作量大
C. 分包合同价对业主是透明的　D. 开工前就有较明确的合同价

31. 编制设计任务书是项目（　　）阶段的工作。
A. 设计准备　B. 决策　C. 设计　D. 施工

32. 关于成本加酬金合同的说法，正确的是（　　）。
A. 成本加固定费用合同是指在工程直接费中加一定比例的报酬费
B. 最大成本加费用合同是指承包商报一个工程成本总价和一个固定的酬金
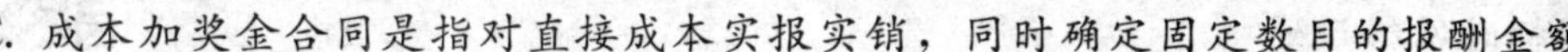
C. 成本加奖金合同是指对直接成本实报实销，同时确定固定数目的报酬金额
D. 成本加固定比例费用合同是指按成本估算的60%～75%作为酬金计算的基数

33. 施工单位内部的施工作业质量检查包括（　　）。
A. 自检、互检和旁站检查　B. 自检、专检和平行检验
C. 自检、专检、旁站检查和平行检验　D. 自检、互检、专检和交接检查

34. 建设工程管理工作是一种增值服务工作，下列属于工程建设增值的是（　　）。
A. 确保工程使用安全　B. 提高工程质量
C. 满足最终用户的使用功能　D. 有利于工程维护

35. 施工单位编制项目管理任务分工表前，应完成的工作是（　　）。
A. 明确各项管理工作的流程　B. 详细分解项目实施各阶段的工作
C. 落实各工作部门的具体人员　D. 检查各项管理工作的执行情况

36. 绘制时间—成本累积曲线的环节有：①计算单位时间成本；②确定工程项目进度计划；③计算计划累计支出的成本额；④绘制S形曲线。正确的绘制步骤是（　　）。

A. ①—②—③—④　B. ②—①—③—④
C. ①—③—②—④　D. ②—③—④—①

37. 下列策划内容中，属于建设工程项目实施阶段策划的是（　　）。

A. 编制项目实施期合同结构总体方案　　B. 确立项目实施期管理总体方案

C. 确定关键技术分析和论证　　D. 进行项目目标的分析和再论证

38. 下列财产损失和人身伤害事件中，属于第三者责任险赔偿范围的是（　　）。

A. 项目承包商在施工工地的财产损失

B. 项目承包商职工在施工工地的人身伤害

C. 项目法人外聘员工在施工工地的人身伤害

D. 项目法人、承包商以外的第三人因施工原因造成的财产损失

39. 关于建设工程项目施工成本控制的说法，正确的是（　　）。

A. 施工成本管理体系由社会有关组织进行评审和认证

B. 管理行为控制程序是进行成本过程控制的重点

C. 施工成本控制可分为事先控制、过程控制和事后控制

D. 管理行为控制程序和指标控制程序是相互独立的

40. 某工程项目的赢得值曲线如下图，关于项目偏差原因分析与纠偏措施的说法，正确的是（　　）。

费用

BCWP

ACWP

BCWS

时间

A. 效率高，进度较慢，投入延后　　B. 效率较高，进度较快，投入超前

C. 抽出部分人员，放慢进度　　D. 增加人员投入，加快进度

41. 在施工成本的过程控制中，需进行包干控制的材料是（　　）。

A. 钢钉　　B. 水泥

C. 钢筋　　D. 石子

42. 建设工程项目进度控制的措施中，“定义项目进度计划系统的组成”属于（　　）措施。

A. 管理　　B. 经济　　C. 组织　　D. 技术

43. 下列合同实施偏差处理措施中，属于合同措施的是（　　）。

A. 变更技术方案　　B. 采取索赔手段

C. 调整工作流程　　D. 增加经济投入

44. 下列质量风险对策中，属“减轻”对策的是（　　）。

A. 设立质量事故风险基金　　B. 正确进行项目规划选址

C. 依法实行联合体承包　　D. 制定并落实施工质量保证措施

45. 质量管理中，运用排列图法可以（　　）。

A. 划分调查分析的类别和层次　　B. 描述质量问题的原因分析统计数据

C. 确定质量问题的原因层次　　D. 掌握质量能力状态

46. 某住宅小区施工前，施工项目管理机构对项目分析后形成结果如下图，该图是（　　）。

A. 组织结构图

B. 项目结构图

C. 工作流程图

D. 合同结构图

某住宅小区工程

一期工程　二期工程　三期工程

8#住宅楼　9#住宅楼　10#住宅楼

47. 根据《质量管理体系基础和术语》（GB/T 19000—2008/ISO 9000：2005），“凡工程产品没有满足某个与预期或规定用途有关的要求”称为（　　）。

A. 质量问题　　B. 质量事故

C. 质量不合格　　D. 质量缺陷

48. 某工程项目总价值为 1 000 万元，合同工期为 18 个月，现因建设条件发生变化需增加额外工程费用 500 万元，则承包方可提出的工期索赔为（　　）个月。

A. 27　　B. 24

C. 9　　D. 6

49. 预警信号一般采用国际通用的颜色表示不同的安全状况，Ⅲ级预警用（　　）。

A. 红色　　B. 橙色　　C. 黄色　　D. 蓝色

50. 关于住宅工程分户验收的说法，正确的是（　　）。

A. 分户验收应在住宅工程竣工验收合格后进行

B. 《住宅工程质量分户验收表》要作为《住宅质量保证书》的附件一同交给住户

C. 《住宅工程质量分户验收表》需要建设单位和设计单位项目负责人分别签字

D. 分户验收的内容不包括建筑节能工程质量的验收

51. 根据《建设工程质量管理条例》，对国家重大技术改造项目实施监督检查的部门是（　　）。

A. 经济贸易主管部门　　B. 建设行政主管部门

C. 发展计划部门　　D. 环境保护部门

52. 根据《中华人民共和国建筑法》和《建设工程质量管理条例》，设计单位的质量责任和义务是（　　）。

A. 按设计要求检验商品混凝土质量　　B. 将施工图设计文件上报有关部门审查

C. 向施工单位提供设计原始资料　　D. 参与建设工程质量事故分析

53. 为确保安全，对设备的运转和零件的状况定时进行检查，发现损伤立即更换，决不能“带病”作业，此项工作属于（　　）。

A. 全面安全检查　　B. 要害部门重点安全检查

C. 经常性安全检查　　D. 专项安全检查

54. 根据《建设工程监理合同（示范文本）》（GF—2012—0202），关于监理人职责的说法，正确的是（　　）。

A. 委托人与承包人之间发生合同争议时，监理人应代表委托人进行处理

B. 在任何情况下，监理人的指令都必须经委托人批准后方可发出

C. 委托人与承包人合同争议提交仲裁机构时，监理人应提供必要的证明资料

D. 监理人发现承包人的人员不能胜任本职工作时，无权要求承包人予以调换

55. 关于单价合同中承包商风险的说法，正确的是（　　）。

A. 单价合同中承包商存在工程量方面的风险

B. 固定单价合同条件下，承包商存在通货膨胀带来的单价上涨的风险

C. 单价合同中承包商存在投标总价过低方面的风险

D. 变动单价合同下，承包商存在通货膨胀带来的单价上涨的风险

56. 施工单位在工程开工前编制的测量控制方案，需经（　　）批准后方可实施。

A. 项目技术负责人　　B. 项目经理

C. 总监理工程师　　D. 项目质量工程师

57. 某项目部按施工总进度计划、主体工程施工计划、钢筋工程施工计划，构建了承包项目的进度计划系统，则该进度计划系统是按不同（　　）组成的计划系统。

A. 计划功能　　B. 项目参与方

C. 计划深度　　D. 计划周期

58. 某双代号时标网络计划如下图，工作 G 的最迟开始时间是第（　　）天。

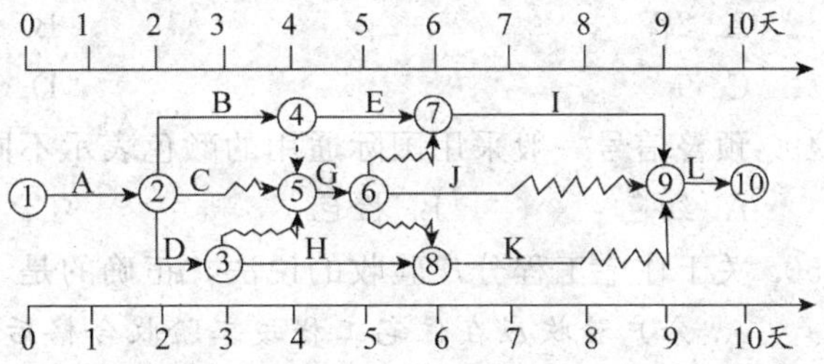

A. 4

B. 5

C. 6

D. 7

59. 对于依法批准开工报告的建设工程，建设单位应当自开工报告批准之日起（　　）日内将保证安全施工的措施报送工程所在地相关部门备案。

A. 7　　B. 14　　C. 15　　D. 30

60. 关于施工承包合同中缺陷责任与保修的说法，正确的是（　　）。

A. 缺陷责任期自实际竣工日期起计算，最长不得超过 12 个月

B. 缺陷责任期届满，承包人仍应按合同约定的各部位保修年限承担保修义务

C. 因发包人原因导致工程无法按合同约定期限进行竣工验收的，缺陷责任期自竣工验收合格之日开始计算

D. 发包人未经竣工验收擅自使用工程的，缺陷责任期自承包人提交竣工验收申请报告之日开始计算

61. 美国建筑师学会（AIA）合同文件中，A 系列的合同类型主要是用于（　　）。

A. 业主与建筑师之间　　B. 建筑师与咨询机构之间

C. 业主与承包人之间　　D. 国际工程项目

62. 根据《建设工程施工劳务分包合同（示范文本）》（GF—2003—0214），合同中对固定劳动报酬可以约定调整的情况是（　　）。

A. 市场人工价格低于合同约定基准价格，按变化前后价格差予以调整

B. 工程量超出设计图纸范围导致劳务价格变化的，按变化前后价格差予以调整

C. 施工工时超出原施工要求导致劳务价格变化的，按变化前后价格差予以调整

D. 法律及政策变化导致劳务价格变化的，按变化前后价格差予以调整

63. 某单代号网络计划如下图，工作 A、D 之间的时间间隔是（　　）天。

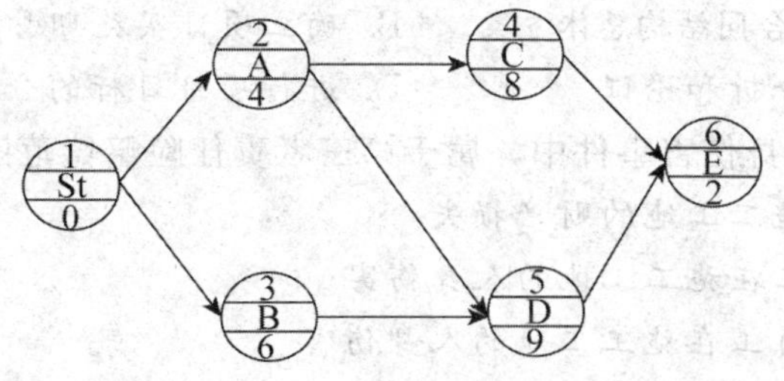

A. 0　　B. 1　　C. 2　　D. 3

64. 关于工程合同风险分配的说法，正确的是（　　）。

A. 业主、承包商谁能更有效地降低风险损失，则应由谁承担相应的风险责任

B. 承包商在工程合同风险分配中起主导作用

C. 业主、承包商谁承担管理风险的成本最高，则应由谁来承担相应的风险责任

D. 合同定义的风险没有发生，业主不用支付承包商投标中的不可预见风险费

65. 某工程项目截至 8 月末的有关费用数据为：*BCWP* 为 980 万元，*BCWS* 为 820 万元，*ACWP* 为 1 050 万元，则其 *SV* 为（　　）万元。

A. −160　　B. 160　　C. 70　　D. −70

66. 关于建设工程项目施工成本管理责任体系的说法，正确的是（　　）。

A. 项目经理部的成本管理体现效益中心的管理职能

B. 项目经理部的成本管理贯穿于单位投标和实施、结算过程

C. 项目经理部的成本管理除生产成本以外，还包括经营管理费用

D. 成本管理责任体系包括公司层和项目经理部的成本管理

67. 应用动态控制原理进行建设工程项目投资控制时，相对于工程合同价，投资的计划值是（　　）。

A. 工程预算　　B. 施工预算

C. 工程进度款　　D. 工程决算

68. 关于施工企业劳动用工管理的说法，正确的是（　　）。

A. 作业人员变更后的 14 个工作日内，在当地建筑业企业信息管理系统中变更

B. 施工企业与劳动者按相关规定可以订立口头劳动合同

C. 劳动合同一式两份，双方当事人各持一份

D. 施工企业不得允许未与企业签订劳动合同的劳动者从事施工活动

69. 关于投标文件的说法，正确的是（　　）。

A. 通常投标文件中需要提交投标担保

B. 投标文件在对招标文件的实质性要求作出响应后，可另外提出新的要求

C. 投标书只需要盖有投标企业公章或企业法定代表人名章

D. 投标书可由项目所在地的企业项目经理部组织投标，不需授权委托书

70. 建筑施工企业因暂时生产经营困难无法按劳动合同约定的日期支付工资的，应当向劳动者说明情况，并与工会或职工代表协商一致后，可以延期支付工资，但最长不得超过（　　）天。

A. 7　　B. 10　　C. 15　　D. 30

二、**多项选择题**（共 30 题，每题 2 分。每题的备选项中，有 2 个或 2 个以上符合题意，至少有 1 个错项。错选，本题不得分；少选，所选的每个选项得 0.5 分）

71. 关于施工分包单位管理责任主体的说法，正确的有（　　）。

扫码听课

A. 分包单位的选择可由业主指定，也可在业主同意下由总承包单位自主选择
B. 分包合同由业主签订的，分包单位的管理责任由业主承担
C. 分包合同由总承包单位签订的，分包单位的管理责任由总承包单位承担
D. 施工总承包单位不需承担分包单位施工的安全责任
E. 对施工分包单位进行管理的第一责任主体是业主

72. 在项目实施阶段，项目总进度应包括（　　）。

A. 项目建议书编制进度　　B. 设计工作进度
C. 招标工作进度　　D. 项目投产运行工作进度
E. 工程施工和设备安装进度

73. 某工程网络计划中，工作 N 的自由时差为 5 天，计划执行过程中检查发现，工作 N 的工作时间延后了 3 天，其他工作均正常，此时（　　）。

A. 工作 N 的总时差不变，自由时差减少 3 天
B. 总工期不会延长
C. 工作 N 的总时差减少 3 天
D. 工作 N 的最早完成时间推迟 3 天
E. 工作 N 将会影响紧后工作

74. 根据《建设工程安全生产管理条例》，下列专项施工方案应当组织专家进行论证的有（　　）。

A. 深基坑工程　　B. 地下暗挖工程
C. 脚手架工程　　D. 爆破工程
E. 高大模板工程

75. 工程质量验收时，设计单位项目负责人应参加验收的分部工程有（　　）。

A. 地基与基础　　B. 装饰装修
C. 主体结构　　D. 环境保护
E. 节能工程

76. 关于履约担保的说法，正确的有（　　）。

A. 履约担保是为保证正确、合理使用发包人支付的预付款而提供的担保
B. 履约担保有效期始于工程开工之日，终止日期可以约定在工程竣工交付之日
C. 银行履约保函担保金额通常为合同金额的 10%左右
D. 保留金由发包人从工程进度款中扣除，总额一般限制在工程总价款的 5%
E. 履约担保书由商业银行开具，金额在保证金的担保金额之内

77. 与施工总承包模式相比，施工总承包管理模式的优点有（　　）。

A. 整个建设项目合同总额的确定较有依据
B. 能为分包单位提供更好的管理和服务
C. 对业主方节约投资较为有利
D. 施工现场的总体管理与协调较为有利
E. 缩短建设周期，进度控制较为有利

78. 施工成本计划的编制方式有（　　）。

A. 按施工进度编制施工成本计划　　B. 按施工成本构成编制施工成本计划
C. 按施工质量编制施工成本计划　　D. 按施工合同编制施工成本计划
E. 按施工项目组成编制施工成本计划

79. 关于总价合同的说法，正确的有（　　）。

A. 当施工内容及有关条件未发生变化时，业主付给承包商的价款总额不变
B. 采用总价合同的前提是施工图设计完成，施工任务和范围比较明确
C. 总价合同中业主风险较大，承包人风险较小
D. 总价合同中可约定在发生设计变更时对合同价格进行调整
E. 总价合同在施工进度上能够调动承包人的积极性

80. 根据《中华人民共和国招标投标法实施条例》，招标人以不合理条件限制、排斥投标人的行为有（　　）。

A. 就同一招标项目向投标人提供有差别的项目信息
B. 就同一招标项目对投标人采取不同的资格审查标准
C. 招标项目以获得鲁班奖工程业绩作为加分条件
D. 招标项目指定特定的专利作为中标条件
E. 依照招标项目的总体特点设定专门的技术条件

81. 根据《建设项目工程总承包合同示范文本（试行）》（GF—2011—0216），承包人在技术和设计方面的工作和义务有（　　）。

A. 提供建筑设计总体布局、功能分区方案
B. 提供项目基础资料
C. 提供现场障碍资料
D. 组织设计阶段审查会议
E. 对工程的安全、环境保护、职业健康标准负责

82. 某双代号网络计划如下图（图中粗实线为关键工作），若计划工期等于计算工期，则自由时差一定等于总时差且不为零的工作有（　　）。

扫码听课

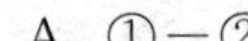
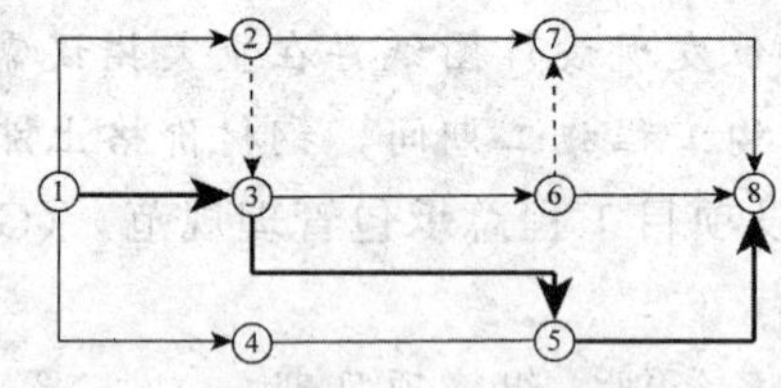

A. ①—②
B. ③—⑤
C. ②—⑦
D. ④—⑤
E. ⑥—⑧

83. 下列可能导致施工质量事故发生的原因中，属于管理原因的有（　　）。

A. 质量控制不严格　　B. 操作人员技术素质差
C. 地质勘察过于疏略　　D. 材料质量检验不严
E. 违章作业

84. 施工成本控制的主要依据包括（　　）。

A. 工程承包合同　　B. 施工成本计划
C. 施工图预算　　D. 进度报告
E. 工程变更

85. 下列建设工程项目进度控制的措施中，属于管理措施的有（　　）。

A. 重视信息技术在进度控制中的应用　B. 明确进度控制管理职能分工

C. 选择合理的工程物资采购模式　D. 编制资源需求计划

E. 采用工程网络计划实现进度控制科学化

86. 关于生产安全事故报告和调查处理原则的说法，正确的有（　　）。

A. 事故未整改到位不放过　B. 事故未及时报告不放过

C. 事故原因未查清不放过　D. 事故责任人和周围群众未受到教育不放过

E. 事故责任人未受到处理不放过

87. 专项成本分析中，工期成本分析一般采用的方法有（　　）。

A. 构成比率法　B. 成本盈亏异常分析

C. 比较法　D. 因素分析法

E. 成本支出率法

88. 建设工程项目施工准备阶段，建设监理工作的主要任务有（　　）。

A. 审查分包单位资质条件　B. 检查施工单位的试验室

C. 审查工程开工条件　D. 签署单位工程质量评定表

E. 审查施工单位提交的施工进度计划

89. 某工程工作逻辑关系如下表，C 工作的紧后工作有（　　）。

工作	A	B	C	D	E	F	G	H
紧前工作	—	—	A	A、B	C	B、C	D、E	C、F、G

A. 工作 H　B. 工作 G

C. 工作 F　D. 工作 E

E. 工作 D

90. 项目施工过程中，对施工组织设计进行修改或补充的情形有（　　）。

A. 设计单位应业主要求对楼梯部分进行局部修改

B. 某桥梁工程由于新规范的实施而需要重新调整施工工艺

C. 由于自然灾害导致施工资源的配置有重大变更

D. 施工单位发现设计图纸存在重大错误需要修改工程设计

E. 某钢结构工程施工期间，钢材价格上涨

91. 根据《建设项目工程总承包管理规范》(GB/T 50358—2005)，工程总承包项目管理的主要内容有（　　）。

A. 任命项目经理，组建项目部　B. 编制和报批项目可行性研究报告

C. 落实项目建设资金　D. 进行项目策划，编制项目计划

E. 实施项目运行管理

92. 在建设工程项目施工过程中，施工机具使用费的索赔款项包括（　　）。

A. 因监理工程师指令错误导致机械停工的窝工费

B. 因机械故障停工维修而导致的窝工费中

C. 非承包商责任导致工效降低增加的机械使用费

D. 由于完成额外工作增加的机械使用费

E. 因机械操作工患病停工而导致的机械窝工费

93. 根据《建设工程项目管理规范》(GB/T 50326—2006)，项目风险管理计划应包括（　　）。

A. 风险分类和风险排序要求　B. 可使用的风险管理方法、工具

C. 确定风险因素　D. 分析各种风险损失量

E. 收集风险信息

94. 下列施工成本管理的措施中，属于经济措施的有（　　）。

扫码听课

A. 对施工方案进行经济效果分析论证

B. 通过生产要素的动态管理控制实际成本

C. 抽检进场的工程材料、构配件质量

D. 对各种变更及时落实业主签证并结算工程款

E. 对施工成本管理目标进行风险分析并制定防范性对策

95. 根据《建设工程项目管理规范》(GB/T 50326—2006)，施工项目经理的职责有（　　）。

扫码听课

A. 进行授权范围内的利益分配　B. 对资源进行动态管理

C. 参与工程竣工验收　D. 确保项目建设资金的落实到位

E. 与建设单位签订承包合同

96. 在企业质量管理体系的运行中，开展内部质量审核活动的主要目的有（　　）。

A. 检查质量体系运行的信息　B. 评价质量管理程序的完善性

C. 为质量改进提供依据　D. 减少社会重复检验费用

E. 向外部审核单位提供体系有效的证据

97. 关于建筑材料采购合同中违约责任的说法，正确的有（　　）。

扫码听课

A. 供货方提前发运或交付的货物，采购方要按实际发运或交付时间付款

B. 供货方发生逾期交货，要按合同约定依据逾期交货部分货款总价计算违约金

C. 供货方部分交货，应按合同约定违约金比例乘不能交货部分货款计算违约金

D. 合同签订后采购方中途退货，应向供货方支付按退货货款总额计算的违约金

E. 合同签订后，采购方逾期付款，应按照合同约定支付逾期付款利息

98. 关于建设工程现场文明施工管理措施的说法，正确的有（　　）。

A. 项目安全负责人是施工现场文明施工的第一责任人

B. 沿工地四周连续设置围挡，市区主要路段的围挡高度不得低于 1.8m

C. 施工现场设置排水系统，泥浆、污水、废水有组织地排入下水道或排入河道

D. 施工现场必须实行封闭管理，严格执行外来人员进场登记制度

E. 现场必须有消防平面布置图，临时设施按消防条例有关规定搭设

99. 根据《建筑工程施工质量验收统一标准》(GB 50300—2013)，分项工程的划分依据有（　　）。

A. 工程部位　B. 工种　C. 材料　D. 施工工艺　E. 设备类别

100. 关于工程管理信息技术的说法，正确的有（　　）。

A. 管理信息系统可以实现项目各参与方的信息交流

B. 项目信息门户不同于项目管理信息系统

C. 项目管理信息系统主要用于企业人财物、产供销的管理

D. 项目管理信息系统有利于项目各参与方的信息交流和协同工作

E. 项目信息门户是项目各参与方共同使用、共同工作和互动的管理工具

参考答案及解析

2017年《建设工程项目管理》真题

一、单项选择题

1. D【解析】协商解决争议是最常见也是最有效的方式，也是应该首选的最基本的方式。
2. A【解析】因发包人原因引起的暂停施工，发包人应承担由此增加的费用和（或）延误的工期，并支付承包人合理的利润。
3. D【解析】建筑施工场界噪声排放限值昼间为70dB（A），夜间为55dB（A）。
4. A【解析】直接法绘制的步骤如下：①将起点节点定位在时标计划表的起始刻度线上；②按工作持续时间在时标计划表上绘制起点节点的外向箭线；③其他工作的开始节点必须在其所有紧前工作都绘出以后，定位在这些紧前工作最早完成时间最大值的时间刻度上，某些工作的箭线长度不足以到达该节点时，用波形线补足，箭头画在波形线与节点连接处；④用上述方法从左至右依次确定其他节点位置，直至网络计划终点节点定位，绘图完成。
5. A【解析】网络图中不允许出现重复工作，而①－②工作有两个箭线，表示有两项编号相同的工作，即出现重复工作。故选A。
6. B【解析】死亡事故，其中重大伤亡事故指一次事故中死亡1～2人的事故；特大伤亡事故指一次事故死亡3人以上（含3人）的事故。
7. C【解析】工程建设过程中的污染主要包括对施工场界内的污染和对周围环境的污染。对施工场界内的污染防治属于职业健康安全问题，而对周围环境的污染防治是环境保护的问题。故选C。
8. C【解析】在合同实施中，如果工程师指令的工程变更属于合同规定的工程范围，则承包人必须无条件执行；如果工程变更超过承包人应承担的风险范围，则可向业主提出工程变更的补偿要求，故A项错误；工程变更的索赔有效期由合同具体规定，一般为28天，也有14天的，故B项错误；工程变更的索赔有效期时间越短，对承包人管理水平的要求越高，对承包人越不利，故D项错误。
9. D【解析】编制安全技术措施计划正确的编制步骤是：①工作活动分类；②危险源识别；③风险确定；④风险评价；⑤制定安全技术措施计划；⑥评价安全技术措施计划的充分性。故选D。
10. D【解析】工程监理人员发现工程设计不符合建筑工程质量标准或者合同约定的质量要求的，应当报告建设单位要求设计单位改正。
11. A【解析】建设工程生产安全事故应急预案的管理包括应急预案的评审、备案、实施和奖惩，故选A。
12. A【解析】大型建设工程项目的结构分析是根据编制总进度纲要的需要，将整个项目进行逐层分解，并确立相应的工作目录。调查研究和收集资料包括如下工作：①了解和收集项目决策阶段有关项目进度目标确定的情况和资料；②收集与进度有关的该项目组织、管理、经济和技术资料；②收集类似项目的进度资料；④了解和调查该项目的总体部署；⑤了解和调查该项目实施的主客观条件等。项目的工作编码指的是每一个工作项的编码。选项B、D属于调查研究和收集资料；选项C属于项目的工作编码。
13. B【解析】分项工程由专业监理工程师组织，分部工程由总监理工程师组织，故A项错误；检验批是工程验收的最小单位，故C项错误；分部工程质量验收合格应符合下列规定：①所含分项工程的质量均应验收合格；②质量控制资料应完整；③有关安全、节能、环境保护和主要使用功能的抽样检验结果应符合有关规定；④观感质量应符合要求，故D项错误。
14. C【解析】采购管理应遵循下列程序：①明确采购产品或服务的基本要求、采购分工及有关责任；②进行采购策划，编制采购计划；③进行市场调查，选择合格的产品供应或服务单位，建立名录；④采用招标或协商等方式实施评审工作，确定供应或服务单位；⑤签订采购合同；⑥运输、验证、移交采购产品或服务；⑦处置不合格产品或不符合要求的服务；⑧采购资料归档。
15. A【解析】宿舍内应保证有必要的生活空间，室内净高不得小于2.4m，通道宽度不得小于0.9m，每间宿舍居住人员不得超过16人。施工现场宿舍必须设置可开启式窗户，宿舍内的床铺不得超过2层，严禁使用通铺。
16. D【解析】线路①－③－④－⑤－⑥－⑧为关键线路，工期为22天。
17. A【解析】会计核算主要是价值核算，故B项错误；统计核算的计量尺度比会计核算宽，可以用货币，也可以用实物或劳动量计量，故C项错误；会计和统计核算一般是对已经发生的经济活动进行核算，而业务核算不但可以核算已经完成的项目是否达到原定的目的、取得预期的效果，而且可以对尚未发生或正在发生的经济活动进行核算，以确定该项经济活动是否有经济效果，是否有执行的必要，故D项错误。
18. C【解析】实施性成本计划是项目施工准备阶段的施工预算成本计划，它是以项目实施方案为依据，以落实项目经理责任目标为出发点，采用企业的施工定额通过施工预算的编制而形成的实施性施工成本计划。
19. D【解析】事故调查要按规定区分事故的大小分别由相应级别的人民政府直接或授权委托有关部门组织事故调查组进行调查。未造成人员伤亡的一般事故，县级人民政府也可以委托事故发生单位组织事故调查组进行调查。选项A、B均有造成人员伤亡，选项C属于较大事故，故选D。
20. C【解析】质量管理的资源配置，包括专职的工程技术人员和质量管理人员的配置；实施技术管理和质量管理所必需的设备、设施、器具、软件等物质资源的配置。人员和资源的合理配置是质量控制体系得以运行的基础条件。故选C。
21. B【解析】A、B均完成后进行D，故A项错误；A、B、C均完成后进行E，故C、D两项错误。
22. C【解析】图中各风险区的风险等级为：①风险区A——5等风险；②风险区B——3等风险；③风险区C——3等风险；④风险区D——1等风险。
23. C【解析】题中该工程基础的三项工作的流水施工属于异节奏流水施工。

（1）各施工过程流水节拍的累加数列：

Ⅰ开挖基槽：	4	8	12
Ⅱ浇筑混凝土垫层：	1	2	3
Ⅲ砌筑砖基础：	2	4	6

(2) 错位相减，取最大值得流水步距：

$K_{Ⅰ,Ⅱ}$	4	8	12	
−		1	2	3
	4	7	10	−3

所以：$K_{Ⅰ,Ⅱ}=10$；

$K_{Ⅱ,Ⅲ}$	1	2	3	
−		2	4	6
	1	0	−1	−6

所以：$K_{Ⅱ,Ⅲ}=1$。

(3) 总工期＝流水步距之和＋最后一个施工过程持续时间＋间歇时间＝10＋1＋6＋1＝18（天）。

24. B【解析】材料的储备资金是根据日平均用量、材料单价和储备天数（即从采购到进场所需要的时间）计算的，其中任何一个因素变动，都会影响储备资金的占用量，故选 B。

25. D【解析】注销是企业的自愿行为。在企业质量管理体系发生变化或证书有效期届满未提出重新申请等情况下，认证持证者提出注销的，认证机构予以注销，收回该体系认证证书。

26. A【解析】施工部署及施工方案包括：①根据工程情况，结合人力、材料、机械设备、资金、施工方法等条件，全面部署施工任务，合理安排施工顺序，确定主要工程的施工方案；②对拟建工程可能采用的几个施工方案进行定性、定量的分析，通过技术经济评价，选择最佳方案。

27. C【解析】项目管理班子中各个工作部门的管理工作都与信息处理有关，而信息管理部门的主要工作任务是：①负责编制信息管理手册，在项目实施过程中进行信息管理手册的必要修改和补充，并检查和督促其执行；②负责协调和组织项目管理班子中各个工作部门的信息处理工作；③负责信息处理工作平台的建立和运行维护；④与其他工作部门协同组织收集信息、处理信息和形成各种反映项目进展和项目目标控制的报表和报告；⑤负责工程档案管理等。

28. B【解析】该项目成本支出率＝计算期实际成本支出/计算期实际工程款收入×100%＝119/220×100%＝54.09%。

29. C【解析】编制项目管理规划大纲应遵循的程序为：①明确项目目标；②分析项目环境和条件；③收集项目的有关资料和信息；④确定项目管理组织模式、结构和职责；⑤明确项目管理内容；⑥编制项目目标计划和资源计划；⑦汇总整理，报送审批。

30. D【解析】选项 A、C 属于施工总承包管理模式的特点；施工总承包模式特点中，业主组织与协调的工作量减少，故 B 项错误。

31. A【解析】项目设计准备阶段的工作是编制设计任务书。

32. B【解析】成本加固定费用合同，在工程总成本一开始估计不准，可能变化不大的情况下，可采用此合同形式，故 A 项错误；奖金是根据报价书中的成本估算指标制定的，在合同中对这个估算指标规定一个底点和顶点，分别为工程成本估算的 60%～75%和 110%～135%。故 C、D 两项错误。

33. D【解析】施工作业的质量检查是贯穿整个施工过程的最基本的质量控制活动，包括施工单位内部的工序作业质量自检、互检、专检和交接检查，故选 D。

34. B【解析】选项 A、C、D 属于工程使用（运行）增值。

35. B【解析】为了编制项目管理任务分工表，首先应对项目实施各阶段的费用（投资或成本）控制、进度控制、质量控制、合同管理、信息管理和组织与协调等管理任务进行详细分解，在项目管理任务分解的基础上定义项目经理和费用（投资或成本）控制、进度控制、质量控制、合同管理、信息管理和组织与协调等主管工作部门或主管人员的工作任务。

36. B【解析】时间—成本累积曲线的绘制步骤为：①确定工程项目进度计划，编制进度计划的横道图；②根据每单位时间内完成的实物工程量或投人的人力、物力和财力，计算单位时间（月或旬）的成本，在时标网络图上按时间编制成本支出计划；③计算规定时间 t 计划累计支出的成本额；④按各规定时间的 Q_t 值，绘制 S 形曲线。

37. D【解析】选项 A、B、C 属于项目决策阶段策划的工作内容。

38. D【解析】第三者责任险是指由于施工的原因导致项目法人和承包人以外的第三人受到财产损失或人身伤害的赔偿，故选 D。

39. C【解析】成本管理体系的建立是企业自身生存发展的需要，没有社会组织来评审和认证，故 A 项错误；管理行为控制程序是对成本全过程控制的基础，指标控制程序则是成本进行过程控制的重点，两个程序既相对独立又相互联系，既相互补充又相互制约，故 B、D 两项错误。

40. C【解析】题中图形的三参数关系为：$BCWP>ACWP>BCWS$；$CV>0$，$SV>0$；故效率较高，进度快，投入延后。采取的措施为抽出部分人员，放慢进度。故选 C。

41. A【解析】包干控制即在材料使用过程中，对部分小型及零星材料（如钢钉、钢丝等）根据工程量计算出所需材料量，将其折算成费用，由作业者包干使用。故选 A。

42. C【解析】在项目进度控制的组织措施中，应编制项目进度控制的工作流程，如：①定义项目进度计划系统的组成；②各类进度计划的编制程序、审批程序和计划调整程序等。选项 A，管理措施包括管理的方法和手段；选项 B，经济措施包括资金、资源、奖惩措施和激励措施；选项 D，技术措施包括设计、方案、机械、材料。

43. B【解析】选项 A 属于技术措施；选项 C 属于组织措施；选项 D 属于经济措施。

44. D【解析】针对无法规避的质量风险，研究制定有效的应对方案，尽量把风险发生的概率和损失量降到最低程度，从而降低风险量和风险等级。例如，在施工中有针对性地制定和落实有效的施工质量保证措施和质量事故应急预案，可以降低质量事故发生的概率和减少事故损失量。

45. B【解析】选项 A 属于分层法的内容；选项 C 属于因果分析图法的内容；选项 D 属于直方图法的内容。

46. B【解析】项目结构图是一个组织工具，它通过树状图的方式对一个项目的结构进行逐层分解，以反映组成该项目的所有工作任务。项目结构图中，矩形表示工作任务，矩形框之间的连接用连线表示。故选 B。

47. D【解析】根据我国标准《质量管理体系基础和术语》（GB/T 19000—2008/ISO 9000：2005）的规定，凡工程产品没有满足某个规定的要求，就称之为质量不合格；而未满足某个与预期或规定用途有关的要求，称为质量缺陷。故选 D。

48. C【解析】工期索赔值＝原合同工期×附加或新增工程造价/原合同总价＝18×500/1 000＝9（个月），故选 C。

49. C【解析】预警信号一般采用国际通用的颜色表示不同的安全状况：Ⅰ级预警，表示安全状况特别严重，用红色表示；Ⅱ级预警，表示受到事故的严重威胁，用橙色表

示；Ⅲ级预警，表示处于事故的上升阶段，用黄色表示；Ⅳ级预警，表示生产活动处于正常状态，用蓝色表示。

50. B【解析】在住宅工程各检验批、分项、分部工程验收合格的基础上，在住宅工程竣工验收前，建设单位应组织施工、监理等单位，依据国家有关工程质量验收标准，对每户住宅及相关公共部位的观感质量和使用功能等进行检查验收，故 A 项错误；每户住宅和规定的公共部位验收完毕，应填写《住宅工程质量分户验收表》，建设单位和施工单位项目负责人、监理单位项目总监理工程师要分别签字，故 C 项错误；分户验收的内容包括建筑节能工程质量的验收，故 D 项错误。

51. A【解析】国务院经济贸易主管部门按照国务院规定的职责，对国家重大技术改造项目实施监督检查。

52. D【解析】设计单位应当参与建设工程质量事故分析，并对因设计造成的质量事故，提出相应的技术处理方案。

53. B【解析】要害部门重点安全检查：为了确保安全，对设备的运转和零件的状况要定时进行检查，发现损伤立刻更换，决不能“带病”作业；一过有效年限即使没有故障，也应该予以更新，不能因小失大。故选 B。

54. C【解析】当委托人与承包人之间发生合同争议时，监理人应协助委托人、承包人协商解决，故 A 项错误。在紧急情况下，为了保护财产和人身安全，监理人所发出的指令未能事先报委托人批准时，应在发出指令后的 24 小时内以书面形式报委托人，故 B 项错误；除专用条件另有约定外，监理人发现承包人的人员不能胜任本职工作的，有权要求承包人予以调换，故 D 项错误。

55. B【解析】单价合同允许随工程量变化而调整工程总价，业主和承包商都不存在工程量方面的风险，故 A 项错误；单价合同中根据合同价和实际工程量确定总价，不存在总价方面的风险，故 C 项错误；采用变动单价合同时，双方可以约定，当通货膨胀达到一定水平或者国家政策发生变化时，可以对哪些工程内容的单价进行调整以及如何调整等。因此，承包商的风险就相对较小，故 D 项错误。

56. A【解析】施工单位在开工前应编制测量控制方案，经项目技术负责人批准后实施。

57. C【解析】由不同深度的进度计划构成的计划系统，包括：①总进度规划（计划）；②项目子系统进度规划（计划）；③项目子系统中的单项工程进度计划等。

58. B【解析】根据题意可以得出 G 工作的最迟完成时间为第 6 天，工作 G 持续 1 天，则最迟开始时间＝最迟完成时间－持续时间＝6－1＝5（天）。

59. C【解析】对于依法批准开工报告的建设工程，建设单位应当自开工报告批准之日起 15 日内，将保证安全施工的措施报送建设工程所在地的县级以上人民政府建设行政主管部门或者其他有关部门备案。

60. B【解析】缺陷责任期自实际竣工日期起计算，合同当事人应在专用合同条款约定缺陷责任期的具体期限，但该期限最长不超过 24 个月，故 A 项错误；因发包人原因导致工程无法按合同约定期限进行竣工验收的，缺陷责任期自承包人提交竣工验收申请报告之日起开始计算；发包人未经竣工验收擅自使用工程的，缺陷责任期自工程转移占有之日起开始计算，故 C、D 两项错误。

61. C【解析】AIA 文件分为 A、B、C、D、F、G、INT 系列。其中：A 系列，是关于业主与承包人之间的合同文件；B 系列，是关于业主与建筑师之间的合同文件；C 系列，是关于建筑师与提供专业服务的咨询机构之间的合同文件；D 系列，是建筑师行业所用的有关文件；F 系列，财务管理报表；G 系列，是合同和办公管理中使用的文件和表格；INT 系列，用于国际工程项目的合同文件（为 B 系列的一部分）。

62. D【解析】在合同中可以约定，下列情况下，固定劳务报酬或单价可以调整：①以本合同约定价格为基准，市场人工价格的变化幅度超过一定百分比时，按变化前后价格的差额予以调整；②后续法律及政策变化，导致劳务价格变化的，按变化前后价格的差额予以调整；③双方约定的其他情形。

63. C【解析】时间间隔＝紧后工作最早开始时间－本工作最早完成时间，工作 A 最早完成时间为 4 天，工作 D 最早开始时间为 6 天，则 $LAG_{A,D}=6-4=2$（天）。

64. A【解析】工程合同风险分配中，谁能最有效地（有能力和经验）预测、防止和控制风险，或能有效地降低风险损失，或能将风险转移给其他方面，则应由他承担相应的风险责任。

65. B【解析】进度偏差（*SV*）＝已完工作预算费用（*BCWP*）－计划工作预算费用（*BCWS*）＝980－820＝160（万元）。

66. D【解析】公司层贯穿于项目投标、实施和结算过程，体现效益中心的管理职能。故 A、B 两项错误；公司层的成本管理除生产成本以外，还包括经营管理费用，故 C 项错误。

67. A【解析】相对于工程合同价，则工程概算和工程预算都可作为投资的计划值。

68. D【解析】人员发生变更的，应当在变更后 7 个工作日内，在建筑业企业信息管理系统中作相应变更，故 A 项错误；建筑施工企业与劳动者建立劳动关系，应当自用工之日起按照劳动合同法规的规定订立书面劳动合同，故 B 项错误；劳动合同应一式三份，双方当事人各持一份，劳动者所在工地保留一份备查，故 C 项错误。

69. A【解析】投标文件应当对招标文件提出的实质性要求和条件作出响应。投标文件不完备或投标没有达到招标人的要求，在招标范围以外提出新的要求，均被视为对于招标文件的否定，不会被招标人所接受，故 B 项错误；投标书还需要按照要求签章，投标书需要盖有投标企业公章以及企业法定代表人的名章（或签字）。如果项目所在地与企业距离较远，由当地项目经理部组织投标，需要提交企业法人对于投标项目经理的授权委托书。故 C、D 两项错误。

70. D【解析】建筑施工企业因暂时生产经营困难无法按劳动合同约定的日期支付工资的，应当向劳动者说明情况，并经与工会或职工代表协商一致后，可以延期支付工资，但最长不得超过 30 日。超过 30 日不支付劳动者工资的属于无故拖欠工资行为。

二、多项选择题

71. AC【解析】一般情况下，无论是业主指定的分包单位还是施工总承包或者施工总承包管理单位选定的分包单位，其分包合同都是与施工总承包或者施工总承包管理单位签订。对分包单位的管理责任，也是由施工总承包或者施工总承包管理单位承担。也就是说，将由施工总承包或者施工总承包管理单位向业主承担分包单位负责施工的工程质量、工程进度、安全等的责任。施工分包单位进行管理的第一责任主体是施工总承包单位或施工总承包管理单位。

72. BCE【解析】在项目的实施阶段，项目总进度应包括：①设计前准备阶段的工作进度；②设计工作进度；③招标工作进度；④施工前准备工作进度；⑤工程施工和设备安装进度；⑥工程物资采购工作进度；⑦项目动用前的准备工作进度等。

73. BCD【解析】工作 N 有 5 天的自由时差，则总时差＝min｛本工作自由时差＋紧后工作总时差｝，因此工作 N 的总时差大于或等于 5 天；工作 N 的工作时间延误 3 天，会消耗 3 天的总时差，因此不影响总工期，工作 N 的最早完成时间会推迟 3 天，但不影

响紧后工作的最早开始时间。

74. ABE【解析】工程中涉及深基坑、地下暗挖工程、高大模板工程的专项施工方案，施工单位应当组织专家进行论证、审查。

75. ACE【解析】勘察、设计单位项目负责人和施工单位技术、质量部门负责人应参加地基与基础分部工程验收；设计单位项目负责人和施工单位技术、质量部门负责人应参加主体结构、节能分部工程验收。

76. BCD【解析】履约担保是指招标人在招标文件中规定的要求中标的投标人提交的保证履行合同义务和责任的担保，故 A 项错误；履约担保书由担保公司或者保险公司开具，故 E 项错误。

77. ACE【解析】施工总承包模式与施工总承包管理模式在组织与协调方面提供的服务相同，故 B、D 两项错误。

78. ABE【解析】施工成本计划的编制方式有：①按施工成本构成编制施工成本计划；②按施工项目组成编制施工成本计划；③按施工进度编制施工成本计划。

79. ABDE【解析】总价合同的特点是：业主的风险小，承包人将承担较多的风险，故 C 项错误。

80. ABCD【解析】招标人有下列行为之一的，属于以不合理条件限制、排斥潜在投标人或者投标人：①就同一招标项目向潜在投标人或者投标人提供有差别的项目信息；②设定的资格、技术、商务条件与招标项目的具体特点和实际需要不相适应或者与合同履行无关；③依法必须进行招标的项目以特定行政区域或者特定行业的业绩、奖项作为加分条件或者中标条件；④对潜在投标人或者投标人采取不同的资格审查或者评标标准；⑤限定或者指定特定的专利、商标、品牌、原产地或者供应商；⑥依法必须进行招标的项目非法限定潜在投标人或者投标人的所有制形式或者组织形式；⑦以其他不合理条件限制、排斥潜在投标人或者投标人。

81. AE【解析】承包人有义务按照发包人提供的项目基础资料、现场障碍资料和国家有关部门、行业工程建设标准规范规定的设计深度开展工程设计，并对其设计的工艺技术和（或）建筑功能，及工程的安全、环境保护、职业健康的标准，设备材料的质量、工程质量和完成时间负责。选项 B、C、D 属于发包人的义务。

82. DE【解析】本工作总时差＝min（紧后工作总时差＋本工作自由时差），计划工期＝计算工期，所以关键工作总时差为 0；根据公式，工作 4－5 和工作 6－8 的工作总时差＝本工作的自由时差。

83. ADE【解析】施工质量事故发生的原因大致有四类：①技术原因；②管理原因；③社会、经济原因；④人为事故和自然灾害原因。其中，管理原因指引发的质量事故是由于管理上的不完善或失误。选项 A、D、E 属于管理原因；选项 B、C 属于技术原因。

84. ABDE【解析】施工成本控制的依据包括：①工程承包合同；②施工成本计划；③进度报告；④工程变更；⑤施工组织设计；⑥分包合同。

85. ACE【解析】选项 B 属于组织措施；选项 D 属于经济措施。

86. CDE【解析】国家对发生事故后的“四不放过”原则，其具体内容为：①事故原因未查清不放过；②事故责任人未受到处理不放过；③事故责任人和周围群众没有受到教育不放过；④事故没有制定切实可行的整改措施不放过。

87. CD【解析】工期成本分析一般采用比较法，即将计划工期成本与实际工期成本进行比较，然后应用“因素分析法”分析各种因素的变动对工期成本差异的影响程度。

88. ABC【解析】施工准备阶段建设监理工作的主要任务包括：①审查施工单位提交的施工组织设计中的质量安全技术措施、专项施工方案与工程建设强制性标准的符合性；②参与设计单位向施工单位的设计交底；③检查施工单位工程质量、安全生产管理制度及组织机构和人员资格；④检查施工单位专职安全生产管理人员的配备情况；⑤审核分包单位资质条件；⑥检查施工单位的试验室；⑦查验施工单位的施工测量放线成果；⑧审查工程开工条件，签发开工令。

89. ACD【解析】根据网络计划的逻辑关系可知，C 工作的紧后工作为 E、F、H。

90. BCD【解析】项目施工过程中，发生以下情况之一时，施工组织设计应及时进行修改或补充：①工程设计有重大修改；②有关法律、法规、规范和标准实施、修订和废止；③主要施工方法有重大调整；④主要施工资源配置有重大调整；⑤施工环境有重大改变。

91. AD【解析】工程总承包项目管理的主要内容应包括：①任命项目经理，组建项目部，进行项目策划并编制项目计划；②实施设计管理，采购管理，施工管理，试运行管理；③进行项目范围管理，进度管理，费用管理，设备材料管理，资金管理，质量管理，安全、职业健康和环境管理，人力资源管理，风险管理，沟通与信息管理，合同管理，现场管理，项目收尾等。

92. ACD【解析】施工机具使用费的索赔包括：由于完成额外工作增加的机械使用费；非承包人责任工效降低增加的机械使用费；由于业主或监理工程师原因导致机械停工的窝工费。

93. AB【解析】项目风险对策应形成风险管理计划，它包括：①风险管理目标；②风险管理范围；③可使用的风险管理方法、工具以及数据来源；④风险分类和风险排序要求；⑤风险管理的职责和权限；⑥风险跟踪的要求；⑦相应的资源预算。

94. DE【解析】选项 A 属于技术措施；选项 B 属于组织措施；选项 C 属于技术措施。

95. ABC【解析】项目经理应履行的职责有：①项目管理目标责任书规定的职责；②主持编制项目管理实施规划，并对项目目标进行系统管理；③对资源进行动态管理；④建立各种专业管理体系，并组织实施；⑤进行授权范围内的利益分配；⑥收集工程资料，准备结算资料，参与工程竣工验收；⑦接受审计，处理项目经理部解体的善后工作；⑧协助组织进行项目的检查、鉴定和评奖申报工作。选项 D、E 属于企业层面的权责。

96. ACE【解析】落实质量体系的内部审核程序，有组织有计划开展内部质量审核活动，其主要目的是：①评价质量管理程序的执行情况及适用性；②揭露过程中存在的问题，为质量改进提供依据；③检查质量体系运行的信息；④向外部审核单位提供体系有效的证据。

97. BCDE【解析】对于供货方提前发运或交付的货物，采购方仍可按合同规定的时间付款，而且对多交货部分，以及不符合合同规定的产品，在代为保管期内实际支出的保管、保养费由供货方承担，故 A 项错误。

98. DE【解析】项目经理（项目负责人）为现场文明施工的第一责任人，故 A 项错误；沿工地四周连续设置围挡，市区主要路段和其他涉及市容景观路段的工地设置围挡的高度不低于 2.5m，其他工地的围挡高度不低于 1.8m，故 B 项错误；严禁泥浆、污水、废水外流或未经允许排入河道，严禁堵塞下水道和排水河道，故 C 项错误。

99. BCDE【解析】分项工程可按主要工种、材料、施工工艺、设备类别等进行划分。

100. BDE【解析】选项 A 正确说法为：项目信息门户有利于项目各参与方的信息交流；选项 C 正确说法为：管理信息系统主要用于企业的人、财、物、产、供、销的管理。

全国一级建造师执业资格考试

2016 年《建设工程项目管理》真题

（考试时间 180 分钟　满分 130 分）

一、单项选择题（共 70 题，每题 1 分。每题的备选项中，只有 1 个最符合题意）

1. 应用曲线法进行施工成本偏差分析时，已完工作实际成本曲线与已完工作预算成本曲线的竖向距离表示项目进展的（　　）。

A. 进度累计偏差　　B. 进度局部偏差

C. 成本累计偏差　　D. 成本局部偏差

2. 关于施工现场职业健康安全卫生要求的说法，错误的是（　　）。

A. 生活区可以设置敞开式垃圾容器　　B. 施工现场宿舍严禁使用通铺

C. 施工现场水冲式厕所地面必须硬化　　D. 现场食堂必须设置独立的制作间

3. 某工程因发包人原因造成承包人自有施工机械窝工 10 天，该机械市场租赁费为 1200 元/天，进出场费为 2000 元，台班费为 400 元/台班，其中台班折旧费为 160 元/台班；计划每天工作 1 台班，共使用 40 天，则承包人索赔成立的费用是（　　）元。

A. 4000　　B. 1600

C. 12000　　D. 12500

4. 下列施工生产要素的质量控制内容中，属于工艺方案质量控制的是（　　）。

A. 施工企业坚持执业资格注册制度和作业人员持证上岗制度

B. 施工企业在施工过程中优先采用节能低碳的新型建筑材料和设备

C. 施工企业对施工中使用的模具、脚手架等施工设备进行专项设计

D. 施工企业合理布置施工总平面图和各阶段施工平面图

5. 关于设计阶段项目管理的说法，错误的是（　　）。

A. 设计阶段的项目管理是建设工程项目管理的一个非常重要的组成部分

B. 由于设计费占建设总投资的比例小，业主方可以忽视对其进行管理

C. 设计的质量直接影响项目实施的投资、进度和质量

D. 设计的进度直接影响工程的进展

6. 下列建设工程项目施工成本分析方法中，属于分析各种因素对成本影响程度的是（　　）。

A. 相关比率法　　B. 比重分析法

C. 动态比率法　　D. 连环置换法

7. 下列施工现场防止噪声污染的措施中，最根本的措施是（　　）。

A. 接收者防护　　B. 传播途径控制

C. 严格控制作业时间　　D. 声源上降低噪声

8. 关于主体结构工程现场质量检测的说法，正确的是（　　）。

A. 按统计方法评定混凝土强度时，同一强度等级试件的留置数量不宜少于 10 组，按非统计方法评定时，留置数量不应少于 3 组

B. 砌体工程中，普通砖 5 万块、多孔砖 10 万块各为一检验批，抽检数量为 1 组

C. 对梁类、板类构件，应各抽取构件数量的 1%且不少于 5 个构件进行钢筋保护层厚度检测

D. 混凝土预制构件结构性能检测应按同一工艺正常生产的不超过 100 件且不超过 3 个月的同类型产品为一检验批

9. 建设工程项目进度控制的过程包括：①收集资料和调查研究；②进度计划的跟踪检查；③编制进度计划；④根据进度偏差情况纠偏或调整进度计划。其正确的工作步骤是（　　）。

A. ①③②④　　B. ①②③④

C. ①③④②　　D. ③①②④

10. 某双代号网络计划中，假设计划工期等于计算工期，且工作 M 的开始节点和完成节点均为关键节点。关于工作 M 的说法，正确的是（　　）。

A. 工作 M 是关键工作　　B. 工作 M 的自由时差为 0

C. 工作 M 的总时差等于自由时差　　D. 工作 M 的总时差大于自由时差

11. 某单代号网络计划（时间单位：天）如下图所示，其计算工期为（　　）天。

扫码听课

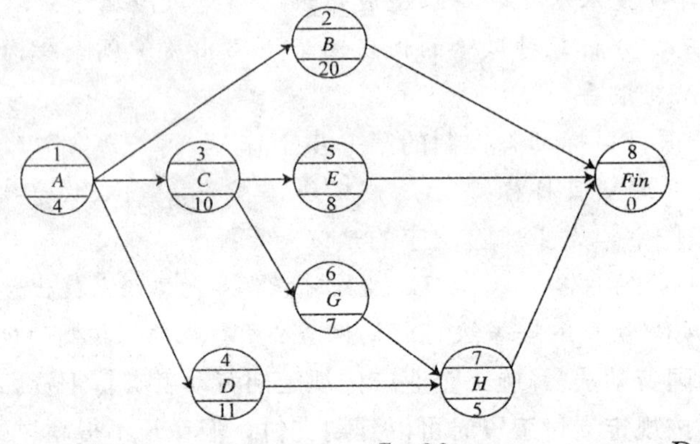

A. 20　　B. 26　　C. 22　　D. 24

12. 关于建设工程项目施工成本管理的说法，正确的是（　　）。

A. 施工成本计划是对未来的成本水平和发展趋势作出科学的估计

B. 施工成本核算是通过实际成本与计划的对比，评定成本计划的完成情况

C. 施工成本考核是通过成本的归集和分配，计算施工项目的实际成本

D. 施工成本管理是通过采取措施，把成本控制在计划范围内，并最大限度地节约成本

13. 关于政府主管部门质量监督程序的说法，正确的是（　　）。

A. 工程项目开工后，监督机构接受建设单位有关建设工程质量监督的申报手续，并对文件进行审查，合格后签发质量监督文件

B. 监督机构的检查内容中不包含企业的工程经营资质证书和人员的资格证书检查

C. 监督机构要组织进行工程竣工验收并对发现的质量问题进行复查

D. 监督机构在工程基础和主体结构分部工程质量验收前，要对地基基础和主体结构混凝土分别进行监督检测

14. 项目结构信息编码的依据是（　　）。
A. 项目管理结构图　　B. 项目结构图
C. 项目组织结构图　　D. 系统组织结构图

15. 下列影响项目质量的环境因素中，属于管理环境因素的是（　　）。
A. 项目现场施工组织系统　　B. 项目所在地建筑市场规范程度
C. 项目所在地政府的工程质量监督　　D. 项目咨询公司的服务水平

扫码听课

16. 某双代号网络计划中，工作 M 的最早开始时间和最迟开始时间分别为第 12 天和第 15 天，其持续时间为 5 天。工作 M 有 3 项紧后工作，它们的最早开始时间分别为第 21 天、第 24 天和第 28 天，则工作 M 的自由时差为（　　）天。
A. 1　　B. 3　　C. 4　　D. 8

扫码听课

17. 关于建设工程安全生产管理预警级别的说法，正确的是（　　）。
A. Ⅰ级预警表示生产活动处于正常状态　　B. Ⅳ级预警一般用蓝色表示
C. Ⅱ级预警表示处于事故的上升阶段　　D. Ⅲ级预警表示受到事故的严重威胁

扫码听课

18. 关于工程项目质量风险识别的说法，正确的是（　　）。
A. 从风险产生的原因分析，质量风险分为自然风险、施工风险、设计风险
B. 可按风险责任单位和项目实施阶段分别进行风险识别
C. 因项目实施人员自身技术水平的局限造成错误的质量风险属于管理风险
D. 风险识别的步骤是：分析每种风险的促发因素→画出质量风险结构层次图→将结果汇总成质量风险识别报告

19. 根据动态控制原理，项目目标动态控制的第一步工作是（　　）。
A. 调整项目目标　B. 分解项目目标　C. 制定纠偏措施　D. 收集项目目标实际值

20. 下列项目风险管理工作中，属于风险响应的是（　　）。
A. 收集与项目风险有关的信息　　B. 监控可能发生的风险并提出预警
C. 确定各种风险的风险量和风险等级　　D. 向保险公司投保难以控制的风险

扫码听课

21. 根据《中华人民共和国劳动法》，施工企业应按规定向劳动者支付工资，但是当企业因暂时生产经营困难无法按规定支付工资时可以延期支付，但最长不得超过（　　）日。
A. 60　　B. 30　　C. 90　　D. 120

22. 某分项工程某月计划工程量为 $3200m^2$，计划单价为 15 元/m^2；月底核定承包商实际完成工程量为 $2800m^2$，实际单价为 20 元/m^2，则该工程的已完工作实际费用（$ACWP$）为（　　）元。
A. 56000　　B. 42000　　C. 48000　　D. 64000

23. 沟通的两个层面是指（　　）。
A. 信息的发送者和接受者　　B. 沟通内容和沟通方法
C. 信息传递和交换　　D. 思维交流和语言交流

24. 关于施工成本控制程序的说法，正确的是（　　）。
A. 管理行为控制程序是成本全过程控制的重点
B. 指标控制程序是对成本进行过程控制的基础
C. 管理行为控制程序是项目施工成本结果控制的主要内容
D. 管理行为控制程序和指标控制程序在实施过程中相互制约

25. 某双代号网络计划如下图所示，如 B、D、I 工作共用一台施工机械且按 $B\to D\to I$ 顺序施工，则对网络计划可能造成的影响是（　　）。
A. 总工期不会延长，但施工机械会在现场闲置 1 周
B. 总工期会延长 1 周，但施工机械在现场不会闲置
C. 总工期不会延长，且施工机械在现场不会闲置
D. 总工期会延长 1 周，且施工机械会在现场闲置 1 周

26. 下列施工成本分析依据中，属于既可对已发生的，又可对尚未发生或正在发生的经济活动进行核算的是（　　）。
A. 会计核算　　B. 统计核算　　C. 成本预测　　D. 业务核算

27. 根据国际设施管理协会的设施管理定义，下列管理事项中，属于物业运行管理的是（　　）。
A. 空间管理　　B. 用户管理　　C. 维修管理　　D. 财务管理

28. 关于业主方项目管理目标和任务的说法，正确的是（　　）。
A. 业主方的进度目标指项目交付使用的时间目标
B. 业主方的投资目标指项目的施工成本目标
C. 投资控制是业主方项目管理任务中最重要的任务
D. 业主方项目管理任务不包括设计阶段的信息管理

扫码听课

29. 下列施工质量控制依据中，属于项目专用性依据的是（　　）。
A. 工程建设项目质量检验评定标准　　B. 《建设工程质量管理条例》
C. 设计交底及图纸会审记录　　D. 材料验收的技术标准

30. 关于成本加酬金合同的说法，正确的是（　　）。
A. 当实行风险型 CM 模式时，适宜采用最大成本加费用合同
B. 成本加固定费用的合同，承包商的酬金不可调整
C. 成本加固定比例费用的合同，有利于缩短工期
D. 当设计深度达到可以报总价的深度时，适宜采用成本加奖金合同

31. 下列组织工具中，可以用来对项目的结构进行逐层分解，以反映组成该项目的所有工作任务的是（　　）。
A. 项目结构图　B. 组织结构图　C. 工作任务分工表　D. 管理职能分工表

32. 根据《建筑施工企业安全生产管理机构设置及专职安全生产管理人员配备办法》，某 3 万 m^2 的建筑工程项目部应配备专职安全管理人员的最少人数是（　　）名。
A. 1　　B. 3　　C. 4　　D. 2

33. 某焊接作业由甲、乙、丙、丁四名工人操作，为评定各工人的焊接质量，共抽检 100 个焊点，抽检结果如下表所示。根据表中数据，各工人焊接质量由好至差的排序是（　　）。
A. 甲→乙→丙→丁
B. 乙→甲→丙→丁
C. 丁→乙→甲→丙
D. 乙→甲→丁→丙

作业工人	抽检点数	不合格点数
甲	10	2
乙	40	4
丙	20	10
丁	30	8

34. 下列工程担保中，应由发包人出具的是（　　）。
A. 支付担保　　B. 履约担保　　C. 预付款担保　　D. 保修担保

密封线内不要答题

35. 根据事故造成损失的程度，下列工程质量事故中，属于重大事故的是（　　）。
A. 造成1亿元以上直接经济损失的事故
B. 造成1000万元以上5000万元以下直接经济损失的事故
C. 造成100万以上1000万元以下直接经济损失的事故
D. 造成5000万元以上1亿元以下直接经济损失的事故

36. 根据《建筑法》及相关规定，施工企业应交纳的强制性保险是（　　）。
A. 人身意外伤害险　　B. 工程一切险
C. 工伤保险　　D. 第三者责任险

37. 根据《安全生产许可证条例》，施工企业安全生产许可证（　　）。
A. 有效期为2年
B. 有效期届满时经同意可以不再审查
C. 要求企业获得职业健康安全管理体系认证
D. 应在届满后3个月内办理延期手续

38. 关于施工企业生产安全事故应急预案实施规定的说法，正确的是（　　）。扫码听课
A. 每年至少组织两次专项应急预案演练
B. 每半年至少组织两次现场处置方案演练
C. 法定代表人发生变化时，应当及时进行修订
D. 周围环境发生变化时，即使没有形成新的重大危险源也应及时进行修订

39. 根据《建设工程监理规范》(GB/T 50319—2013)，工程建设监理实施细则必须经（　　）批准。
A. 监理单位技术负责人　　B. 总监理工程师
C. 专业监理工程师　　D. 监理单位法定代表人

40. 关于管理职能分工表的说法，错误的是（　　）。
A. 管理职能分工表是用表的形式反映项目管理班子内部项目经理、各工作部门和各工作岗位对各项工作任务的项目管理职能分工
B. 管理职能分工表无法暴露仅用岗位责任描述书时所掩盖的矛盾
C. 可辅以管理职能分工描述书来明确每个工作部门的管理职能
D. 可以用管理职能分工表来区分业主方和代表业主利益的项目管理方和工程建设监理方等的管理职能

41. 与施工总承包模式相比，施工总承包管理模式具有的优势是（　　）。
A. 业主方招标及合同管理工作量小　　B. 工程款项支付便捷
C. 缩短建设周期　　D. 简化管理流程

42. 建设工程项目施工成本管理涉及的时间范围是（　　）。
A. 从工程投标报价开始至项目保证金返还为止
B. 从施工图预算开始至项目动用为止
C. 从工程投标报价开始至项目竣工结算完成为止
D. 从施工准备开始至项目竣工结算完成为止

43. 根据《中华人民共和国招标投标法》及相关法规，对必须招标的项目，招标人行为符合要求的是（　　）。
A. 就同一招标项目向潜在投标人提供有差别的项目信息
B. 委托两家招标代理机构，设置两处报名点接受投标人报名
C. 以特定行业的业绩、奖项作为加分条件
D. 限定或者指定特定的品牌

44. 关于建设工程竣工验收备案的说法，正确的是（　　）。
A. 建设单位应当自建设工程竣工验收合格之日起30日内，向工程所在地的县级以上地方人民政府建设主管部门备案
B. 建设单位办理竣工验收备案时，应当提交由监理单位编制的工程竣工验收报告
C. 建设单位办理竣工验收备案时，应当提交由施工单位签署的工程质量保修书
D. 建设单位办理竣工验收备案时，对住宅工程应当提交《住宅工程质量分户验收表》

45. 某双代号网络计划中，工作M的自由时差为3天，总时差为5天。在进度计划实施检查中发现工作M实际进度落后，且影响总工期2天。在其他工作均正常的前提下，工作M的实际进度落后（　　）天。
A. 7　　B. 5　　C. 6　　D. 8

46. 下列建设工程项目策划工作中，属于实施阶段策划的是（　　）。
A. 编制项目实施期组织总体方案　　B. 编制项目实施期管理总体方案
C. 编制项目实施期合同结构总体方案　　D. 制订项目风险管理与工程保险方案

47. 关于建设工程安全事故报告的说法，正确的是（　　）。
A. 各个行业的专业工程可只向有关行业主管部门报告
B. 安全生产监督管理部门除按规定逐级上报外，还应当同时报告本级人民政府
C. 一般情况下，事故现场有关人员应立即向安全生产监督部门报告
D. 事故现场有关人员应当直接向事故发生地县级以上人民政府报告

48. 建立项目质量控制体系的过程包括：①分析质量控制界面；②确立系统质量控制网络；③制定质量控制制度；④编制质量控制计划。其正确的工作步骤是（　　）。
A. ②③①④　　B. ①②③④　　C. ②①③④　　D. ①③②④

49. 施工合同的实施中，应由（　　）对各工程小组进行建设工程施工合同交底。
A. 施工员　　B. 项目技术负责人
C. 项目经理　　D. 施工企业负责人

50. 某工程的时标网络计划如下图所示，下列工期延误事件中，属于共同延误的是（　　）。

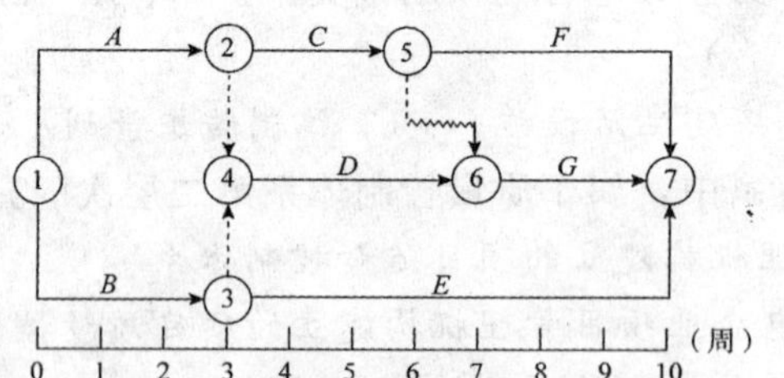

A. 工作C因发包人原因和工作G因承包人原因各延误2周
B. 工作D因发包人原因和工作F因承包人原因各延误2周
C. 工作A因发包人原因和工作B因承包人原因各延误2周
D. 工作E因发包人原因和工作F因承包人原因各延误2周

51. 根据《建设项目工程总承包管理规范》(GB/T 50358—2005)，下列项目总承包方的工作中，首先应进行的是（　　）。
A. 进行项目策划　　B. 召开开工会议
C. 任命项目经理　　D. 施工开工准备

52. 关于竣工质量验收程序和组织的说法，正确的是（　　）。
A. 单位工程的分包工程完工后，总包单位应组织进行自检，并按规定的程序进行验收
B. 工程竣工质量验收由建设单位委托监理单位负责组织实施
C. 单位工程完工后，总监理工程师应组织各专业监理工程师对工程质量进行竣工预验收
D. 工程竣工报告应由监理单位提交并须经总监理工程师签署意见

53. 下列工程质量问题中，可不作专门处理的是（　　）。
A. 某高层住宅施工中，底部二层的混凝土结构误用安定性不合格的水泥
B. 某防洪堤坝填筑压实后，其压实土的干密度未达到规定值
C. 某检验批混凝土试块强度不满足规范要求，但混凝土实体强度检测后满足设计要求
D. 某工程主体结构混凝土表面裂缝大于 0.5mm

54. 在进行建设工程项目总进度目标控制前，首先应分析和论证（　　）。
A. 进度目标实现的可能性　　B. 进度计划系统的完整性
C. 进度计划方法的适用性　　D. 进度控制方法的合理性

55. 关于职业健康安全管理体系和环境管理体系标准比较的说法，正确的是（　　）。
A. 管理原理不同　B. 管理对象相同　C. 管理目标不同　D. 管理重点不同

56. 某按变动单价计价的土方施工合同中，投标时约定的工程量为 10000m³，其中人工费占比 30%，工程量变化不调整单价，中标合同价为 30 万元；施工期间人工费平均上涨 15%，竣工结算工程量为 20000m³，其他条件均无变化，则竣工结算价为（　　）万元。
A. 62.7　B. 31.35　C. 60　D. 69

57. 根据施工组织设计的管理要求，重点、难点分部（分项）工程施工方案的批准人是（　　）。
A. 项目技术负责人　　B. 施工单位技术负责人
C. 项目负责人　　D. 总监理工程师

58. 美国的 AIA 合同条件在美洲地区具有较高的权威性，其主要用于（　　）工程。
A. 市政公用　B. 石油化工　C. 房屋建筑　D. 水利水电

59. 根据《建设工程施工劳务分包合同（示范文本）》（GF—2003—0214），应由劳务分包人完成的工作是（　　）。
A. 收集技术资料　B. 搭建生活设施　C. 编制施工计划　D. 加强安全教育

60. 下列项目质量控制体系中，属于质量控制体系第二层次的是（　　）。
A. 建设单位项目管理机构建立的项目质量控制体系
B. 交钥匙工程总承包企业项目管理机构建立的项目质量控制体系
C. 项目设计总负责单位建立的项目质量控制体系
D. 施工设备安装单位建立的现场质量自控体系

61. 施工企业在工程投标及签订合同阶段编制的估算成本计划，属于（　　）成本计划。
A. 指导性　B. 实施性　C. 作业性　D. 竞争性

62. 某双代号网络计划中，工作 A 有两项紧后工作 B 和工作 C，工作 B 和工作 C 的最早开始时间分别为第 13 天和第 15 天，最迟开始时间分别为第 19 天和第 21 天；工作 A 与工作 B 和工作 C 的时间间隔分别为 0 天和 2 天。如果工作 A 的实际进度拖延 7 天，则（　　）。
A. 对工期没有影响　　B. 总工期延长 2 天
C. 总工期延长 3 天　　D. 总工期延长 1 天

63. 关于 DAB（争端裁决委员会）方式解决争议的说法，正确的是（　　）。
A. DAB 的成员一般为工程技术和管理方面的专家
B. DAB 提出的裁决具有终局性
C. 特聘争端裁决委员会的任期与合同期限一致
D. DAB 由合同一方当事人聘请

64. 下列建设工程施工合同跟踪的对象中，属于对业主跟踪的是（　　）。
A. 成本的增减　　B. 图纸的提供
C. 施工的质量　　D. 分包人失误

65. 在编制施工成本计划时，通常需要进行“两算”对比分析，“两算”指的是（　　）。
A. 施工图预算、成本核算　　B. 施工图预算、施工预算
C. 施工预算、成本核算　　D. 施工预算、施工决算

66. 根据《建设工程施工合同（示范文本）》（GF—2013—0201），保修期的开始计算时间是指（　　）。
A. 竣工验收合格日　　B. 合同基准日期
C. 实际竣工日期　　D. 保证金扣留日

67. 某双代号网络计划（时间单位：天）如下图所示，其关键线路有（　　）条。

A. 2　B. 3　C. 5　D. 4

68. 在一份保险合同中，保险人承担或给付保险金责任的最高额度是该份保险合同的（　　）。
A. 标的价值　B. 保险金额　C. 保险费　D. 实际赔付额

69. 下列建设工程项目进度控制的措施中，属于经济措施的是（　　）。
A. 落实资金供应条件　　B. 选择发承包模式
C. 进行工程进度的风险分析　　D. 优选工程项目的设计、施工方案

70. 在进行月（季）度成本分析时，如果存在“政策性”亏损，则应（　　）。
A. 增加收入，弥补亏损　　B. 降低标准，防止再超支
C. 暂停生产，等待政策调整　　D. 控制支出，压缩超支额

二、多项选择题（共 30 题，每题 2 分。每题的备选项中，有 2 个或 2 个以上符合题意，至少有 1 个错项。错选，本题不得分；少选，所选的每个选项得 0.5 分）

71. 下列按费用构成要素划分的建筑安装工程费用中，应计入企业管理费的有（　　）。
A. 管理人员工资　　B. 检验试验费
C. 固定资产使用费　　D. 工具用具使用费
E. 材料采购及保管费

72. 关于分部分项工程成本分析的说法，正确的有（　　）。
A. 分部分项工程成本分析是施工项目成本分析的基础
B. 必须对施工项目中的所有分部分项工程进行成本分析
C. 分部分项工程成本分析的方法是进行实际成本与目标成本两者的对比

D. 分部分项工程成本分析的对象为已完分部分项工程

E. 主要分部分项工程要从开工到竣工进行系统的成本分析

73. 根据《建设工程施工合同（示范文本）》（GF—2013—0201），除在专用合同条款中明确的事项外，承包人必须向发包人提交（　　），项目经理才能履行职责。

A. 项目经理与承包人之间的劳动合同

B. 承包人为项目经理缴纳社会保险的有效证明

C. 项目经理持有的建造师执业资格证书

D. 项目经理工作履历

E. 项目经理的专业技术职称证书

74. 下列工程项目管理系统的功能中，属于成本控制子系统的有（　　）。

A. 投标估算的数据计算和分析　　B. 计划施工成本

C. 计算实际成本　　D. 计划成本与实际成本的比较分析

E. 编制资源需求量计划

75. 关于固定总价合同的说法，正确的有（　　）。

A. 合同总价一次包死，业主不承担投资风险

B. 图纸和工程内容明确是使用这种合同的前提之一

C. 固定总价合同也有调整合同总价的可能

D. 合同双方结算比较简单

E. 在国际上很少采用固定总价合同

76. 根据《特种作业人员安全技术培训考核管理规定》及有关制度，施工现场的压力焊作业人员应当具备的条件有（　　）。

A. 年满 16 周岁，且不超过国家法定退休年龄

B. 具有初中及以上文化程度

C. 取得特种作业操作证

D. 经社区或者县级以上医疗机构体检健康合格

E. 在从业所在地或户籍所在地参加培训

77. 地方各级安全生产监督管理部门的应急预案，应当报（　　）备案。

A. 其他负有安全生产监督管理职责的部门　B. 同级人民政府

C. 上一级安全生产监督管理部门　　D. 上一级人民政府

E. 同级建设行政主管部门

78. 关于建设工程项目进度控制措施的说法，正确的有（　　）。

A. 对工程项目的进度开展风险管理属于经济措施

B. 各类进度计划的编制、审批程序属于组织措施

C. 进度控制会议的组织设计属于技术措施

D. 进度控制的管理措施涉及管理的思想、方法和手段、承发包模式等

E. 应用信息技术进行进度控制属于管理措施

79. 根据《全国建筑市场各方主体不良行为记录认定标准》，下列不良行为中，属于承揽业务方面的有（　　）。

A. 允许其他单位或个人以单位名义承揽工程的

B. 不按照与招标人订立的合同履行义务，情节严重的

C. 以向招标人或者评标委员会成员行贿的手段谋取中标的

D. 将承包的工程转包或者违法分包的

E. 按照国家规定需要持证上岗的技术工种的作业人员未取得证书上岗

80. 关于判别网络计划关键线路的说法，正确的有（　　）。

A. 相邻两工作间的间隔时间均为零的线路

B. 双代号网络计划中无虚箭线的线路

C. 总持续时间最长的线路

D. 双代号网络计划中由关键节点组成的线路

E. 时标网络计划中无波形线的线路

81. 关于工作总时差、自由时差及相邻两工作间间隔时间关系的说法，正确的有（　　）。

A. 工作的自由时差一定不超过其紧后工作的总时差

B. 工作的自由时差一定不超过其相应的总时差

C. 工作的总时差一定不超过其紧后工作的自由时差

D. 工作的自由时差一定不超过其与紧后工作之间的间隔时间

E. 工作的总时差一定不超过其与紧后工作之间的间隔时间

82. 建设工程项目总进度目标论证时，在进行项目的工作编码前应完成的工作有（　　）。

A. 编制各层进度计划　　B. 协调各层进度计划的关系

C. 调查研究和收集资料　　D. 进度计划系统的结构分析

E. 项目结构分析

83. 施工成本分析是在成本形成过程中，将施工项目的成本核算资料与（　　）进行比较，以了解成本变动情况。

A. 类似施工项目的预算成本　　B. 本施工项目的实际成本

C. 本施工项目的目标成本　　D. 本施工项目的预算成本

E. 类似施工项目的实际成本

84. 下列组织论基本内容中，属于相对静态的组织关系的有（　　）。

A. 组织分工　　B. 物质流程组织

C. 信息处理工作流程组织　　D. 管理工作流程组织

E. 组织结构模式

85. 下列建设工程项目风险中，属于经济与管理风险的有（　　）。

A. 事故防范措施和计划　　B. 工程施工方案

C. 现场与公用防火设施的可用性　　D. 承包方管理人员的能力

E. 引起火灾和爆炸的因素

86. 施工质量计划的基本内容包括（　　）。

A. 质量总目标及其分解目标　　B. 工序质量偏差的纠正

C. 质量管理组织机构和职责　　D. 施工质量控制点及其跟踪控制的方式

E. 质量记录的要求

87. 关于施工质量事故调查处理的说法，正确的有（　　）。

A. 未造成人员伤亡的一般事故，县级人民政府可以委托事故发生单位组织调查

B. 在事故原因分析中，必要时要组织对事故项目进行检测鉴定和专家技术论证

C. 事故处理应包括对事故相关责任者实施行政处罚

D. 事故处理报告应包括对事故相关责任者的处罚情况和事故处理的结论

E. 制定事故处理技术方案时，只需考虑使用功能，不需考虑成本

88. 关于建设工程项目管理的说法，正确的有（　　）。

A. 业主方是建设工程项目生产过程的总组织者

B. 建设工程项目各参与方的工作性质和工作任务不尽相同

C. 建设工程项目管理的核心任务是项目的费用控制

D. 施工方的项目管理是项目管理的核心

E. 实施建设工程项目管理需要有明确的投资、进度和质量目标

89. 根据《建设工程施工合同（示范文本）》（GF—2013—0201）通用合同条款，关于工程施工交通运输的说法，正确的有（　　）。

A. 承包人未合理预见进出施工现场路径所增加的费用由发包人承担

B. 发包人负责取得出入施工现场所需的批准手续和全部权利

C. 因承包人原因造成的场内基本交通设施损坏的，由发包人承担修复费用

D. 场外交通设施无法满足工程施工需要的，由发包人负责完善

E. 运输超重件所需的道路临时加固费用由承包人承担

90. 关于施工项目分部工程质量验收的说法，正确的有（　　）。

A. 分部工程应由总监理工程师组织施工单位项目负责人和项目技术负责人等进行验收

B. 设计单位项目负责人和施工单位技术、质量部门负责人应参加设备安装分部工程验收

C. 勘察、设计单位项目负责人和施工单位技术、质量部门负责人应参加地基与基础分部工程验收

D. 分部工程验收需对地基基础、主体结构、设备安装分部工程进行见证取样试验或抽样检测

E. 分部工程验收需要对观感质量进行验收，并综合给出质量评价

91. 下列工程索赔证据中，属于书证的有（　　）。

A. 工程现场照片　　B. 合同协议书

C. 质量责任鉴定　　D. 往来信件

E. 司法判决书

92. 关于建设工程现场职业健康安全卫生措施的说法，正确的有（　　）。

A. 每间宿舍居住人员不得超过16人

B. 施工现场宿舍必须设置可开启式窗户

C. 现场食堂炊事人员必须持身体健康证上岗

D. 厕所应设专人负责清扫、清毒

E. 施工区必须配备开水炉

93. 下列建设工程施工合同的风险中，属于管理风险的有（　　）。

A. 政府工作人员干预　　B. 环境调查不深入

C. 投标策略错误　　D. 汇率调整

E. 合同条款不严密

94. 根据建设工程全过程质量管理的要求，质量控制的主要过程包括（　　）。

A. 项目策划与决策过程　　B. 设备材料采购过程

C. 施工组织与实施过程　　D. 项目运行与维修过程

E. 工程质量的评定过程

95. 关于建设工程物资采购管理的说法，正确的有（　　）。

A. 物资采购结束后应将采购资料归档

B. 物资采购应符合工程进度、安全和成本管理等要求

C. 工程建设物资由工程承包单位采购的，发包单位可以指定生产厂或供应商

D. 物资采购应明确采购产品或服务的基本要求、采购分工及有关责任

E. 物资采购应符合有关合同和设计文件规定的数量、技术要求和质量标准

96. 下列施工组织设计内容中，属于专项施工方案的有（　　）。

A. 施工安排　　B. 施工进度计划

C. 施工现场平面布置　　D. 施工方法及工艺要求

E. 资源配置计划

97. 下列合同条款中，与合同款支付方式有关的条款有（　　）。

A. 工程量清单错误的修正

B. 市场价格波动引起的调整

C. 预付款比例

D. 工程进度款支付审批程序

E. 质量保证金的扣留与退还

98. 根据《建设工程监理规范》（GB/T 50319—2013），工程建设监理规划应在（　　）后开始编制。

A. 第一次工地会议　　B. 建设单位指定日期

C. 签订委托监理合同　　D. 施工单位进场

E. 收到设计文件

99. 关于施工成本偏差分析方法的说法，正确的有（　　）。

A. 横道图法是进行偏差分析最常用的一种方法

B. 横道图法具有形象、直观等优点

C. 曲线法不能用于定量分析

D. 表格法反映的信息量大

E. 表格法具有灵活、适用性强的优点

100. 根据下列直方图的分布位置与质量控制标准的上下限范围的比较分析，正确的有（　　）。

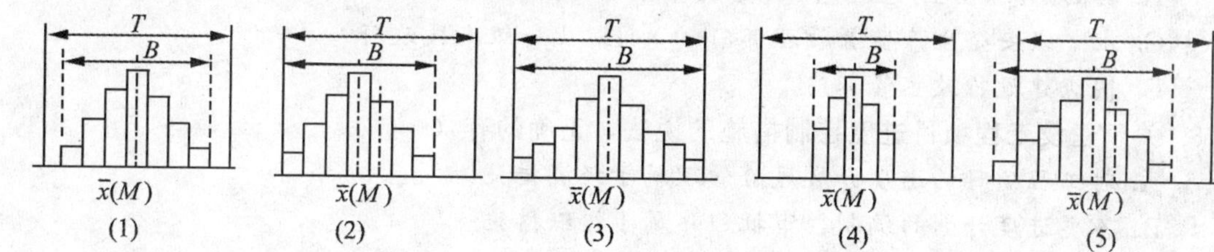

A. 图（1）显示生产过程的质量正常、稳定、受控

B. 图（3）显示质量特性数据分布达到质量标准上下限，质量能力处于临界状态

C. 图（4）显示质量特性数据的分布居中，质量能力偏大，不经济

D. 图（5）显示质量特性数据超出质量标准的下限，存在质量不合格情况

E. 图（2）显示质量特性数据分布偏上限，易出现不合格

市、县（区）________ 姓名________ 准考证号________

密封线内不要答题

全国一级建造师执业资格考试

2015年《建设工程项目管理》真题

（考试时间180分钟　满分130分）

一、单项选择题（共70题，每题1分。每题的备选项中，只有1个最符合题意）

1. “建设工程项目法人决策的理性化程度以及建筑企业经营者的经营管理理念”属于影响建设工程质量的（　　）。
   A. 管理环境因素　B. 人的因素　C. 方法的因素　D. 社会环境因素

2. 根据《招标投标法实施条例》（国务院令613号），投标有效期从（　　）起计算。
   A. 提交投标文件的开始之日　B. 购买招标文件的截止之日
   C. 提交投标文件的截止之日　D. 招标文件规定的开标之日

3. 下列工程项目策划工作中，属于建设工程项目实施阶段管理策划的是（　　）。
   A. 确定项目实施期管理总体方案　B. 确定生产运营期设施管理总体方案
   C. 确定项目风险管理与工程保险方案　D. 确定生产运营期经营管理总体方案

4. 关于职业健康安全与环境管理体系管理评审的说法，正确的是（　　）。
   A. 管理评审是管理体系接受政府监督的一种机制
   B. 管理评审是最高管理者对管理体系的系统评价
   C. 管理评审是管理体系自我保证和自我监督的一种机制
   D. 管理评审是第三方论证机构对管理体系的系统评价

5. 下列双代号时标网络计划中，关键线路有（　　）条。

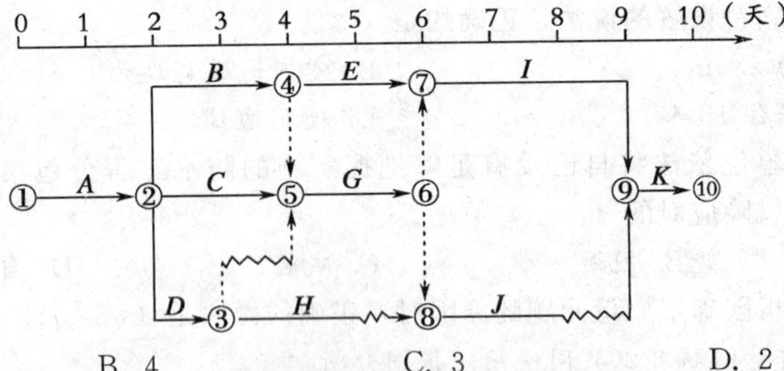

   A. 5　B. 4　C. 3　D. 2

6. 关于建设工程管理内涵的说法，正确的是（　　）。
   A. 建设工程项目管理和设施管理即为建设工程管理
   B. 建设工程管理不涉及项目使用期的管理方对工程的管理
   C. 建设工程管理是对建设工程的行政事务管理
   D. 建设工程管理工作是一种增值服务

7. 下列安全生产管理制度中，最基本、也是所有制度核心的是（　　）。
   A. 安全生产教育培训制度　B. 安全生产责任制
   C. 安全检查制度　D. 安全措施计划制度

8. 根据建设工程项目施工成本的组成，属于直接成本的是（　　）。
   A. 工具用具使用费　B. 职工教育经费
   C. 机械折旧费　D. 管理人员工资

9. 某施工项目部根据以往项目的材料实际耗用情况，结合具体的施工项目要求，制定领用材料标准控制发料。这种材料用量的控制方法是（　　）。
   A. 定额控制　B. 计量控制　C. 指标控制　D. 包干控制

10. 关于施工方项目管理目标和任务的说法，正确的是（　　）。
    A. 施工方项目管理仅服务于施工方本身的利益
    B. 施工方项目管理不涉及动用前准备阶段
    C. 施工方成本目标由施工企业根据其生产和经营情况自行确定
    D. 施工方不对业主方指定分包承担的目标和任务负责

11. 采用固定总价合同，承包商需承担一定风险，下列风险中，属于承包商价格风险的是（　　）。
    A. 设计深度不够造成的误差　B. 工程量计算错误
    C. 工程范围不确定　D. 漏报计价项目

12. 关于影响系统目标实现因素的说法，正确的是（　　）。
    A. 组织是影响系统目标实现的决定性因素
    B. 系统组织决定了系统目标
    C. 增加人员数量一定会有助于系统目标的实现
    D. 生产方法与工具的选择与系统目标实现无关

13. 关于工程监理单位工作性质的说法，正确的是（　　）。
    A. 工程监理单位接受业主的委托必须保证项目目标的实现
    B. 工程监理单位在组织上不能依附于监理工作的对象
    C. 工程监理单位从事监理工作的人员均应是注册监理工程师
    D. 工程监理单位以独立的第三方身份处理业主和承包商的冲突

14. 关于FIDIC《永久设备和设计—建造合同条件》内容的说法，正确的是（　　）。
    A. 业主委派工程师管理合同
    B. 承包商仅需负责提供设备和建造工作
    C. 合同计价采用单价合同方式，某些子项采用包干价格
    D. 合同计价采用总价合同方式，合同价格不能调整

15. 某项目按施工进度编制的施工成本计划如下图，则4月份计划成本是（　　）万元。

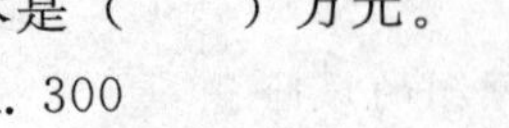

    A. 300
    B. 400
    C. 750
    D. 1150

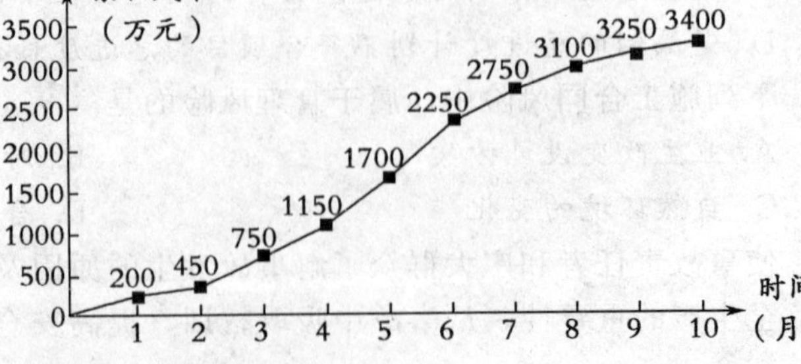

16. 某工程双代号时标网络计划如下图（时间单位：天），工作 A 的总时差为（　　）天。

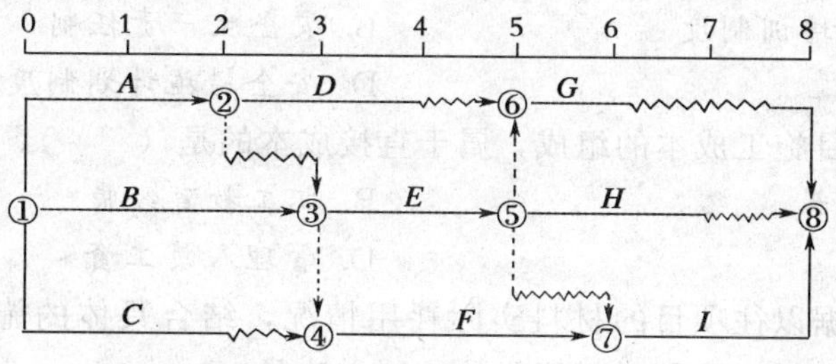

A. 0　　B. 1　　C. 2　　D. 3

17. 已知工作 F 有且仅有两项并行的紧后工作 G 和 H，工作 G 的最迟开始时间为第 12 天，最早开始时间为第 8 天，工作 H 的最迟完成时间为第 14 天，最早完成时间为第 12 天，工作 F 与 G、H 的时间间隔分别为 4 天和 5 天，则工作 F 的总时差为（　　）天。

A. 0　　B. 5　　C. 7　　D. 9

18. 关于施工预算、施工图预算“两算”对比的说法，正确的是（　　）。

A. 施工预算的编制以预算定额为依据，施工图预算的编制以施工定额为依据

B. “两算”对比的方法包括实物对比法

C. 一般情况下，施工图预算的人工数量及人工费比施工预算低

D. 一般情况下，施工图预算的材料消耗量及材料费比施工预算低

19. 关于施工安全技术措施的说法中，正确的是（　　）。

A. 施工安全技术措施要有针对性

B. 施工安全技术措施包括固体废弃物的处理

C. 施工安全技术措施可以不包括针对自然灾害的应急预案

D. 施工安全技术措施可在工程开工后制定

20. 根据《建筑市场诚信行为住处管理办法》（建市［2007］9 号），建设行政主管部门市场诚信信息平台上不良行为记录的公布时间，除法律、法规另有规定的，应为行政处罚作出后（　　）日内。

A. 14　　B. 10　　C. 7　　D. 5

21. 某工程的混凝土结构出现较深裂缝，但经分析判定其不影响结构的安全和使用，正确的处理方法是（　　）。

A. 表面密封　　B. 嵌缝封闭　　C. 灌浆修补　　D. 限制使用

22. 关于大型建设工程项目总进度目标论证的说法，正确的是（　　）。

A. 大型建设工程项目总进度论证的核心工作是编制总进度纲要

B. 大型建设工程项目总进度目标论证首先开展的工作是调查研究和收集资料

C. 大型建设工程项目总进度目标的确定应在项目的实施阶段进行

D. 若编制的总进度计划不符合项目的总进度目标，应调整总进度目标

23. 下列施工合同风险中，属于管理风险的是（　　）。

A. 业主改变设计方案　　B. 对环境调查和预测的风险

C. 自然环境的变化　　D. 合同所依据环境的变化

24. 使事故责任者和广大群众了解事故发生的原因及所造成的危害，并深刻认识到搞好安全生产的重要性，从事故中吸取教训，提高安全意识，改进安全管理工作，这体现了事故处理中的（　　）原则。

A. 事故原因未查清不放过

B. 事故责任人未受到处理不放过

C. 事故责任人和周围群众没有受到教育不放过

D. 事故没有制定切实可行的整改措施不放过

25. 某工程每月所需混凝土量相同，混凝土用量为 3200m^3，计划 4 个月完成，混凝土综合价格为 1000 元/m^3，实际混凝土用量为 5000m^3，用时 5 个月，从第 1 个月至第 5 个月各月混凝土价格指数（%）为 100，115，110，105，115。则根据赢得值法，前 3 个月的费用偏差为（　　）万元。

A. −30　　B. −25　　C. −22　　D. −20

26. 项目质量控制体系运行的核心机制是（　　）。

A. 约束机制　　B. 反馈机制

C. 持续改进机制　　D. 动力机制

27. 根据《建设工程施工合同（示范文本）》（GF−2013−0201），工程未经竣工验收，发包人擅自使用，以（　　）为实际竣工日期。

A. 承包人提交竣工验收申请报告之日　　B. 转移占有工程之日

C. 监理人组织竣工初验之日　　D. 发包人签发工程接收证书之日

28. 一般情况下，横道图能反映出工作的（　　）。

A. 总时差　　B. 最迟开始时间　　C. 持续时间　　D. 自由时差

29. 根据我国保险制度，关于建设工程第三者责任险的说法，正确的是（　　）。

A. 被保险人是项目法人和承包人以外的第三人

B. 赔偿范围包括承包商在工地的财产损失

C. 被保险人是项目法人和承包人

D. 赔偿范围包括承包商在现场从事与工作有关的职工伤亡

30. 用来表示组织系统中各子系统或各元素间指令关系的工具是（　　）。

A. 项目结构图　　B. 工作流程图　　C. 组织结构图　　D. 职能分工表

31. 关于施工现场宿舍设置的说法，正确的是（　　）。

A. 室内净高为 2.5m　　B. 室内通道宽度为 0.8m

C. 每间宿舍居住 18 人　　D. 使用通铺

32. 某施工总承包单位依法将自己没有足够把握实施的防水工程分包给有经验的分包单位，属于质量风险应对的（　　）策略。

A. 转移　　B. 规避　　C. 减轻　　D. 自留

33. 在应用因果分析图确定质量问题的原因时，正确的做法是（　　）。

A. 不同类型质量问题可以共同使用一张图分析

B. 通常选出 1～5 项作为最主要原因

C. 为避免干扰，只能由 QC 小组成员独立进行分析

D. 由 QC 小组组长最终确定分析结果

34. 施工现场文明施工管理组织的第一责任人是（　　）。

A. 项目经理　　B. 总监理工程师　　C. 业主代表　　D. 项目总工程师

密封线内不要答题

35. 施工技术准备工作的质量控制包括（　　）。
A. 明确质量控制方法　　B. 计量控制
C. 测量控制　　D. 施工平面图控制

36. 某单价合同的投标报价单中，投标人的投标书出现了明显的数字计算错误，导致总价和单价计算结果不一致，下列行为中，属于业主权力的是（　　）。
A. 业主有权力先作修改再评标，以总价作为最终报价结果
B. 业主没有权力先作修改再评标，可以宣布该投标人废标
C. 业主没有权力先作修改再评标，可以请该投标人再报价
D. 业主有权力先作修改再评标，以单价为准调整的总价作为最终报价结果

37. 承包商就已完工、经检验合格的工程提出支付申请，监理工程师复核后，业主批准支付申请，此工作程序属于（　　）流程。
A. 物资采购工作　B. 信息处理工作　C. 设计工作　D. 管理工作

38. 某项目施工成本数据如下表，根据差额计算法，成本降低率提高对成本降低额的影响程度为（　　）万元。

项目	单位	计划	实际	差额
成本	万元	220	240	20
成本降低率	%	3	3.5	0.5
成本降低额	万元	6.6	8.4	1.8

A. 0.6　B. 0.7　C. 1.1　D. 1.2

39. 关于施工进度计划调整的说法，正确的是（　　）。
A. 当资源供应发生异常时，可调整工作的工艺关系
B. 当实际进度计划拖后时，可缩短关键工作持续时间
C. 为充分利用资源，降低成本，应减少资源的投入
D. 任何情况下均不允许增减工作项目

40. 为赶上已拖延的施工进度，项目部决定采用混凝土泵代替原来的塔吊运输混凝土。该纠偏措施属于（　　）。
A. 管理措施　B. 组织措施　C. 经济措施　D. 技术措施

41. 某基础工程合同价为2000万元，合同总工期为20个月，施工过程中因设计变更，导致增加额外工程400万元，业主同意工期顺延。则承包商按造价比例法可索赔工期（　　）个月。
A. 8　B. 6　C. 4　D. 2

42. 编码信息、单位组织信息、项目组织信息等属于（　　）信息。
A. 管理类　B. 组织类　C. 经济类　D. 技术类

43. 下列施工检验批验收的做法中，正确的是（　　）。
A. 存在一般缺陷的检验批应推倒重做
B. 某些指标不能满足要求时，可予以验收
C. 严重缺陷经加固处理后能满足安全使用要求，可按技术处理方案进行验收
D. 经加固处理后仍不能满足安全使用要求的分部工程可缺项验收

44. 沟通过程的五要素包括（　　）。
A. 沟通主体、沟通客体、沟通介体、沟通环境和沟通渠道
B. 沟通主体、沟通客体、沟通介体、沟通内容和沟通渠道
C. 沟通主体、沟通客体、沟通介体、沟通环境和沟通方法
D. 沟通主体、沟通客体、沟通介体、沟通内容和沟通方法

45. 某工程施工检查发现外墙面砖质量不合格，经调查发现是供应商的供货质量问题，项目部决定更换供应商，该措施属于项目目标控制的（　　）。
A. 管理措施　B. 组织措施　C. 经济措施　D. 技术措施

46. 采用工程总承包模式的大型建设工程项目，建设周期为3年，其合同计价方式一般采用（　　）。
A. 固定总价合同　B. 单价合同　C. 成本加酬金合同　D. 变动总价合同

47. 根据《建设工程项目管理规范》（GB/T 50326—2006）条文中的风险等级评估表，如果某个风险事件将对项目造成中度损失，且发生的可能性很大。则该事件的风险等级为（　　）级。
A. 5　B. 4　C. 3　D. 2

48. 生产经营单位应急预案未按照有关规定备案的，由县级以上（　　）给予警告，并处罚款。
A. 建设主管部门　B. 安全生产监督管理部门
C. 建设工程质量监督机构　D. 人民政府

49. 某工程在浇筑楼板混凝土时，发生支模架坍塌，造成3人死亡，6人重伤，经调查，系现场技术管理人员未进行技术交底所致。该工程质量事故应判定为（　　）。
A. 操作责任的较大事故　B. 操作责任的重大事故
C. 指导责任的较大事故　D. 指导责任的重大事故

50. 某网络计划如下图，逻辑关系正确的是（　　）。
A. E 的紧前工作是 BD
B. A 完成后同时进行 CF
C. AB 均完成后进行 E
D. F 的紧前工作是 DE

51. 下列工作任务中，不属于信息管理部门的是（　　）。
A. 负责编制行业信息管理规范　B. 负责信息处理工作平台的建立和运行维护
C. 负责工程档案管理　D. 负责协调各部门的信息处理工作

52. 下列工程项目策划工作中，属于项目决策阶段合同策划的是（　　）。
A. 组织方案设计竞赛　B. 确定项目设计合同结构方案
C. 拟定施工合同文本　D. 确定实施期合同结构总体方案

53. 根据《建设工程项目管理规范》（GB/T 50326—2006），项目管理规划包括（　　）。
A. 项目管理规划原则和内容　B. 项目管理规划大纲和配套措施
C. 项目管理规划大纲和实施大纲　D. 项目管理规划大纲和实施规划

54. 根据《建设工程施工合同（示范文本）》（GF—2013—0201），承包人应在首次收到发包人要求更换项目经理的书面通知后（　　）天内向发包人提出书面改进报告。
A. 28　B. 21　C. 14　D. 7

55. 关于虚工作的说法，正确的是（　　）。
A. 虚工作只在双代号网络计划中存在
B. 虚工作一般不消耗资源但占用时间
C. 虚工作可以正确地表达工作间逻辑关系
D. 双代号时标网络计划中虚工作用波形线表示

56. 运用建设工程的项目信息门户辅助施工项目进度控制，属于进度控制的（　　）措施。
A. 技术　　B. 管理　　C. 经济　　D. 组织

57. 建立项目质量控制体系时，首先开展的工作是（　　）。
A. 分析质量控制界面　　B. 编制质量控制计划
C. 制定质量控制制度　　D. 确立系统质量控制网络

58. 关于施工合同跟踪的说法，错误的是（　　）。
A. 承包单位的合同管理职能部门对合同执行者的履行情况进行跟踪、监督和检查
B. 合同执行者本身对合同计划的执行情况进行跟踪、检查和对比
C. 合同跟踪的内容包括业主是否及时给予了指令、答复等
D. 可以将工程任务发包给专业分包完成，并由专业分包对合同计划的执行进行跟踪、检查和对比

59. 政府质量监督机构对工程项目实施质量监督的第一步工作是（　　）。
A. 制订质量监督工作计划　　B. 抽查工程质量问题
C. 接受建设单位申报手续　　D. 建立工程质量监督档案

60. 建设工程项目在施工时盲目赶工，会导致（　　）。
A. 安全事故发生的概率减小　　B. 施工成本增加的概率减小
C. 文明施工实现的概率增加　　D. 质量事故发生的概率增加

61. 施工成本核算要求的归集“三同步”是指（　　）的取值范围应当一致。
A. 形象进度、产值统计、实际成本　　B. 成本预测、成本计划、成本分析
C. 目标成本、预算成本、实际成本　　D. 人工成本、材料成本、机械成本

62. 下列施工组织设计的内容中，属于施工部署及施工方案的是（　　）。
A. 施工资源的需求计划　　B. 施工资源的优化配置
C. 投入材料的堆场设计　　D. 施工机械的分析选择

63. 某国际工程合同额为5000万人民币，合同实施天数为300天。由国内某承包商总承包施工，该承包商同期总合同额为5亿人民币，同期内公司的总管理费用为1500万元；因为业主的修改设计，承包商要求工期延期30天。该工程项目部在施工索赔中总部管理费的索赔额是（　　）万元。
A. 50　　B. 15　　C. 12　　D. 10

64. 在建设工程项目施工成本分析中，成本盈亏异常分析属于（　　）方法。
A. 因素分析　　B. 综合成本分析　　C. 专项成本分析　　D. 成本项目分析

65. 关于钢筋保护层厚度检测的说法，正确的是（　　）。
A. 检测机构部位由监理确定
B. 梁类应抽取构件数量的2%且不少于5个构件
C. 板类构件应抽取构件数量的5%且不少于2个构件
D. 必须采用无损检测方法

66. 关于建设工程项目施工总承包管理模式的说法，正确的是（　　）。
A. 施工总承包管理单位应参与全部具体工程的施工
B. 业主进行施工总承包管理单位招标时，应先确定工程总造价
C. 施工总承包管理单位负责所有分包合同的招标投标工作
D. 业主不需要等待施工图设计完成后再进行施工总承包管理单位的招标

67. 关于FIDIC《EPC交钥匙项目合同条件》特点的说法，正确的是（　　）。
A. 适用于承包商做大部分设计的工程项目，承包商要按照业主的要求进行设计、提供设备以及建造其他工程
B. 合同采用固定总价合同，只有在特定风险出现时才调整价格
C. 业主委派工程师管理合同，监督工程进度质量
D. 承包商承担的风险较小

68. 关于物资采购交货日期的说法，正确的是（　　）。
A. 凡委托运输部门送货的，以供货方发运产品时承运单位签发的日期为准
B. 供货方负责送货的，以供货方按合同规定通知的提货日期为准
C. 采购方提货的，以采购方收获戳记的日期为准
D. 凡委托运输单位代运的产品，以向承运单位提出申请的日期为准

69. 根据《建筑工程施工质量验收统一标准》（GB 50300—2013），关于检验批质量验收合格的说法，正确的是（　　）。
A. 可由监理员组织验收　　B. 应具有完整的施工操作依据、质量检查记录
C. 主控项目不需全部检验合格　　D. 一般项目的检查具有否决权

70. 下列质量控制工作中，属于施工技术准备工作的是（　　）。
A. 明确质量控制的重点对象　　B. 编制测量控制方案
C. 建立施工现场计量管理的规章制度　　D. 正确安装设置施工机械设备

二、多项选择题（共30题，每题2分。每题的备选项中，有2个或2个以上符合题意，至少有1个错项。错选，本题不得分；少选，所选的每个选项得0.5分）

71. 关于沟通障碍的说法，正确的有（　　）。
A. 从信息发送者的角度看，影响信息沟通的因素可能是信息译码不准确
B. 沟通障碍来自发送者的障碍、接受者的障碍和沟通通道的障碍
C. 沟通障碍包括组织的沟通障碍和能力的沟通障碍两种形式
D. 从信息接受者的角度看，影响信息沟通的因素可能是心理上的障碍
E. 选择沟通媒介不当是沟通通道障碍的一个方面

72. 根据《建筑工程施工合同（示范文本）》（GF—2013—0201），可以顺延工期的情况有（　　）。
A. 发包人比计划开工日晚5天下达开工通知
B. 发包人未按合同约定提供施工现场
C. 发包人提供的测量基准点存在错误
D. 监理未按合同约定发出指示、批准文件
E. 分包商或供货商延误

73. 下列施工质量控制点的管理工作中，属于事前质量控制的有（　　）。
A. 明确质量控制目标　　B. 确定质量抽样数量
C. 质量控制人员在现场进行指导　　D. 向施工作业班组认真交底
E. 动态跟踪管理质量控制点

74. 根据《建设工程监理规范》（GB/T 50319—2013），编制工程建设监理实施细则的依据有（　　）。
A. 工程建设标准　B. 监理大纲　C. 监理委托合同　D. 施工组织设计　E. 工程设计文件

75. 某项目成本及成本构成比例数据（单位：万元）如下表所示，正确的有（　　）。

成本项目	预算成本		实际成本		降低成本		
	金额	比重	金额	比重	金额	占本项	占总量
（1）直接成本	1263.79	93.20%	1200.31	92.38%	63.48	5.02%	4.68%
①人工费	113.36	8.36%	119.28	9.18%	−5.92	−5.22%	−0.44%
②材料费	1006.56	74.23%	939.67	72.32%	66.89	6.65%	4.93%
③机械费	87.6	6.46%	89.65	6.90%	−2.05	−2.34%	−0.15%
④措施费	56.27	4.15%	51.71	3.98%	4.56	8.10%	0.34%
（2）间接成本	92.21	6.80%	99.01	7.62%	−6.8	−7.37%	−0.50%
总成本	1356	100.00%	1299.32	100.00%	56.68	4.18%	4.18%
比例	100	—	95.82%	—	4.18%	—	—

A. 成本增加比例最大的是间接成本　　B. 成本降低最多的项目是机械费

C. 成本节约效益最大的是材料费　　D. 成本节约做得最好的是措施费

E. 直接成本增加比例最大的是人工费

76. 建设工程项目总进度目标论证的主要任务有（　　）。

A. 总进度规划编制　　B. 工程实施条件分析

C. 工程实施策划　　D. 项目总进度目标确定

E. 项目经济评价

77. 按最早开始时间编制的施工计划及各工作每月成本强度（单位：万元/月）如下图所示，工作 D 可以按最早开始时间或最迟开始时间进行安排。则 4 月份的施工成本计划值可以是（　　）万元。

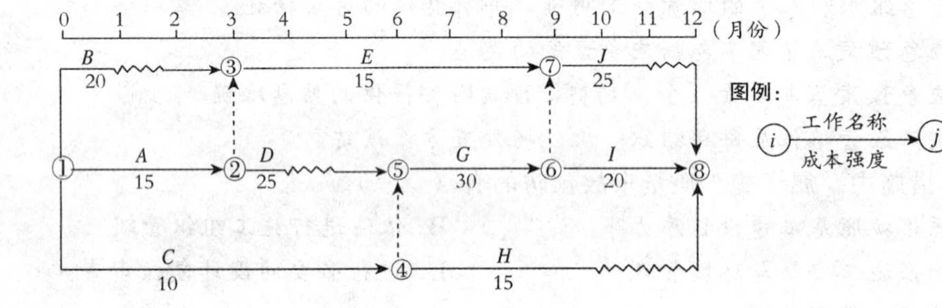

A. 60　　B. 50　　C. 25　　D. 15　　E. 10

78. 工程质量管理常用数据统计方法中，排列图方法可用于（　　）的数据状况描述。

A. 质量偏差　　B. 质量稳定程度

C. 质量缺陷　　D. 造成质量问题原因

E. 质量受控情况

79. 某工作横道图费用偏差分析如下图所示，正确的有（　　）。

项目编号	项目名称	费用参数额（万元）
010302001	实心砖墙	已完工作预算费用40（BCWP） 计划工作预算费用30（BCWS） 已完工作实际费用50（ACWP）

A. 费用超支

B. 进度较快

C. 效率较高

D. 可采用抽出部分人员，放慢进度的措施

E. 投入超前

80. 关于施工过程中水污染预防措施的说法，正确的有（　　）。

A. 禁止将有毒有害废弃物作土方回填

B. 施工现场搅拌站废水经沉淀池沉淀合格后也不能用于工地洒水降尘

C. 现制水磨石的污水必须经沉淀池沉淀合格后再排放

D. 现场存放油料，必须对库房地面进行防渗处理

E. 化学用品、外加剂等要妥善保管，库内存放

81. 在施工合同分析中，发包人的合同责任有（　　）。

A. 施工现场的管理，给发包人的管理人员提供生活和工作条件

B. 及时提供设计资料、图纸、施工场地等

C. 按合同规定及时支付工程款

D. 对平行的各承包人和供应商之间的责任界限作出划分

E. 及时作出承包人履行合同所必需的决策

82. 关于风险对策的说法，正确的有（　　）。

A. 编制生产安全事故应急预案是生产者安全风险规避策略

B. 招标人要求中标人提交履约担保是招标人合同风险减轻策略

C. 承包商设立质量缺陷风险基金是承包商质量风险自留策略

D. 承包商合理安排施工工期、进度计划，避开可能发生的自然灾害是承包商质量风险规避策略

E. 依法组成联合体承接大型工程项目是承包商风险转移策略

83. 在施工总承包管理模式下，对分包单位管理的特点有（　　）。

A. 一般情况下，分包合同由施工总承包管理单位与分包单位签订

B. 分包工程款可以通过施工总承包管理单位，也可以由业主直接支付

C. 分包合同价对业主是透明的，有利于业主方控制投资

D. 施工总承包管理单位有责任对分包人的质量和进度进行控制

E. 施工总承包管理单位有义务免费向分包人提供脚手架等设施

84. 工程项目管理信息系统中，合同管理子系统的功能有（　　）。

A. 合同基本数据查询　　B. 合同执行情况统计分析

C. 合同通用条件的编写　　D. 合同结构的选择

E. 合同辅助起草

85. 关于业主方项目管理目标和任务的说法中，正确的有（　　）。

A. 业主方项目管理是建设工程项目管理的核心

B. 业主方项目管理工作不涉及施工阶段的安全管理工作

C. 业主方项目管理目标包括项目的投资目标、进度目标和质量目标

D. 业主方项目管理目标不包括影响项目运行的环境质量

E. 业主方项目管理工作涉及项目实施阶段的全过程

86. 关于组织结构模式、组织分工和工作流程组织的说法，正确的有（　　）。

A. 组织结构模式反映指令关系　　B. 工作流程组织反映工作间逻辑关系

C. 组织分工是指工作任务分工　　D. 组织分工和工作流程组织都是动态组织关系

E. 组织结构模式和组织分工是一种相对静态的组织关系

87. 在大型群体工程项目中，第一层次的质量控制体系可由（　　）的项目管理机构负责建立。

A. 建设单位　　B. 设计总责任单位

C. 代建单位　　D. 施工总承包单位

E. 工程总承包企业

88. 下列损失中，属于建设工程人身意外伤害险中除外责任范围的有（　　）。

A. 被保险人不忠实履行约定义务造成的损失

B. 项目建设人员由于施工原因而受到人身伤害的损失

C. 战争或军事行为所造成的损失

D. 投标人故意行为所造成的损失

E. 项目法人和承包人以外的第三人由于施工原因受到的财产损失

89. 下列建设工程项目进度控制措施中，属于管理措施的有（　　）。

A. 选择合同结构　　B. 分析工程风险

C. 建立管理组织体系　　D. 确定物资采购模式

E. 明确管理职能

90. 根据建设工程竣工验收备案制度，备案文件资料包括（　　）。

A. 工程竣工验收报告　　B. 规划部门出具的认可文件

C. 工程竣工预验收申请报告　　D. 环保部门出具的准许使用文件

E. 公安消防部门出具的准许使用文件

91. 下列成本加酬金合同的优点中，对业主有利的有（　　）。

A. 可以确定合同工程内容、工程量及合同终止时间

B. 可以通过分段施工缩短施工工期

C. 可以通过最高限价约束工程成本，转移全部风险

D. 可以利用承包商的施工技术专家帮助改进设计的不足

E. 可以较深入介入和控制工程施工和管理

92. 在双代号网络图中，虚箭线的作用有（　　）。

A. 指向　　B. 联系　　C. 区分　　D. 过桥　　E. 断路

93. 关于安全生产管理制度的说法，正确的有（　　）。

A. 企业取得安全生产许可证，应当具备的条件之一是依法参加工伤保险，为从业人员缴纳保险费

B. 新员工上岗前的三级安全教育，对建设工程来说，具体指进企业、进项目、进班组三级

C. 根据《建设工程安全生产管理条例》，对高大模板工程的专项施工方案，施工单位应当组织专家进行论证、审查

D. 按照“三同时”制度要求，安全设施投资应当纳入建设项目概算

E. 特种作业人员离开特种作业岗位1年后，应当重新进行培训，经培训合格后方可上岗作业

94. 某工程项目的双代号时标网络计划，当计划执行到第4周末及第10周末时，检查得出实际进度前锋线如下图所示，检查结果表明（　　）。

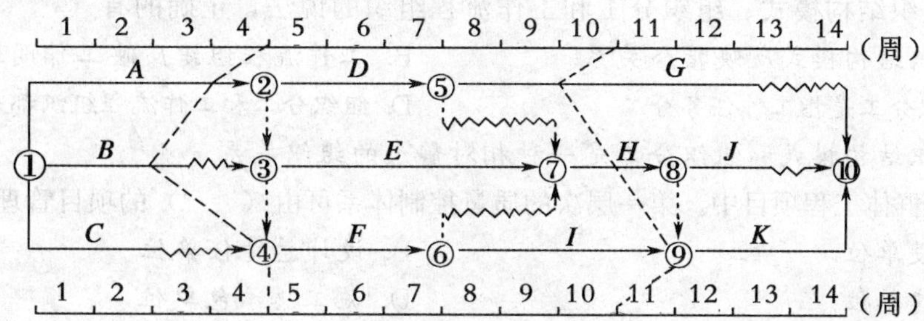

A. 第4周末检查时工作 B 拖后1周，但不影响总工期

B. 第4周末检查时工作 A 拖后1周，影响总工期1周

C. 第10周末检查时工作 G 拖后1周，但不影响总工期

D. 第10周末检查时工作 I 提前1周，可使总工期提前1周

E. 在第5周到第10周内，工作 F 和工作 I 的实际进度正常

95. 关于合同谈判中工期和维修期的说法，正确的有（　　）。

A. 对于具有较多单项工程的建设工程项目，可在合同中明确允许分部位或分批提交业主验收

B. 由于工程变更原因对工期产生不利影响时，应给予承包人要求合理延长工期的权利

C. 承包人只应承担由于材料和施工方法及操作工艺等不符合合同规定而产生的缺陷

D. 承包人不能用维修保函来代替业主扣留的保留金

E. 业主和承包人应当根据项目情况、施工环境因素等商定适当的开工时间

96. 下列指标中，属于项目部施工成本考核的有（　　）。

A. 施工成本降低额　　B. 施工成本降低率

C. 施工生产总成本　　D. 劳动力不均衡系数

E. 生产能力利用率

97. 关于安全生产事故应急预案的说法，正确的有（　　）。

A. 应急预案编制应结合本地区、本部门、本单位的危险性分析情况

B. 应急组织和人员的职责分工明确，并有具体的落实措施

C. 应急预案的管理不包括应急预案的奖惩

D. 应急预案基本要素齐全、完整，预案附件提供的信息准确

E. 生产经营单位应每年组织一次现场处置方案演练

98. 下列措施中，属于施工质量事故预防的有（　　）。

A. 严格按照基本建设程序办事　　B. 依法进行施工组织管理

C. 加强施工安全与环境管理　　D. 进行必要的设计复核审查

E. 做好质量事故的观测记录

99. 关于施工组织设计中施工平面图的说法中，正确的有（　　）。

A. 反映了最佳施工方案在时间上的安排

B. 反映了施工机具等资源的供应情况

C. 反映了施工方案在空间上的全面安排

D. 反映了施工进度计划在空间上的全面安排

E. 使整个现场能有组织地进行文明施工

100. 根据《建设项目工程总承包合同示范文本（试行）》（GF—2011—0216），承包人主要权利和义务有（　　）。

A. 根据合同约定，自费修复竣工后试验中发现的缺陷

B. 按照合同约定和发包人的要求，提出相关报表

C. 根据合同约定，以书面形式向发包人发出暂停通知

D. 根据合同约定，对因发包人原因带来的损失要求赔偿

E. 负责办理项目审批、核准或备案手续，取得项目用地的使用权

市、县（区）＿＿＿＿ 姓名＿＿＿＿ 准考证号＿＿＿＿

密 封 线 内 不 要 答 题

全国一级建造师执业资格考试

2014 年《建设工程项目管理》真题

（考试时间 180 分钟　满分 130 分）

一、单项选择题（共 70 题，每题 1 分。每题的备选项中，只有 1 个最符合题意）

1. 关于关键工作和关键线路的说法，正确的是（　　）。
A. 关键线路上的工作全部是关键工作　B. 关键工作不能在非关键线路上
C. 关键线路上不允许出现虚工作　D. 关键线路上的工作总时差均为零

2. 在 FIDIC 系列合同工作中，《EPC 交钥匙项目合同条件》的合同计价采用（　　）方式。
A. 固定单价　B. 变动单价
C. 固定总价　D. 变动总价

3. 某双代号网络图如右图所示，存在的错误是（　　）。 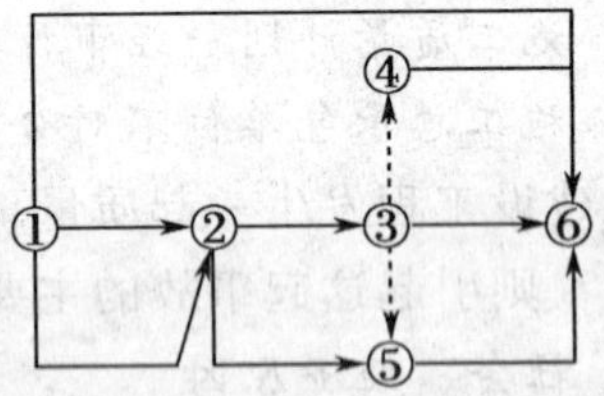
A. 工作代号相同
B. 出现无箭头连线
C. 出现无箭头节点箭线
D. 出现多个起点节点

4. 项目投资的动态控制中，相对于工程合同价，可作为投资计划值的是（　　）。
A. 工程预算　B. 工程支付款
C. 工程决算　D. 项目估算

5. 建设行政主管部门市场诚信信息平台上良好行为记录信息的公布期限一般为（　　）。
A. 3 个月　B. 6 个月
C. 1 年　D. 3 年

6. 根据《建设项目工程总承包合同示范文本（试行）》（GF—2011—0216），发包人的义务是（　　）。
A. 组织竣工验收　B. 提交临时占地资料
C. 提供设计审查所需的资料　D. 负责办理项目备案手续

7. 工程施工质量事故的处理方法包括：①事故调查；②事故的原因分析；③事故处理；④事故处理的鉴定验收；⑤制定事故处理方案。正确的程序是（　　）。
A. ①—②—⑤—③—④　B. ①—②—③—④—⑤
C. ②—①—③—④—⑤　D. ①—②—⑤—④—③

8. 在施工合同实施中，“项目经理将各种任务的责任分解，并落实到具体人员”的活动属于（　　）的内容。
A. 合同分析　B. 合同跟踪
C. 合同交底　D. 合同实施控制

9. 建设工程施工工地上，对于不适合再利用、且不宜直接予以填埋处置的废物，可采取（　　）的处理方法。
A. 减量化处置　B. 焚烧
C. 稳定固化　D. 消纳分解

10. 建设工程项目总承包方项目管理工作涉及（　　）的全过程。
A. 决策阶段　B. 实施阶段
C. 使用阶段　D. 全寿命周期

11. 根据《建设工程监理规范》（GB/T 50319—2013），工程建设监理实施细则应在工程施工开始前编制完成并必须经过（　　）批准。
A. 专业监理工程师　B. 发包人代表
C. 总监理工程师　D. 总监理工程师代表

12. 某施工项目某月的成本数据如下表，应用差额计算法得到预算成本增加对成本的影响是（　　）万元。

项目	单位	计划	实际
预算成本	万元	600	640
成本降低率	%	4	5

A. 12.0　B. 8.0
C. 6.4　D. 1.6

13. 根据 FIDIC《施工合同条件》，对投标书中明显数字计算错误的修正，正确的是（　　）。
A. 业主应征求投标人意见后才能进行评标
B. 当总价和单价计算结果不一致时，以总价为准调整单价
C. 当总价和单价计算结果不一致时，以单价为准调整总价
D. 投标人有一次修改报价的机会

14. 根据《建设工程施工合同（示范文本）》（GF—2013—0201），工作缺陷责任期自（　　）起计算。
A. 合同签订日期　B. 竣工验收合格之日
C. 实际竣工日期　D. 颁发工程验收证书之日

15. 关于单代号搭接网络计划时距的说法，正确的是（　　）。
A. 时距是某工作具有的特殊时间参数　B. 相邻工作间只能有一种时距的限制
C. 时距一般标注在箭头的上方　D. 时距是时间间隔的特殊形式

16. 在直方图的位置观察分析中，若质量特性数据的分布居中，边界在质量标准的上下界限内，且有较大距离时，说明该生产过程（　　）。
A. 质量能力不足　B. 易出现质量不合格
C. 存在质量不合格　D. 质量能力偏大

17. 关于施工成本分析的说法，正确的是（　　）。
A. 施工成本分析的实质是在施工之前对成本进行估算
B. 施工成本分析是科学地预测成本水平及其发展趋势
C. 施工成本分析贯穿于施工成本管理的全过程

D. 施工成本分析是预测成本控制的薄弱环节

18. 某土方工程合同约定，合同工期为 60 天，工程量增减超过 15%时，承包商可提出变更。实施中因业主提供的地质资料不实，导致工程量由 $3200m^3$ 增加到 $4800m^3$，则承包商可索赔工期（　　）天。

A. 0　　B. 16.5

C. 21　　D. 30

19. 下列项目质量风险中，属于管理风险的是（　　）。

A. 项目实施人员对工程技术的应用不当

B. 社会上的腐败现象和违法现象

C. 采用不够成熟的新结构、新技术、新工艺

D. 工程质量责任单位的质量管理体系存在缺陷

20. 根据政府对工程项目质量监督的要求，项目的工程质量监督档案应按（　　）建立。

A. 建设项目　　B. 单项工程

C. 分部工程　　D. 单位工程

21. 地方各级安全生产监督管理部门的应急预案，应当报（　　）备案。

A. 上一级人民政府　　B. 国务院安全生产监督管理部门

C. 同级安全生产监督管理部门　　D. 同级人民政府

22. 某工作有且仅有两个紧后工作 C、D，其中工作 C 最早开始时间为 10 天，最迟完成时间为 18 天，持续时间为 5 天；工作 D 最早完成时间为 10 天，最迟完成时间为 20 天，持续时间为 6 天；该工作与工作 C 间的时间间隔为 2 天，与工作 D 间的时间间隔为 4 天，则该工作的总时差为（　　）天。

A. 3　　B. 4

C. 5　　D. 6

23. 下列施工成本分析方法中，用来分析各种因素对成本影响程度的是（　　）。

A. 相关比率法　　B. 连环置换法

C. 比重分析法　　D. 动态比率法

24. 在建设工程项目管理的基本概念中，“进度目标”对业主而言是（　　）的时间目标。

A. 竣工　　B. 调试

C. 试生产　　D. 动用

25. 承包商采购的合格水泥，进入工地 90 天后，再次检查发现该批水泥强度值低于国家规范要求值，由此产生的损失应由（　　）负责。

A. 业主　　B. 承包商

C. 生产商　　D. 供货商

26. 下列环境管理体系内容要素中，属于辅助性要素的是（　　）。

A. 环境方针　　B. 环境因素

C. 记录控制　　D. 内部审核

27. 建设工程管理工作的核心任务是（　　）。

A. 项目的目标控制　　B. 为项目建设的决策和实施增值

C. 实现工程项目实施阶段的建设目标　　D. 为工程建设和使用增值

28. 施工成本的过程控制中，人工费的控制实行（　　）的方法。

A. 量化管理　　B. 量价分离

C. 弹性管理　　D. 指标包干

29. 根据物资采购管理程序，物资采购首先应（　　）。

A. 进行采购策划，编制采购计划

B. 明确采购产品或服务的基本要求

C. 进行市场调查，选择合格的产品供应单位

D. 采用招标或协商等方式确定供应单位

30. 确定预警级别和预警信号标准，属于安全生产管理预警分析中（　　）的工作内容。

A. 预警评价　　B. 预警范围

C. 预警信息管理　　D. 预警评价指标体系的构建

31. 实施性成本计划是在项目施工准备阶段，采用（　　）编制的施工成本计划。

A. 估算指标　　B. 概算定额

C. 施工定额　　D. 预算定额

32. 关于施工质量计划的说法，正确的是（　　）。

A. 施工质量计划是以施工项目为对象由建设单位编制的计划

B. 施工质量计划应包括施工组织方案

C. 施工质量计划一经审核批准后不得修改

D. 施工总承包单位不对分包单位的施工质量计划进行审核

33. 某建设工程发生一起质量事故，经调查分析是由于“边勘察、边设计、边施工”导致的，则引起这起事故的主要原因是（　　）。

A. 社会、经济原因　　B. 技术原因

C. 管理原因　　D. 人为事故和自然灾害原因

34. 采用平行委托施工的单项工程，其施工总进度计划应由（　　）编制。

A. 业主方　　B. 设计方

C. 施工方　　D. 投资方

35. 施工成本计划的编制以成本预测为基础，关键是确定（　　）。

A. 目标成本　　B. 预算成本

C. 固定成本　　D. 实际成本

36. 下列项目目标动态控制的流程中，正确的是（　　）。

A. 收集项目目标的实际值→实际值与计划值比较→找出偏差→采取纠偏措施

B. 收集项目目标的实际值→实际值与计划值比较→找出偏差→进行目标调整

C. 收集项目目标的实际值→实际值与计划值比较→采取控制措施→进行目标调整

D. 实际值与计划值比较→找出偏差→采取控制措施→收集项目目标的实际值

37. 债务人不转移对拥有财产的占有，将该财产作为债权的担保，债务人不履行债务时，债权人有权依法将该财产折价或者拍卖、变卖该财产的价款中优先受偿。这种担保方式是（　　）担保。

A. 保证　　B. 质押

C. 抵押　　D. 留置

密 封 线 内 不 要 答 题

38. 一般来说，沟通者的沟通能力包含（　　）。
A. 表达能力、争辩能力、倾听能力和设计能力
B. 思维能力、表达能力、倾听能力和说服能力
C. 思维能力、表达能力、把控能力和说服能力
D. 想像能力、表达能力、说服能力和设计能力

39. 改变振动源与其他刚性结构的连接方式以减振降噪的做法，属于噪声控制技术中的（　　）。
A. 声源控制　　B. 接收者防护
C. 人为噪声控制　　D. 传播途径控制

40. 下列工程项目风险管理工作中，属于风险评估阶段的是（　　）。
A. 确定风险因素　　B. 编制项目风险识别报告
C. 确定各种风险的风险量和风险等级　　D. 对风险进行监控

41. 关于施工安全技术措施要求和内容的说法，正确的是（　　）。
A. 可根据工程进展需要实时编制
B. 应在安全技术措施中抄录制度性规定
C. 结构复杂的重点工程应编制专项工程施工安全技术措施
D. 小规模工程的安全技术措施中可不包含施工总平面图

42. 按照我国保险制度，建安工程一切险（　　）。
A. 由承包人投保　　B. 包含执业责任险
C. 包含人身意外伤害险　　D. 投保人应对双方名义共同投保

43. 在非代理型施工管理模式（CM 模式）的合同中，通常采用（　　）。
A. 成本加固定费用　　B. 成本加固定比例费用
C. 最大成本加费用　　D. 成本加奖金

44. 为使业主方各工作部门和项目各参与方协同工作，可利用（　　）进行基于互联网的辅助进度控制。
A. 项目管理软件　　B. 项目信息门户
C. MS Project　　D. MS Visio

45. 下列项目策划工作中，属于实施阶段管理策划的是（　　）。
A. 项目实施各监督项目管理的工作内容策划
B. 项目实施期管理总体方案策划
C. 生产运营期设施管理总体方案策划
D. 生产运营期经营管理总体方案策划

46. 关于项目质量控制体系的说法，正确的是（　　）。
A. 项目质量控制体系需要第三方认证
B. 项目质量控制体系涉及项目实施过程所有的质量责任主体
C. 项目质量控制体系是一个永久性的质量管理体系
D. 项目质量控制体系既适用于特定项目的质量控制，也适用于企业的质量管理

47. 工期延误划分为单一延误、共同延误及交叉延误的依据是（　　）。
A. 延误事件之间的关联性
B. 延误的原因
C. 索赔要求和结果
D. 延误工作所在工程网络计划的线路性质

48. 项目管理实施计划的编制过程包括：①熟悉相关法规和文件；②分析项目条件和环境；③履行报批手续；④组织编制。根据《建设工程项目管理规范》(GB/T 50326—2006)，正确的编制程序是（　　）。
A. ①—②—③—④　　B. ②—①—④—③
C. ①—②—④—③　　D. ②—①—③—④

49. 根据《建筑施工组织设计规范》(GB/T 50502—2009)，施工组织设计应由（　　）主持编制。
A. 施工单位技术负责人　　B. 项目负责人
C. 项目技术负责人　　D. 总承包单位技术负责人

50. 下列建设项目信息中，属于经济类信息的是（　　）。
A. 编码信息　　B. 质量控制信息
C. 工作量控制信息　　D. 设计技术信息

51. 关于施工总承包模式与施工总承包管理模式相同之处的说法，正确的是（　　）。
A. 与分包单位的合同关系相同
B. 对分包单位的付款方式相同
C. 业主对分包单位的选择和认可权限相同
D. 对分包单位的管理责任和服务相同

52. 某双代号网络图如右图所示，正确的是（　　）。

A 　③　C　④　F
①　B　②　D　⑤　G　⑥
E

A. 工作 C、D 应同时完成
B. 工作 B 的紧后工作只有工作 C、D
C. 工作 C、D 完成后即可进行工作 G
D. 工作 C 完成后即可进行工作 E

53. 关于施工成本控制的说法，正确的是（　　）。
A. 施工成本管理体系由社会有关组织进行评审和认证
B. 要做好施工成本的过程控制，必须制定规范化的过程控制程序
C. 管理行为控制程序是进行成本过程控制的重点
D. 管理行为控制程序和指标控制程序是相互独立的

54. 项目人力资源管理的目的是（　　）。
A. 提高员工的业务水平　　B. 建立广泛的人际关系
C. 降低项目的人力成本　　D. 调动所有项目参与人的积极性

55. 对于重要的或对工程质量有重大影响的工序，应严格执行（　　）的“三检”制度。
A. 事前检查、事中检查、事后检查
B. 自检、互检、专检
C. 工序检查、分项检查、分部检查
D. 操作者自检、质量员检查、监理工程师检查

56. 关于工作流程组织的说法，正确的是（　　）。
A. 同一项目不同参与方都有工程流程组织任务

B. 工程流程组织不包括物质流程组织

C. 一个工作流程图只能有一个项目参与方

D. 一项管理工作只能有一个工作流程图

57. 下列施工成本管理的措施中，属于组织措施的是（　　）。

A. 选用合适的分包项目合同结构

B. 确定合理的施工成本控制工作流程

C. 确定合适的施工机械，设备使用方案

D. 对施工成本管理目标进行风险分析，并制定防范性对策

58. 关于项目管理职能分工表的说法，正确的是（　　）。

A. 项目管理职能分工表反映项目管理班子内部对各项工作任务的管理职能分工

B. 业主方和项目各参与方应编制统一的项目管理职能分工表

C. 项目管理职能分工表不适用于企业管理

D. 项目管理职能分工表和岗位责任描述书表达的内容完全一致

59. 根据《建设工程施工质量验收统一标准》（GB 50300－2013），分项工程的质量验收应由（　　）组织进行。

A. 专业监理工程师　　B. 项目经理

C. 总监理工程师　　D. 建设单位项目负责人

60. 关于建设工程项目总进度目标论证的说法，正确的是（　　）。

A. 建设工程项目总进度目标指的是整个工程项目的施工进度目标

B. 建设工程项目总进度目标的论证应分析项目实施阶段各项工作的进度和关系

C. 大型建设工程项目总进度目标论证的核心工作是编制项目进度计划

D. 建设工程项目总进度纲要应包含各子系统中的单项工程进度规划

61. 关于大型建设工程项目结构分析的说法，正确的是（　　）。

A. 项目结构分析是将整个项目逐层分解，并确立工作目录

B. 项目结构分析是将整个项目逐层分解，并确立工作编码

C. 项目结构分析是将项目计划逐层分解，并确立工作目录

D. 项目结构分析是将项目计划逐层分解，并确立工作编码

62. 如工程质量不符合要求，经过加固处理后外形尺寸改变，但能满足安全使用要求，其处理方法是（　　）。

A. 按技术处理方案和协商文件进行验收

B. 虽有质量缺陷，应予以验收

C. 仍按验收不合格处理

D. 先返工处理，重新进行验收

63. 根据《质量管理体系　基础和术语》（GB/T 19000—2008/ISO 9000：2005），质量控制的定义是（　　）。

A. 质量管理的一部分，致力于满足质量要求的一系列相关活动

B. 工程建设参与者为了保证工作项目质量所从事工作的水平和完善程度

C. 对建筑产品具备的满足规定要求能力的程度所作的系统检查

D. 未达到工程项目质量要求所采取的作业技术和活动

64. 下列施工企业作业质量控制点中，属于“待检点”的是（　　）。

A. 隐蔽工程　　B. 重要部位

C. 特种作业　　D. 专门工艺

65. 关于国际工程施工承包合同争议解决的说法，正确的是（　　）。

A. 国际工程施工承包合同中，仲裁实行一裁终局制

B. 国际工程施工承包合同中，应首选诉讼作为解决争议的方式

C. 国际工程施工承包合同争议解决最有效的方式是协商

D. FIDIC 合同中，DAB 提出的裁决是强制性的

66. 某工程安全事故造成了 960 万元的直接经济损失，没有人员伤亡，关于该事故调查的说法，正确的是（　　）。

A. 应由事故发生地级省人民政府直接组织事故调查组进行调查

B. 必须由事故发生地县级人民政府直接组织事故调查组进行调查

C. 应由事故发生地设区的市级人民政府委托有关部门组织事故调查组进行调查

D. 可由事故发生地县级人民政府委托事故发生单位组织事故调查组进行调查

67. 建设项目工程总承包的基本出发点是借鉴工业生产组织的经验，实现建设生产过程的（　　）。

A. 管理现代化　　B. 施工机械化

C. 生产高效化　　D. 组织集成化

68. 投标人根据招标文件在约定期限内向招标人提交投标文件的行为，称为（　　）。

A. 要约　　B. 承诺

C. 要约邀请　　D. 合同生效

69. 关于建设工程项目策划的说法，正确的是（　　）。

A. 工程项目策划只针对建设工程项目的决策和实施

B. 旨在为项目建设的决策和实施增值

C. 工程项目策划是一个封闭性的工作过程

D. 其实质就是知识组合的过程

70. 下列项目进度控制措施中，属于组织措施的是（　　）。

A. 编制工程网络进度计划　　B. 编制资源需求计划

C. 编制先进完整的施工方案　　D. 编制进度控制的工作流程

二、多项选择题（共 30 题，每题 2 分。每题的备选项中，有 2 个或 2 个以上符合题意，至少有 1 个错项。错选，本题不得分；少选，所选的每个选项得 0.5 分）

71. 下列企业安全生产教育培训形式中，属于员工经常性教育的有（　　）。

A. 安全活动日　　B. 事故现场会

C. 安全技术理论培训　　D. 安全生产会议

E. 改变工艺时的安全教育

72. 根据法律和合同，对施工单位的施工质量行为和效果实施监督控制的相关主体有（　　）。

A. 建设单位　　B. 监理单位

C. 设计单位　　D. 政府的工程质量监督部门

E. 材料设备供应商

密封线内不要答题

密 封 线

73. 下列施工现场环境保护措施中，属于空气污染防治措施的有（　　）。

A. 指定专人定期清扫施工现场道路　　B. 化学药品库内存放

C. 施工现场不得无故摔打模板　　D. 工地茶炉采用电热水器

E. 使用封闭式容器处理高空废弃物

74. 项目进度控制时，进度控制会议的组织设计的内容有（　　）。

A. 会议的具体流程　　B. 会议的类型

C. 会议的主持人　　D. 会议的召开时间

E. 会议文件的整理

75. 施工单位向建设单位申请工程验收的条件包括（　　）。

A. 完成工程设计和合同约定的各项内容

B. 有完整的技术档案和施工管理资料

C. 有施工单位签署的工程质量保修书

D. 有工程质量监督机构的审核意见

E. 建筑主管部门及工程质量监督机构责令整改的问题全部整改完毕

76. 施工总承包管理模式与施工总承包模式相比，其优点有（　　）。

A. 整个项目合同总额的确定较有依据

B. 投标人的报价较有依据

C. 可以为分包单位提供更好的管理与服务

D. 有利于业主节约投资

E. 可以缩短建设周期

77. 某单代号网络图如下图所示，存在的错误有（　　）。

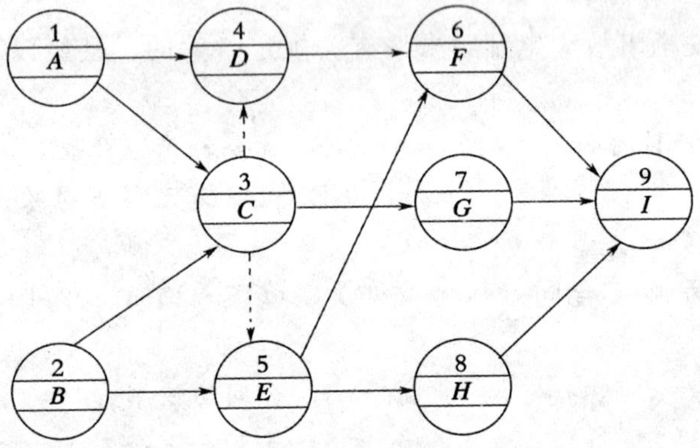

A. 多个起点节点　　B. 有多余虚箭线

C. 出现交叉箭线　　D. 没有终点节点

E. 出现循环回路

78. 根据《建设工程项目管理规范》（GB/T 50326—2006），项目经理的职责有（　　）。

A. 主持项目经理部工作

B. 在授权范围内协调与项目有关的内部关系

C. 主持编制项目管理实施规划

D. 对资源进行动态管理

E. 进行授权范围内的利益分配

79. 施工单位的项目管理任务分工表可用于确定（　　）的任务分工。

A. 项目各参与方　　B. 项目经理

C. 企业内部各部门　　D. 企业内部各工作人员

E. 项目各职能主管工作部门

80. 工程项目管理信息系统中，进度控制的功能有（　　）。

A. 编制资源需求量计划　　B. 根据计划执行进展进行施工成本预测

C. 进度计划执行情况的比较分析　　D. 项目估算的数据计算

E. 确定关键工作和关键路线

81. 单位工程竣工成本分析的内容包括（　　）。

A. 专项成本分析　　B. 竣工成本分析

C. 成本总量构成比例分析　　D. 主要资源节超对比分析

E. 主要技术节约措施及经济效果分析

82. 我国投标担保可以采用的担保方式有（　　）。

A. 银行保函　　B. 信用证

C. 担保公司担保书　　D. 同业担保书

E. 投标保证金

83. 下列建设工程项目风险中，属于组织风险的有（　　）。

A. 人身安全控制计划　　B. 工作流程组织

C. 引起火灾和爆炸的因素　　D. 任务分工和管理职能分工

E. 设计人员和监理工程师的能力

84. 按事故责任分类，工程质量事故可分为（　　）。

A. 指导责任事故　　B. 管理责任事故

C. 技术责任事故　　D. 操作责任事故

E. 自然灾害事故

85. 对建设周期一年半以上的工程项目，采用变动总价合同时，应考虑引起价格变化的因素有（　　）。

A. 银行利率的调整　　B. 材料费用的上涨

C. 人工工资的上涨　　D. 国家政策改变引起的工程费用上涨

E. 设计变更引起的费用变化

86. 根据《建设项目工程总承包管理规范》（GB/T 50358—2005），工程总承包项目管理的主要内容包括（　　）。

A. 任命项目经理，组建项目部　　B. 实施设计管理

C. 实施采购管理　　D. 进行项目可行性研究并报批

E. 进行项目范围管理

87. 根据《建设工程监理规范》（GB/T 50319—2013），工程建设监理实施细则除应反映专业工程的特点外，还应包括（　　）等内容。

A. 监理工作的流程　　B. 项目监理机构的组织形式

C. 监理工作的方法和措施　　D. 监理工作依据

E. 监理工作的控制点及目标值

88. 根据《建设工程施工合同（示范文本）》（GF—2013—0201），发包人责任和义务有（　　）。

A. 办理建设工程施工许可证　　B. 办理建设工程规划许可证
C. 办理工商保险　　D. 提供场外交通条件
E. 负责施工场地周边的环境保护

89. 根据《建筑施工组织设计规范》(GB/T 50502—2009)，以分部（分项）工程或专项工程为主要对象编制的施工方案，其主要内容包括（　　）。

A. 工程概况　　B. 施工部署
C. 施工方法及工艺要求　　D. 施工准备与资源配置计划
E. 施工现场平面布置

90. 根据《工程建设项目施工招标投标办法》，工程施工项目招标信息发布时候，正确的有（　　）。

A. 指定媒介可以酌情收取额外费用
B. 招标文件售出后不予退还
C. 招标人应至少在两家指定的媒介发布招标公告
D. 招标人可以对招标文件所附的设计文件向投标人收取一定费用
E. 自招标文件出售之日起至停止出售之日止，最短不得少于5日

91. 根据《质量管理体系　基础和术语》(GB/T 19000—2008/ISO 9000：2005)，企业质量管理体系文件由（　　）构成。

A. 质量方针和质量目标　　B. 质量记录
C. 质量报告　　D. 质量手册
E. 程序性文件

92. 质量管理方法中，直方图的分布区间宽窄取决于其质量特性统计数据的（　　）。

A. 平均值　　B. 中位数
C. 极差　　D. 标准偏差
E. 变异系数

93. 某施工项目为实施成本管理收集了以下资料，其中可以作为编制施工成本计划依据的有（　　）。

A. 施工预算　　B. 签订的工程合同
C. 分包合同　　D. 施工图预算
E. 资源市场价格

94. 下列项目目标动态控制的纠偏措施中，属于技术措施的有（　　）。

A. 调整工作流程组织　　B. 调整进度管理的方法和手段
C. 改变施工机具　　D. 改进施工方法
E. 调整项目管理职能分工

95. 下列工程变更情况中，应由业主承担责任的有（　　）。

A. 不可抗力导致的设计修改　　B. 环境变化导致的设计修改
C. 原设计错误导致的设计修改　　D. 政府部门要求导致的设计修改
E. 施工方案出现错误导致的设计修改

96. 某工程双代号时标网络计划，在第5天末进行检查得到的实际进度前锋线如下图所示，正确的有（　　）。

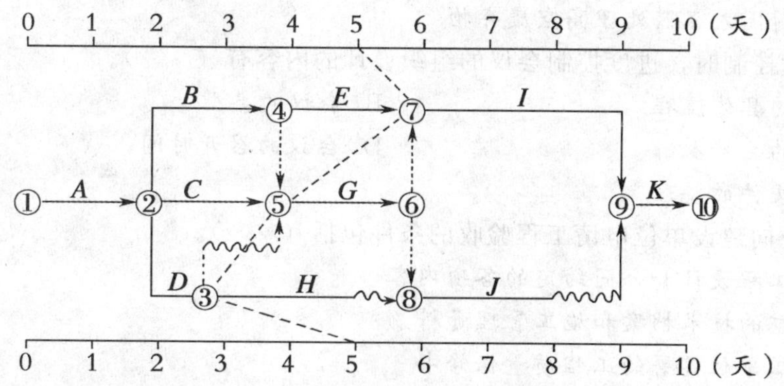

A. 工作 H 还剩1天机动时间　　B. 总工期缩短1天
C. 工作 H 影响总工期1天　　D. 工作 E 提前1天完成
E. 工作 G 进度落后1天

97. 建设工程项目总进度目标论证时，调查研究和收集资料工作包括（　　）。

A. 收集类似项目进度资料
B. 收集与进度有关的该项组织资料
C. 了解该项目的总体部署
D. 了解有关该项目前期进度目标的确定资料
E. 了解项目的工作编码资料

98. 生产经营单位安全事故应急预案未按有关规定备案的，县级以上安全生产监督管理部门可以（　　）。

A. 吊销安全生产许可证　　B. 责令停产停业整顿
C. 给予警告　　D. 处3万元以下罚款
E. 给予行政处罚

99. 根据《建设工程施工合同（示范文本）》(GF—2013—0201)，合同文本由（　　）组成。

A. 通用合同条款　　B. 合同协议书
C. 标准和技术规范　　D. 专用合同条款
E. 中标通知书

100. 采用过程控制的方法控制施工成本时，控制的要求有（　　）。

A. 材料费用同样采用“量价分离”原则进行控制
B. 材料价格由项目经理负责控制
C. 对分包费用的控制，重点是做好分包工程询价、验收和结算等工作
D. 实行弹性需求的劳务管理制度
E. 做好施工机械配件和工程材料采购计划

密　封　线

市、县（区）＿＿＿＿ 姓名＿＿＿＿ 准考证号＿＿＿＿

密　封　线　内　不　要　答　题

全国一级建造师执业资格考试

2013年《建设工程项目管理》真题

（考试时间180分钟　满分130分）

一、单项选择题（共70题，每题1分。每题的备选项中，只有1个最符合题意）

1. 建设项目工程总承包方的项目管理工作主要在项目的（　）进行。

A. 决策阶段、实施阶段、使用阶段　　B. 实施阶段

C. 设计阶段、施工阶段、保修阶段　　D. 施工阶段

2. 下列影响建设工程项目管理目标实现的因素中，起决定性作用的是（　）。

A. 人　　B. 方法

C. 工具　　D. 组织

3. 管理是由多个环节组成的过程，为了说明组成管理的这些环节可以使用（　）。

A. 项目组织设计文件　　B. 项目任务分期表

C. 工作任务分工表　　D. 管理职能分工描述书

4. 下列建设工程项目决策阶段的工作内容中，属于组织策划的是（　）。

A. 业主方项目管理的组织结构　　B. 生产运营期经营管理总体方案

C. 编码体系的建立　　D. 实施期组织总体方案

5. 建设项目工程总承包的基本出发点是借鉴工业生产组织的经验，实现建设生产过程的（　）。

A. 组织柔性化　　B. 组织集成化

C. 组织扁平化　　D. 组织高效化

6. 采用施工总承包管理模式时，对各分包单位的质量控制由（　）进行。

A. 施工总承包单位　　B. 施工总承包管理单位

C. 业主方　　D. 监理方

7. 根据《建设工程项目管理规范》（GB/T 50326—2006），项目管理规划应包括项目管理规划大纲和（　）两类文件。

A. 项目管理计划　　B. 项目管理实施细则

C. 项目管理操作规划　　D. 项目管理实施规划

8. 编制施工组织总设计时，在施工总进度计划确定之后，才可以进行的工作是（　）。

A. 拟定施工方案　　B. 确定施工的总体部署

C. 编制资源需求量计划　　D. 计算主要工种工程的工程量

9. 当工程项目实行施工总承包管理模式时，业主与施工总承包管理单位的合同一般采用（　）。

A. 单价合同　　B. 固定总价合同

C. 变动总价合同　　D. 成本加酬金合同

10. 根据《建设工程安全生产管理条例》，下列施工起重机械进行登记时提交的资料中，属于机械使用有关情况的是（　）。

A. 制造质量证明书　　B. 起重机械的管理制度

C. 检验证书　　D. 使用说明书

11. 施工项目年度成本分析的重点是（　）。

A. 通过实际成本与目标成本的对比，分析目标成本落实情况

B. 通过对技术组织措施执行效果的分析，寻求更加有效的节约途径

C. 通过实际成本与计划成本的对比，分析成本降低水平

D. 针对下一年度进展情况，规划切实可行的成本管理措施

12. 如果一个进度计划系统由总进度计划、项目子系统进度计划、项目子系统的单项工程进度计划组成。该进度计划系统是由（　）的计划组成的计划系统。

A. 不同功能　　B. 不同项目参与方

C. 不同深度　　D. 不同周期

13. 由分部工程双代号网络计划（时间单位：天）如下图所示，则工作 C 的自由时差为（　）天。

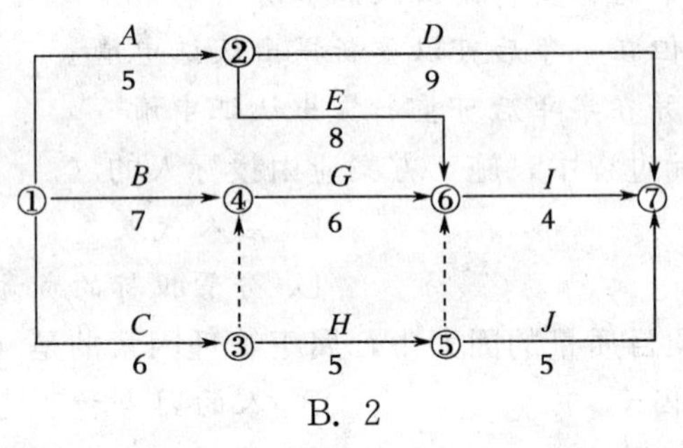

A. 1　　B. 2

C. 3　　D. 0

14. 建设工程项目质量管理的PDCA循环中，质量计划阶段的主要任务是（　）。

A. 明确质量目标并制定实现目标的行动方案

B. 展开工程项目的施工作业技术活动

C. 对计划实施过程进行科学管理

D. 对质量问题进行原因分析，采取措施予以纠正

15. 建设工程施工进度控制中，业主方的任务是控制整个项目（　）的进度。

A. 实施阶段　　B. 决策阶段

C. 项目全寿命周期　　D. 使用阶段

16. 下列施工成本材料费的控制中，可以影响材料价格的因素是（　）。

A. 材料领用的指标　　B. 材料的投料计量

C. 材料消耗量的大小　　D. 材料的采购运输

17. 下列施工成本管理的措施中，属于技术措施的是（　）。

A. 加强施工任务单的管理　　B. 编制施工成本控制工作计划

C. 寻求施工过程中的索赔机会　　D. 确定最合适的施工机械方案

18. 在国际工程承包合同中，根据工程项目的规模和复杂程度，DAB争端裁决委员会的任命有多种方式，只在发生争端时任命的是（　　）。

A. 常任争端裁决委员会　　B. 特聘争端裁决委员会

C. 工程师兼任的委员会　　D. 业主指定争端裁决委员会

19. 发生建设工程重大安全事故时，负责事故调查的人民政府应当自收到事故调查报告起（　　）日内作出批复。

A. 30　　B. 15

C. 45　　D. 60

20. 编制成本计划时，施工成本可以按成本构成分解为（　　）。

A. 人工费、材料费、施工机具使用费和规费

B. 人工费、材料费、施工机具使用费和企业管理费

C. 人工费、材料费、施工机具使用费和间接费

D. 人工费、材料费、施工机具使用费和税金

21. 某企业通过质量管理体系认证后，由于管理不善，经认证机构调查作出了撤销认证的决定，则该企业（　　）。

A. 可以提出申诉，并在一年后可重新提出认证申请

B. 不能提出申诉，不能再重新提出认证申请

C. 不能提出申诉，但在一年后可以重新提出认证申请

D. 可以提出申诉，并在半年后可重新提出认证申请

22. 在建设工程施工投标过程中，施工方案应由投标人的（　　）主持制定。

A. 项目经理　　B. 法人代表

C. 技术负责人　　D. 分管投标的负责人

23. 下列影响建设工程项目质量的因素中，属于管理因素的是（　　）。

A. 人的因素和技术因素　　B. 人的因素和环境因素

C. 决策因素和组织因素　　D. 技术因素和决策因素

24. 在工程勘察设计、招标采购、施工安装、竣工验收等各个阶段，建设工程项目参与各方的质量控制，均应围绕致力于满足（　　）的质量总目标而展开。

A. 法律法规　　B. 业主要求

C. 工程建设标准　　D. 设计文件

25. 建设单位应在工程竣工验收前（　　）个工作日前，将验收时间、地点、验收组名单书面通知该工程的工程质量监督机构。

A. 7　　B. 3

C. 14　　D. 5

26. 根据建设工程项目总进度目标论证的工作步骤，在完成“项目结构分析”工作之后应立即进行的工作是（　　）。

A. 调查研究和收集资料　　B. 进度计划系统的结构分析

C. 项目的工作编码　　D. 编制各层进度计划

27. 某项目专业性强且技术复杂，开工后，由于专业原因该项目的项目经理不能胜任该项目，为了保证项目目标的实现，企业更换了项目经理。企业的此项行为为属于项目目标动态控制的（　　）。

A. 管理措施　　B. 经济措施

C. 技术措施　　D. 组织措施

28. 编制施工项目成本计划，关键是确定项目的（　　）。

A. 概算成本　　B. 成本构成

C. 目标成本　　D. 实际成本

29. 根据《建设工程项目管理规范》（GB/T 50326—2006），项目管理目标责任书应在项目实施之前，由（　　）制定。

A. 项目技术负责人　　B. 法定代表人

C. 项目经理与项目承包人协商　　D. 法定代表人与项目经理协商

30. 项目风险管理过程包括：①项目风险响应；②项目风险评估；③项目风险识别；④项目风险控制。其正确的管理流程是（　　）。

A. ③—②—①—④　　B. ③—②—④—①

C. ②—③—④—①　　D. ①—③—②—④

31. 对于采用单价合同招标的工程，如投标书中有明显的数字计算错误业主有权先做出修改再评标。当总价和单价的计算结果不一致时，正确的做法（　　）。

A. 按市场价调整单价　　B. 分别调整单价和总价

C. 以总价为准调整单价　　D. 以单价为准调整总价

32. 关于职业健康安全与环境管理系内部审核的说法，正确的是（　　）。

A. 内部审核是对相关的法律的执行情况进行评价

B. 内部审核是管理体系自我保证和自我监督的一种机制

C. 内部审核是最高管理者对管理体系的系统评价

D. 内部审核是管理体系接受政府监督的一种机制

33. 对工程质量状况和质量问题，按总包、专业分包和劳务分包分门别类地进行调查和分析，以准确有效地找出问题及其原因所在。这是质量管理统计方法中（　　）的基本思想。

A. 分层法　　B. 因果分析图法

C. 排列图法　　D. 直方图法

34. 关于施工成本及其管理的说法，正确的是（　　）。

A. 施工成本是指施工过程中消耗的构成工程实体的各项费用支出

B. 施工成本管理就是在保证工期和满足质量要求的情况下，采取相应措施把成本控制在计划范围内，并最大限度地节约成本

C. 施工成本预测是以货币形式编制施工项目在计划期内的生产费用、成本水平、成本降低率及降低成本措施的书面方案

D. 施工成本考核是在施工成本核算的基础上，对成本形成过程和影响成本升降的因素进行分析，以寻求进一步降低成本的途径

35. 由于建设工程项目大量数据处理的需要，应重视利用新信息技术的手段进行信息管理，其核心手段是（　　）。

A. 基于局域网的信息管理平台　　B. 基于互联网的信息处理平台

密封线内不要答题

C. 基于互联网的信息传输平台　　D. 基于局域网的信息处理平台

36. 工程档案的编码应根据有关工程档案规定、项目特点和（　　）而建立。

A. 项目实施的工作任务目录　　B. 项目实施单位的需求

C. 分部项目工程的定额号　　D. 信息输入输出模型

37. 为了实现项目的进度目标，应选择合理的合同结构，以避免过多的合同交界面而影响工程的进展。这属于进度控制的（　　）。

A. 组织措施　　B. 经济措施

C. 技术措施　　D. 管理措施

38. 建设工程政府质量监督机构参加项目的竣工验收会议的目的是（　　）。

A. 对建设过程质量情况进行总结，签发竣工验收意见书

B. 对影响结构安全的工程实体质量进行检查验收

C. 对影响使用功能的相关部分进行检查验收

D. 对质量验收的程序、组织、方法、过程等进行监督

39. 在签订合同的谈判中，为了防范货币贬值或者通货膨胀的风险，招标人和中标人一般通过（　　）约定风险分担方式。

A. 确定价格调整条款　　B. 确定合同价格条款

C. 调整工程范围　　D. 确定合同款支付方式

40. 施工现场（　　）人以上的临时食堂，污水排放时可设置简易有效的隔油池，定期清理，防止污染。

A. 20　　B. 50

C. 100　　D. 80

41. 项目进度控制的主要工作环节中，首先应进行的工作是（　　）。

A. 编制进度计划　　B. 分析和论证进度目标

C. 定期跟踪进度计划的执行情况　　D. 采取纠偏措施

42. 下列建设工程生产安全事故应急预案的具体内容中，属于现场处置方案的是（　　）。

A. 信息发布　　B. 应急演练

C. 事故征兆　　D. 经费保障

43. 工程项目施工组织设计中，一般将施工顺序的安排写入（　　）。

A. 施工进度计划　　B. 施工总平面图

C. 施工部署和施工方案　　D. 工程概况

44. 某工程第三层混凝土现浇楼面的平整度偏差达到 10 mm，其后续作业为找平层和面层的施工，这时应该（　　）。

A. 加固处理　　B. 修补处理

C. 不作处理　　D. 限制使用

45. 下列合同实施偏差的调整措施中，属于组织措施的是（　　）。

A. 增加人员投入　　B. 增加资金投入

C. 变更技术方案　　D. 变更合同条款

46. 根据《职业健康安全管理体系规范》(GB/T 28001—2001)，属于辅助性要素的是（　　）。

A. 法规和其他要求　　B. 运行控制

C. 培训、意识和能力　　D. 管理评审

47. 下列影响建设工程项目实施的风险因素中，属于技术风险的是（　　）。

A. 工程勘察资料　　B. 气象条件

C. 公用防火设施的数量　　D. 人身安全控制计划

48. 当发生索赔事件时，对于承包商自有的施工机械，其费用索赔通常按照（　　）进行计算。

A. 台班折旧费　　B. 台班费

C. 设备使用费　　D. 进出场费用

49. 某工程施工中，由于施工方在低价中标后偷工减料，导致出现重大工程质量事故，该质量事故发生的原因属于（　　）。

A. 管理原因　　B. 社会、经济原因

C. 技术原因　　D. 人为事故原因

50. 对总额 1000 万元的工程项目进行期中检查，截止检查时已完成工作预算费用为 410 万元，计划工作预算费用为 400 万元，已完工作实际费用为 430 万元，则其费用绩效指数为（　　）。

A. 0.953　　B. 0.430

C. 0.930　　D. 1.075

51. 下列质量管理的内容中，属于施工质量计划基本内容的是（　　）。

A. 项目部的组织机构设置　　B. 质量控制点的控制要求

C. 质量手册的编制　　D. 施工质量体系的认证

52. 根据《招标投标法实施条例》，对某 3000 万元投资概算的工程项目进行招标时，施工投标保证金额度符合规定的是（　　）万元人民币。

A. 70　　B. 100

C. 120　　D. 50

53. 根据施工现场环境保护的要求，凡在人口稠密区进行强噪声作业时，须严格控制作业时间。一般情况下，停止强噪声作业的时间是（　　）。

A. 晚 9 点到次日早 4 点之间　　B. 晚 11 点到次日早 4 点之间

C. 晚 10 点到次日早 5 点之间　　D. 晚 10 点到次日早 6 点之间

54. 双代号时标网络计划中，当某工作之后有虚工作时，则该工作的自由时差为（　　）。

A. 该工作的波形线的水平长度

B. 本工作与紧后工作间波形线水平长度和的最大值

C. 本工作与紧后工作间波形线水平长度和的最小值

D. 后续所有线路段中波形线中水平长度和的最小值

55. 直方图的分布形状及分布区间宽窄，取决于质量特征统计数据的（　　）。

A. 样本数量和分布情况　　B. 控制标准和分布状态

C. 平均值和标准偏差　　D. 分布位置与质量控制标准上下限

56. 工程施工过程中发生索赔事件以后，承包人首先要做的工作是（　　）。

A. 向监理工程师提出索赔证据　　B. 提交索赔报告

C. 提出索赔意向通知　　D. 与业主就索赔事项进行谈判

57. 根据项目目标动态控制的工作程序，第一步工作是（　　）。

A. 进行项目目标分解　　B. 收集项目目标的实际值

C. 进行目标的计划值与实际值比较　　D. 确定各种资源投入量

58. 在施工期间，对质量问题严重的单位，政府质量监督机构可根据问题的性质签发（　　）。

A. 质量问题整改通知单　　B. 局部暂停施工指令单

C. 临时收缴资质证书通知书　　D. 全面停工通知书

59. 下列现场质量检查方法中，属于无损检测方法的是（　　）。

A. 拖线板挂锤吊线检查　　B. 铁锤敲击检查

C. 留置试块试验检查　　D. 超声波探伤检查

60. 工程管理信息化有利于提高建设工程项目的经济效益和社会效益，以达到（　　）的目的。

A. 为项目建设增值　　B. 实现项目建设目标

C. 实现项目管理目标　　D. 提高项目建设综合治理

61. 在建设工程施工合同分析时，关于承包人任务的说法，正确的是（　　）。

A. 应明确承包人的合同标的

B. 工程变更补偿合同范围以合同金额的一定百分比表示时，百分比值越大，承包人的风险越小

C. 合同实施中，对工程师指令的变更，承包人必须无条件执行

D. 工程变更的索赔有效期越短，对承包人越有利

62. 分部分项工程成本分析"三算"对比分析，是指（　　）的比较。

A. 预算成本、目标成本、实际成本　　B. 概算成本、预算成本、决算成本

C. 月度成本、季度成本、年度成本　　D. 预算成本、计划成本、目标成本

63. 根据《建设工程施工劳务分包合同（示范文本）》（GF—2003—0214），从事危险作业职工的意外伤害保险应由（　　）办理。

A. 发包人　　B. 施工承包人

C. 专业分包人　　D. 劳务分包人

64. 某工程进行检验批验收时，发现某框架梁截面尺寸与原设计图纸尺寸不符，但经原设计单位核算，仍能满足结构安全性及使用性要求。则该检验批（　　）。

A. 应重新施工

B. 应经施工单位和业主协商确定是否予以验收，其经济责任由业主承担

C. 可直接予以验收

D. 必须进行加固处理后重新组织验收

65. 根据《建设工程施工劳务分包合同（示范文本）》（GF—2003—0214），除专用条款另有规定外，下列合同文件中拥有最优先解释权的是（　　）。

A. 通用合同条款　　B. 中标通知书

C. 投标书及其附件　　D. 技术标准和要求

66. 根据《建设工程监理规范》，对中型及以上或专业性比较强的工程项目，项目监理机构应编制工程建设监理实施细则，并必须经（　　）批准后执行。

A. 监理单位技术负责人　　B. 总监理工程师

C. 专业监理工程师　　D. 业主代表

67. 根据《生产安全事故报告和调查处理条例》，下列安全事故中，属于重大事故的是（　　）。

A. 3 人死亡，10 人重伤，直接经济损失 2000 万元

B. 12 人死亡，直接经济损失 960 万元

C. 36 人死亡，50 人重伤，直接经济损失 6000 万元

D. 2 人死亡，100 人重伤，直接经济损失 1.2 亿元

68. 下列项目各参与方的沟通障碍中，属于组织沟通障碍的是（　　）。

A. 机构组织庞大、中间层次太多构成的障碍

B. 知识、经验水平的差距导致的障碍

C. 对信息的看法不同造成的障碍

D. 下属对上级的恐惧心理而形成的障碍

69. 在施工准备阶段，绘制模板配图属于（　　）的质量控制工作。

A. 计量控制准备　　B. 测量控制准备

C. 施工技术准备　　D. 施工平面图控制准备

70. 对某办公大楼二层一施工段内的框架柱钢筋制作的质量，应按一个（　　）进行验收。

A. 单位工程　　B. 分部工程

C. 分项工程　　D. 检验批

二、多项选择题（共 30 题，每题 2 分。每题的备选项中，有 2 个或 2 个以上符合题意，至少有 1 个错项。错选，本题不得分；少选，所选的每个选项得 0.5 分）

71. 根据《生产安全事故报告和调查处理条例》（国务院令第 493 号），事故调查报告的内容主要有（　　）。

A. 事故发生单位概况

B. 事故发生经过和事故援救情况

C. 事故造成的人员伤亡和直接经济损失

D. 事故责任者的处理结果

E. 事故发生的原因和事故性质

72. 建设工程项目质量控制系统运行的约束机制，取决于（　　）。

A. 各质量责任主体对利益的追求

B. 质量信息反馈的及时性和准确性

C. 各质量责任主体内部的自我约束能力

D. 外部的监控效力

E. 工程项目管理文化建设的程度

73. 国际上业主方工程建设物资采购的模式主要有（　　）。

A. 业主自行采购

B. 与承包商约定某些物资的指定供应商

C. 承包商采购

D. 业主规定价格，由承包商采购

E. 承包商询价，由业主采购

74. 关于FIDIC《土木工程施工合同条件》的说法，正确的有（　　）。

A. 该合同主要发包人设计的或咨询工程师设计的房屋建筑工程和土木工程的施工项目

B. 一般情况下，单价可随各类物价的波动而调整

C. 合同计价方式属于单价合同，不包含任何包干价格

D. 由业主委派工程师管理合同

E. 由业主监督工程进度、质量，签发支付证书、接受证书和履约证书，处理合同中的有关事项

75. 根据《建筑工程质量管理条例》，在工程项目建设监理过程中，未经监理工程师签字，（　　）。

A. 建筑材料、构配件不得在工程上使用

B. 建筑设备不得在工程上安装

C. 施工单位不得进行下一道工序的施工

D. 建设单位不得进行竣工验收

E. 施工单位不得更换施工作业人员

76. 下列进度控制的措施中，属于组织措施的有（　　）。

A. 选择承发包模式　　B. 进行工程进度的风险分析

C. 落实资金供应的条件　　D. 编制项目进度控制的工作流程

E. 进行有关进度控制会议的组织设计

77. 关于建设工程项目进度控制的说法，正确的有（　　）。

A. 进度控制的过程，就是随着项目的进展，进度计划不断调整的过程

B. 施工方进度控制的目的就是尽量缩短工期

C. 项目各参与方进度控制的目标和时间范畴是相同的

D. 施工进度控制直接关系到工程的质量和成本

E. 进度控制的目的是通过控制以实现过程的进度目标

78. 下列建设工程项目实施阶段策划的工作中，属于项目目标分析和再论证工作内容的有（　　）。

A. 编制项目投资总体规划　　B. 编制项目建设总进度规划

C. 项目实施环境调查　　D. 项目功能分解

E. 建筑面积分配

79. 根据施工现场文明施工的要求，施工现场文明施工制度包括（　　）。

A. 门卫值班管理制度　　B. 岗位聘任制度

C. 宣传教育制度　　D. 消防管理制度

E. 检查考核制度

80. 项目经理在承担项目施工管理过程中，需履行的职责有（　　）。

A. 贯彻执行国家和工程所在地政府的有关法律、法规和政策

B. 确定项目部和企业之间的利益分配

C. 对工程项目施工进行有效控制

D. 严格财务制度，加强财务管理

E. 确保工程质量和工期，实现安全、文明生产

81. 单位工程施工组织设计和分部（分项）工程施工组织设计均应包括的内容有（　　）。

A. 施工安全管理计划　　B. 工程概况

C. 施工进度计划　　D. 施工准备与资源配制计划

E. 主要技术经济指标

82. 关于因果分析图法应用的说法，正确的有（　　）。

A. 一张分析图可以解决多个质量问题

B. 常采用QC小组活动的方式进行，有利于集思广益

C. 因果分析图法专业性很强，QC小组以外的人员不能参加

D. 通过因果分析图可以了解统计数据的分布特征，从而掌握质量能力状态

E. 分析时要充分发表意见，层层深入，排出所有可能的原因

83. 建设工程索赔成立的前提条件有（　　）。

A. 与合同对照，事件已造成了承包人工程项目成本的额外支出或直接工期损失

B. 造成费用增加或工期损失额度巨大，超出了正常的承受范围

C. 索赔费用计算正确，并且容易分析

D. 造成费用增加或工期损失的原因，按合同约定不属于承包人的行为责任或风险责任

E. 承包人按合同规定的程序和时间提交索赔意向通知和索赔报告

84. 在招标文件中要求中标的投标人提交保证履行合同义务和责任的担保，其形式有（　　）。

A. 保留金　　B. 由保险公司开具的履约担保书

C. 房屋抵押他项权证　　D. 有价证券

E. 商业银行开具的担保证明

85. 某工程质量事故发生后，对该事故进行调查，经过原因分析判定该事故不需要处理，其后续工作有（　　）。

A. 补充调查　　B. 检查验收

C. 做出结论　　D. 提交处理报告

E. 实施防护措施

86. 某分部工程双代号网络计划如下图所示，其存在的绘图错误有（　　）。

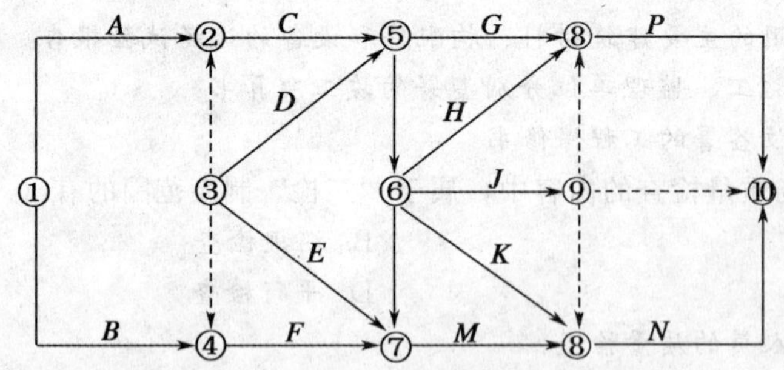

A. 多个终点节点　　B. 多个起点节点

C. 节点编号有误　　D. 存在循环回路

E. 有多余虚工作

87. 根据《建设工程施工合同（示范文本）》（GF—2013—0201），属于发包人工作的有（　　）。

A. 保证承包人施工人员的安全和健康

B. 保证向承包人提供正常施工所需的进入施工现场的交通条件
C. 依据有关法律办理建设工程施工许可证
D. 向承包人提供施工现场的地质勘查资料
E. 负责对指定分包的管理，并对分包方的行为负责

88. 单位工程竣工成本分析的内容包括（　　）。
A. 竣工成本分析　　B. 经济效果分析
C. 主要资源节超对比分析　　D. 成本指标对比分析
E. 主要技术节约措施分析

89. 某项目实施过程中，绘制了下图所示的时间—成本累计曲线，该图反映的项目进度正确的信息有（　　）。 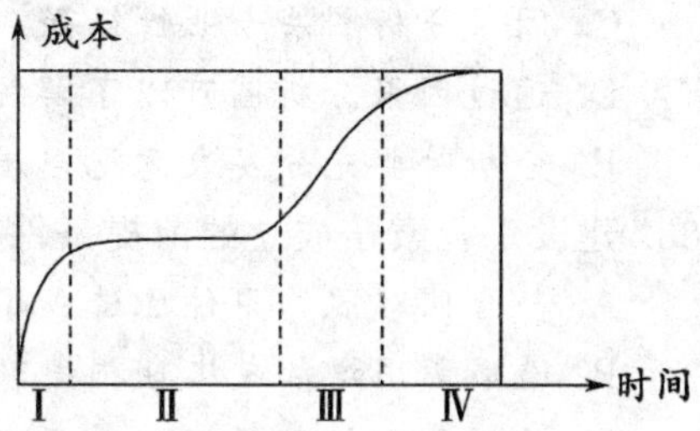
A. Ⅱ阶段进度慢
B. Ⅰ阶段进度慢
C. Ⅲ阶段进度慢
D. Ⅳ阶段进度慢
E. 工程施工连续

90. 投标人须知是招标人向投标人传递的基础信息文件，投标人应特别注意其中的（　　）。
A. 招标工程的范围和详细内容　　B. 招标人的责权利
C. 施工技术说明　　D. 投标文件的组成
E. 重要的时间安排

91. 根据《建设工程项目管理规范》(GB/T 50326—2006)，项目管理规划大纲的编制依据包括（　　）。
A. 项目可行性研究报告　　B. 相关市场和环境信息
C. 设计文件、标准、规范　　D. 项目建议书
E. 招标文件及有关合同文件

92. 施工单位向建设单位提交工程竣工验收报告时，应具备的条件包括（　　）。
A. 完成建设工程设计和合同约定的各项内容
B. 有完整的技术档案和施工管理资料
C. 有工程使用的主要建筑材料、构配件和设备的进场试验报告
D. 有设计、施工、监理单位分别签署的竣工决算书
E. 有施工单位签署的工程保修书

93. 下列施工现场质量检查的内容中，属于“三检”制度范围的有（　　）。
A. 自检自查　　B. 巡视检查
C. 互检互查　　D. 平行检查
E. 专职管理人员的质量检查

94. 工程项目施工成本管理的基础工作包括（　　）。
A. 建立成本管理责任体系　　B. 建立企业内部施工定额
C. 及时进行成本核算　　D. 编制项目成本计划
E. 科学设计成本核算账册

95. 在建设工程项目决策阶段，建设单位职业健康安全与环境管理的任务包括（　　）。
A. 提出生产安全事故防范的指导意见
B. 办理有关安全的各种审批手续
C. 提出保障施工作业人员安全和预防生产安全事故的措施建议
D. 办理有关环境保护的各种审批手续
E. 将保证安全施工的措施报有关管理部门备案

96. 关于施工总承包管理模式特点的说法，正确的有（　　）。
A. 在开工前有较明确的合同价，有利于业主的总投资控制
B. 业主方的招标及合同管理工作量较大
C. 多数情况下，由业主方与分包人直接签约，这样有可能减少业主方的风险
D. 分包工程任务符合质量控制的“他人控制”原则，对质量控制有利
E. 各分包之间的关系可由施工总承包管理单位负责协调，这样可减轻业主方管理的工作量

97. 根据《建设工程安全生产管理条例》，施工单位应当组织专家进行论证、审查的专项施工方案有（　　）。
A. 深基坑工程　　B. 起重吊装工程
C. 脚手架工程　　D. 高大模板工程
E. 拆除、爆破工程

98. 建设工程项目信息管理中，为形成各类报表和报告，应当建立（　　）的工作流程。
A. 信息管理和输出　　B. 收集信息、录入信息
C. 审核信息、加工信息　　D. 信息传输和发布
E. 信息整理和共享

99. 政府对建设工程项目质量监督的主要职能包括（　　）。
A. 监督评定施工企业的资质　　B. 监督检查环境质量
C. 监督工程参与各方的质量行为　　D. 监督检查工程实体的施工质量
E. 监督审核质量验收标准

100. 根据《质量管理体系基础和术语》(GB/T 19000—2008/ISO 9000：2005)，质量控制是质量管理的一部分，是致力于满足质量要求的一系列相关活动。这些活动主要包括（　　）。
A. 设定目标　　B. 测量结果
C. 评价　　D. 质量策划
E. 纠偏

环球书业 Huanqiushuye

市、县（区）＿＿＿＿ 姓名＿＿＿＿ 准考证号＿＿＿＿

密 封 线 内 不 要 答 题

密 封 线

全国一级建造师执业资格考试

2012 年《建设工程项目管理》真题

（考试时间 180 分钟　满分 130 分）

一、单项选择题（共 70 题，每题 1 分。每题的备选项中，只有 1 个最符合题意）

1. 根据《建设项目工程总承包管理规范》（GB/T 50358—2005），不属于工程总承包方项目管理内容的是（　）。
   A. 任命项目经理　B. 组建项目部
   C. 确定项目建设资金　D. 实施设计管理

2. 按国际工程的惯例，当采用指定分包商时，应对分包合同规定的工期和质量目标向业主负责的是（　）。
   A. 业主　B. 监理方
   C. 指定分包商　D. 施工总承包管理方

3. 编制项目管理工作任务分工表，首先要做的工作是（　）。
   A. 进行项目管理任务的详细分解　B. 绘制工作流程图
   C. 明确项目管理工作部门的工作任务　D. 确定项目组织结构

4. 右列组织工具图，表示的是（　）。
   A. 项目结构图
   B. 工作流程图
   C. 组织结构图
   D. 合同结构图

某地铁工程
车站工程　区间隧道工程
×车站 … ×车站　×区间隧道 … ×区间隧道

5. 关于项目实施阶段策划的说法，正确的是（　）。
   A. 策划是一个封闭性的、专业性较强的工作过程
   B. 项目目标的分析和再论证是其基本内容之一
   C. 项目实施阶段策划的主要任务是进行项目实施的管理策划
   D. 实施阶段策划的范围和深度有明确的统一规定

6. 企业质量管理体系运行过程中，落实质量体系的内部审核程序，有组织、有计划开展内部质量审核活动的目的之一是（　）。
   A. 记载关键活动的质量参数
   B. 反映针对不足所采取的纠正措施及纠正效果
   C. 证明产品质量达到合同要求及质量保证的满足程度
   D. 向外部审核单位提供体系有效的证据

7. 关于因果分析图法应用的说法，正确的是（　）。
   A. 一张因果分析图可以分析多个质量问题　B. 通常采用 QC 小组活动的方式运行
   C. 具有直观、主次分明的特点　D. 可以了解质量统计表数据的分部特征

8. 根据《建筑工程施工质量验收统一标准》（GB 50300—2001），对涉及结构安全和使用功能的重要分部工程应进行（　）。
   A. 化学成分测定　B. 抽样检测
   C. 破坏性试验　D. 观感质量验收

9. 某施工承包企业将其承接的高速公路项目的目标总成本，分解为桥梁工程成本，隧道工程成本，道路工程成本等子项，并编制相应的成本计划。这是按（　）编制施工成本计划。
   A. 成本组成　B. 项目组成
   C. 工程类别　D. 工程性质

10. 下列合同形式中，承包人承担风险最大的合同类型是（　）。
    A. 固定总价合同　B. 固定单价合同
    C. 成本加固定费用合同　D. 最大成本加费用合同

11. 项目各参与方应分别进行不同层次和范围的建设工程项目质量控制体系规划，是工程项目质量控制体系（　）原则的体现。
    A. 目标分解　B. 质量责任制
    C. 系统有效性　D. 分层次规划

12. 建设工程项目进度控制工作包括：①编制进度计划；②调整进度计划；③进度目标的分析和论证；④跟踪检查计划的执行情况，其正确的工作程序是（　）。
    A. ①—②—③—④　B. ③—①—②—④
    C. ③—①—④—②　D. ④—②—③—①

13. 施工安全技术措施应能够在每道工序中得到贯彻实施，既要考虑保证安全要求，又要考虑现场环境条件和施工技术能够做到，这表明施工安全技术措施要（　）。
    A. 具有针对性和可操作性　B. 具有针对性和全面性
    C. 具有可行性和可操作性　D. 力求全面、具体、可靠

14. 施工承包企业应对建设单位提供的原始坐标点、基准线和水准点等测量控制点进行复核，并将复测结果上报（　）审批，批准后才能建立施工测量控制网。
    A. 项目技术负责人　B. 企业技术负责人
    C. 业主　D. 监理工程师

15. 施工成本控制的各工作步骤中，其核心是（　）。
    A. 比较　B. 预测　C. 分析　D. 纠偏

16. 施工合同履行过程中，承包商向指定分包商支付工程款的时间应当是（　）。
    A. 分包合同约定的付款时间，不论承包人是否收到了业主支付的工程款
    B. 业主向承包人支付工程款之前 14 天
    C. 业主向承包人支付工程款之前 7 天
    D. 承包商收到业主工程款之后

17. 项目实施阶段，设计方编制的设计工作进度应尽可能与招标、施工和（　　）等工作进度相协调。

A. 项目选址　　B. 可行性研究　　C. 竣工验收　　D. 物资采购

18. 某基础混凝土试块强度值不满足设计要求，但经法定检测单位对混凝土实体强度进行实际检测后，其实际强度达到规范允许和设计要求值，正确的处理方式是（　　）。

A. 不作处理　　B. 修补　　C. 返工　　D. 加固

19. 根据《国务院关于取消第二批行政审批项目和改变一批行政审批项目管理方式的决定》（国发［2003］5号），取得建造师注册证书的人员是否担任工程项目施工管理，由（　　）决定。

A. 建设行政主管部门　　B. 项目业主

C. 建筑施工企业　　D. 项目监理单位

20. 在进行合同分析以后，应由（　　）作"合同交底"。

A. 各层次管理者向合同管理人员　　B. 合同管理人员向劳务作业人员

C. 项目经理向合同管理人员　　D. 合同管理人员向各层次管理者

21. 国际工程施工承包合同争议解决的方式中，最常用、最有效，也是应该首选的解决方式是（　　）。

A. 仲裁　　B. 协商　　C. 调解　　D. 诉讼

22. 下列建设市场主体中，其工作性质属于业主方项目管理范畴的是（　　）。

A. 设备供货单位　　B. 建设监理单位

C. 施工总承包单位　　D. 工程设计单位

23. 关于安全生产事故应急预案管理的说法，正确的是（　　）。

A. 非参建单位的安全生产及应急管理方面的专家，均可受邀参加应急方案评审

B. 应急预案应报同级人民政府和上一级安全生产监督管理部门备案

C. 生产经营单位应每半年至少组织一次现场处置方案演练

D. 生产经营单位应每年至少组织两次综合应急预案演练或者专项应急预案演练

24. 某施工企业承接了某住宅小区中10#楼的土建施工任务，项目经理部针对该楼编制的施工组织设计属于（　　）。

A. 施工组织总设计　　B. 单项工程施工组织设计

C. 单位工程施工组织设计　　D. 分部工程施工组织设计

25. 关于建造师和项目经理的说法，正确的是（　　）。

A. 大、中型工程项目施工的项目经理必须由取得建造师注册证书的人员担任

B. 取得建造师注册证书的人员即可成为施工项目经理

C. 建造师是管理岗位，项目经理是技术岗位

D. 取得建造师注册证书的人员只能担任施工项目经理

26. 将一个子项目进度计划分解为若干个工作项，属于项目总进度目标论证工作的（　　）。

A. 项目的结构分析　　B. 项目的工作编码

C. 各层进度计划的关系协调　　D. 进度计划系统的结构分析

27. 作业文件是职业健康安全与环境管理体系文件的组成之一，其内容包括（　　）。

A. 管理手册、管理规定、监测活动准则及程序文件

B. 操作规程、管理规定、监测活动准则及程序文件引用的表格

C. 操作规程、管理规定、监测活动准则及管理手册

D. 操作规程、管理规定、监测活动准则及程序文件

28. 下列直方图中，表明生产过程处于正常、稳定状态的是（　　）。

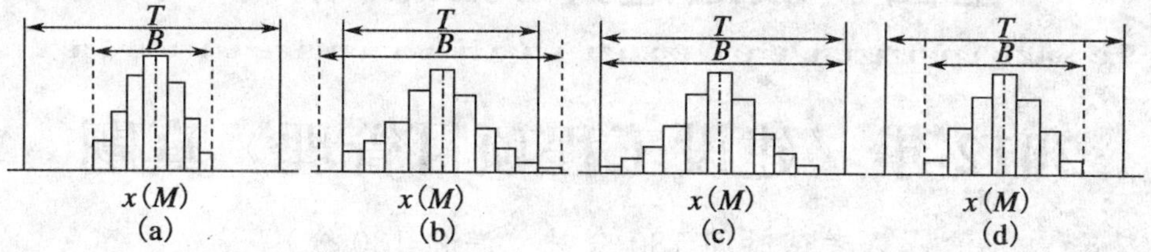

T　B　x(M)　(a)　　T　B　x(M)　(b)　　T　B　x(M)　(c)　　T　B　x(M)　(d)

A.（a）　　B.（b）　　C.（c）　　D.（d）

29. 下列建设工程项目进度控制的措施中，属于技术措施的是（　　）。

A. 优选工程项目的施工方案　　B. 确定各类进度计划的审批程序

C. 选择合理的合同结构　　D. 选择工程承包发包模式

30. 下列施工成本管理的措施中，属于组织措施的是（　　）。

A. 确定最佳的施工方案

B. 对施工成本管理目标进行风险分析，并制定防范性对策

C. 选用合适的合同结构

D. 加强施工定额管理和施工任务单管理，控制活劳动和物化劳动的消耗

31. 施工合同分析中，对工程师权限和责任分析属于（　　）分析的内容。

A. 发包人责任　　B. 合同法律基础

C. 承包人主要任务　　D. 合同争议解决方式

32. 为实现进度目标而采取的经济激励措施所需要的费用，应在（　　）中考虑。

A. 工程预算　　B. 投标报价　　C. 投资估算　　D. 工程概算

33. 根据下列逻辑关系表绘制的双代号网络图如下图所示，其存在的错误是（　　）。

工作名称	A	B	C	D	E	G	H
紧前工作	—	—	A	A	A、B	C	E

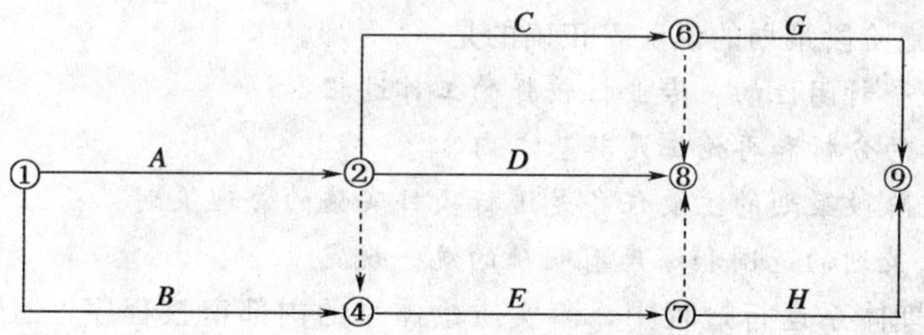

A. 节点编号不对　　B. 逻辑关系不对

C. 有多个终点节点　　D. 有多个起点节点

34. 应用曲线法进行施工成本偏差分析时，已完工作实际成本曲线与已完工作预算成本曲线的竖向距离，表示（　　）。

A. 成本累计偏差　　B. 进度累计偏差

C. 进度局部偏差　　D. 成本局部偏差

35. 应用动态控制原理控制项目投资时，若将工程合同价作为投资实际值，则可作投资计划值的是（　　）。

A. 工程概算和工程款支付值　　B. 工程概算和工程决算

C. 工程决算和工程款支付值　　D. 工程概算和工程预算

36. 某工程双代号时标网络计划如下图所示（时间单位：周），工作 A 的总时差为（　　）周。

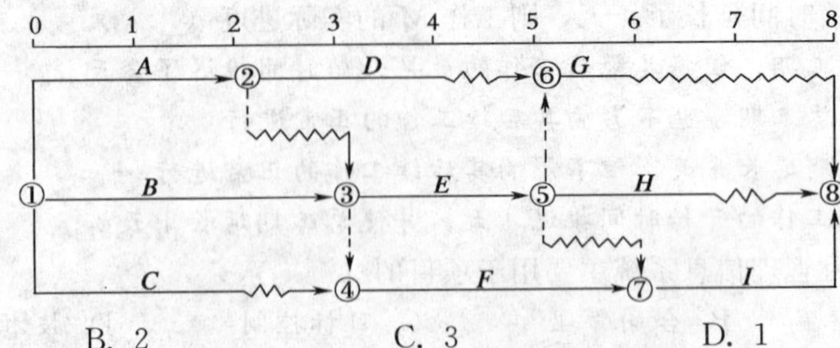

A. 0　　B. 2　　C. 3　　D. 1

37. 根据《建设项目工程总承包管理规范》（GB/T 50358—2005），工程总承包单位以受业主委托，按合同约定对工程建设项目的（　　）等实行全过程或若干阶段承包。

A. 决策、设计、施工　　B. 勘察、设计、施工、采购、试运行

C. 决策、设计、施工、采购　　D. 设计、施工、采购、试运行、运行管理

38. 关于建设工程质量监督管理的说法，正确的是（　　）。

A. 建设行政主管部门发现竣工验收过程中有违反质量管理规定行为的，责令停止使用，重新组织竣工验收

B. 施工单位应当自工程竣工验收合格之日起 15 日内，将竣工验收报告报建设行政主管部门备案

C. 小规模的市政基础设施改建工程可以免于备案

D. 建设单位未组织竣工验收擅自交付使用的，责令改正，且处以竣工结算价款 2%～4%的罚款

39. 建设工程招标投标活动中，自投标截止时间到投标有效期终止之前，关于投标文件处理的叙述，正确的是（　　）。

A. 投标人可以替换已提交的投标文件

B. 投标人可以补充或修改已提交的投标文件

C. 投标人在该期间送达的，也应视为有效

D. 投标人撤回投标文件的，其投标保证金将被没收

40. 某按单价合同进行计价的招标工程，在评标过程中，发现某投标人的总价与单价的计算结果不一致，究其原因是投标人在计算时，将混凝土单价 300 元/m^3 误作为 30 元/m^3的结果，对此，业主有权（　　）。

A. 以总价为准调整单价　　B. 要求投标者重新提报混凝土单价

C. 以单价为准调整总价　　D. 将该投标文件作废标处理

41. 工程施工质量事故的处理工作包括：①事故调查；②事故原因分析；③事故处理；④事故处理的鉴定验收；⑤制定施工处理方案。正确的处理程序是（　　）。

A. ①—②—⑤—③—④　　B. ①—②—③—④—⑤

C. ②—①—③—④—⑤　　D. ④—②—⑤—①—③

42. 下列施工成本分析方法中，可以用来分析各种因素对成本影响程度的是（　　）。

A. 相关比率法　　B. 连环置换法　　C. 比重分析法　　D. 动态比率法

43. 根据《建设工程监理规范》（GB 50319—2000），属于施工阶段监理工作任务的是（　　）。

A. 检查施工单位的测量、检测仪器设备定期检验的证明文件

B. 检查施工单位专职安全生产管理人员的资格

C. 审核分包单位的资质条件

D. 查验施工单位的施工测量定位放线成果

44. 编制施工项目成本计划的关键是确定（　　）。

A. 目标成本　　B. 预算成本　　C. 平均成本　　D. 实际成本

45. 某工程施工期间，安全人员发现作业区内有一处电缆井盖遗失，随即在现场设防护栏及警示牌，并设照明及夜间警示红灯。这是建设安全事故隐患处理中（　　）原则的具体体现。

A. 动态治理　　B. 单项隐患综合治理

C. 冗余安全度治理　　D. 直接隐患与间接隐患并治

46. 施工质量控制点应选择技术要求高、对工程质量影响大或是发生质量问题时危害大或（　　）的对象进行设置。

A. 劳动强度大　　B. 施工技术先进

C. 施工难度大　　D. 施工管理要求高

47. 根据不同风险水平的风险控制措施计划表，对于“中度的”风险，宜采取的措施是（　　）。

A. 直至风险降低后才能开始工作，当风险涉及正在进行中的工作时，应采取应急计划

B. 应努力降低风险，并在规定的时间期限内实施降低风险的措施

C. 考虑投资效果更佳的解决方案或不增加额外成本的改进措施

D. 只有当风险已经降低到“可容许的”水平时，才能开始或继续工作

48. 按照国际惯例，对工业与民用建筑工程的设计任务委托而言，下列专业设计事务所中，通常起主导作用的是（　　）。

A. 测量师事务所　　B. 结构工程师事务所

C. 建筑师事务所　　D. 水电工程师事务所

49. 建设工程生产安全事故应急预案中，针对深基坑开挖可能发生的事故、相关危险源和应急保障而制定的计划属于（　　）。

A. 综合应急预案　　B. 现场处置方案

C. 专项应急预案　　D. 现场应急预案

50. 某工程施工过程中，由于供货商提供的设备（施工单位采购）的质量存在缺陷，导致返工并造成损失，施工单位应向（　　）索赔，以补偿自己的损失。

A. 业主　　B. 工程师　　C. 设备生产商　　D. 设备供应商

51. 利用水泥、沥青等胶结材料，将松散的废物胶结包裹起来，减少有害物质从废物中向外迁移、扩散，使得废物对环境的污染减少。此做法属于固体废物（　　）的处置。

A. 填埋　　B. 稳定和固化　　C. 压实浓缩　　D. 减量化

52. 下列沟通过程中的诸要素中，处于主导地位的是（　　）。

A. 沟通主体　　B. 沟通客体　　C. 沟通环境　　D. 沟通渠道

53. 关于建设工程施工合同谈判与签约的说法，正确的是（　　）。
A. 在合同谈判阶段形成的所有文件都是合同文件的组成部分
B. 建设工程施工合同由合同双方达成协议并签字后，即受法律保护
C. 双方在合同谈判结束后，即形成正式的合同文件
D. 在合同谈判中，双方可以对技术要求进行进一步的讨论和确认

54. 关于进度计划调整的说法，正确的是（　　）。
A. 根据计划检查的结果在必要时进行计划的调整
B. 网络计划中某项工作进度超前，不需要进行计划的调整
C. 非关键线路上的工作不需要进行调整
D. 当某项工作实际进度拖延的时间超过其总时差时，只需要考虑总工期的限制

55. 对装饰工程中的水磨石、面砖、石材饰面等进行现场检查时，均应进行敲击，检查其铺贴质量。该方法属于现场质量检查方法中的（　　）。
A. 实测法　　B. 目测法　　C. 记录法　　D. 实验法

56. 按建设工程项目成本构成编制施工成本计划时，将施工成本分解为（　　）等。
A. 直接费、间接费、利润、税金
B. 单位工程施工成本及分部分项施工成本
C. 分部分项工程费、其他项目费、规费
D. 人工费、材料费、施工机具使用费和企业管理费

57. 根据合同通用条款规定的文件解释优先顺序，下列文件中具有优先解释权的是（　　）。
A. 规范标准　　B. 中标通知书　　C. 协议书　　D. 设计文件

58. 工程质量监督申报手续应在工程项目（　　）到工程质量监督机构办理。
A. 开工前，由施工单位　　B. 竣工验收前，由建设单位
C. 开工前，由建设单位　　D. 竣工验收前，由施工单位

59. 下列项目目标动态控制的纠偏措施中，属于组织措施的是（　　）。
A. 调整进度管理方法　　B. 改变施工管理方法
C. 强化合同管理　　D. 调整工作流程组织

60. 关于施工总承包和施工总承包管理的说法，正确的是（　　）。
A. 施工总承包招标和施工总承包管理均可以不依赖完整的施工图
B. 施工总承包管理模式下，分包合同阶段对业主是透明的
C. 业主在施工总承包和施工总承包管理模式下，对分包单位的选择和认可权限是相同的
D. 施工总承包管理单位负责施工现场的总体管理和协调，对项目目标控制不承担责任

61. 根据《建设工程委托监理合同（示范文本）》（GF—2000—0201），监理人发现工程设计不符合国家规定的质量标准时，正确的做法是（　　）。
A. 书面报告委托人并要求设计人改正　　B. 指令施工单位征求设计人的修改意见
C. 及时向设计人报告问题的具体情况　　D. 口头联系设计人并书面报告委托人

62. 某施工企业编制某建设项目施工组织总设计，先后进行了相关资料的收集和调研、主要工种工程量的计算、施工总体部署的确定等工作，接下来的工作是（　　）。
A. 施工总进度计划的编制　　B. 施工方案的拟订
C. 资源需求量计划的编制　　D. 施工总平面图的设计

63. 根据《建设工程施工专业分包合同（示范文本）》（GF—2003—0213），承包人应提供总包合同供分包人查阅，但可以不包括其中有关（　　）。
A. 承包工程的价格内容　　B. 承包工程的进度要求
C. 项目业主的情况　　D. 违约责任条款

64. 某工程网络计划中，工作 M 的自由时差为 2 天，总时差为 5 天。实施进度检查时发现该工作的持续时间延长了 4 天，则工作 M 的实际进度（　　）。
A. 不影响总工期，但将其紧后工作的最早开始时间推迟了 2 天
B. 既不影响总工期，也不影响其后续工作的正常进行
C. 将使总工期延长 4 天，但不影响其后续工作的正常进行
D. 将其后续工作的开始时间推迟 4 天，并使总工期延长 1 天

65. 建设工程项目管理信息系统主要用于项目的（　　）。
A. 投标报价　　B. 合同管理　　C. 目标控制　　D. 技术资料管理

66. 下列干扰事件中，承包商不能提出工期索赔的是（　　）。
A. 开工前业主未能及时交付施工图纸　　B. 工程师指示承包商加快施工进度
C. 异常恶劣的气候条件　　D. 业主未能及时支付工程款造成工期延误

67. 根据《建设工程项目管理规范》（GB/T 50326—2006），项目管理实施规划应由（　　）组织编制。
A. 项目技术负责人　　B. 项目经理
C. 企业生产经营负责人　　D. 企业技术负责人

68. 根据全面质量管理的思想，工程项目的全面质量管理是指对（　　）的全面质量管理。
A. 工程质量形成过程　　B. 工程建设各参与方
C. 工程质量和工作质量　　D. 工程建设所需的材料、设备

69. 某建设工程项目中，承包人按合同约定，由担保公司向发包人提供了履约担保书。在合同履行过程中，如果承包人违约，开出担保书的担保公司（　　）。
A. 必须向发包人支付履约担保书中规定的保证金
B. 必须用履约担保书中规定的保证金去完成施工任务
C. 应完成施工任务，并向发包人支付履约担保书中规定的保证金
D. 用履约担保书中规定的担保金去完成施工任务或向发包人支付履约保证金

70. 下列工程担保中，以保护承包人合法权益为目的的是（　　）。
A. 投标担保　　B. 支付担保　　C. 履约担保　　D. 预付款担保

二、多项选择题（共 30 题，每题 2 分。每题的备选项中，有 2 个或 2 个以上符合题意，至少有 1 个错项。错选，本题不得分；少选，所选的每个选项得 0.5 分）

71. 建筑工程施工质量验收中，检验批质量验收的内容包括（　　）。
A. 质量资料　　B. 主控项目
C. 一般项目　　D. 允许偏差项目
E. 观感质量

72. 关于分部分项工程施工成本分析的说法，正确的有（　　）。
A. 分部分项工程成本分析的对象为已完成分部分项工程
B. 分部分项工程成本分析是施工项目成本分析的基础

C. 必须对施工项目中的所有分部分项工程进行成本分析

D. 分部分项工程成本分析的方法就是进行实际成本与目标成本的比较

E. 对主要分部分项工程要做到从开工到竣工进行系统的成本分析

73. 建设工程安全事故处理的原则有（　　）。

A. 事故单位未受到处理不放过　　B. 事故原因未查清不放过

C. 事故责任人未受到处理不放过　　D. 事故未制定整改措施不放过

E. 事故有关人员未受到教育不放过

74. 根据《关于做好房屋建筑和市政基础设施施工质量事故报告和调查处理工作的通知》（建质［2010］111号），按事故造成的损失程度，工程质量事故分为（　　）。

A. 特别重大事故　B. 重大事故　C. 较大事故　D. 微小事故　E. 一般事故

75. 下列影响建设工程项目质量的环境因素中，属于劳动作业因素的有（　　）。

A. 地下水位　B. 风力等级　C. 照明方式　D. 验收程序　E. 围挡设施

76. 某工程双代号网络计划如右图所示（时间单位：天），图中已标出各项工作的最早开始时间 ES 和最迟开始时间 LS。该计划表明（　　）。

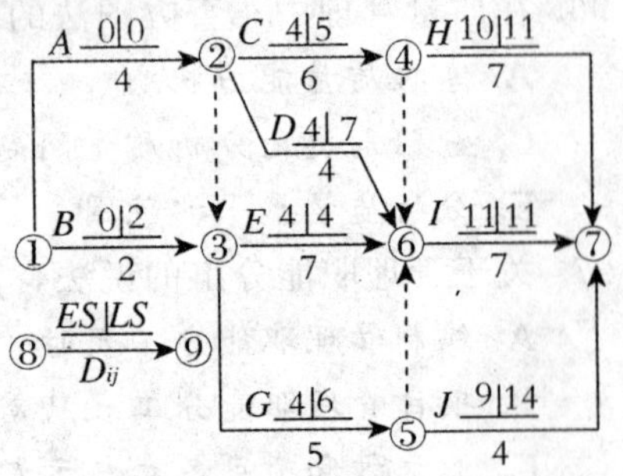

A. 工作①—③的总时差和自由时差相等

B. 工作②—⑥的总时差和自由时差相等

C. 工作②—④和工作③—⑥均为关键工作

D. 工作③—⑤的总时差和自由时差分别为2和0天

E. 工作⑤—⑦的总时差和自由时差相等

77. 关于履约担保的说法，正确的有（　　）。

A. 建筑业通常倾向于采用无条件银行保函作为履约担保

B. 银行履约保函分为有条件和无条件的银行保函

C. 履行担保书通常是由商业银行或保险公司开具

D. 采用担保书的金额要求比银行保函的金额要求低

E. 履约保证金额的大小取决于招标项目的类型与规模

78. 在国际上，工程建设物资采购的常用模式有（　　）。

A. 业主方自行采购　　B. 行政制定采购

C. 承包商采购　　D. 与承包商约定指定供应商采购

E. 行业协会统一采购

79. 下图所示的双代号时标网络计划，执行到第4周末及第10周末时，检查其实际进度如图中前锋线所示，检查结果表明（　　）。

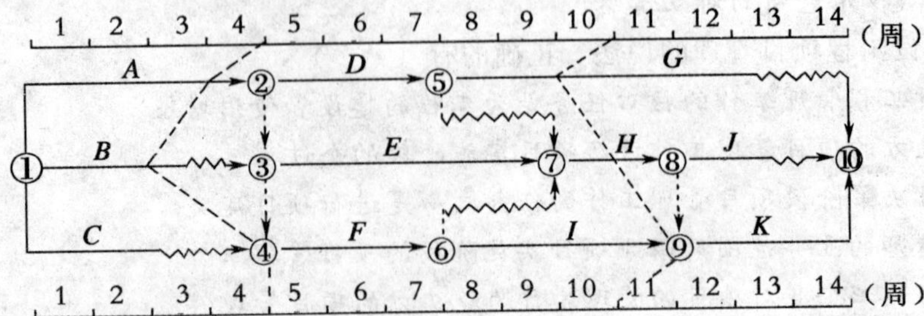

A. 第4周末检查时工作 A 拖后1周，影响工期1周

B. 第4周末检查时工作 B 拖后1周，但不影响工期

C. 第10周末检查时工作 I 提前1周，可使总工期提前1周

D. 在第5周到第10周内，工作 F 和工作 I 的实际进度正常

E. 第10周末检查时工作 G 拖后1周，但不影响工期

80. 按施工进度编制施工成本计划时，若所有工作均按照最早开始时间安排，则对项目目标控制的影响有（　　）。

A. 工程按期竣工的保证率较高　　B. 工程质量会更好

C. 不利于节约资金贷款利息　　D. 有利于降低投资

E. 不能保证工程质量

81. 在国际工程承包合同中，采用DAB（争端裁决委员会）方式解决争端的优点有（　　）。

A. DAB委员由行政主管部门指派，裁决具有公正性、中立性

B. DAB委员可以在项目开始时就介入，了解项目管理情况及存在的问题

C. DAB的裁决具有终局性，避免二次纠纷

D. DAB的费用较低

E. DAB解决纠纷的周期较短

82. 关于建设工程项目管理规划的说法，正确的有（　　）。

A. 建设工程项目管理规划仅涉及项目的施工阶段和保修期

B. 建设工程项目管理规划完成以后不需要调整

C. 除业主方以外，建设项目的其他参与单位也需要编制项目管理规划

D. 如果采用工程总承包模式，业主方可以委托总承包方编制建设工程项目管理规划

E. 建设工程项目管理规划内容涉及的范围和深度，应视项目的特点而定

83. 关于建设工程施工现场文明施工的说法，正确的有（　　）。

A. 施工现场必须实行封闭管理，设置进出口大门，制定门卫制度，严格执行外来人员进场登记制度

B. 沿工地四周连续设置围挡，市区主要道路和其他涉及市容景观路段的工地围挡的高度不得低于1.8 m

C. 项目经理是施工现场文明施工的第一责任人

D. 施工现场设置排水系统，泥浆、污水、废水有组织地直接进入下水道

E. 现场建立消防领导小组，落实消防责任制和责任人员

84. 下列项目目标动态控制的纠偏措施中，属于技术措施的有（　　）。

A. 改进施工方法　　B. 调整项目管理工作流程组织

C. 调整进度控制的方法和手段　　D. 选择高效的施工机具

E. 调整项目管理任务分工

85. 编制施工组织总设计时，必须遵循的顺序有（　　）。

A. 拟定施工方案后，才能编制进度计划

B. 编制进度计划后，才能编制资源需求量计划

C. 确定施工部署后，才能制定施工方案

D. 计算完工程量后，才能确定施工部署

E. 确定资源需求量后，才能编制施工准备工作计划

86. 根据《建设工程施工合同（示范文本）》（GF—1999—0201），工程师是指（ ）。
A. 监理单位安排的现场监理工程师
B. 发包人指定的履行合同的代表
C. 施工单位具有中级以上职称的人员
D. 监理单位委派的总监理工程师
E. 现场具有工程序列中级以上职称的人员

87. 建设工程项目施工成本控制的主要依据有（ ）。
A. 工程承包合同　B. 进度报告
C. 施工成本计划　D. 施工成本预测资料
E. 工程变更

88. 根据《全国建筑市场各方主体不良行为记录认定标准》，施工企业承揽业务中的不良行为包括（ ）。
A. 允许其他单位或个人以本单位名义承揽工程
B. 以他人名义投标或者以其他方式弄虚作假，骗取中标
C. 不按照与招标人订立的合同履行义务，情节严重
D. 不按照节能设计进行施工
E. 将承包的工程转包或者违法分包

89. 根据《建设工程项目管理规范》（GB/T 50326—2006），项目经理的权限有（ ）。
A. 签订工程施工承包合同　B. 进行授权范围内的利益分配
C. 参与组建项目经理部　D. 参与选择物资供应单位
E. 参与工程竣工验收

90. 下列建设工程项目信息中，属于技术类信息的有（ ）。
A. 前期技术信息　B. 进度控制信息
C. 质量控制信息　D. 工作量控制信息
E. 施工技术信息

91. 建设单位和监理单位组织设计单位向所有的施工单位进行详细的设计交底，其主要目的有（ ）。
A. 深入发现和解决各专业设计之间可能存在的矛盾
B. 充分理解设计意图
C. 了解设计内容和技术要求
D. 明确质量控制的重点与难点
E. 消除施工图的差错，解决施工的可行性问题

92. 根据《建设工程监理规范》（GB 50319—2000），属于工程建设监理规划内容的有（ ）。
A. 建设工程概况　B. 监理工作的控制要点及目标值
C. 监理工作制度　D. 监理工程进度计划
E. 监理设施

93. 关于建设工程反索赔的说法，正确的有（ ）。
A. 反索赔是双向的

B. 工程师对索赔文件的审核是反索赔的工作内容之一
C. 审核索赔报告的时限性是反索赔的要点之一
D. 调查分析并确定索赔事件的原因和责任，是反索赔的工作内容之一
E. 反索赔工作就是反击或反驳对方的索赔要求

94. 下列进度控制措施中，属于经济措施的有（ ）。
A. 编制进度控制工作流程　B. 选用恰当的承发包形式
C. 按时支付工程款项　D. 设立提前完工奖
E. 拖延完工予以处罚

95. 建设工程项目总进度纲要的主要内容包括（ ）。
A. 项目实施的总体部署　B. 总进度规划
C. 项目结构分析　D. 确定里程碑事件的计划进度目标
E. 总进度目标实现的条件

96. 在质量管理中，直方图法的主要用途有（ ）。
A. 掌握质量能力状态　B. 确定质量问题的主要原因
C. 分门别类地分析质量问题　D. 分析生产过程的状态
E. 分析质量水平的范围

97. 关于管理职能分工的说法，正确的有（ ）。
A. 编制管理职能分工表时，施工质检员只有“执行”职能
B. 项目管理职能分工表只需针对质量控制进行编制
C. 业主方和项目各参与方都应该编制各自的项目管理职能分工表
D. 管理职能实际上就是管理过程中的多个工作环节
E. 在一个项目施工全过程中，项目管理班子的职能分工应该保持不变

98. 根据《建设工程安全生产管理条例》，下列分部分项工程中，应当组织专家进行施工方案论证的有（ ）。
A. 深基坑工程　B. 地下暗挖工程
C. 脚手架工程　D. 高大模板工程
E. 爆破工程

99. 对业主而言，成本加酬金合同的优点有（ ）。
A. 可以利用承包商的施工技术专家，帮助改进或弥补设计中的不足
B. 可以根据自身力量和需要，较深入地介入和控制工程施工和管理
C. 可以转移风险，有利于业主方的投资控制
D. 可以通过分段施工缩短工期
E. 可以减少承包商的对立情绪

100. 关于建设工程项目管理的说法，正确的有（ ）。
A. 建设工程管理工作的核心任务是为工程的建设和使用增值
B. 业主方的项目管理工作涉及项目实施阶段的全过程
C. 项目决策阶段项目管理工作的任务之一是进行项目定义
D. 建造师的业务范围只限于项目实施阶段的项目管理工作
E. 只有施工企业对项目的管理才称为施工方的项目管理

市、县（区）＿＿＿＿ 姓名＿＿＿＿ 准考证号＿＿＿＿

密封线内不要答题

密 封 线

全国一级建造师执业资格考试

《建设工程项目管理》押题模拟试卷（一）

（考试时间 180 分钟　满分 130 分）

一、单项选择题（共 70 题，每题 1 分。每题的备选项中，只有 1 个最符合题意）

扫码听课

1. 关于项目管理和工程管理的说法，正确的是（　　）。
   A. 工程项目管理的时间是项目的全寿命周期
   B. 建设工程管理的时间是项目的实施阶段
   C. 工程管理的核心任务是为项目的建设和使用增值
   D. 项目管理的核心任务是目标控制
2. 赢得值法中，当已完工作预算费用/计划工作预算费用（　　）时，表示进度提前，即实际进度比计划进度快。
   A. 大于 1　　B. 小于 1　　C. 大于 0　　D. 小于 0
3. 设计质量有两层意思，首先设计应（　　），其次设计必须遵守有关的技术标准、规范和规程。
   A. 满足业主所需的功能和使用价值　B. 满足项目建议书要求
   C. 受经济、资源、技术、环境等因素制约　D. 受项目质量目标和水平的限制
4. 在建设工程项目实施中，处置分两个步骤。其中，第一步骤的工作内容是（　　）。
   A. 核对是否严格执行了计划的行动方案
   B. 评价计划执行的结果
   C. 采取应急措施，解决当前的质量问题
   D. 信息反馈管理部门为今后类似问题的质量预防提供借鉴
5. 下列关于施工总承包模式和施工总承包管理模式的说法，正确的是（　　）。
   A. 采用费率招标的施工总承包模式，对投资控制有利
   B. 施工总承包管理模式下，业主方招标和合同管理的工作量较小
   C. 施工总承包管理模式可以提前开工，缩短建设周期
   D. 施工总承包模式下可以提前开工，缩短建设周期

扫码听课

6. PDCA 循环中，处置阶段的主要任务是（　　）。
   A. 明确目标并制定实现目标的行动方案
   B. 展开工程的作业技术活动
   C. 对计划实施过程进行各种检查
   D. 对质量问题进行原因分析，采取措施予以纠正

扫码听课

7. 根据国家标准《建筑工程施工质量验收统一标准》规定，按主要工种、材料、施工工艺、设备类别等进行划分的是（　　）。
   A. 检验批　　B. 分项工程
   C. 分部工程　　D. 单位工程
8. 质量管理原则中的（　　）提出质量管理应采用过程网络的方法建立质量管理体系，实施系统管理。
   A. 基于网络的管理方法　　B. 过程方法
   C. 管理的系统方法　　D. 全员参加
9. 建筑施工企业因暂时生产经营困难无法按劳动合同约定的日期支付工资的，应当向劳动者说明情况，并经与工会或职工代表协商一致后，可以延期支付工资，超过（　　）日不支付劳动者工资的，属于无故拖欠工资行为。
   A. 30　　B. 20　　C. 15　　D. 45
10. 当工程分包时，分包单位应当对（　　）单位负责。
   A. 总承包　　B. 监理　　C. 设计　　D. 建设
11. 在某双代号网络计划中，工作 A 的最早开始时间为第 10 天，其持续时间为 6 天，该工作有两项紧后工作，它们的最早开始时间分别为第 26 天和第 31 天，最迟开始时间分别为第 27 天和第 33 天，则工作 A 的总时差和自由时差（　　）。
   A. 均为 11 天　　B. 分别为 10 天、9 天
   C. 均为 10 天　　D. 分别为 11 天、10 天

扫码听课

12. 某分部工程双代号网络计划如下图所示，根据下表给定的逻辑关系和双代号网络计划的绘图规则，其作图错误的是（　　）。

工作名称	A	B	C	D	E	G	H
紧前工作	—	—	A	A	A、B	C	E

扫码听课

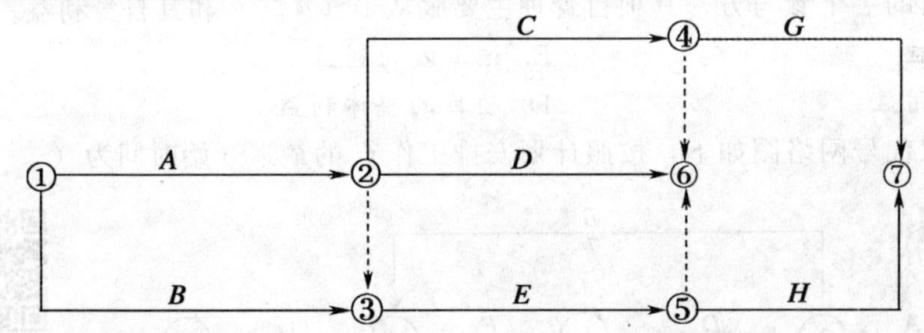

   A. 节点编号不对　　B. 逻辑关系不对
   C. 有多个起点节点　　D. 有多个终点节点
13. 编制施工成本计划时，采用（　　）等作为编制依据。
   A. 施工结算　　B. 施工组织设计
   C. 施工图预算　　D. 施工决算
14. 建设单位应当自建设工程竣工验收合格之日起（　　）日内，向工程所在地的县级以上地方人民政府建设主管部门备案。
   A. 7　　B. 14
   C. 15　　D. 28

15. 建设工程总承包合同一般以（　　）作为解决争议的最终方式。

A. 仲裁　B. 调解　C. 诉讼　D. 协商

16. 建设工程项目管理就是自项目开始到项目完成，通过（　　）使项目目标得以实现。

A. 项目策划和项目组织　B. 项目控制和项目协调

C. 项目组织和项目控制　D. 项目策划和项目控制

17. 下列有关第一类危险源与第二类危险源的描述中，正确的是（　　）。

A. 第一类危险源是事故发生的前提，第二类危险源的出现是第一类危险源导致事故的必要条件

B. 第二类危险源是事故发生的前提，第一类危险源的出现是第二类危险源导致事故的必要条件

C. 第二类危险源是事故的主体，决定事故的严重程度，第一类危险源出现的难易，决定事故发生的可能性大小

D. 第一类危险源是事故的主体，决定事故发生的可能性大小，第二类危险源出现的难易，决定事故发生的严重程度

18. 设计方的项目管理目标除了服务于其自身的利益外，还应服务于（　　）。

A. 招投标代理机构的利益　B. 施工方的利益

C. 项目的整体利益　D. 建设主管部门的利益

19. 安全控制的方针是（　　）。

A. 以人为本　B. 安全第一，预防为主

C. 以人为本，安全第一　D. 以人为本，预防为主

20.（　　）可以全面了解单位工程的成本构成和降低成本的来源。

A. 竣工成本分析　B. 月（季）度成本分析

C. 年度成本分析　D. 分部分项工程成本分析

21. 施工方是项目的一个参与方，其项目管理主要服从于（　　）和其自身利益。

A. 业主的利益　B. 施工方的利益

C. 设计方的利益　D. 项目的整体利益

22. 已知某工程双代号网络图如下，按照计划安排工作 C 的最迟开始时间为（　　）。

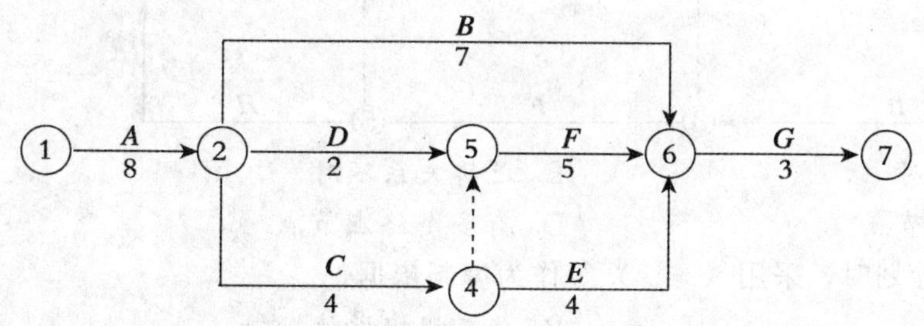

A. 第 13 天　B. 第 12 天　C. 第 8 天　D. 第 17 天

23. 下列各选项中，不属于《建设项目工程总承包管理规范》规定的工程总承包项目管理的主要内容的是（　　）。

A. 办理可行性研究报批　B. 进行项目范围管理

C. 实施设计管理　D. 任命项目经理

24. 直方图的分布形状及分布区间由质量特性统计数据的（　　）所决定。

A. 极差　B. 平均值和标准偏差

C. 中位数　D. 最大值

25. 已知某基础工程施工双代号时标网络计划如下图所示，如果工作 E 实际进度延误了 4 周，则施工进度计划工期延误（　　）周。

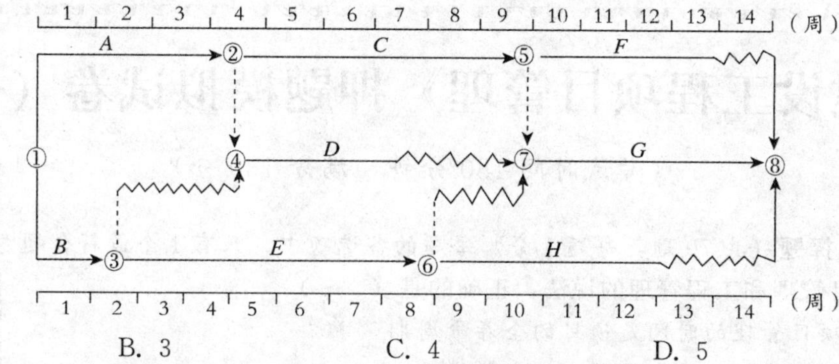

A. 2　B. 3　C. 4　D. 5

26. 事中质量控制包括自我控制和他人监控两种方式，其关键在于（　　）。

A. 作业者的自我控制　B. 企业内部管理者的检查检验

C. 工程监理机构的监控　D. 政府质量监督部门的监控

27. 建设项目工程总承包的意义主要在于（　　）。

A. 通过项目“交钥匙”方式建设，实现项目专业化管理的目的

B. 通过设计与施工过程的组织集成，促进设计和施工紧密结合，以达到为项目建设增值的目的

C. 通过施工和设计的结合，以达到降低成本的目的

D. 通过项目总价包干，实现业主效益最大化的目的

28. 建设项目参与各方进度控制的任务不同，其中，业主方进度控制的任务在于（　　）。

A. 依据设计任务委托合同对设计工作进度的要求控制设计工作进度

B. 依据施工任务委托合同对施工进度的要求控制施工进度

C. 依据供货合同对供货的要求控制供货进度

D. 控制整个项目实施阶段的进度

29. 建设工程项目结构图描述的是（　　）。

A. 工作对象之间的关系　B. 组织系统中各部门的职责分工

C. 项目各个参与方之间的关系　D. 组织系统中各子系统之间的关系

30. 关于施工组织设计的编制原则，下列说法不正确的是（　　）。

A. 重视施工组织对施工的作用

B. 在保证施工进度的前提下，尽可能提高工程质量

C. 重视管理创新和技术创新

D. 提高施工的工业化程度

31. 关于分部分项工程成本分析，下列说法正确的是（　　）。

A. 分部分项工程成本分析的对象是未完成分部分项工程

B. 分部分项工程成本分析方法是进行实际与目标成本比较

C. 需对施工项目中的所有分部分项工程进行成本分析

D. 分部分项工程成本分析是施工项目成本分析的基础

32. 关于质量控制和质量管理的关系，下列说法正确的是（　　）。

A. 质量控制是质量管理的一部分　　B. 质量管理是质量控制的一部分

C. 质量管理和质量控制相互独立　　D. 质量管理和质量控制相互包容

33. 在项目的组织工具中，（　　）是用以反映项目所有工作任务及其层次关系的。

A. 管理职能分工表　　B. 工作任务分工表

C. 项目结构图　　D. 组织结构图

34. 在应用动态控制原理控制建设工程项目目标时，调整项目组织结构、管理职能分工属于（　　）措施。

A. 组织　　B. 合同　　C. 经济　　D. 技术

35. 安全检查表法的缺点在于（　　）。

A. 复杂难懂，不易掌握

B. 只能做出一些定性的评价

C. 不能从多方面考虑问题，使问题有弊端

D. 虽然能事先组织专家编制检查项目，但这些安全检查未做到系统化、完整化

36. 信息是以口头、书面或电子等方式传递的（　　）、新闻、情报。

A. 数据　　B. 数字　　C. 文字　　D. 知识

37. 施工成本管理是利用组织经济等措施，以寻求（　　）。

A. 计划成本越低越好　　B. 最大限度的成本节约

C. 计划成本的准确范围　　D. 确保能够降低成本

38. 作业活动结束，承包单位的检查顺序依次是（　　）。

A. 自检→互检→专检　　B. 互检→自检→专检

C. 自检→专检→互检　　D. 专检→自检→互检

39. 组织分工反映的是一个组织系统中各子系统或各元素的工作任务分工和（　　）。

A. 管理目标分工　　B. 管理职能分工

C. 管理责任分工　　D. 管理权限分工

40. 在评标过程中，（　　）是核心步骤。

A. 评标准备　　B. 初步评审　　C. 详细评审　　D. 编写评标报告

41. 下列属于安全检查的注意事项的是（　　）。

A. 安全检查要深入基层、领导为主，深入全面地进行

B. 建立检查的组织领导机构，挑选具有较高技术业务水平的专业人员参加

C. 把自查与互查有机结合起来，基层以互相检查为主，企业内相应部门以自检为主

D. 将检查作为最终目的，要及时发现问题

42. 国际上把建设监理单位所提供的服务归为（　　）服务。

A. 工程咨询　　B. 工程管理　　C. 工程监督　　D. 工程策划

43. 总进度目标论证涉及多方面内容，下列不属于总进度目标论证内容的是（　　）。

A. 总进度规划的编制　　B. 工程实施的条件分析

C. 工程实施的技术分析　　D. 工程实施策划方面的问题

密封线内不要答题

44. 房屋建筑工程的平面空间布局、通风采光性能；道路交通工程的路面等级、通行能力反映了建设工程项目的（　　）质量特性。

A. 使用功能　　B. 安全可靠　　C. 文化艺术　　D. 建筑环境

45. 在建设工程项目管理机构中，应有专门的工作部门和符合进度控制岗位资格的专人负责进度控制工作，这是进度控制中重要的（　　）。

A. 组织措施　　B. 管理措施　　C. 经济措施　　D. 技术措施

46. 大型建设工程项目的三级工作任务目录通常将整个项目划分成若干个（　　）。

A. 子项目　　B. 子系统　　C. 工作项　　D. 工作单元

47. 下列各项措施中，（　　）是建设工程项目进度控制的技术措施。

A. 确定各类进度计划的审批程序　　B. 选择工程承发包模式

C. 优选项目设计、施工方案　　D. 进行适当的经济激励

48. 建设工程项目质量控制体系是（　　）。

A. 建设单位的质量管理体系或质量保证体系

B. 工程承包企业的质量管理体系或质量保证体系

C. 监理机构的质量管理体系或质量保证体系

D. 一个一次性的质量控制工作体系，不同于企业的质量管理体系

49. 以下关于建设工程项目质量控制系统过程中的事中控制的描述，错误的是（　　）。

A. 对质量活动的行为约束与对质量活动过程和结果的检查与监控

B. 事中控制要求针对质量控制对象的控制目标、活动条件、影响因素进行周密分析

C. 事中控制强调活动主体的自我控制

D. 有效进行事中控制，在于创造一种过程控制的机制和活力

50. 下列偏差分析的表达方法中，反映的信息量少的是（　　），它一般在项目的较高管理层应用。

A. 横道图法　　B. 表格法　　C. 曲线法　　D. 因素分析法

51. 某工程计划中，工作 A 的持续时间为 5 天，总时差为 7 天，自由时差为 3 天，如果工作 A 实际进度拖延 10 天，则会影响工程计划工期（　　）天。

A. 3　　B. 5　　C. 7　　D. 9

扫码听课

52. 下列各选项中，属于线性组织结构的特点的是（　　）。

A. 每一个工作部门只有一个直接的下级部门

B. 每一个工作部门只有一个直接的上级部门

C. 谁的级别高，就听谁的指令

D. 可以越级指挥或请示

53. 依法进行招标投标，慎重选择有资质、有能力的项目设计、施工、监理单位，避免因这些质量责任单位选择不当而发生质量风险，属于质量风险应对策略的（　　）。

A. 减轻　　B. 转移　　C. 规避　　D. 自留

54. 进度目标分析和论证的目的是（　　）。

A. 论证如何实现工程的进度目标

B. 论证进度计划编制的合理性

C. 论证进度目标是否合理和是否可能实现

D. 论证进度目标动态调整的可能性

55. 下列职业健康安全管理体系的要素中，不属于核心要素的是（　　）。

A. 职业健康安全方针

B. 对危险源辨识、风险评价和风险控制的策划

C. 结构和职责

D. 文件和资料控制

56. 在项目实施的各个阶段，不同的层面、不同的范围和不同的质量责任主体之间，应用PDCA循环原理，即计划、实施、检查和处置不断循环的方式展开质量控制，这体现了项目质量控制体系的（　　）。

A. 动力机制　　B. 约束机制

C. 反馈机制　　D. 持续改进机制

57. 施工成本控制的工作内容之一是计算出分析（　　）之间的差异。

A. 预测成本与实际成本　　B. 实际成本与计划成本

C. 目标成本与实际成本　　D. 预算成本与实际成本

58. 下列工程项目风险管理工作中，属于风险识别阶段的工作是（　　）。

A. 分析各种风险的损失量　　B. 分析各种风险因素发生的概率

C. 确定风险因素　　D. 对风险进行监控

59. 在（　　）情形中，工程项目经批准可以进行邀请招标。

A. 受自然地域环境限制的　　B. 技术复杂的

C. 已具有招标部分条件的　　D. 招标人不完全具有招标能力的

60. 某建筑施工企业为承揽一个建设工程项目而编制投标文件。在投标文件中，针对该项目特点绘制了项目的组织结构图，这个图反映了项目经理和相关工作部门或主管人员之间的某种关系，这种关系是（　　）。

A. 劳务关系　　B. 任务关系　　C. 业务关系　　D. 组织关系

61. 在对建设工程合同实施的控制过程中，合同实施偏差分析的内容之一是（　　）。

A. 分析合同文件的组成　　B. 分析实施趋势

C. 分析合同的计价方法　　D. 分析合同的承包范围

62. 关于直方图的形状观察分析，下列说法不正确的是（　　）。

扫码听课

A. 直方图的形状观察分析首先是判断它是正常形的，还是异常形的

B. 直方图的形状观察分析，一看形状是否相似，二看分布区间的宽窄

C. 出现异常直方图的原因可能是生产过程存在影响质量的系统因素

D. 直方图的分布形状及分布区间宽窄是由质量特性统计数据的平均值所决定的

63. 施工项目总成本降低率计算公式为：设计预算成本计划降低率＝设计预算总成本计划降低额/设计预算总成本，它属于成本计划的（　　）。

A. 数量指标　　B. 质量指标　　C. 工期指标　　D. 效益指标

64. 对专业性较强的工程项目，项目监理机构应编制工程建设监理实施细则。工程建设监理实施细则的编制必须经（　　）批准后执行。

A. 监理单位技术负责人　　B. 总监理工程师

C. 专业监理工程师　　D. 专业工程师

65. 下列对安全事隐患的处理中，属于预防与减灾并重治理原则的是（　　）。

A. 对道路上的排水井口，设置防护栏、警示牌及警示灯提醒

B. 某工地发生触电事故，一方面要进行人的安全用电操作教育，同时现场也要设置漏电开关，对配电箱、用电线路进行防护改造

C. 治理安全事故隐患时，需尽可能减少发生事故的可能性，如果不能安全控制事故的发生，也要设法将事故等级减低

D. 生产过程中发现问题及时治理，既可以及时消除隐患，又可以避免小的隐患发展成大的隐患

66. 按现行施工管理制度规定，工地现场安装的危险性较大的起重机完毕，必须经（　　）验收合格方能使用。

A. 建设单位　　B. 设备供应部门

C. 安全管理部门　　D. 专业管理部门

67. 项目全寿命管理中，项目决策阶段的管理被称为（　　）。

A. 决策管理　　B. 实施管理

C. 开发管理　　D. 组合管理

68. 下列不属于工作流程组织的内容的是（　　）。

A. 管理工作流程组织　　B. 任务分工流程组织

C. 信息处理工作流程组织　　D. 物质流程组织

69. 成本费按承包人的实际支出由发包人支付，发包人同时另外向承包人支付一定数额或百分比的管理费和商定的利润的合同方式，称为（　　）。

A. 总价合同　　B. 单价合同

C. 成本加利润合同　　D. 成本加酬金合同

70. 下列各选项中，不属于施工安全控制程序的是（　　）。

A. 减少人的不安全行为　　B. 确定安全目标

C. 编制安全措施计划　　D. 持续改进

二、多项选择题（共30题，每题2分。每题的备选项中，有2个或2个以上符合题意，至少有1个错项。错选，本题不得分；少选，所选的每个选项得0.5分）

71. 对施工成本计划进行划分，应计入企业管理费用的有（　　）。

A. 固定资产使用费　　B. 工程用材料购置费

C. 管理人员的办公费　　D. 安全文明施工费

E. 工具用具使用费

72. 关于建设工程项目进度控制措施的说法，正确的有（　　）。

扫码听课

A. 各类进度计划的编制程序，审批程序属于组织措施的范畴

B. 管理措施主要涉及管理的思想和方法、承发包模式、合同管理等

C. 风险管理属于进度控制经济措施的范畴

D. 在工程进度受阻时，应首先对有无设计变更的可能性进行分析

E. 应用信息技术属于进度控制管理措施的范畴

73. 下列关于施工成本计划的类型描述，正确的有（　　）。

A. 竞争性成本计划是施工项目投标及签订合同阶段的估算成本计划

B. 指导性成本计划是选派项目经理阶段的预算成本计划，是项目经理的责任成本目标

C. 竞争性成本计划带有成本战略的性质，是对战略性成本计划的战术安排

D. 指导性成本计划和实施性成本计划，奠定了施工成本的基本框架和水平

E. 实施性成本计划以落实项目经理责任目标为出发点，采用企业的施工定额通过施工预算的编制而形成的实施性施工成本计划

74. 建设工程项目质量控制系统的运行环境，主要是指（　　）方面为系统运行提供支持的管理关系、组织制度和资源配置的条件。

A. 自然环境　　B. 建设工程的合同结构

C. 质量管理的资源配置　　D. 质量管理的组织制度

E. 社会环境

75. 工程监理人员认为工程施工不符合（　　）的，有权要求建筑施工企业改正。

A. 工程设计要求　　B. 监理规划

C. 施工技术标准　　D. 合同约定

E. 监理实施细则

76. 下列属于业主方进度控制任务的有（　　）。

A. 控制项目的立项审批　　B. 控制设计准备阶段的工作进度

C. 控制施工进度　　D. 控制物资采购进度

E. 控制设备的加工制造进度

77. 某单代号网络计划如下图所示，其关键线路为（　　）。

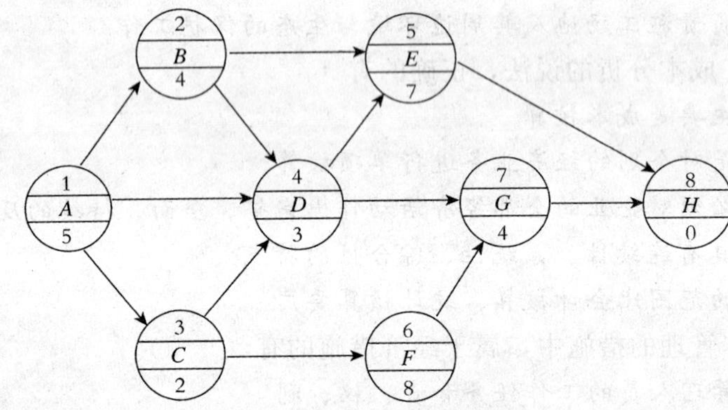

A. ①—②—④—⑤—⑧　　B. ①—②—⑤—⑧

C. ①—③—④—⑤—⑧　　D. ①—③—④—⑦—⑧

E. ①—③—⑥—⑦—⑧

78. 下列关于发包人支付担保的阐述中，正确的有（　　）。

扫码听课

A. 可由担保公司提供担保

B. 担保的额度为工程合同价总额的10%

C. 实行履约金分段滚动担保

D. 支付担保的主要作用是确保工程费用及时支付到位

E. 实行支付担保的担保合同应作为施工承包合同的附件

79. 根据设置质量控制点的原则，质量控制点可以有（　　）。

A. 人的行为

B. 物的状态

C. 结构复杂的某一工程项目

D. 技术要求高、施工难度大的某结构或分项分部工程

E. 影响质量的某一关键环节

80. 下列属于单代号搭接网络计划图的绘图原则有（　　）。

A. 绘制网络图时，箭线禁止交叉　　B. 不允许出现循环回路

C. 禁止出现双箭头箭线　　D. 只应有一个起点

E. 只应有一个终点

81. 关于双代号网络计划的说法，正确的有（　　）。

A. 可能没有关键线路

B. 至少有一条关键线路

C. 在计划工期等于计划工期时，关键工作为总时差为零的工作

D. 在网络计划执行工程中，关键线路不能转移

E. 关键工作不一定在关键线路上

82. TQC即全面质量管理，主要特点有（　　）。

扫码听课

A. 以顾客满意为宗旨　　B. 与需方互利

C. 科学管理　　D. 用数据说话

E. 提倡预防为主

83. 信息管理部门的主要任务包括（　　）。

A. 负责编制信息管理手册　　B. 负责协调和组织各部门信息处理工作

C. 负责信息处理工作平台的建立和维护　　D. 负责档案管理

E. 负责编制信息质量记录

84. 人力资源管理是资源管理的重要内容，下列属于人力资源管理工作步骤的有（　　）。

A. 编制人力资源规划　　B. 员工的定向

C. 员工的培训　　D. 员工的绩效考评

E. 建立健全员工的信息传输渠道

85. 关于网络图中的虚箭线，下列说法正确的有（　　）。

A. 有工作内容　　B. 不消耗资源

C. 不需要时间　　D. 只表示工作之间的逻辑关系

E. 起着工作之间的联系、区分和断路三个作用

86. 为了更好地理解职业健康安全管理体系要素间的关系，可将其分为两类，一类是体现主体框架和基本功能的核心要素，另一类是支持体系主体框架和保证实现基本功能的辅助性要素，下列各项中，属于核心要素的有（　　）。

A. 职业健康安全方针　　B. 应急准备和响应

C. 绩效测量和监视　　D. 内部审核

E. 管理评审

87. 在施工成本分析中，常用的比率法有（　　）。

A. 差额比率法　　B. 相关比率法

C. 动态比率法　　D. 静态比率法

E. 构成比率法

88. 事中质量控制的目标是确保工序质量合格，杜绝质量事故发生；控制的关键是坚持质量标准；控制的重点有（　　）。

A. 工序质量　　B. 落实质量责任
C. 工作质量　　D. 质量控制点的控制
E. 明确质量目标

89. 各项施工现场管理制度应有文明施工的规定，包括（　　）。

A. 个人岗位责任制、经济责任制、安全检查制度
B. 专家及早介入制度
C. 奖惩制度、竞赛制度、持证上岗制度
D. 各项专业管理制度等
E. 监理工程师负责制

90. 详细评审是评标的核心，是对标书进行实质性审查，包括技术评审和商务评审，下列属于技术评审的有（　　）。

A. 人员配备　　B. 报价构成
C. 组织结构　　D. 技术方案
E. 计算方法

91. 施工单位中标后与建设工程项目招标人进行合同谈判后达到一致的内容，应以（　　）确定下来作为合同的附件。

A. 合同补遗　　B. 会议纪要
C. 协议书　　D. 投标补充文件
E. 工程变更文件

92. 合同付款的四个阶段包括（　　）。

A. 预付款　　B. 变更款
C. 工程进度款　　D. 最终付款
E. 退还保留金

93. 建设工程施工劳务分包合同中，有关劳务报酬最终支付正确的是（　　）。

A. 全部工作完成后，经工程承包人认可后 14 天内，劳务分包人向工程承包人递交完整的结算资料
B. 工程发包人收到劳务分包人递交的结算资料后 14 天内进行核实
C. 工程发包人收到劳务分包人递交的结算资料后 28 天内进行核实
D. 工程承包人确认结算资料后 14 天内向劳务分包人支付劳务报酬尾款
E. 工程承包人确认结算资料后 28 天内向劳务分包人支付劳务报酬尾款

扫码听课

94. 产生费用偏差的原因有多方面，产生费用偏差的原因有（　　）。

A. 物价上涨　　B. 设计原因
C. 业主原因　　D. 施工原因
E. 经济原因

95. 下列关于成本加酬金合同适用形式的描述，正确的有（　　）。

A. 成本加固定费用合同适用工程总成本一开始估计不准，可能变化不大的项目

B. 一般在工程初期很难描述工作范围和性质，或工期紧迫，无法按常规编制招标文件招标时采用成本加固定比例费用合同
C. 一般在工程初期很难描述工作范围和性质，或工期紧迫，无法按常规编制招标文件招标时采用成本加固定费用合同
D. 成本加固定比例费用合同适用工程总成本一开始估计不准，可能变化不大的项目
E. 在招标时，当图纸、规范等准备不充分，不能据以确定合同价格，而仅能制定一个估算指标时可采用成本加奖金合同

96. 关于管理体系合规性评价，下列说法正确的有（　　）。

A. 合规性评价分公司级、项目级和班组级评价三个层次进行
B. 各级合规性评价后，对不能充分满足要求的相关活动或行为，通过管理方案或纠正措施等方式进行逐步改进
C. 公司级评价每年至少进行一次
D. 当某个阶段施工时间超过半年时，项目组级合规性评价不少于一次
E. 项目组级合规性评价至少需要进行两次

97. 根据《建设工程施工合同（示范文本）》（GF—2013—0201），属于发包人责任与义务的有（　　）。

A. 保证向承包人提供正常施工所需的进入施工现场的交通条件
B. 确保设备和设施的安全
C. 依据有关法律办理建设工程施工许可证
D. 向承包人提供施工现场的地质勘察资料
E. 按照约定负责施工场地及其周边环境与生态的保护工作

98. 下列关于施工成本分析的说法，正确的有（　　）。

扫码听课

A. 会计核算主要是成本核算
B. 业务核算是对个别的经济业务进行单项核算
C. 统计核算必须对企业的全部经济活动作出完整、全面、持续的反应
D. 会计核算具有连续性、系统性、综合性的特点
E. 业务核算的范围比会计核算、统计核算要广

99. 下列施工成本管理的措施中，属于经济措施的有（　　）。

扫码听课

A. 明确成本管理人员的工作任务和责、权、利
B. 对不同的技术方案进行技术经济分析
C. 编制资金使用计划，确定施工成本管理目标
D. 通过偏差原因分析，预测未完工程施工成本
E. 防止分包商的索赔

100. 《全国建筑市场各方主体不良行为记录认定标准》由住房和城乡建设部制定和颁布，下列施工企业的不良行为记录，属于资质不良的有（　　）。

A. 以欺骗手段取得资质证书承揽工程
B. 以他人名义投标或者以其他方式弄虚作假，骗取中标
C. 涂改、伪造、出借、转让《建筑企业资质证书》
D. 允许其他单位或个人以本单位名义承揽工程
E. 未在规定期限内办理资质变更手续

市、县（区）＿＿＿＿ 姓名＿＿＿＿ 准考证号＿＿＿＿

密 封 线 内 不 要 答 题

全国一级建造师执业资格考试

《建设工程项目管理》押题模拟试卷（二）

（考试时间 180 分钟　满分 130 分）

一、单项选择题（共 70 题，每题 1 分。每题的备选项中，只有 1 个最符合题意）

1. 建设工程管理工作是一种增值服务工作，其核心任务是为工程的建设和使用增值，下列选项中，（　）是隶属于工程建设增值。

A. 有利于工程维护　　B. 满足最终用户的使用功能

C. 有利于投资控制　　D. 有利于工程使用安全

扫码听课

2. 当今时代进行信息管理的核心手段是（　）。

A. 基于网络的信息处理平台　　B. 委托咨询公司

C. 设立信息管理部门　　D. 信息的分类

扫码听课

3. 建设工程项目质量控制系统多层次结构形态是由实施任务的（　）所决定的。

A. 自控主体和监控主体　　B. 突发事件

C. 建设工程项目的施工总承包单位　　D. 委托方式和合同结构

4. 某工程量清单的工程数量有误，且减少量超过合同约定幅度，则进行结算时（　）。

A. 原综合单价应作调整　　B. 执行原综合单价

C. 增加量部分的综合单价需作调整　　D. 幅度以外部分的综合单价需作调整

5. 在外墙保温工程施工过程中，甲承包商按监理工程师的要求暂停施工后，监理工程师没有及时对甲承包商提出的复工申请作出答复，导致了甲承包商无法及时复工，则承担违约责任的是（　）。

A. 监理工程师　　B. 业主

C. 甲承包商　　D. 丙劳务分包人

6. 下列属于成本预测和成本计划依据的是（　）。

A. 项目成本考核所提供的信息　　B. 项目成本核算所提供的信息

C. 项目成本预测所提供的信息　　D. 项目成本计划所涉及的信息

7. 某业主方欲投资建造一个办公楼，则该业主方项目管理的进度目标指的是（　）。

A. 项目通过竣工验收　　B. 办公楼可以启用

C. 项目竣工结算完成　　D. 项目验收合格

8. 由于发包人或工程师指令修改设计、增加或减少工程量、增加或删除部分工程、修改实施计划、变更施工次序、造成工期延长和费用损失，承包人对此的索赔是（　）。

A. 不可预见的外部障碍或条件索赔　　B. 工程变更索赔

C. 工程终止索赔　　D. 其他索赔

9. 与会计核算相比，统计核算（　）。

A. 统计核算计量尺度较宽　　B. 会计核算计量尺度较宽

C. 两者计量尺度相同　　D. 两者关系具有不确定性

10. 根据《建设工程安全生产管理条例》，建设单位应当（　）将保证安全施工措施报送建设工程所在地的县级以上人民政府建设行政主管部门或其他有关部门备案。

A. 自开工报告批准之日起 15 日内　　B. 自开工之日起 15 日内

C. 自开工报告批准之日起 25 日内　　D. 自开工之日起 25 日内

11. 在隐蔽工程施工过程中，承包人完成自检后，应在隐蔽前（　）小时以书面形式通知监理工程师验收。

A. 12　　B. 24

C. 36　　D. 48

12. 根据定义，项目信息管理是通过对各个系统、各项工作和各种数据的管理，使项目的信息能方便和有效地（　）。

A. 获取、采集、分类、交流和应用　　B. 获取、存储、存档、处理和交流

C. 采集、存档、分类、处理和应用　　D. 采集、分类、存档、处理和交流

13. 建设工程项目环境管理的目的在于（　）。

扫码听课

A. 通过保护生态环境使社会的经济发展与人类生存环境相协调

B. 通过保护生态环境使环境能够服务于人类经济社会的发展

C. 通过保护生态环境使环境污染不至于造成人类生存基本条件的破坏

D. 通过保护生态环境使工程项目施工场界内的污染得到有效防止

14. 下列组织结构形式中，最容易形成多头领导，造成管理混乱的是（　）型。

A. 直线　　B. 职能

C. 直线参谋　　D. 矩阵

15. 建设工程项目总进度目标的控制是（　）项目管理的任务。

A. 施工方　　B. 业主方

C. 设计方　　D. 供货方

16. 某工程计划中，工作 A 的持续时间为 10 天，总时差为 14 天，自由时差为 6 天。如果工作 A 实际进度拖延 15 天，那么会延迟工程计划工期（　）天。

A. 6　　B. 14

C. 15　　D. 1

17. 下列各项中，属于文明施工组织原则的是（　）。

扫码听课

A. 施工现场应成立以项目经理为第一责任人，分包单位应服从总包单位

B. 加强和落实现场文明检查、考核和奖惩管理

C. 施工现场应成立以监理工程师为第一责任人的文明施工管理组织

D. 各项施工现场管理制度应有文明施工的规定

18. 某工程在第三个月末的显示的成本数据为：$BCWS$＝33 万元，$BCWP$＝23 万元，$ACWP$＝22 万元，按照赢得值原理，结论是（　）。

A. 进度拖后，低于预算　　B. 进度拖后，高于预算

C. 进度提前，高于预算　　D. 进度提前，低于预算

19. 下列属于建设项目进度控制的依据的是（　　）。

A. 单项工程进度计划　　B. 项目子系统进度规划

C. 施工任务委托合同　　D. 建设工程项目进度计划系统

20. 关于清理高层建筑施工垃圾的做法，下列说法正确的是（　　）。

A. 将施工垃圾洒水后沿临边窗口倾倒至地面后集中处理

B. 将各楼层施工垃圾焚烧后装入密封容器吊走

C. 将各楼层施工垃圾装入密封容器吊走

D. 将施工垃圾从电梯井倾倒至地面后集中处理

21. 在保修期间，因施工安装单位的施工和安装质量原因造成的问题，由（　　）单位负责保修及承担费用。

A. 设计　　B. 原施工

C. 用户另行委托施工　　D. 材料供应

22. 关于建造师和项目经理的说法，正确的是（　　）。

A. 大、中型工程项目施工的项目经理必须由取得建造师注册证书的人员担任

B. 取得建造师注册证书的人员均可成为施工项目经理

C. 建造师是管理岗位，项目经理是技术岗位

D. 取得建造师注册证书的人员只能担任施工项目经理

23. 根据《中华人民共和国安全生产法》，生产经营单位的安全设施投资应纳入（　　）。

A. 估算　　B. 概算

C. 预算　　D. 结算

24. 根据《建设项目工程总承包管理规范》(GB/T 50358—2005)，属于项目总承包方合同收尾阶段的内容是（　　）。

A. 办理项目资料归档　　B. 进行项目总结

C. 对试运行进行指导和服务　　D. 办理决算手续

25. 关于施工成本分析，下列说法正确的是（　　）。

A. 累计成本偏差包括按项目的月度（或周、天等）核算成本偏差按专业核算成本偏差以及按分部分项作业核算成本偏差等。

B. 施工成本分析是在施工成本考核的基础上对成本的形成过程和影响成本升降的因素进行分析

C. 成本偏差分为局部成本偏差和整体成本偏差

D. 分析成本偏差的原因应该采取定性和定量相结合的方法

26. 建设工程项目中，最基层的技术和管理交底活动是（　　）。

A. 业主向施工总承包方的交底　　B. 施工总承包方向分包方的交底

C. 施工单位向建设工程项目部的交底　　D. 施工作业交底

27. 某商品混凝土的目标产量为 500m³，单价为 660 元，损耗率为 5%，实际产量为 520m³，单价为 680 元，损耗率为 3%。运用因素分析法分析损耗率下降使成本减少了（　　）元。

A. 3848　　B. 6864

C. 7072　　D. 1778

28. 在职业健康安全管理体系与环境管理体系的运行过程中，组织对其自身的管理体系所进行的检查和评价是（　　）。

A. 持续改进　　B. 管理评审

C. 系统评审　　D. 内部审核

29. 下图是某分部工程双代号网络图，图中错误的是（　　）。

A. 节点编号有误　　B. 存在循环回路

C. 存在多个起点节点　　D. 存在多个终点节点

30. 工期延误中，两个或两个以上的延误事件从发生到终止只有部分时间重合称为（　　）。

A. 单一延误　　B. 共同延误

C. 交叉延误　　D. 组合延误

31. 关于关键工作和关键线路的说法，正确的是（　　）。

A. 关键线路上的工作全部是关键工作　　B. 关键工作不能在非关键线路上

C. 关键线路上不允许出现虚工作　　D. 关键线路上的工作总时差均为零

32. 项目管理规划大纲与项目管理实施规划分别由（　　）编制。

A. 业主方；组织的管理层或委托的项目管理单位

B. 组织的管理层或委托的项目管理单位；项目经理

C. 项目经理；设计方

D. 设计方；组织的管理层或委托的项目管理单位

33. 某建设工程由于设计改动，监理工程师下令承包商工程暂停半个月，则承包商可索赔的费用是（　　）。

A. 对于不可辞退的工人，索赔人工上涨费

B. 自有机械窝工费一般按台班折旧费和调进调出的分摊费计算

C. 现场管理费可按日计算，不可按直接成本的百分比计算

D. 总包向业主索赔应包括分包商向总包索赔的费用

34. 进度控制的目的是通过控制以实现工程的（　　）。

A. 工期目标　　B. 合同目标

C. 进度目标　　D. 成本目标

35. 履约担保是招标人在招标文件中规定的要求中标的投标人提交的保证履行合同义务和责任的担保。建设工程履约担保的有效期是（　　）。

A. 合同签订之日至约定的工程竣工交付之日或保修期满之日

B. 合同生效之日至工程完工之日

C. 承包人收到工程预付款之日至工程完工之日

D. 工程开工之日至约定的工程竣工交付之日或保修期满之日

36. 关于项目质量控制体系的运行机制说法，错误的是（　　）。

扫码听课

A. 动力机制是项目质量控制体系运行的核心机制

B. 约束机制取决于各质量责任主体内部的自我约束能力和外部的监控效力

C. 坚持质量管理者深入生产第一线，掌握第一手资料属于持续改进机制的内容

D. 持续改进机制应用了 PDCA 循环原理

37. 调查研究和收集资料包括（　　）。

A. 项目结构分析　　B. 项目的工作编码

C. 编制总进度计划　　D. 收集类似项目的进度资料

38. 成本预测是施工成本计划的编制的基础，编制施工成本计划的关键是（　　）。

A. 确定技术措施　　B. 确定目标成本

C. 进行综合平衡　　D. 进行目标分解

39. 下列组织工具中反映一个组织系统中各子系统之间指令关系的是（　　）。

A. 组织结构模式　　B. 职能分工表

C. 项目合同图　　D. 工作流程图

40. EPC 交钥匙项目合同条件适用于（　　）。

A. 大型房屋建筑　　B. 大型土木工程

C. 工程建设　　D. 大型房屋建筑和土木工程

41. 施工质量控制中事中控制的关键是（　　）。

A. 确保工序质量合格

B. 杜绝质量事故发生

C. 工序质量、工作质量和质量控制点的控制

D. 坚持质量标准

42. 合同管理人员在对合同的主要内容进行分析、解释和说明的基础上，通过组织项目管理人员和各个工程小组学习合同条文和合同总体分析结果，这一工作是（　　）。

A. 合同分析　　B. 合同谈判

C. 合同研究　　D. 合同交底

43. 建设工程项目管理的内涵中，"费用目标"对施工方而言是（　　）。

A. 投资目标　　B. 成本目标

C. 计划目标　　D. 合同中的费用目标

44. 下列有关建设工程项目结构图的描述，正确的是（　　）。

扫码听课

A. 它表示组织系统中各部门的职责分工

B. 项目结构图是一个组织工具，描述的是工作对象之间的关系

C. 它反映组织系统中各子系统之间的关系

D. 显示了项目参与各方之间的关系

45. 项目的投资目标、进度目标和质量目标之间的关系是（　　）。

A. 互相对立的关系　　B. 相互统一的关系

C. 相辅相成　　D. 对立统一的关系

密封线内不要答题

46. 工作流程组织反映一个组织系统中各项工作之间的（　　）关系。

A. 静态组织　　B. 动态组织

C. 指令　　D. 从属

47. 下列有关建设工程项目决策阶段组织策划主要任务的描述，错误的是（　　）。

扫码听课

A. 决策期的组织结构　　B. 项目实施期管理总体方案

C. 决策期管理职能分工　　D. 决策期工作流程

48. 建设工程项目的组织结构如采用线性组织结构模式，则每一个工作部门的指令源有（　　）个。

A. 1　　B. 2

C. 3　　D. 4

49. 在项目目标动态控制的工作程序中，最后一步的工作内容是（　　）。

A. 项目决策策划　　B. 制定纠偏措施

C. 进行项目目标调整　　D. 收集实际数据

50. 对于工程项目管理而言，风险是指可能出现的（　　）的不确定因素。

A. 影响项目目标实现　　B. 影响项目风险控制

C. 影响项目团队建设　　D. 影响项目组织协调

51. 在进行月（季）度成本分析时，发现出现了属于预算定额规定的"政策性"亏损，则应该（　　）。

A. 采取增收节支措施，防止今后再超支

B. 增加收入，弥补亏损

C. 从控制支出着手，把超支额压缩到最低限度

D. 停止生产，等待机会

52. 某些施工企业盲目追求利润而不顾工程质量，在投标报价中随意压低标价，中标后则依靠违法的手段或修改方案追加工程款，甚至偷工减料，则这起事故的主要原因是（　　）。

A. 技术原因　　B. 管理原因

C. 社会、经济原因　　D. 人为事故和自然灾害原因

53. 项目管理最基本的方法论是（　　）。

A. 项目目标的策划　　B. 项目目标的动态控制

C. 项目管理的目标　　D. 项目管理的信息化

54. 在沟通过程中作为沟通的出发点和落脚点的沟通要素是（　　）。

A. 沟通主体　　B. 沟通介体

C. 沟通客体　　D. 沟通渠道

55. 质量体系认证机构在对申请方质量体系进行审查时，（　　）。

A. 既需要进行文件审查，又需要进行现场审核

B. 仅需要进行现场审核

C. 既不需要进行文件审查，又不需要进行现场审核

D. 仅需要进行文件审查

56. 下列关于矩阵组织结构说法，正确的是（　　）。

A. 当纵向和横向工作部门的指令发生矛盾时，由该组织系统的最高指挥者（部门），进行协调或决策

B. 每一个工作部门只有唯一的指令源

C. 矩阵组织结构适宜用于较小的组织系统

D. 当纵向和横向工作部门的指令发生矛盾时，必须以纵向工作部门指令

扫码听课

57. 下列不属于分层法中取得原始数据的分层方法的是（　　）。

A. 按时间分　　B. 按过程分

C. 按材料分　　D. 按工程分

58. 某土方工程合同约定的某月计划工程量 3100m³，预算单价 16 元/m³。到月底检查时，承包商实际完成工程量 3000m³，实际单价 18 元/m³，则该工程的计划工作预算费用是（　　）元。

A. 42000　　B. 49600

C. 52000　　D. 56000

59. 工程总承包和工程项目管理是国际通行的工程建设项目（　　）。

A. 组织实施方式　　B. 组织运行方式

C. 组织结构方式　　D. 组织管理方式

60. 下列有关数理统计方法在工程质量管理中的应用说法，正确的是（　　）。

A. 分层法的基本原理是对每一个质量特性或问题，逐层深入排查可能原因，然后确定其中最主要原因，进行有的放矢的处置和管理

B. 因果分析图法具有直观、主次分明的特点

C. 应用分层法的关键是调查分析的类别和层次划分

D. 排列图法可用于与分析数据的分布特征

扫码听课

61. 招标人应当按招标公告或者投标邀请书规定的时间、地点出售招标文件或资格预审文件。自招标文件或者资格预审文件出售之日起至停止出售之日止，最短不得少于（　　）。

A. 5 个工作日　　B. 7 个工作日

C. 5 日　　D. 7 日

62. 施工质量计划的内容不包括（　　）。

A. 工程特点及施工条件分析

B. 质量管理组织机构、人员及资源配置计划

C. 质量回访及保修措施计划

D. 为确保工程质量所采取的施工技术方案、施工程序

63. 工程招标代理机构资格分为甲、乙两级。其中乙级工程招标代理机构只能承担工程投资额（不含征地费、大市政配套费与拆迁补偿费）（　　）万元以下的工程招标代理业务。

A. 3000　　B. 10000　　C. 5000　　D. 8000

64. 总价合同是合同计价的重要方式之一，下列选项不属于总价合同特点的是（　　）。

A. 业主的风险较小，承包人将承担较多的风险

B. 评标时易于迅速确定最低报价的投标人

C. 必须完整而明确地规定承包人的工作

D. 发包单位对项目进行控制变得更加困难

65. 价值工程中价值是研究对象的（　　）的比值。

A. 时间与费用　　B. 功能与费用　　C. 成本与时间　　D. 功能与时间

66. 根据《环境管理体系要求及使用指南》，“环境”是指（　　）。

A. 组织运行活动的外部存在

B. 各种天然的和经过人工改造的自然因素的总体

C. 废水、废气、废渣的存在和分布情况

D. 周边大气、阳光和水分的总称

67. 建设工程项目的职业健康安全管理的目的是（　　）。

A. 彻底消除人身伤亡和财产损失事故

B. 保护产品生产者的健康与安全和保障人民群众的生命和财产免受损失

C. 控制人的不安全行为和物的不安全状态

D. 通过对生产要素的控制实现安全控制

扫码听课

68. 工程管理信息化指的是（　　）的开发和利用，以及信息技术在工程管理中的开发和应用。

A. 工程管理信息系统　　B. 工程管理信息资源

C. 工程管理信息技术　　D. 工程管理信息

69. 为实现项目的进度目标，应充分重视健全项目管理的组织体系，是因为（　　）。

A. 项目管理的基本模式　　B. 项目目标控制的动态控制原理的要求

C. 组织是目标能否实现的决定性因素　　D. 网络计划技术的要求

70. 国家规定特大伤亡事故是指一次死亡（　　）的安全事故。

A. 10 人以上　　B. 2 人以上

C. 3 人以上　　D. 5 人以上

二、多项选择题（共 30 题，每题 2 分。每题的备选项中，有 2 个或 2 个以上符合题意，至少有 1 个错项。错选，本题不得分；少选，所选的每个选项得 0.5 分）

71. 属于项目管理工作流程组织的有（　　）。

A. 管理职能分工　　B. 物质流程组织

C. 工作任务分工　　D. 信息处理工作流程组织

E. 管理工作流程组织

72. 工程监理人员认为工程施工不符合（　　）的，有权要求建筑施工企业改正。

A. 工程设计要求　　B. 监理规划

C. 施工技术标准　　D. 合同约定

E. 监理实施细则

73. 下列工程项目风险管理工作中，属于风险识别阶段的工作有（　　）。

A. 分析各种风险的损失量　　B. 分析各种风险因素发生的概率

C. 确定风险因素　　D. 对风险进行监控

E. 收集与项目风险有关的信息

扫码听课

74. 关于组织和组织工具的说法，正确的有（　　）。

A. 组织论是一门学科，它主要研究系统的组织结构模式、组织分工和工作流程组织

B. 工作流程图反映一个组织系统中各项工作之间的指令关系

C. 工作流程图是一种重要的技术工具

D. 组织结构模式和组织分工是一种相对静态的组织关系

E. 在线性组织结构中，每一个工作部门的指令源是唯一的

75. 下列关于建设工程施工劳务分包合同中有关劳务报酬最终支付的说法中，正确的有（　　）。

A. 全部工作完成，经工程承包人认可后 14 天内，劳务分包人向工程承包人递交完整的结算资料

B. 工程承包人确认结算资料后 14 天内向劳务分包人支付劳务报酬尾款

C. 工程承包人确认结算资料后 28 天内向劳务分包人支付劳务报酬尾款

D. 工程发包人收到劳务分包人递交的结算资料后 14 天内进行核实

E. 工程发包人收到劳务分包人递交的结算资料后 28 天内进行核实

76. 下列属于项目经理的权限的有（　　）。

A. 组建项目经理部　　B. 参与项目招标、投标和合同签订

C. 主持项目经理部的工作　　D. 主持编制项目管理实施规划

E. 制定内部计酬办法

77. 下列各项中，可作为施工成本控制依据的有（　　）。

A. 承包合同　　B. 会计核算

C. 进度报告　　D. 工程变更

E. 成本计划

78. 编制工程建设监理实施细则的依据有（　　）。

A. 已批准的工程建设监理规划

B. 相关的专业工程的标准、设计文件和有关的技术资料

C. 施工组织设计

D. 委托监理合同文件

E. 建设工程概况

79. “三同步”检查是提高项目经济核算水平的有效手段，下列属于“三同步”的内容的有（　　）。

扫码听课

A. 产值与施工任务单的实际工程量和形象进度是否同步

B. 实际成本与资源消耗是否同步

C. 预算成本与产值统计是否同步

D. 超高费的产值统计与实际支付是否同步

E. 预算成本与资源消耗是否同步

80. 某建设工程的施工网络计划如图所示（时间单位：天），则该计划的关键线路有（　　）。

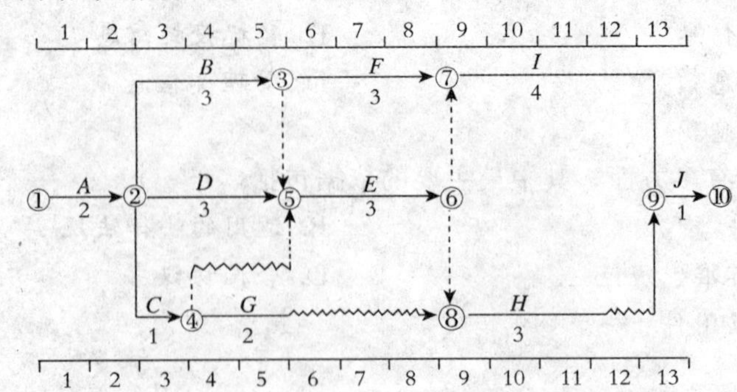

A. ①—②—③—⑤—⑥—⑦—⑨—⑩

B. ①—②—③—⑦—⑨—⑩

C. ①—②—④—⑤—⑥—⑦—⑨—⑩

D. ①—②—④—⑤—⑥—⑧—⑨—⑩

E. ①—②—⑤—⑥—⑦—⑨—⑩

81. 在不同工程阶段，监理机构的主要工作任务不同。在工程项目竣工验收阶段，项目监理机构的主要任务有（　　）。

A. 督促和检查施工单位及时整理竣工文件和验收资料，并提出意见

B. 审查施工单位提交的竣工验收申请，编写工程质量评估报告

C. 对工程主要部位、主要环节及技术复杂工程进行检查

D. 组织工程预验收，参加业主组织的竣工验收

E. 在质量责任缺陷期间，监督和检查质量问题的处理结果

82. 施工成本分析的方法很多，下列属于施工成本分析的基本方法的有（　　）。

A. 比较法　　B. 因素分析法

C. 差额计算法　　D. 曲线法

E. 比率法

83. 某分部工程的单代号网络计划如图所示（时间单位：天），正确的有（　　）。

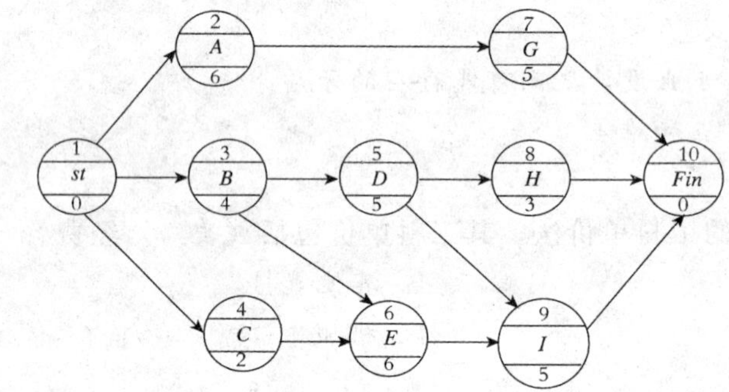

A. 有两条关键线路

B. 计算工期为 15 天

C. 工作 G 的总时差和自由时差均为 4 天

D. 工作 D 和工作 I 之间的时间间隔为 1 天

E. 工作 H 的自由时差为 2 天

84. 建筑工程监理应当依照（　　），对承包单位在施工质量、建设工期和建设资金使用等方面，代表建设单位实施监督。

A. 法律及行政法规　　B. 有关的技术标准

C. 项目建议书　　D. 设计文件

E. 建筑工程承包合同

85. 经济措施是最易为人接受和采用的措施。下列目标控制措施中，属于经济措施的有（　　）。

A. 采用价值工程的方法　　B. 调整投资控制的方法和手段

C. 采取限额设计的方法　　D. 制定节约投资的奖励措施

E. 落实加快工程进度所需的资金

86. 下列质量风险应对策略中，属于风险自留的有（　　）。
A. 依法进行招标投标，慎重选择有资质、有能力的项目设计、施工、监理单位，避免因这些质量责任单位选择不当而发生质量风险
B. 在施工中有针对性地制定和落实有效的施工质量保证措施和质量事故应急预案
C. 采取设立风险基金的办法，在损失发生后用基金弥补
D. 不选用不成熟、不可靠的设计、施工技术方案
E. 在建筑工程预算价格中通常预留一定比例的不可预见费，一旦发生风险损失，由不可预见费支付

87. 合同交底是合同实施过程中易忽视的过程，合同交底的目的和任务主要有（　　）。
A. 对合同的主要内容达成一致理解
B. 明确各项工作的工期要求
C. 明确各个工程小组的责任即可，无须明确相关时间之间的逻辑关系
D. 明确成本目标和消耗标准
E. 明确完不成任务的影响和法律后果

88. 下列属于设计交底的目的有（　　）。
A. 使实施单位充分理解设计意图
B. 了解设计内容和技术要求
C. 深入发现和解决各专业设计之间可能存在的矛盾
D. 明确质量控制的重点和难点
E. 消除施工图的差错

89. 工程清单报价所采用的工料单价法，其工料单价包括（　　）经费。
A. 现场　　B. 其他直接
C. 人工　　D. 机械
E. 材料

90. 由不同功能的计划构成的进度计划系统的主要内容有（　　）。
A. 参考性进度计划　　B. 指导性进度计划
C. 实施性进度计划　　D. 组织性进度计划
E. 控制性进度计划

91. 建设工程项目管理规划是指导项目管理工作的纲领性文件。关于建设工程项目管理规划的编制，下列说法正确的有（　　）。
A. 项目实施过程中主客观条件是不断变化的，所以没有必要编制项目管理规划
B. 项目管理实施规划的编制由项目经理负责
C. 项目管理规划在内容上没有统一的规定，应根据项目的特点而定
D. 项目管理规划制定后不能随意变更
E. 项目管理规划必须随着情况的变化而进行动态调整

92. 建设工程项目进度控制的管理措施涉及（　　）。
A. 项目工艺管理　　B. 管理方法和手段
C. 合同管理　　D. 风险管理

E. 项目设计管理

93. 根据我国有关规定，下列情形应当认定为或者视同工伤的有（　　）。
A. 下班途中，受到机动车事故伤害的　　B. 因工作受挫，上班期间在办公室自杀的
C. 在工作时间内，突发心脏病死亡的　　D. 在抢险救灾活动中受伤的
E. 下班后在现场进行收尾工作而受伤的

94. 关于网络图比横道图先进的描述，正确的有（　　）。
A. 网络图可以明确表达各项工作的逻辑关系
B. 网络图直观、形象
C. 横道图不能确定工期
D. 网络图可以确定关键工作和关键路线
E. 网络图可以确定工作的机动时间

95. 确定建设工程项目质量目标的主要依据为（　　）。
A. 业主需求　　B. 社会需求
C. 使用功能　　D. 相关法律法规要求
E. 承包商的质量方针

96. 根据《特种作业人员安全技术考核管理规则》，下列属于特种作业的有（　　）。
A. 低压电工作业　　B. 压力焊作业
C. 登高架设作业　　D. 石油天然气安全作业
E. 建筑外墙抹灰作业

97. 专业分包人的主要责任和义务包括（　　）。
A. 按照分包合同的约定，对分包工程进行设计（分包合同有约定时）、施工、竣工和保修
B. 在合同约定的时间内，向承包人提供年、季、月度工程进度计划及相应进度统计报表
C. 提供合同专用条款中约定的设备和设施，并承担因此发生的费用
D. 在合同约定的时间内，向承包人提交详细的施工组织设计，承包人应在专用条款约定的时间内批准，分包人方可执行
E. 已竣工工程未交付承包人之前，分包人应负责已完分包工程的成品保护工作

98. 右图所示的双代号网络图中，非关键工作有（　　）。

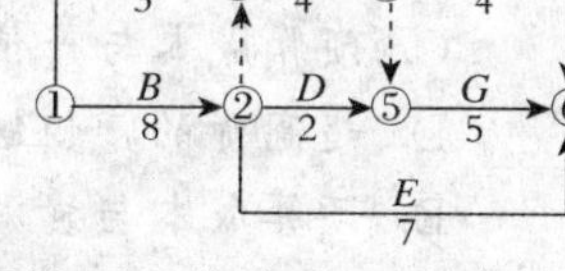

A. 工作 B　　B. 工作 C
C. 工作 D　　D. 工作 E
E. 工作 F

99. 建设工程项目的信息分类可以从不同的角度进行，按信息的内容属性可以分为（　　）。
A. 设计准备信息　　B. 招标投标信息
C. 经济类信息　　D. 管理类信息
E. 组织类信息

100. 索赔的依据有多方面，其中最主要的依据包括（　　）。

A. 招标文件　　B. 适用的法律法规
C. 适用的标准、规范　　D. 合同协议书
E. 投标书及附件

市、县（区）________ 姓名________ 准考证号________

密 封 线 内 不 要 答 题

密　封　线

全国一级建造师执业资格考试

《建设工程项目管理》押题模拟试卷（三）

（考试时间 180 分钟　满分 130 分）

一、单项选择题（共 70 题，每题 1 分。每题的备选项中，只有 1 个最符合题意）

1. 建设工程项目决策阶段策划的基本内容不包括（　）。

A. 经济策划　　B. 项目目标的分析和再论证

C. 技术策划　　D. 项目环境和条件的调查与分析

扫码听课

2. 由于项目经理工作失误致使施工人员伤亡并造成施工项目重大经济损失，则施工企业对该项目经理的处理方式是（　）。

A. 追究法律责任　　B. 吊销其建造师资格证书

C. 追究社会责任　　D. 追究经济责任

3. 在物资采购管理工作中，编制完成采购计划后进行的工作是（　）。

A. 进行采购合同谈判，签订采购合同

B. 明确采购产品的基本要求、采购分工和有关责任

C. 选择材料、设备的采购单位

D. 进行市场调查，选择合格产品供应单位，建立名录

4. 纠纷审议委员会的委员在项目开始时就介入项目，目的是（　）。

A. 了解项目管理情况及其问题　　B. 预防纠纷发生

C. 能够正确处理纠纷　　D. 保护当事人权益

5. 项目进度控制可采取的措施有多种，下列各选项中，不属于建设工程项目进度控制的技术措施的是（　）。

A. 有利的设计方案　　B. 好的设计理念

C. 好的设计技术路线　　D. 选用先进的施工工艺

6. 关于网络图中的节点，下列说法不正确的是（　）。

A. 节点反映了前后工作的交接点　　B. 起点节点只有外向箭线

C. 中间节点既有内向箭线又有外向箭线　　D. 终点节点只有外向箭线

7. 施工项目管理规划由（　）编制。

A. 业主方　　B. 设计方

C. 施工方　　D. 监理方

8. 建筑业企业项目经理资质管理制度向建造师执业资格制度过渡的时间定为（　）年。

A. 2　　B. 3

C. 4　　D. 5

9. 建设工程项目采购中一般情况下，当采用施工总承包管理模式时，分包合同（　）签订。

A. 只能由业主与分包单位　　B. 由施工总承包管理单位与分包单位

C. 由施工总承包单位与分包单位　　D. 由工程总承包单位与分包单位

10. 既可以对已经发生的，又可以对尚未发生或正在发生的经济活动进行核算的是（　）。

A. 业务核算　　B. 统计核算

C. 会计核算　　D. 成本核算

扫码听课

11. 关于施工质量计划的审批程序的处理原则，下列说法正确的是（　）。

A. 监理工程师提出的建议施工质量计划编制主体应强制执行

B. 施工质量计划在实施过程中如因条件变化对某些重要决定进行修改后，修改内容仍应按照审批程序进行审批后执行

C. 施工质量计划在实施过程中如因条件变化对某些重要决定进行修改后，修改内容不需要按审批程序进行审批

D. 施工质量计划的企业内部审批和监理工程师的审批没有关系

12. 盲目追求建筑产品质量的高标准，而不充分考虑业主的投资规模，是缺乏质量的（　）考虑的决策。

A. 安全性　　B. 可靠性

C. 适用性　　D. 经济性

13. 建设工程项目信息形态主要是（　）。

A. 文件、数据、报表、图纸等信息　　B. 图纸、合同、规范、记录等信息

C. 声音、文字、数字和图像等信息　　D. 图纸、报告、报表、规范等信息

14. 质量控制和质量管理的关系是（　）。

A. 质量控制是质量管理的一部分　　B. 质量管理是质量控制的一部分

C. 质量管理和质量控制相互排斥　　D. 质量管理和质量控制相互融合

15. 监理的（　）特点是指当业主方和承包商发生利益冲突或矛盾时，受业主的委托进行工程建设监理活动的监理机构应该以事实为依据，以法律和有关合同为准绳进行处理。

A. 服务性　　B. 公平性

C. 科学性　　D. 独立性

16. 国际工程承包合同主要是业主通过（　）的方式确定承包商后订立。

A. 招标　　B. 直接发包

C. 从战略伙伴中选择　　D. 在工程师推荐名单中选择

17. 在分部分项工程成本分析中，“三算”指的是（　），通过“三算”为今后的分部分项工程成本寻求节约途径。

A. 概算成本、目标成本和实际成本　　B. 预算成本、目标成本和实际成本

C. 概算成本、目标成本和计划成本　　D. 预算成本、目标成本和计划成本

扫码听课

18. 施工安全控制的基本要求中的“五检查”的内容包括（　）。

A. 日常巡回检查　　B. 定期检查

C. 职业性检查　　D. 周期性检查

19. 担保是一种特殊的民事法律关系，与民事法律关系相比，担保的内容处于一种(　　)的状态，即当债务人不按主合同之约定履行债务导致债权无法实现时，担保的权利和义务才能确定并成为现实。

A. 确定　　B. 不确定
C. 稳定　　D. 条件

20. 进度控制也是一个动态的管理，其目的是（　　）。

A. 通过控制实现工程的进度目标　　B. 编制进度计划
C. 跟踪检查进度计划　　D. 论证进度目标是否合理

21. 项目投资项编码应综合考虑概算、预算、合同价和（　　）等因素，建立统一的编码。

A. 合同工期　　B. 项目投资额
C. 工程成本　　D. 工程款的支付

22. 由于非承包商责任造成承包商自有机械设备窝工，其索赔费按（　　）计算。

A. 台班费　　B. 台班折旧费
C. 折算租金　　D. 折算租金乘以规定的降效系数

23. 利用工程网络计划编制进度计划，必须（　　）。

A. 明确整个项目的承包形式
B. 确定项目经济部门的组成人员
C. 通过网络分析确定关键路线，以控制进度
D. 了解各工序的资金使用情况

24. 组织论主要研究系统的（　　）、组织分工以及工作流程组织，是与项目管理学相关的重要基础理论学科。

A. 组织形式　　B. 组织管理
C. 组织结构模式　　D. 施工组织

25. 建设工程项目管理规划是指导项目管理工作的纲领性文件，它从（　　）对多个方面进行分析和描述。

A. 总体上和细节上　　B. 基础上和细节上
C. 总体上和宏观上　　D. 基础上和细节上

26. 成本的计划值和实际值的比较应是（　　）。

A. 定性的数据比较　　B. 定序的数据比较
C. 定量的数据比较　　D. 定比的数据比较

27. 职业健康安全和环境管理体系的相同点不包括（　　）。

A. 管理目标　　B. 管理的侧重点
C. 管理原理　　D. 不规定具体绩效标准

28. 对于建设工程项目管理而言，风险是指可能出现的影响项目目标实行的（　　）因素。

A. 不可避免　　B. 不确定
C. 不可预见　　D. 不可估计

29. 若按照承包工程计价方式对合同分类，则不包括（　　）。

A. 总价合同　　B. 单价合同
C. 成本加酬金合同　　D. BOT 合同

30. 关于建设索赔证据，下列说法不正确的是（　　）。

A. 能够证明案件真实情况的音像资料可以作为索赔证据使用
B. 各种会议纪要是常见的工程索赔证据之一
C. 索赔证据是索赔文件的组成部分，在很大程度上关系到索赔的成功与否
D. 在可以作为索赔证据的各种材料中，只有鉴定结论具有专门性

31. 建设工程中的反索赔是相对索赔而言的，反索赔应以（　　）为准绳，反驳和拒绝对方的不合理要求。

A. 事实　　B. 技术规范
C. 合同　　D. 招标文件

32. 为了实现有序和科学的项目信息管理，应由（　　）。

A. 业主方编制统一的信息管理职能分工表
B. 业主方和项目参与各方编制各自的信息管理手册
C. 业主方制定统一的信息安全管理规定
D. 业主方制定统一的信息管理保密制度

33. 编码是信息处理的一项重要基础工作，进行建设工程项目的进度计划的工作项目统一编码时应综合考虑（　　）。

A. 不同层次、不同深度和不同用途的进度计划的工作项的需要
B. 不同时间、不同工序和不同阶段的进度计划的工作项的需要
C. 不同关键点的工作项的需要
D. 不同工种的工作项的需要

34. 基于互联网的项目信息门户是（　　）。

A. 为单一项目服务的公用信息平台　　B. 为众多项目服务的私有信息平台
C. 为单一项目服务的私有信息平台　　D. 为众多项目服务的公用信息平台

35. 项目实施的工作项编码应覆盖项目实施的工作任务目录的全部内容，不包括（　　）。

A. 设计准备阶段的工作项　　B. 设计阶段的工作项和招投标工作项
C. 施工和设备安装工作项　　D. 项目的进度项

36. 施工组织总设计应由（　　）审批。

A. 总承包单位技术负责人　　B. 项目技术负责人
C. 总监理工程师　　D. 项目经理

37. 已知某工程双代号网络图如下，按照计划安排工作 C 的最迟开始时间为（　　）。

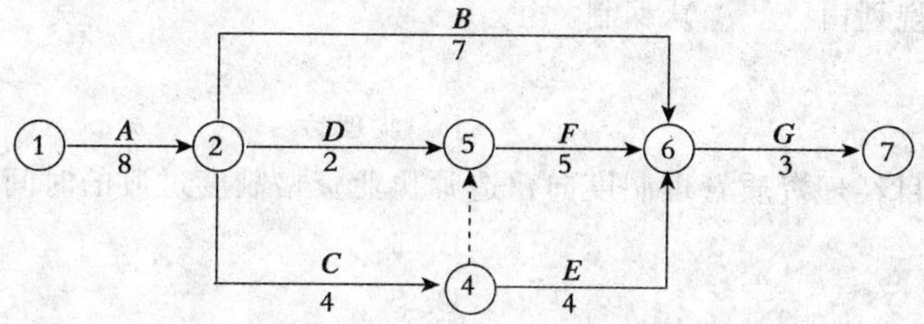

A. 第 13 天　　B. 第 12 天
C. 第 8 天　　D. 第 17 天

38. 在施工总承包模式的特点中，建设工程项目质量的好坏在很大程度上取决于（　　）。
A. 组织与协调的工作量　　B. 业主总投资控制中明确的合同价
C. 建设周期长短的控制　　D. 施工总承包单位的管理水平和技术水平

39. 加强隐蔽工程质量验收是施工质量控制的重要环节，其验收程序的第一步是（　　）。
A. 自检　　B. 填写《隐蔽工程验收单》
C. 通知监理机构　　D. 约定验收时间

40. 关于总时差为 TF 与自由时差为 FF，下列各项的关系式中一定成立的是（　　）。
A. $TF=FF$　　B. $TF>FF$
C. $TF<FF$　　D. $TF\geqslant FF$

41. 组成 FIDIC 合同文件的以下组成部分可以互为解释，互为说明。当出现含糊不清或矛盾时，具有第一优先解释顺序的文件是（　　）。
A. 合同通用条件　　B. 合同协议书
C. 投标书　　D. 合同专用条件

扫码听课

42. 关于分部分项工程成本分析，下列说法正确的是（　　）。
A. 分部分项工程成本分析的对象为未完成分部分项工程
B. 分部分项工程成本分析方法是进行实际与目标成本比较
C. 需对施工项目中的所有分部分项工程进行成本分析
D. 分部分项工程成本分析是施工项目成本分析的基础

扫码听课

43. 某工程由于设计变更，工程师签发了停工一个月的暂停工令，承包商可索赔的材料费是（　　）。
A. 材料费原价　　B. 材料损耗费
C. 材料储存费　　D. 材料运输费

44. 要求发包人补偿费用损失，调整合同价格的索赔是（　　）。
A. 工期索赔　　B. 费用索赔
C. 道义索赔　　D. 总索赔

45. 用于进度计划编制的软件都是基于（　　）的原理编制的。
A. 横道图进度计划　　B. 工程网络计划
C. 关键日期表　　D. 关键路线

46. 建设工程信息分为组织类、管理类、经济类和技术类多种。下列项目信息中，属于经济类信息的是（　　）。
A. 进度控制信息　　B. 质量控制信息
C. 工作量控制信息　　D. 编码信息

47. 招标人对已经发出的招标文件进行必要的澄清和修改的，应当在招标文件要求提交投标文件截止时间至少（　　）日前，以书面形式通知所有招标文件接受人。
A. 7　　B. 10
C. 15　　D. 21

密封线内不要答题

48. 关于项目实施阶段策划的说法，正确的是（　　）。
A. 策划是一个封闭性的，专业性较强的工作过程
B. 项目目标的分析和再论证是其基本内容之一
C. 项目实施阶段策划的主要任务是进行项目实施的管理策划
D. 实施阶段策划的范围和深度有明确的统一规定

49. 企业质量管理体系运行过程中，落实质量体系的内部审核程序，有组织、有计划开展内部质量审核活动的目的之一是（　　）。
A. 记载关键活动的质量参数
B. 反映针对不足所采取的纠正措施及纠正效果
C. 证明产品质量达到合同要求及质量保证的满足程度
D. 向外部审核单位提供体系有效的证据

50. 关于因果分析图法应用的说法，正确的是（　　）。
A. 一张因果分析图可以分析多个质量问题
B. 通常采用 QC 小组活动的方式运行
C. 具有直观、主次分明的特点
D. 可以了解质量统计表数据的分部特征

51. 根据《建筑工程施工质量验收统一标准》（GB 50300—2001），对涉及结构安全和使用功能的重要分部工程应进行（　　）。
A. 化学成分测定　　B. 抽样检测
C. 破坏性试验　　D. 观感质量验收

52. 某施工承包企业将其承接的高速公路项目的目标总成本，分解为桥梁工程成本，隧道工程成本，道路工程成本等子项，并编制相应的成本计划。这是按（　　）编制施工成本计划。
A. 成本组成　　B. 项目组成
C. 工程类别　　D. 工程性质

53. 下列合同形式中，承包人承担风险最大的合同类型是（　　）。
A. 固定总价合同　　B. 固定单价合同
C. 成本加固定费用合同　　D. 最大成本加费用合同

54. 项目各参与方应分别进行不同层次和范围的建设工程项目质量控制体系规划，是工程项目质量控制体系（　　）原则的体现。
A. 目标分解　　B. 质量责任制
C. 系统有效性　　D. 分层次规划

55. 建设工程项目质量控制体系运行的核心机制是（　　）。
A. 动力机制　　B. 约束机制
C. 反馈机制　　D. 持续改进机制

扫码听课

56. 编制大中型建设工程项目施工成本支出计划时，要在项目总的方面考虑总的预备费，也要在（　　）中考虑不可预见费。
A. 前期工作　　B. 主要分项工程
C. 企业管理费　　D. 所有的分项工程

扫码听课

57. 应用S形曲线法进行施工成本偏差分析时，已完工作实际成本曲线与已完工作预算成本曲线的竖向距离表示施工（　　）。

A. 进度累计偏差　　B. 成本累计偏差

C. 进度局部偏差　　D. 成本局部偏差

58. 施工成本控制的个工作步骤中，最具实质性的一步是（　　）。

A. 分析　　B. 纠偏

C. 预测　　D. 比较

59. 施工现场处置方案的内容主要为（　　）。

A. 应急工作原则　　B. 应急组织与职责

C. 信息发布　　D. 应急预案体系

60. 某工程竣工验收阶段，承包人于6月1日向工程师递交了竣工验收报告；发包人于6月15日组织生产设备启动试车检验；6月18日试车完毕后发包人、承包人、工程师和设计代表在试车记录上签字确认质量合格；工程师于6月20日签发工程移交证书。则承包人的实际竣工日应为（　　）。

A. 6月15日　　B. 6月18日

C. 6月1日　　D. 6月20日

61. 建设工程合同的订立程序中，属于要约的是（　　）。

A. 招标人通过媒体发布招标公告

B. 向符合条件的投标人发出招标文件

C. 投标人根据招标文件内容在规定的期限内向招标人提交投标文件

D. 招标人通过评标确定中标人，发出中标通知书

62. 在工程网络计划中，如果某项工作的拖延时间超过其自由时差但没有超过总时差，则（　　）。

扫码听课

A. 该项工作使其紧后工作不能按最早时间开始

B. 该项工作的延误会影响工程总工期

C. 该项工作会变成关键工作

D. 该项工作对后续工作及工程总工期无影响

63. 下列质量控制工作中，属于施工技术准备工作的是（　　）。

A. 做好施工现场的质量检查记录　　B. 复核测量控制点

C. 按规定维修和校验计量器具　　D. 审核复查各种施工详图

64. 下列建设工程安全隐患的不安全因素中，属于"物的不安全状态"的是（　　）。

A. 个人防护用品缺陷　　B. 物体存放不当

C. 未正确使用个人防护用品　　D. 对易燃易爆等危险品处理不当

65. 在空气压缩机的进出风管适当位置安装消声器的做法，属于施工噪声控制技术中的（　　）。

A. 减震降噪控制　　B. 声源控制

C. 传播途径控制　　D. 接受者控制

66. 根据《建筑工程施工质量验收统一标准》，建筑工程质量验收划分为（　　）。

A. 分部工程、分项工程和检验批

B. 分部工程、分项工程、隐蔽工程和检验批

C. 单位工程、分部工程、分项工程和检验批

D. 单位工程、分部工程、分项工程、隐蔽工程和检验批

67. 根据《建筑市场诚信行为管理办法》（建市［2007］9号），不良行为记录信息公布期限一般为（　　）。

A. 1年至3年　　B. 3个月至3年

C. 3年以上　　D. 6个月至3年

68. 关于项目进度控制的说法，正确的是（　　）。

A. 进度控制必须要保证工程质量和成本

B. 进度目标的分析和论证是进度控制的首要工作

C. 项目进度控制的依据是实施性进度计划

D. 进度计划软件是基于横道图原理开发的

69. 施工项目经理在承担工程项目施工的管理过程中，是以（　　）身份处理与所承担的工程项目有关的外部关系。

A. 施工企业决策者　　B. 施工企业法定代表人

C. 施工企业法定代表人的代表　　D. 建设单位项目管理者

70. 建设工程项目总承包的基本出发点是借鉴工业生产组织的经验，实现建设生产过程的（　　），以克服由于设计和施工不协调而影响建设进度等的弊病。

A. 组织扁平化　　B. 组织集成化

C. 组织柔性化　　D. 组织标准化

二、多项选择题（共30题，每题2分。每题的备选项中，有2个或2个以上符合题意，至少有1个错项。错选，本题不得分；少选，所选的每个选项得0.5分）

71. 下列各项中，不属于工程建设监理工作程序的有（　　）。

A. 编制工程建设监理规划　　B. 组织工程竣工验收

C. 编制工程建设监理细则　　D. 参与工程竣工预验收

E. 向档案管理部门提交工程建设监理档案资料

72. 为了满足建设工程项目施工成本管理的要求，项目成本项编码时应考虑的因素包括（　　）。

A. 投资估算　　B. 预算

C. 合同价　　D. 工程款支付

E. 计价程序

73. 关于项目信息门户，下列说法正确的有（　　）。

扫码听课

A. 项目信息门户是基于互联网技术为建设工程增值的管理工具

B. 项目信息门户属于水平门户

C. 项目信息门户是项目各参与方为信息交流、共同工作、共同使用和互动的管理工具

D. 项目信息门户主要用于项目的目标控制

E. 项目信息门户是当前在建设工程管理领域中信息化的重要标志

74. 投标前应进行各项调查研究，下列属于市场宏观经济环境调查的有（　　）。

A. 与投标工程实施有关的法律法规

密封线内不要答题

密

封

线

内

不

要

答

题

B. 工程所在地区施工条件及环境
C. 业主的项目资金落实情况
D. 工程所在地劳动力与材料的供应情况
E. 工程所在地的工程公司的情况

75. 下列属于竣工阶段政府建设工程质量监督的主要工作内容的有（　　）。
A. 竣工验收前的质量复查　　B. 参与竣工验收会议
C. 编制竣工报告　　D. 编制单位工程监督报告
E. 建立建设工程质量监督档案

76. 根据《企业伤亡事故分类标准》，下列事故中，属于与建筑业有关的职业伤害事故有（　　）。
A. 物体打击　　B. 触电
C. 机械伤害　　D. 辐射伤害
E. 火药爆炸

77. 建设工程项目施工过程中，投资的计划值和实际值的比较包括（　　）的比较。
A. 工程概算与投资规划　　B. 工程预算与工程概算
C. 工程合同价与工程概算　　D. 工程款支付与工程概算
E. 工程决算与工程概算

78. 建设工程项目质量的影响因素主要是指在建设工程项目目标质量、决策和实现过程中的各种客观因素和主观因素，包括人的因素、（　　）等。
A. 机械因素　　B. 组织因素
C. 材料因素　　D. 环境因素
E. 方法因素

79. 设备采购合同的主要内容包括（　　）。
A. 双方当事人的名称和住址　　B. 违约责任
C. 产品价格　　D. 公证和签证
E. 验收方式

80. 下列属于施工质量自控的要求的有（　　）。
A. 预防为主　　B. 重点控制
C. 全面检查　　D. 坚持标准
E. 记录完整

81. 关于资格预审，下列说法正确的有（　　）。
A. 可以在任何时间和地点出售资格预审文件，并同时公布资格预审文件的答疑时间
B. 只要具有资金条件的投标人都可以参加投标
C. 资格预审是一个重要的过程，有比较松散的执行程序
D. 通过资格预审，可以淘汰不合格的潜在投标人
E. 资格审查可以分为资格预审和资格后审

扫码听课

82. 在建设工程项目管理中，施工方项目管理的任务有（　　）。
A. 施工安全管理　　B. 施工合同管理
C. 施工信息管理　　D. 施工成本控制

E. 建设项目与外部环境的协调

83. 某商品混凝土目标成本与实际成本对比如下表所示，关于其成本分析的说法，正确的有（　　）。

项目	单位	目标	实际
产量	m^3	600	640
单价	元	715	755
损耗	%	4	3

A. 产量增加使成本增加了28600元
B. 实际成本与目标成本的差额是51536元
C. 单价提高使成本增加了26624元
D. 该商品混凝土目标成本是497696元
E. 损耗率下降使成本减少了4832元

扫码听课

84. 工程监理人员认为工程施工不符合（　　）的，有权要求建筑施工企业改正。
A. 工程设计要求　　B. 监理规划
C. 施工技术标准　　D. 合同约定
E. 监理实施细则

85. 在网络计划中，工作之间的逻辑关系包括（　　）。
A. 工艺关系　　B. 组织关系
C. 部门关系　　D. 技术关系
E. 协调关系

86. 进行分部分项工程施工成本分析时，其资料来源包括（　　）。
A. 工程合同总价　　B. 实耗人工
C. 施工预算　　D. 工程预算
E. 实际工程量

87. 总进度纲要的主要内容包括项目实施的总体部署和（　　）。
A. 总进度规划　　B. 各子系统进度规划
C. 确定里程碑事件的计划进度目标　　D. 总进度目标实现的条件和应采取的措施等
E. 二级进度计划

88. 根据《建设工程施工专业劳务分包合同（示范文本）》（GF—2003—0214），需由承包人承担的保险费用有（　　）。
A. 施工场地内劳务分包人自有人员生命财产
B. 运至施工现场用于施工的材料和待安装设备
C. 承包人提供给劳务人员使用的机械设备
D. 从事危险作业的劳务分包人职工的意外伤害保险
E. 施工场地内劳务分包人自有的施工机械设备

89. 建设工程项目质量的基本特性包括（　　）。
A. 反映使用功能的质量特性　　B. 反映安全、可靠的质量特性
C. 反映艺术文化的质量特性　　D. 反映建筑环境的质量特性
E. 反映施工过程的质量特性

90. 项目实施过程中常见的质量风险中，从风险产生的原因分析，常见的质量风险有（　　）。
A. 自然风险　　B. 技术风险
C. 管理风险　　D. 环境风险
E. 政治因素

91. 某贴面工程某月计划完成工程量为 2100m²，计划单价为 170 元/m²，月底检查时实际完成工程量为 1900m²，实际单价为 185 元/m²，则下列关于该工程费用、进度偏差分析的表述，正确的有（　　）。

扫码听课

A. 费用超支 28500 元　　B. 费用节支 28500 元
C. 费用节支 40000 元　　D. 34000 元的工作量未按计划完成
E. 34000 元的工作量提前完成

92. 某钢筋混凝土基础工程，包括支模板、捆绑钢筋、浇筑混凝土三道工序，每道工序安排一个专业施工队进行，分工段施工，各工序在一个施工段上的作业时间分别 3 天、2 天、1 天，关于其施工网络计划的说法，正确的有（　　）。

扫码听课

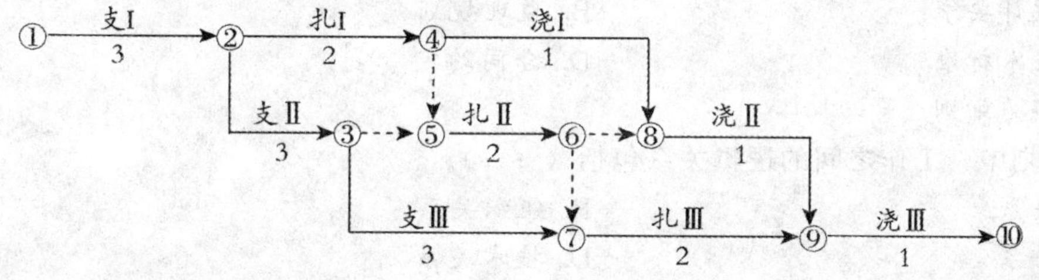

A. 工作①—②是关键工作　　B. 只有 1 条关键路线
C. 工作⑤—⑥是非关键工作　　D. 节点⑤的最早时间是 5 天
E. 虚工作③—⑤是多余的

93. 施工成本计划主要依据（　　）等内容进行编制。
A. 施工预算　　B. 施工图预算
C. 签订的工程合同　　D. 企业定额
E. 已签订的分包合同

94. 安全检查的注意事项包括（　　）。
A. 安全检查要深入基层、领导为主，深入全面地进行
B. 建立检查的组织领导机构，挑选具有较高技术业务水平的专业人员参加
C. 把自查与互查有机结合起来，基层以互相检查为主，企业内相应部门以自检为主
D. 将检查作为最终目的，要及时发现问题
E. 做好检查的各项准备工作，包括思想、业务知识、法规政策和物资、奖金准备

95. 造成沟通障碍的原因有多方面，沟通障碍主要来自（　　）。

扫码听课

A. 发送者的障碍　　B. 接受者的障碍
C. 沟通通道的障碍　　D. 沟通环境的障碍
E. 沟通解体的障碍

96. 施工组织设计是对施工活动实行科学管理的重要手段，下列属于施工组织设计的基本内容有（　　）。
A. 工程概况　　B. 施工平面图
C. 施工进度计划　　D. 施工成本计划
E. 施工部署及施工方案

97. 合同文件是索赔的最主要依据，其内容包括（　　）。
A. 纠纷记录　　B. 中标通知书
C. 投标书及其附件　　D. 合同专用条款
E. 合同通用条款

98. 某工程双代号时标网络计划，在第 5 天末进行检查得到的实际进度前锋线如下图所示，正确的有（　　）。

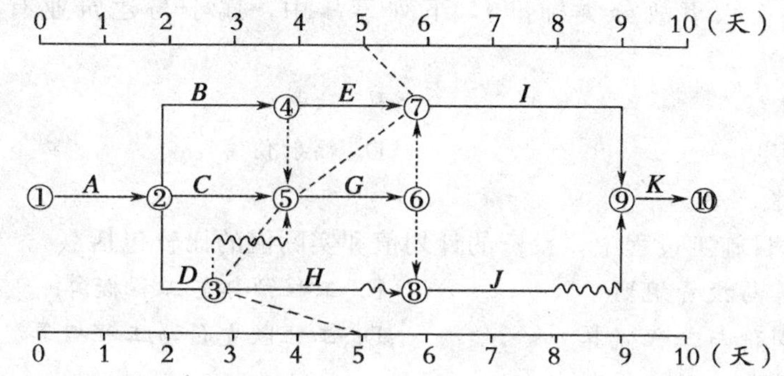

A. 第 5 天末工作 H 进度落后 1 天
B. 由于工作 H 进度落后将影响总工期 2 天
C. 工作 G 进度落后两天是由于工作 C 延误
D. 无法判断实际总工期是否延误或提前
E. 第 5 天末工作 E 提前一天完成

99. 根据《生产安全事故报告和调查处理条例》的规定，重大事故是指（　　）。
A. 50 人以上 100 人以下重伤
B. 3 人以上 30 人以下死亡
C. 10 人以上 30 人以下死亡
D. 1000 万元以上 5000 万元以下直接经济损失
E. 5000 万元以上 1 亿元以下直接经济损失

100. 分部工程质量验收合格应符合下列（　　）规定。

扫码听课

A. 分部工程所含分项工程的质量均应验收合格
B. 质量控制资料应完整
C. 分部工程有关安全、节能、环境保护和主要使用功能的抽样检验结果应符合有关规定
D. 主要功能项目的抽查结果有些不符合相关专业质量验收规范
E. 观感质量应符合要求

市、县（区）＿＿＿＿ 姓名＿＿＿＿ 准考证号＿＿＿＿

密封线内不要答题

全国一级建造师执业资格考试

《建设工程项目管理》押题模拟试卷（四）

（考试时间 180 分钟　满分 130 分）

一、单项选择题（共 70 题，每题 1 分。每题的备选项中，只有 1 个最符合题意）

1. “费用目标”对业主而言是（　　），对施工方而言是（　　）。
A. 成本目标投资目标　　B. 投资目标成本目标
C. 成本目标计划目标　　D. 投资目标计划目标

2. 目标能否实现的决定因素是（　　）。
A. 组织　　B. 管理
C. 措施　　D. 决策

3. 业主方项目管理工作中，最重要的任务是（　　）。
A. 投资控制　　B. 合同管理
C. 质量控制　　D. 安全管理

扫码听课

4. 项目管理作为一门学科，50 多年来在不断发展，其第四代是（　　）。
A. 传统的项目管理　　B. 项目集管理
C. 项目组合管理　　D. 变更管理

5. 项目总承包方项目管理工作涉及项目（　　）的全过程。
A. 决策阶段　　B. 实施阶段
C. 试用阶段　　D. 全寿命周期

6. 线性组织结构的特点是（　　）。
A. 每一个工作部门只有一个直接的下级部门
B. 每一个工作部门只有一个直接的上级部门
C. 谁的级别高，就听谁的指令
D. 可以越级指挥或请示

7. 指令源分别来自于纵向和横向工作部门的组织结构是（　　）。
A. 职能组织结构　　B. 矩阵组织结构
C. 事业部　　D. 复合式组织结构

8. 在项目管理的组织结构图中，两个单位之间的管理指令关系用（　　）联系。
A. 单向箭杆　　B. 双向箭杆
C. 矩形框　　D. 菱形框

9. 建设工程项目结构图描述的是（　　）。
A. 项目各参与方之间的关系
B. 组织系统中各部门的职责分工
C. 工作对象之间的关系
D. 组织系统中各子系统之间的关系

10. 建设工程项目实施的组织策划的内容不包括（　　）。
A. 方案设计竞赛的组织
B. 建立编码体系
C. 项目管理工作流程
D. 任务分工和管理职能分工

11. 项目建设成本分析属于建设工程项目（　　）阶段的主要任务。
A. 决策　　B. 设计
C. 动工前准备　　D. 施工

12. 建设项目工程总承包方编制项目设计建议书的依据是（　　）。
A. 可行性研究报告　　B. 项目建议书
C. 项目建设纲要　　D. 项目管理规划

扫码听课

13. 业主方委托一个施工单位或由多个施工单位组成的施工联合体或施工合作体作为施工总承包单位，施工总承包单位视需要再委托其他施工单位作为分包单位配合施工，这种施工任务委托模式是（　　）。
A. 施工总承包　　B. 施工总承包管理
C. 平行承发包　　D. 建设工程项目总承包

14. 一般情况下，当采用施工总承包管理模式时，分包合同由（　　）签订。
A. 业主与分包单位
B. 施工总承包管理单位与分包单位
C. 施工总承包单位与分包单位
D. 工程总承包单位与分包单位

扫码听课

15. 项目管理实施规划的编制依据，不包括（　　）。
A. 技术经济指标　　B. 项目管理规划大纲
C. 项目条件和环境分析资料　　D. 工程合同及相关文件

16. 技术经济指标用以衡量（　　）的水平。
A. 科技创效　　B. 技术管理
C. 组织施工　　D. 管理施工

17. 在下列目标控制措施中，属于经济措施的是（　　）。
A. 落实加快工程进度所需的资金
B. 改变施工方法和改变施工机具
C. 强化合同管理
D. 调整项目管理班子人员

扫码听课

18. 项目目标动态控制的核心是：在项目实施的过程中定期地进行项目目标（　　）的比较。
A. 偏差值和调整值　　B. 偏差值和实际值
C. 计划值和实际值　　D. 计划值和调整值

19. 取得建造师注册证书的人员是否担任工程项目施工的项目经理，由（　　）决定。

A. 建筑业企业　　B. 建设行政主管部门

C. 项目业主　　D. 项目监理单位

20.（　　）即沟通主体用以影响、作用于沟通客体的中介，包括沟通内容和沟通方法，它使沟通主体与客体间建立联系，以保证沟通过程的正常开展。

扫码听课

A. 沟通环境　　B. 沟通客体

C. 沟通介体　　D. 沟通渠道

21. 目前各级政府部门明令施工企业用工必须加强管理的重点对象是（　　）。

A. 自有职工　　B. 长期合同工

C. 无固定期限的合同工　　D. 农民工

22. 项目人力资源管理的目的是调动所有项目参与人的积极性，在项目承担组织的内部和外部建立有效的工作机制，以实现（　　）。

A. 项目控制　　B. 项目目标

C. 项目管理　　D. 项目集成

23. 下列工程项目风险管理工作中，属于风险识别阶段的工作是（　　）。

扫码听课

A. 分析各种风险的损失量

B. 分析各种风险因素发生的概率

C. 确定风险因素

D. 对风险进行监控

24. 在事件风险量的区域图中，若某事件经过风险评估，处于风险区 A，则应采取措施降低其概率，可使它移位至（　　）。

扫码听课

A. 风险区 B　　B. 风险区 C

C. 风险区 D　　D. 风险区 E

25. 我国的建设工程监理属于国际上（　　）项目管理的范畴。

A. 业主方　　B. 总包方

C. 监理方　　D. 设计方

26. 当业主方和施工方发生利益冲突或矛盾时，受业主的委托进行工程建设监理活动的监理机构应该以事实为依据，以法律和合同为准绳进行处理，这体现了监理的（　　）。

A. 服务性　　B. 公平性

C. 科学性　　D. 独立性

27. 未经（　　）签字，建设单位不拨付工程款，不进行竣工验收。

A. 总监理工程师　　B. 项目经理

C. 业主方　　D. 总承包方

28. 在施工成本管理环节中，对未来的成本水平及其可能发展趋势做出估计，称为（　　）。

A. 施工成本计划　　B. 施工成本核算

C. 施工成本分析　　D. 施工成本预测

29.（　　）是项目降低成本的指导文件，是设立目标成本的依据。

A. 施工成本预测　　B. 施工成本计划

C. 施工成本控制　　D. 施工成本核算

30. 施工成本计划通常有三类指标，即（　　）。

A. 拟定工作预算成本指标，已完成工作预算成本指标和成本降低率指标

B. 成本计划的数量指标，质量指标和效益指标

C. 预算成本指标，计划成本指标和实际成本指标

D. 人、财、物成本指标

31. 编制施工成本计划时，施工成本可按成本构成分解为人工费、材料费、施工机械使用费（　　）。

A. 企业管理费

B. 直接费和间接费

C. 规费和企业管理费

D. 间接费、利润和税金

32. 项目经理因特殊情况授权其下属人员履行其某项工作职责的，该下属人员应具备履行相应职责的能力，并应提前（　　）天将上述人员的姓名和授权范围书面通知监理人，并征得发包人书面同意。

扫码听课

A. 7　　B. 14

C. 21　　D. 28

33. 投标保证金应当在投标有效期满后（　　）天内一直有效，其目的是给招标人在需要索取保证金时，有足够的时间采取行动。

A. 7　　B. 14

C. 28　　D. 52

34. 某工程基础施工中出现了意外情况，导致工程量由原来的 2800m^3 增加到 3500m^3，原定工期是 40 天，则承包商可以提出的工期索赔值是（　　）天。

A. 10　　B. 11

C. 12　　D. 9

35. 在施工成本的各种核算方法中，业务核算比（　　）。

A. 会计核算的范围广，比统计核算的范围窄

B. 会计核算的范围窄，比统计核算的范围广

C. 会计核算和统计核算的范围广

D. 会计核算和统计核算的范围窄

36. 施工成本的过程控制中，对于人工费和材料费都可以采用的控制方法是（　　）。

A. 量价分离　　B. 包干控制

C. 预算控制　　D. 跟踪检查

37. 某施工项目的商品混凝土目标成本是 420000 元（目标产量 500m^2，目标单价 800 元/m^2，预计损耗率为 5%），实际成本是 511680 元（实际产量 600m^2，实际单价 820 元/m^2，实际损耗率为 4%）. 若采用因素分析法进行成本分析（因素的排列顺序是：产量、单价、耗损率），则由于产量提高增加的成本是（　　）元。

扫码听课

A. 49200　　B. 12600

C. 84000　　D. 91680

密封线内不要答题

密　封　线

38. 某工程某月计划完成工程桩 100 根，计划单价为 1.3 万元/根，实际完成工程桩 110 根，实际单价为 1.4 万元/根，则费用偏差（CV）为（　　）万元。

A. 11　　B. 13

C. －13　　D. －11

39. 利用（　　）的方法编制进度计划必须很严谨地分析和考虑工作之间的逻辑关系。

A. 横道图进度计划　　B. 关键日期表

C. 关键路线　　D. 工程网络计划

40. 建设工程项目总进度目标的控制是（　　）项目管理的任务。

A. 业主方　　B. 设计方

C. 施工方　　D. 供货方

41. 大型建设工程项目总进度目标论证的核心工作是通过编制（　　）论证总进度目标实现的可能性。

A. 总进度计划　　B. 总进度纲要

C. 总进度规划　　D. 资金使用计划

扫码听课

42. 设计进度计划主要是确定各设计阶段的（　　）。

A. 专业协调计划　　B. 设计工作量计划

C. 出图计划　　D. 设计人员配置计划

43. 横道图计划的特点之一是（　　）。

A. 适用于大的进度计划系统

B. 能方便地确定关键工作

C. 工作之间的逻辑关系不易表达清楚

D. 计划调整只能采用计算机进行

44. 某分部工程双代号时标网络计划如下图所示，其中工作 B 的总时差和自由时差（　　）。

扫码听课

A. 分别为 2 天和 3 天　　B. 均为 2 天

C. 分别为 2 天和 4 天　　D. 均为 0 天

45. 关于双代号网络图绘制规则的说法，正确的是（　　）。

A. 箭线不能交叉

B. 关键工作必须安排在图画中心

C. 只有一个起点节点

D. 工作箭线只能用水平线

46. 双代号网络中，工作是用（　　）表示的。

A. 节点及其编号　　B. 箭线及其两端节点编号

C. 箭线及其起始节点编号　　D. 箭线及其终点节点编号

47. 某工程双代号网络计划如下图所示（时间单位：天），则该计划的关键线路是（　　）。

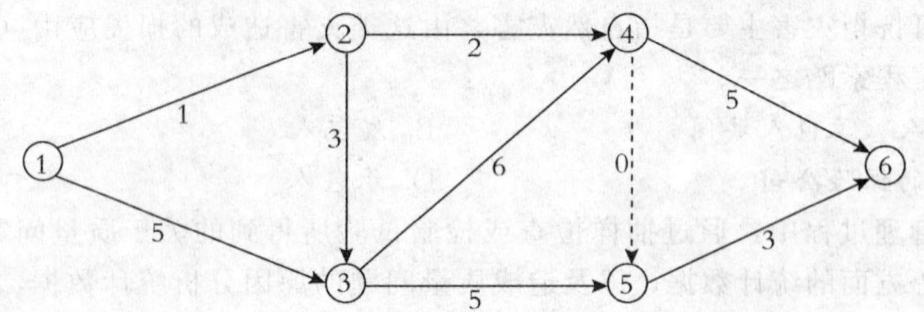

A. ①—②—③—④—⑤—⑥　　B. ①—②—③—④—⑥

C. ①—③—④—⑥　　D. ①—③—⑤—⑥

48. 下列施工进度控制措施中，属于管理措施的是（　　）。

A. 编制进度控制工作流程　　B. 优选施工方案

C. 重视信息技术的应用　　D. 进行进度控制的会议组织设计

49. 施工方案中选定的模具、工具属于施工生产要素中的（　　）。

A. 劳动主体　　B. 劳动对象

C. 劳动方法　　D. 劳动手段

50. 下列属于建设工程项目决策阶段策划的基本工作内容的是（　　）。

A. 项目实施风险策划　　B. 合同策划

C. 项目投资目标分解　　D. 实施组织策划

51. 质量控制是在明确的质量目标和具体的条件下，通过行动方案和资源配置的计划、实施、检查和监督，进行质量目标控制，实现预期质量目标的系统过程，以下不包括（　　）。

扫码听课

A. 事前预控　　B. 事中控制

C. 事后纠偏控制　　D. 质量控制

52. 在影响施工质量的五大因素中，建设主管部门推广的地下空间工程技术，属于（　　）的因素。

A. 环境　　B. 方法

C. 材料　　D. 机械

53. 现场施工准备工作的质量控制中，不包括（　　）。

A. 计量控制　　B. 测量控制

C. 施工平面图控制　　D. 技术交底和技术培训

54. 现场质量检查的方法包括目测法、实测法和试验法。下列可通过目测法中"摸"的手段检查质量的是（　　）。

扫码听课

A. 油漆的光滑度

B. 管道管井内管线、设备安装质量

C. 内墙抹灰的大面及口角是否平直

D. 清水墙面是否洁净

55. 作为一项先进的项目管理技术，赢得值法有四个评价指标，下列各项不属于这四个指标的是（　　）。

A. 费用偏差　　B. 已完工作实际费用

C. 进度偏差　　D. 进度绩效指数

56. 人力不可抗拒灾害主要是指自然灾害，由这类灾害造成的损失应由（　　）承担，是常见的工程索赔之一。

A. 发包人、承包人共同　　B. 发包人

C. 承保的保险公司　　D. 承包人

57. 在质量管理过程中，通过抽样检查或检验试验所得到的关于质量问题、偏差、缺陷、不合格等方面的统计数据，以及造成质量问题的原因分析统计数据，均可采用(　　)进行状况描述，它具有直观、主次分明的特点。

扫码听课

A. 直方图法　　B. 排列图法

C. 控制图法　　D. 因果分析图法

58. 根据质量管理体系标准，对企业质量体系作系统、完整和概要描述，规定企业组织质量管理体系的文件是（　　）。

扫码听课

A. 质量手册　　B. 程序文件

C. 质量记录　　D. 管理标准

59. 某房屋建筑工程施工中，现浇混凝土阳台根部突然断裂，导致 2 人死亡，1 人重伤，直接经济损失 300 万元，根据《关于做好房屋建筑和市政基础设施工程质量事故报告和调查处理工作的通知》（建质［2010］111 号），该事故等级为（　　）。

扫码听课

A. 一般事故　　B. 较大事故

C. 重大事故　　D. 特别重大事故

60. 职业健康安全和环境管理体系的不同点是（　　）。

A. 管理目标　　B. 不规定具体绩效标准

C. 管理原理　　D. 管理的侧重点

61. 施工企业职业健康安全管理体系的纲领性文件是（　　）。

A. 作业文件　　B. 管理手册

C. 程序文件　　D. 检测活动准则

62. 施工总承包管理模式下，如施工总承包单位想承接该工程部分工程的施工任务，则其取得施工任务的合理途径应为（　　）。

A. 监理单位委托　　B. 投标竞争

C. 施工总承包人委托　　D. 自行分配

63. 索赔是指在合同的实施过程中，合同一方因对方不履行或未能正确履行合同所规定的义务或未能保证承诺的合同条件实现而（　　），向对方提出的补偿要求。

A. 拖延工期后　　B. 遭受损失后

C. 产生分歧后　　D. 提起公诉后

64. 采用单价合同招标时，对于招标书中明显的数字计算错误，业主有权力先作修改再投标，当总价和单价的计算结果不一致时，以单价为准调整总价。这体现了单价合同（　　）的特点。

A. 工程量优先　　B. 总价优先

C. 单价优先　　D. 风险均摊

65. 固定单价合同适用于（　　）的项目。

A. 工期长、工程量变化幅度很大

B. 工期长、工程量变化幅度不太大

C. 工期短、工程量变化幅度不太大

D. 工期短、工程量变化幅度很大

66. 根据《工程建设项目施工招标投标办法》的规定，投标保证金有效期应当超出投标有效期（　　）天。

A. 28　　B. 30

C. 56　　D. 60

67. 根据合同实施偏差分析的结果，承包商应该采取相应的调整措施，不包括（　　）。

A. 技术措施　　B. 经济措施

C. 组织措施　　D. 法律措施

68. 我国在项目管理中最薄弱的工作环节是（　　）。

A. 质量管理　　B. 数据管理

C. 工程管理　　D. 信息管理

69. 国际工程承包合同的工程项目，（　　）是整个项目管理的核心。

A. 合同管理　　B. 工期管理

C. 成本管理　　D. 质量管理

70. （　　）是工程验收的最小单位，是分项工程乃至整个建筑工程质量验收的基础。

A. 检验批　　B. 单位工程

C. 分部工程　　D. 分项工程

二、多项选择题（共 30 题，每题 2 分。每题的备选项中，有 2 个或 2 个以上符合题意，至少有 1 个错项。错选，本题不得分；少选，所选的每个选项得 0.5 分）

71. 建设工程管理工作是一种增值服务工作，其核心任务是为（　　）增值。

A. 工程的开发　　B. 工程的建设

C. 工程的实施　　D. 工程的使用

E. 工程的设计

72. 项目总承包方作为项目建设的一个重要参与方，其项目管理主要服务于（　　）。

A. 业主的利益　　B. 项目的整体利益

C. 设计方的利益　　D. 总承包方本身的利益

E. 政府方的利益

73. 关于常见组织结构模式的说法，正确的有（　　）。

扫码听课

A. 包括职能、线性、矩阵组织结构

B. 职能组织结构是传统的组织结构模式

C. 职能组织结构只有唯一一个指令源

D. 线性组织结构模式是建设项目管理组织系统的一种常用模式

E. 矩阵组织结构可能会产生纵横向交叉的指令矛盾

74. 施工总承包管理模式与施工总承包模式相比，具有的优点有（　　）。

A. 整个工程项目的合同总额的确定较有依据

B. 对业主方节约投资较为有利

C. 缩短建设周期，有利于进度控制

D. 能为分包单位提供更好的管理和服务

E. 有利于施工现场的总体管理与协调

75. 项目管理规划大纲可由（　　）负责编制。

A. 组织的管理层　　B. 组织委托的项目管理单位

C. 设计单位　　D. 施工单位

E. 供货单位

76. 单位工程施工组织设计应由（　　）审批。

A. 项目负责人　　B. 项目技术负责人

C. 施工单位技术负责人　　D. 施工单位负责人

E. 施工单位技术负责人授权的技术人员

77. 下列项目目标动态控制的纠偏措施中，属于组织措施的有（　　）。

A. 调整项目管理工作流程组织　　B. 改进施工方法

C. 选择高效的施工机具　　D. 调整进度控制的方法和手段

E. 调整任务分工

78. 根据《建设工程项目管理规范》(GB/T 50326—2006)，项目经理应履行的职责有（　　）。

A. 项目管理目标责任书规定的职责

B. 主持编制项目管理实施规划，并对项目目标进行系统管理

C. 对资源进行静态管理

D. 进行授权范围内的利益分配

E. 接受审计，处理项目经理部解体的善后工作

79. 风险评估的内容包括（　　）。

A. 确定各种风险的风险量　　B. 确定应对各种风险的对策

C. 确定风险因素　　D. 确定风险等级

E. 确定各种风险因素的发生概率

80. 按照工程监理规范的相关要求，监理工程师在对建设工程实施监理时，应当采取的形式有（　　）。

A. 旁站　　B. 抽样检验

C. 巡视　　D. 见证取样

E. 平行检验

81. 关于项目费用偏差分析方法的说法，正确的有（　　）。

A. 横道图法形象、直观

B. 横道图法是最常见的一种方法

C. 表格法反映的信息量大

D. 表格法具有灵活、适用性强的优点

E. 表格法是常用的一种方法

82. 下列双代号网络图中，工作 A 的紧后工作有（　　）。

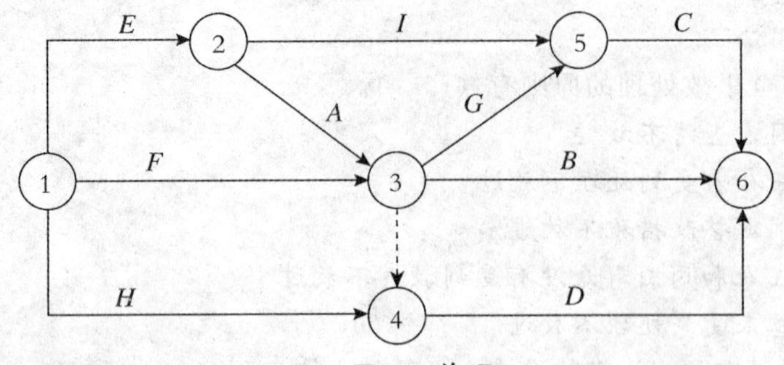

A. 工作 I　　B. 工作 B

C. 工作 C　　D. 工作 D

E. 工作 G

83. 关于网络图绘图规则的说法，正确的有（　　）。

A. 双代号网络图只能有一个起点节点，单代号网络图可以有多个

B. 双代号网络图箭线不宜交叉，单代号网络图箭线适宜交叉

C. 网络图中均严禁出现循环回路

D. 双代号网络图中，母线法可用于任意节点

E. 网络图中节点编号可不连续

84. 施工企业环境管理体系中，属于作业文件的有（　　）。

A. 监测活动准则　　B. 管理手册

C. 程序文件　　D. 操作规程

E. 管理规定

85. 项目经理部应在确定施工方案的初期就要确定需要分包的工程范围，决定分包范围的因素主要有（　　）。

A. 施工项目的专业性　　B. 风险程度

C. 清单工程量　　D. 工程预付款与保留金

E. 项目规模

86. 采用固定总价合同，承包商承担的风险主要有（　　）。

A. 工期风险　　B. 价格风险

C. 工作量风险　　D. 施工技术方案引发的风险

E. 政治风险

87. 工程网络计划工期优化过程中，在选择缩短持续时间的关键工作时应考虑的因素有（　　）。

A. 持续时间最长的工作

B. 缩短持续时间对质量和安全影响不大的工作

C. 缩短持续时间所需增加的费用最小的工作

D. 缩短持续时间对综合效益影响不大的工作

E. 有充足备用资源的工作

88. 施工成本分析常用的方法包括（　　）。

A. 比较法　　B. 比率法

C. 差额计算法　　D. 连环置换法
E. 实际费用法

89. 建设工程安全事故处理的原则有（　　）。
A. 事故原因未查清不放过
B. 事故责任人未受到处理不放过
C. 事故未制定整改措施不放过
D. 事故责任人和周围群众没有受到教育不放过
E. 事故单位未受到处理不放过

90. 建设工程项目中防止污染的设施，必须与主体工程（　　）。
A. 同时设计　　B. 同时申报
C. 同时验收　　D. 同时施工
E. 同时投产使用

扫码听课

91. 施工作业质量自控的要求有（　　）。
A. 预防为主　　B. 重点控制
C. 检验为主　　D. 坚持标准
E. 记录完整

92. 施工成本管理的主要环节有（　　）。
A. 施工成本控制　　B. 施工成本分析
C. 施工成本核算　　D. 施工成本纠偏
E. 施工成本计划

93. 新员工上岗前的三级安全教育，通常是指进厂、进车间、进班组三级，对建设工程来说，具体指（　　）。
A. 公司　　B. 项目
C. 工地　　D. 班组
E. 工种

94. 项目信息门户实施的条件包括（　　）。
A. 结构件　　B. 组织件
C. 教育件　　D. 软件
E. 硬件

扫码听课

95. 承包商可以向业主索赔利润的情况有（　　）。
A. 工程范围变更　　B. 文件有缺陷
C. 分部工程延期施工　　D. 文件技术性错误
E. 业主未能提供现场

96. 建筑材料采购的验收方式有（　　）。
A. 驻厂验收　　B. 提运验收
C. 接运验收　　D. 入库验收
E. 使用前验收

97. 按事故责任划分，工程质量事故可以分为（　　）。
A. 操作责任事故　　B. 技术责任事故
C. 指导责任事故　　D. 管理责任事故
E. 自然灾害事故

98. 约束机制取决于各质量责任主体内部的自我约束能力和外部的监控效力，下列属于约束能力的有（　　）。
A. 经营理念　　B. 质量意识
C. 职业道德　　D. 技术能力的发挥
E. 实施主体对质量工作的推动和检查监督

99. 建设工程施工安全控制的具体目标包括（　　）。
A. 改善生产环境和保护自然环境
B. 减少或消除人的不安全行为
C. 提高员工安全生产意识
D. 减少或消除设备、材料的不安全状态
E. 安全事故整改

100. 与诉讼方式相比，采用仲裁方式解决国际工程承包合同争议的优点有（　　）。
A. 效率高　　B. 周期短
C. 约束力强　　D. 费用少
E. 保密性好

扫码听课

密封线内不要答题

市、县（区）＿＿＿＿ 姓名＿＿＿＿ 准考证号＿＿＿＿

密封线内不要答题

全国一级建造师执业资格考试

《建设工程项目管理》押题模拟试卷（五）

（考试时间 180 分钟　满分 130 分）

一、单项选择题（共 70 题，每题 1 分。每题的备选项中，只有 1 个最符合题意）

1. 建设工程项目总承包方项目管理工作涉及（　　）的全过程。
A. 决策阶段　B. 实施阶段　C. 使用阶段　D. 全寿命阶段

2. 业主方项目管理的目标包括项目的（　　）。
A. 投资目标、质量目标、安全目标
B. 投资目标、进度目标、成本目标
C. 进度目标、投资目标、安全目标
D. 投资目标、进度目标、质量目标

3. 设计工作中的方案设计、初步设计、技术设计、施工图设计之间的关系属于（　　）。
A. 组织分工　B. 组织结构模式
C. 工作流程组织　D. 任务分工

4. 关于合同结构图的说法，正确的是（　　）。
A. 合同结构图只反映业主和项目各参与方之间的合同关系
B. 在合同结构图中，如果两个单位之间有合同关系，在合同结构图中用直线表示
C. 合同结构图反映项目参与各方之间的合同关系
D. 合同结构图也可以反映管理指令关系

5. 建设项目决策阶段经济策划的主要任务不包括（　　）。
A. 项目建设成本分析　B. 生产运营期经营管理总体方案
C. 项目效益分析　D. 编制资金需求量计划

6. 采购管理的工作有：①进行市场调查，选择合格的产品供应或服务单位，建立名录；②明确采购产品的基本要求、采购分工及有关责任；③进行采购策划，编制采购计划。对上述三项工作而言，其正确的工作程序是（　　）。
A. ③—②—①　B. ①—②—③
C. ②—①—③　D. ②—③—①

7. 工程总承包企业按照合同约定对工程项目的质量、工期、造价等向（　　）负责。
A. 供货单位　B. 业主　C. 设计单位　D. 施工单位

8. 项目管理实施规划的编制依据，包括（　　）。
A. 技术经济指标　B. 可行性研究报告
C. 相关市场信息与环境信息　D. 工程合同及相关文件

9. 不属于单位工程施工组织设计主要内容的是（　　）。
A. 工程概况　B. 施工现场平面布置
C. 主要施工方案　D. 施工方法及工艺要求

10. 重点、难点分部（分项）工程和专项工程施工方案应由施工单位技术部门组织相关专家评审，（　　）批准。
A. 施工单位技术负责人　B. 项目负责人
C. 项目技术负责人　D. 总承包单位技术负责人

11. 在目标控制过程中，采用调整进度管理的方法和手段进行纠偏属于（　　）。
A. 管理措施　B. 组织措施
C. 技术措施　D. 经济措施

12. 下列各项中，属于施工过程中投资的计划值和实际值比较的是（　　）。
A. 工程概算和投资规划的比较　B. 工程预算和投资规划的比较
C. 工程概算和预算的比较　D. 工程合同价与工程概算的比较

13. 项目经理因特殊情况授权其下属人员履行其某项工作职责的，该下属人员应具备履行相应职责的能力，并应提前 7 天将上述人员的姓名和授权范围书面通知监理人，并征得（　　）书面同意。
A. 监理工程师　B. 发包人
C. 总监理工程师　D. 设计单位

14. 根据《建设工程项目管理规范》(GB/T 50326—2006)，项目经理的职责包括（　　）。
A. 主持项目经理部工作
B. 在授权范围内协调与项目有关的内、外部关系
C. 主持组织进行项目的检查、鉴定和评奖申报工作
D. 接受审计，处理项目经理部解体的善后工作

15. 下列建设工程项目风险中，属于技术风险的是（　　）。
A. 人身安全控制计划　B. 施工机械操作人员的能力
C. 防火设施的可用性　D. 工程设计文件

16. 下列针对防范土方开挖过程中的塌方风险而采取的措施，属于风险转移对策的是（　　）。
A. 向保险公司投保　B. 设置警示牌
C. 进行专题安全教育　D. 设置边坡护壁

17. 关于施工成本分析的说法，正确的是（　　）。
A. 施工成本分析应贯穿于项目从投标阶段开始直至保证金返还的全过程
B. 施工成本分析是在工程施工前对成本进行的估算
C. 施工成本分析是贯穿于施工成本管理的全过程
D. 施工成本分析是预测成本控制的薄弱环节

18. 施工成本管理就是要在保证工期和质量满足要求的情况下，采取相应管理措施，包括组织措施、经济措施、技术措施、合同措施把成本控制在计划范围内，并进一步寻求最大程度的成本节约。施工成本管理的任务和环节的正确程序是（　　）。
A. 预测—分析—计划—控制—核算—考核
B. 预测—计划—分析—控制—核算—考核

C. 预测—计划—控制—核算—分析—考核
D. 预测—控制—计划—分析—核算—考核

19. 建设工程项目按其成本构成编制施工成本计划时，是指将施工成本分解为（　　）。
A. 人工费、材料费、施工机具使用费和企业管理费
B. 单位工程施工成本及分部、分项工程施工成本等
C. 人工费、材料费、施工机械使用费、企业管理费、规费、税金和利润
D. 建筑工程费和安装工程费

20. 某施工企业进行土方开挖工程，按合同约定5月份的计划工作量为2400m³，计划单价是12元/m³；到月底检查时，确认承包商实际完成的工程量为2100m³，实际单价为15元/m³。则该工程的成本偏差（CV）和费用绩效指数（CPI）分别为（　　）。
A. 0.63万元；1.25　　B. −0.63万元；0.80
C. −0.36万元；0.875　　D. 0.63万元；0.80

扫码听课

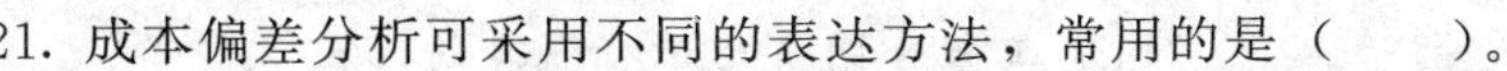

21. 成本偏差分析可采用不同的表达方法，常用的是（　　）。
A. 网络图法、表格法和曲线法　　B. 网络图法、横道图法和表格法
C. 比较法、因素分析法和差额计算法　　D. 横道图法、表格法和曲线法

22. 通过（　　）对比，可以反映本项目的技术和经济管理水平与行业的平均及先进水平的差距，进而采取措施提高本项目管理水平。
A. 实际指标与计划指标　　B. 与本行业平均水平、先进水平
C. 本期实际指标与上期实际指标对比　　D. 本期实际指标与上期目标指标对比

23. 建设工程项目进度控制的目的是（　　）。
A. 通过控制以实现工程的进度目标　　B. 编制进度计划
C. 论证进度目标是否合理　　D. 跟踪检查进度计划

24. 设计方进度控制的任务是依据（　　）对设计工作进度的要求控制设计工作进度。
A. 工程总承包合同　　B. 业主方进度控制总体方案
C. 总进度纲要　　D. 设计任务委托合同

25. 建设工程项目总进度目标论证的工作包括：①编制各层进度计划；②项目结构分析；③编制总进度计划；④项目的工作编码。其正确的工作步骤是（　　）。
A. ④—③—②—①　　B. ②—④—①—③
C. ④—②—①—③　　D. ②—④—③—①

扫码听课

26. 双代号网络图中，虚箭线表示（　　）。
A. 自由消耗程度　　B. 工作的持续时间
C. 工作之间的逻辑关系　　D. 非关键工作

27. 某工作有且仅有两个紧后工作C、D，其中工作C最早开始时间为10天，最迟完成时间为18天，持续时间为5天；工作D最早开始时间为10天，最迟完成时间为20天，持续时间为6天；该工作与工作C间的时间间隔为2天，与工作D的时间间隔为4天。则该工作时间的总时差为（　　）天。
A. 3　　B. 4
C. 5　　D. 6

28. 某双代号网络计划如下图所示，其关键线路有（　　）条。

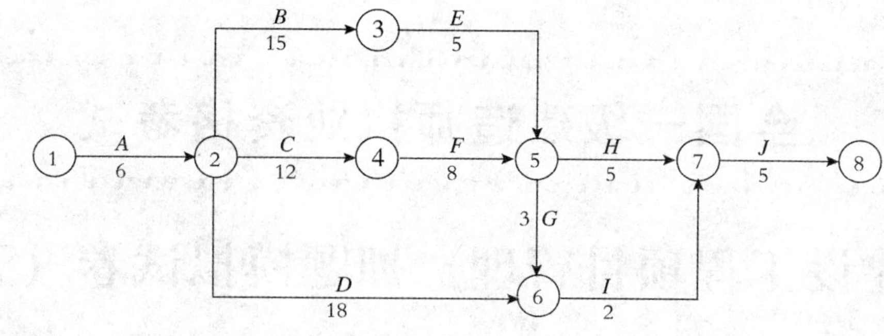

A. 2　　B. 3
C. 4　　D. 5

29. 关于横道图的说法，错误的是（　　）。
A. 横道图上所能表达的信息量较少，不能表示活动的重要性
B. 横道图不能确定计划的关键工作、关键路线与时差
C. 横道图适用于手工编制计划
D. 横道图能清楚表达工序（工作）之间的逻辑关系

扫码听课

30. 某工程双代号时标网络计划如下图所示（时间单位：周），在不影响总工期的前提下，工作B可利用的机动时间为（　　）周。

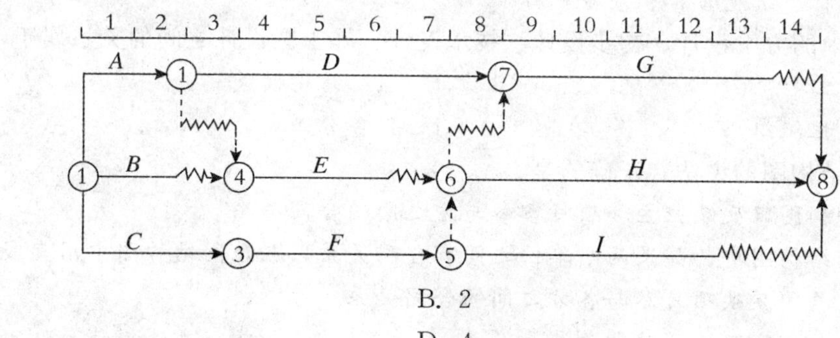

A. 1　　B. 2
C. 3　　D. 4

31. 下列各项措施中，属于建设工程项目进度控制的组织措施的是（　　）。
A. 用工程网络计划的方法编制进度计划
B. 进行有关进度控制的会议的组织设计
C. 优选项目设计、施工方案
D. 选择合理的合同结构

32. 为了实现进度目标，比较分析工程物资的采购模式，属于进度控制的是（　　）。
A. 组织措施　　B. 管理措施
C. 经济措施　　D. 技术措施

33. 在我国，实行建筑业企业经营资质管理制度、执业资格注册制度、作业及管理人员持证上岗等制度，从本质上来说，都是对建设工程项目质量影响因素中（　　）的控制。
A. 管理因素　　B. 人的因素
C. 环境因素　　D. 技术因素

密 封 线 内 不 要 答 题

34. 建设工程项目质量的形成过程体现了建设工程项目质量（　　）的系统过程。
A. 从目标决策、目标细化到目标实现
B. 从目标定义、目标决策到目标实现
C. 从目标决策、目标细化到目标检验
D. 从目标定义、目标细化到目标检验

35. （　　）是规定企业组织质量管理体系的文件，对企业质量体系作系统、完整和概要的描述。
A. 质量手册　　B. 质量方针
C. 质量目标　　D. 程序性文件

36. 全面质量管理（TQC）的主要特点不包括（　　）。
A. 以顾客满意为宗旨　　B. 提倡预防为主
C. 提倡科学管理　　D. 不领导参与质量方针的制定

37. 质量控制点的重点控制对象主要包括10个方面的内容，其中不属于特殊地基或特种结构方面内容的是（　　）。
A. 膨胀土地基处理　　B. 红黏土地基处理
C. 屋架的安装固定　　D. 大跨度结构的重要部位

38. 施工质量计划应由（　　）进行编制。
A. 监理单位　　B. 设计单位
C. 施工承包企业　　D. 业主单位

39. 根据项目进度控制不同的需要和不同的用途，业主方和项目各参与方可以构建多个不同的建设工程项目进度计划系统，下列不属于按不同深度的计划构成进度计划系统的是（　　）。
A. 总进度规划　　B. 项目子系统进度规划
C. 项目子系统中的单项工程进度计划　　D. 指导性进度规划

40. 因结构设计方案计算错误而导致的施工质量事故属于（　　）引起的施工质量事故。
A. 技术原因　　B. 人为事故和自然灾害原因
C. 管理原因　　D. 社会、经济原因

41. 某建设工程发生一起质量事故，导致3人死亡，45人受重伤，则该起质量事故属于（　　）。
A. 一般事故　　B. 严重事故
C. 较大事故　　D. 重大事故

42. 某建设工程项目在施工过程中出现混凝土强度不足的质量问题，采用逐层深入排查的方法，分析确定其最主要原因。这种方法是（　　）。
A. 直方图法　　B. 排列图法
C. 控制图法　　D. 因果分析图法

43. 政府质量监督的性质属于（　　）行为。
A. 行政执法　　B. 管理执法
C. 行为执法　　D. 勘察

44. 《环境管理体系要求及使用指南》（GB/T 24001—2004）中的“环境”是指（　　）。
A. 组织运行活动的外部存在
B. 各种天然和经过人工改造的自然因素的总体
C. 废水、废气、废渣的存在和分布情况
D. 周边大气、阳光和水分的总称

45. 特种作业人员应具备的条件不包括（　　）。
A. 年满18周岁，且不超过国家法定退休年龄
B. 具备初中及以上文化程度
C. 具备必要的安全技术知识与技能
D. 在本行业工作6年以上

扫码听课

46. 受到事故的严重威胁，Ⅱ级预警，用来表示的颜色是（　　）。
A. 橙色　　B. 黄色
C. 绿色　　D. 蓝色

扫码听课

47. 针对基坑开挖、脚手架拆除而制定的计划或方案属于（　　）。
A. 综合应急预案　　B. 专项应急预案
C. 现场处置方案　　D. 现场应急预案

48. 重大伤亡事故是指一次死亡（　　）的安全事故。
A. 1～2人　　B. 10（含10）～30人
C. 30（含30）～50人　　D. 50人以上

49. 施工现场文明施工管理组织的第一责任人是（　　）。
A. 监理工程师　　B. 业主代表
C. 项目总工程师　　D. 项目经理

50. 施工现场围挡高度在市区主要路段不宜低于（　　）m，在一般路段不低于（　　）m。
A. 2.0、1.5　　B. 2.5、1.8
C. 2.5、1.5　　D. 2.0、1.8

51. 根据《中华人民共和国招标投标法》，建设工程招标的方式不包括（　　）。
A. 公开招标　　B. 无限竞争性招标
C. 邀请招标　　D. 议标

52. （　　）应由投标单位的技术负责人主持制定，主要应考虑施工方法、主要施工机具的配置、各工种劳动力的安排及现场施工人员的平衡、施工进度及分批竣工的安排、安全措施等。
A. 设计方案　　B. 施工平面图
C. 施工方案　　D. 施工总平面图

53. 根据《建设项目工程总承包合同示范文本（试行）》（GF—2011—0216），发包人的义务是（　　）。
A. 组建与工程相适应的项目管理班子
B. 负责编制施工组织设计，统一制定各项管理目标
C. 按时提供图纸，及时交付材料、设备
D. 负责办理项目备案手续

扫码听课

54. 在招标时，当图纸、规范等准备不充分，不能据以确定合同价格，而仅能制定一个估算指标时可采用（　　）。

A. 成本加固定费用合同　　B. 成本加固定比例费用合同

C. 成本加奖金合同　　D. 最大成本加费用合同

55. 当施工发包的工程内容和工程量一时尚不能十分明确、具体地予以规定时，则可以采用（　　）形式。

A. 总价合同　　B. 成本补偿合同

C. 有偿合同　　D. 单价合同

56. 对应采用单价合同招标的工程，如投标书中有明显的数字计算错误，业主有权先做修改再评标。当总价和单价的计算结果不一致时，正确的做法是（　　）。

A. 按市场价调整单价　　B. 分别调整单价和总价

C. 以总价为准调整单价　　D. 以单价为准调整总价

57. 银行履约保函是由商业银行开具的担保证明，通常为合同金额的（　　）左右。

A. 5%　　B. 10%

C. 20%　　D. 35%

58. 建设工程施工预付款担保的主要形式是（　　）。

A. 银行保函　　B. 支票

C. 现金　　D. 汇票

59. 下列不属于 CIP 保险的优点的是（　　）。

A. 以最优的价格提供最佳的保障范围　　B. 能实施有效的风险管理

C. 避免诉讼，便于索赔　　D. 赔付率高，进而降低保险费率

60. 根据《建设工程施工质量验收统一标准》(GB 50300－2013)。分项工程的质量验收应由（　　）组织进行。

A. 专业监理工程师　　B. 项目经理

C. 总监理工程师　　D. 建设单位项目负责人

61. 专业分包人须在进场前，将其承包范围内的施工组织设计报技术部，由（　　）后方可依照施工。

A. 项目经理审核、公司总工审批

B. 项目经理审核、公司技术部审批

C. 项目总工审核、公司技术部审批

D. 公司总工审核、项目经理审批

62. 下列合同实施偏差的调整措施中，属于组织措施的是（　　）。

A. 高效的施工方案　　B. 变更技术方案

C. 增加人员投入　　D. 经济激励措施

63. 索赔成立的前提条件不包括（　　）。

扫码听课

A. 与合同对照，事件已经造成承包人实际损失

B. 造成损失的原因，不属于承包人的行为责任或风险责任

C. 承包人按合同规定的程序和时间提交索赔意向通知和索赔报告

D. 索赔额计算正确

64. 下列各费用计算方法中，不属于索赔费用计算方法的是（　　）。

A. 实际费用法　　B. 修正的实际费用法

C. 总费用法　　D. 修正的总费用法

65. 按照当事人分类，索赔不包括（　　）。

A. 承包人与发包人之间的索赔　　B. 承包人与分包人之间的索赔

C. 分包人和发包人之间的索赔　　D. 承包人和保险人之间的索赔

66. 国际工程承包合同的争议解决应该首选（　　）方式。

A. 协商　　B. 调解

C. 仲裁　　D. 诉讼

67. FIDIC 合同条件中的“新黄皮书”适用于（　　）。

A. 发包人设计的房屋建筑工程　　B. 私营的房屋建筑工程

C. 承包商做绝大部分设计的工程项目　　D. 交钥匙项目

68. 对建设工程项目信息分类按（　　）分为设计准备信息、设计信息、招投标信息和施工过程信息等。

扫码听课

A. 项目管理工作的对象分类　　B. 项目实施的工作过程

C. 项目管理工作的任务分类　　D. 按信息内容的属性分类

69. 项目的结构编码应依据（　　），对项目结构的每一层的每一组成部分进行编码。

A. 项目结构图　　B. 系统结构图

C. 项目组织结构图　　D. 组织矩阵图

70. 国际上项目信息应用的主流是（　　）。

A. ASP 模式　　B. PSWS 模式

C. PFF 模式　　D. PMIS 模式

二、多项选择题（共 30 题，每题 2 分。每题的备选项中，有 2 个或 2 个以上符合题意，至少有 1 个错项。错选，本题不得分；少选，所选的每个选项得 0.5 分）

71. 根据《建设项目工程总承包管理规范》(GB/T 50358—2005)，项目总承包管理的主要内容包括（　　）。

A. 办理可行性研究报批　　B. 进行项目策划

C. 实施设计管理　　D. 实施采购管理

E. 实施试运行管理

72. 矩阵组织结构的特点包括（　　）。

A. 适合于大的组织系统

B. 有横向纵向两个指令来源

C. 国际上常用

D. 职能部门可以对其非直接的下属下达工作指令

E. 每个部门只有唯一的下属

73. 下列建设工程项目实施阶段策划的工作中，属于项目目标分析和再论证工作内容的有（　　）。

A. 投资目标的分解和论证　　B. 进度目标的分解和论证

C. 确定质量目标　　D. 建筑面积分配

密封线内不要答题

密　封　线

E. 项目实施环境调查

74. 关于施工总承包管理模式特点的说法，正确的有（　　）。

A. 多数情况下，由业主方与分包人直接签约，这样有可能增加业主方的风险

B. 不需要等待于施工图设计完成后再进行施工总承包管理的招标，有利于提前开工，有利于缩短建设周期

C. 各分包工程之间的关系由施工总承包管理单位负责协调，这样可以减轻业主方的管理的工作量

D. 在开工前有较明确的合同价，有利于业主的总投资控制

E. 多数情况下，由业主方与分包人直接签约，这样有可能减少业主方的风险

75. 建设工程项目管理规划的内容一般包括（　　）。

A. 项目可行性研究报告　　B. 项目的评估论证

C. 项目管理的组织　　D. 信息管理的方法和手段

E. 项目的目标分析和论证

76. 依据我国标准，属于大型房屋建筑工程的有（　　）。

A. 单体建筑面积 3 万m^2 及以上的某住宅楼工程

B. 28 层的写字楼工程

C. 单项建安合同额 1.2 亿元的某酒店

D. 建筑面积 9 万m^2 的住宅小区

E. 单跨跨度 36m 的体育场馆

77. 下列项目目标动态控制的纠偏措施中，属于技术措施的有（　　）。

A. 调整项目管理工作流程组织　　B. 改进施工方法

C. 选择高效的施工机具　　D. 调整进度控制的方法和手段

E. 调整项目管理任务分工

78. 根据《建设工程项目管理规范》(GB/T 50326—2006)，项目经理应具有的权限包括（　　）。

A. 代表本企业与业主签订承包合同

B. 参与项目招标、投标和合同签订

C. 负责组建项目经理部

D. 决定授权范围内的项目资金的投入和使用

E. 制定内部计酬办法

79. 发送者的障碍是在沟通过程中，信息发送者的情绪、倾向、个人感受、表达能力和判断力等都会影响信息的完整传递，障碍主要表现在（　　）等。

A. 表达能力不佳　　B. 对信息的筛选

C. 信息传送不全　　D. 信息传递不及时或不适时

E. 知识经验的局限

80. 对建设周期一年半以上的工程项目，采用变动总价合同时，应考虑引起价格变化的因素有（　　）。

A. 银行利率的调整　　B. 劳务工资以及材料费用的上涨

C. 外汇汇率的不稳定　　D. 国家政策改变引起的工程费用上涨

E. 设计变更引起的费用变化

81. 编制施工成本计划的主要依据有（　　）。

A. 投标报价文件　　B. 企业定额

C. 施工组织设计　　D. 分包合同

E. 施工图预算

82. 建设工程项目施工成本控制的主要依据包括（　　）。

A. 工程承包合同　　B. 施工成本计划

C. 工程进度报告　　D. 工程变更

E. 工程质量水平

83. 工程项目施工成本分析的基本方法有（　　）。

A. 比较法　　B. 因素分析法

C. 统计核算法　　D. 差额计算法

E. 比率法

84. 建设工程项目总进度纲要的主要内容包括（　　）。

A. 各子系统进度规划

B. 项目结构分析

C. 总进度规划

D. 确定里程碑事件的计划进度目标

E. 总进度目标实现的条件和应采取的措施

85. 某分部分项工程双代号网络计划如下图所示，其中关键工作有（　　）。

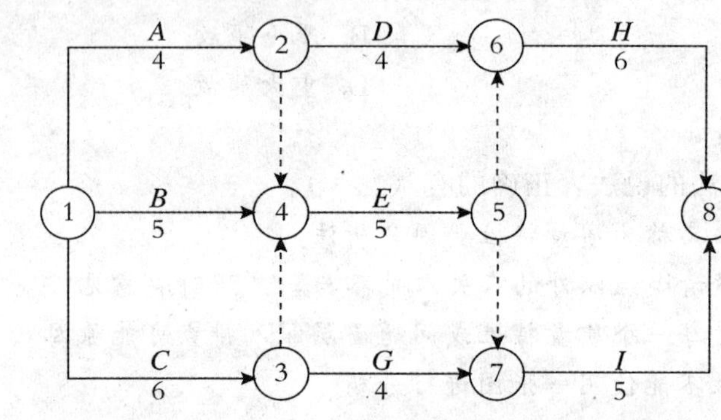

A. 工作 B　　B. 工作 C

C. 工作 D　　D. 工作 E

E. 工作 H

86. 某工程施工进度计划如下图所示，下列说法正确的有（　　）。

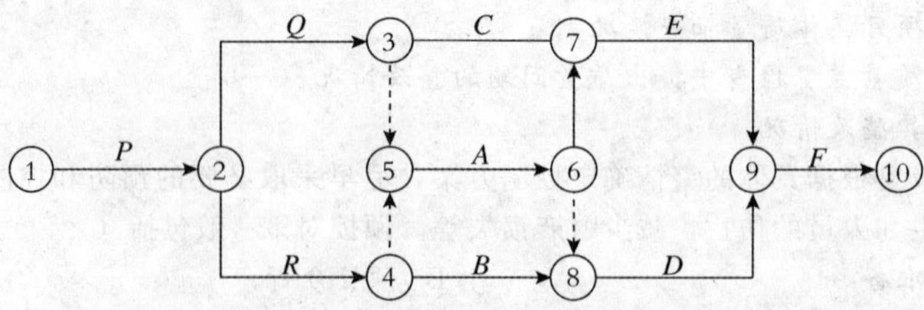

A. R 的紧后工作有 A、B　　B. E 的紧前工作只有 C

C. D 的紧后工作只有 F　　D. P 没有紧前工作
E. A、B 的紧后工作都有 D

87. 下列进度控制的措施中，属于组织措施的有（　　）。
A. 按时支付工程款项　　B. 设立提前完工奖
C. 拖延完工予以处罚　　D. 编制进度控制工作流程
E. 定义项目进度计划系统的组成

88. 根据《质量管理体系基础和术语》（GB/T 19000—2008），属于质量管理的八项原则有（　　）。
A. 与供方互利的关系　　B. 持续改进
C. 全过程控制　　D. 全员参与
E. 过程方法

89. 现场质量检查的方法有目测法和实测法，下列属于目测法的有（　　）。
A. 清水墙面是否洁净　　B. 工人的操作是否正常
C. 电梯井等内部管线　　D. 大理石板拼缝尺寸
E. 摊铺沥青拌合料的温度

90. 检验批的质量验收包括（　　）的内容。
A. 质量检查记录　　B. 主控项目的检验
C. 一般项目的检验　　D. 保证项目的检验
E. 允许偏差项目的检验

91. 按事故造成损失的程度，工程质量事故可以分为（　　）。
A. 一般事故　　B. 严重事故
C. 较大事故　　D. 重大事故
E. 特别重大事故

92. 关于因果分析图法的说法，正确的有（　　）。

A. 因果分析图法又称为质量特性要因分析法
B. 必要时可以邀请小组以外的有关人员参与，广泛听取意见
C. 基本原理是对每一个质量特性或问题逐层深入排查可能原因
D. 一个质量特性不能使用一张图进行分析
E. 通常采用 QC 小组的方式进行

93. 工程质量监督报告的基本内容包括（　　）。
A. 工程项目概况
B. 项目参建各方的质量行为检查情况
C. 工程项目实体质量抽查情况
D. 历次质量监督检查中提出质量问题的整改情况
E. 检查其整改情况

94. 预控对策是根据具体的警情确定控制方案，尽早采取必要的预防和控制措施，避免事故的发生和人员的伤亡，减少财产损失等。预控对策一般包括（　　）。
A. 组织准备　　B. 预警分析
C. 日常监控　　D. 预警评价

E. 事故危机管理

95. 应急预案的体系包括（　　）。
A. 总体应急预案　　B. 综合应急预案
C. 专项应急预案　　D. 现场应急预案
E. 现场处置方案

96. 关于建设工程现场文明施工管理的说法，正确的有（　　）。
A. 沿工地四周连续设置围挡，市区主要道路和其他涉及市容景观路段的工地围挡的高度不得低于 2.5m
B. 施工现场必须实行封闭管理，设置进出口大门，制定门卫制度，严格执行外来人员进场登记制度
C. 项目经理是施工现场文明施工的第一责任人
D. 现场建立消防领导小组，落实消防责任制和责任人员
E. 施工现场设置排水系统，泥浆、污水、废水有组织地排入下水道和排水河道

97. 根据我国有关法规的规定，建设工程施工招标应该具备的条件有（　　）。
A. 招标人已经依法成立
B. 初步设计应当履行审批手续的，已经批准
C. 招标方式应当履行核准手续的，已经核准
D. 招标人已经委托了招标代理单位
E. 相应的资金必须全部到位

98. 按照建设工程承发包方式，建设工程合同类型有（　　）。
A. 勘察、设计合同　　B 总价合同
C. 施工承包合同　　D. 工程监理合同
E. 建设工程物资采购合同

99. 合同分析，一般要分析的内容包括（　　）。
A. 合同的法律基础　　B. 施工工期
C. 违约责任　　D. 承包人的主要任务
E. 竣工结算程序

100. 投标担保的作用有（　　）。
A. 保护招标人不因中标人不签约而蒙受经济损失
B. 促进承包商履行合同约定
C. 确保投标人在投标有效期内不撤回投标书
D. 确保工程费用及时支付到位
E. 投标人在中标后保证与业主签订合同并提供业主要求的其他担保

市、县（区）＿＿＿＿ 姓名＿＿＿＿ 准考证号＿＿＿＿

密封线内不要答题

全国一级建造师执业资格考试

《建设工程项目管理》押题模拟试卷（六）

（考试时间180分钟　满分130分）

一、单项选择题（共70题，每题1分。每题的备选项中，只有1个最符合题意）

1. 建设工程项目管理的时间范畴是建设工程项目的（　　）。

A. 设计阶段　　B. 保修阶段
C. 使用阶段　　D. 实施阶段

2. （　　）的业务范围并不限于在项目实施阶段的工程项目管理工作，还包括项目决策阶段的管理和项目使用阶段的物业管理工作。

A. 工程师　　B. 建造师
C. 项目经理　　D. 监理工程师

3. （　　）反映了一个组织系统中各子系统或各元素的工作任务分工和管理职能分工。

A. 项目结构　　B. 组织结构模式
C. 工作流程组织　　D. 组织分工

4. 决策阶段管理工作的主要任务是（　　）。

A. 建设和使用增值　　B. 确定项目的定义
C. 目标得以实现　　D. 决策和实施增值

5. 编制项目管理任务分工表时，首先进行项目管理任务的分解，然后（　　）。

A. 分析项目管理合同结构模式
B. 确定项目管理的各项工作流程
C. 明确项目经理和各主管工作部门或主管人员的工作任务
D. 分析组织管理方面存在的问题

6. 下列有关工作流程图的描述，不正确的是（　　）。

A. 工作流程图可用以描述工作流程组织
B. 工作流程图用图的形式反映一个组织系统中各项工作之间的逻辑关系
C. 工作流程图可根据需要逐层细化
D. 工作流程图反映项目各参与方之间的合同关系

7. 下列属于决策阶段组织策划的内容是（　　）。

A. 实施期组织总体方案　　B. 技术方案分析
C. 项目管理工作流程　　D. 生产运营期设施管理总体方案

8. 下列关于建设工程项目策划的说法，错误的是（　　）。

A. 旨在为项目建设的决策和实施增值

B. 工程项目策划是一个开放性的工作过程
C. 其实质是知识管理的过程
D. 其实质是知识组合的过程

9. 建设工程项目的风险中，属于经济与管理风险的是（　　）。

A. 施工机械操作人员的能力和经验
B. 现场与公用防火设施的可用性及其数量
C. 损失控制和安全管理人员的资历和能力
D. 工程勘测资料和有关文件

10. 项目总承包从招标开始至确定合同价的基本工作程序，第一步工作是（　　）。

A. 业主方自行编制项目建设纲要或设计纲要
B. 设计评审
C. 项目总承包方编制项目设计建议书和报价文件
D. 合同洽谈

11. 根据我国《建筑法》，合同约定由工程承包单位采购的工程建设物资，建设单位可以（　　）。

A. 指定生产厂　　B. 指定供应商
C. 提出质量要求　　D. 指定具体品牌

12. 《建设工程项目管理规范》（GB/T 50326—2006）规定，项目管理规划大纲应由（　　）编制。

A. 项目经理　　B. 组织的管理层
C. 设计单位　　D. 施工单位

13. 编制项目管理实施规划应遵循下列程序：①了解项目相关各方的要求；②分析项目条件和环境；③履行报批手续；④组织编制。正确的编制程序是（　　）。

A. ①—②—③—④　　B. ①—②—④—③
C. ②—①—③—④　　D. ②—①—④—③

14. （　　）用以衡量组织施工的水平，它是对施工组织设计文件的技术经济效益进行全面评价。

A. 施工平面图　　B. 施工进度计划
C. 技术经济指标　　D. 施工部署

15. 某项目专业性强且技术复杂，开工后，由于分工原因该项目的任务分工不适用于此项目，为了保证项目目标的实现，企业调整了任务分工。企业的此项行为属于项目目标动态控制的（　　）。

A. 管理措施　　B. 经济措施
C. 技术措施　　D. 组织措施

16. 项目投资的动态控制中，投资的计划值和实际值是相对的，相对于工程预算而言，（　　）是投资的计划值。

A. 工程概算　　B. 工程支付款
C. 工程决算　　D. 工程合同价

17. 发包人收到改进报告后仍要求更换的，承包人应在接到第二次更换通知的（　　）天内进行更换，并将新任命的项目经理的注册执业资格、管理经验等资料书面通知发包人。

A. 14　　B. 28

C. 7　　D. 48

18. 在事件风险量的区域中，若某事件经过风险评估，处于风险区 C，则应采取措施降低其概率，可使它移位至（　　）。

A. 风险区 B　　B. 风险区 C

C. 风险区 D　　D. 风险区 E

19. 工程监理单位受业主的委托进行工程建设的监理活动，将尽一切努力进行项目的目标控制，但它不可能保证项目的目标一定实现，这体现了工程监理的（　　）。

A. 科学性　　B. 独立性

C. 公平性　　D. 服务性

20. 施工成本预测是在工程施工前（　　），运用一定的专门方法，对未来的成本水平及其发展趋势作出科学的估计。

A. 估算计划与实际成本之间的可能差异　　B. 分析可能的影响程度

C. 对成本因素进行分析　　D. 对成本进行的估算

21. 在编制成本支出计划时，要在项目总体层面上考虑总的预备费，也要在主要的分项工程中安排适当的（　　）。

A. 人工费　　B. 不可预见费

C. 暂列金额　　D. 规费

扫码听课

22. 按施工进度编制施工成本计划，通常可在控制项目进度的（　　）的基础上，进一步扩充得到。

A. 网络图　　B. 施工图

C. 施工平面图　　D. 施工总平面图

23. 为了取得施工成本管理的理想成效，应当从多方面采取措施实施管理。这些措施不包括（　　）。

A. 组织措施　　B. 安全措施

C. 经济措施　　D. 技术措施

24. 在施工过程中，对影响施工项目成本的各种因素加强管理，并采取各种有效措施，将施工中实际发生的各种消耗和支出严格控制在成本计划范围内，这属于施工成本管理中的（　　）。

A. 施工成本控制　　B. 施工成本计划

C. 施工成本预测　　D. 施工成本核算

25. 形象进度、产值统计、实际成本归集三同步，应保持一致的是三者的取值（　　）。

A. 标准　　B. 范围

C. 精度　　D. 单位

26. 下列施工成本管理的措施中，属于经济措施的是（　　）。

扫码听课

A. 选用合适的分包项目合同结构

B. 确定合理的施工成本控制工作流程

C. 确定合适的施工机械，设备使用方案

D. 对施工成本管理目标进行风险分析，并制定防范性对策

27. “两算”对比的方法有实物对比法和（　　）。

A. 经济对比法　　B. 金额对比法

C. 设计对比法　　D. 工期对比法

28. （　　）是选派项目经理阶段的预算成本计划，是项目经理的责任成本目标。它是以合同价为依据，按照企业的预算定额标准制定的设计预算成本计划，且一般情况下确定责任总成本目标。

A. 竞争性成本计划　　B. 实施性成本计划

C. 指导性成本计划　　D. 预算性成本计划

29. （　　）是以货币形式编制施工项目在计划期内的生产费用、成本水平、成本降低率以及为降低成本所采取的主要措施和规划的书面方案。

扫码听课

A. 施工成本预测　　B. 施工成本控制

C. 施工成本计划　　D. 施工成本分析

30. 某分项工程计划工程量 3000m³，计划成本 15 元/m³，实际完成工程量 2500m³，实际成本 20 元/m³，则该分项工程的施工进度偏差为（　　）。

A. 拖后 7500 元　　B. 提前 7500 元

C. 拖后 12500 元　　D. 提前 12500 元

31. 关于施工成本控制的说法，不正确的是（　　）。

A. 施工成本管理体系没有社会组织来评审和认证

B. 要做好施工成本的过程控制，必须制定规范化的过程控制程序

C. 管理行为控制程序是进行成本过程控制的重点

D. 管理行为控制程序和指标程序既相对独立又相互联系，既相互补充又相互制约

32. 下列属于施工成本管理的技术措施的是（　　）。

A. 编制施工成本计划，确定合理详细的工作流程

B. 对不同的技术方案进行技术经济分析

C. 对施工成本管理目标进行风险分析，并制定防范性对策

D. 在执行合同的过程中寻求索赔的机会

33. 在国际上，设计进度控制主要是（　　）。

A. 设计工作进度　　B. 各设计阶段的设计图纸的出图计划

C. 施工进度的日程计划　　D. 施工实施的指导性计划

34. 在进行施工进度控制时，必须树立和坚持的最基本的工程管理原则是（　　）。

扫码听课

A. 在确保工程质量的前提下，控制工程的进度

B. 在确保投资的前提下，达到进度、成本的平衡

C. 在确保工程投资的前提下，控制工程的进度

D. 在满足各项目参与方利益最大化的前提下，控制工程的进度

35. 有效的决策应建立在数据和信息分析的基础上，数据和信息分析是事实的高度提炼。为此企业领导应重视数据信息的收集、汇总和分析，以便为决策提供依据，这体现了（　　）。

A. 持续改进　　B. 管理的系统方法

C. 过程方法　　D. 基于事实的决策方法

密封线内不要答题

密　封　线

36. 论证建设工程项目总进度目标时，需要进行：①编制各层进度计划；②项目的工作编码；③进度计划系统的结构分析，对上述工作而言，正确的工作步骤是（　　）。
A. ①—②—③　　B. ②—①—③
C. ②—③—①　　D. ③—②—①

37. 当网络计划关键线路的实际进度比计划进度拖后时，应在尚未完成的关键工作中，选择（　　）的工作进行调整。
A. 资源强度小或直接费用高　　B. 资源强度小或费用低
C. 资源占用量大或直接费用高　　D. 资源占用量小或直接费用高

38. 在某工程网络计划中，工作 M 的最早开始时间和最迟开始时间分别为第 15 天和第 18 天，其持续时间为 7 天。工作 M 有两项紧后工作，它们的最早开始时间分别为第 24 天和第 26 天，则工作 M 的总时差和自由时差（　　）。
扫码听课
A. 分别为 4 天和 3 天　　B. 均为 3 天
C. 分别为 3 天和 2 天　　D. 均为 2 天

39. 下列网络计划中，工作 D 的最迟开始时间是（　　）天。
A. 4
B. 5
C. 6
D. 7

40. 某施工项目部决定将原来的横道图进度计划改为网络进度计划进行进度控制，以避免工作之间出现不协调情况。该项进度控制措施属于（　　）。
A. 组织措施　　B. 管理措施
C. 经济措施　　D. 技术措施

41. 来自于设计者的设计理念、创意和创新，以及生产施工者对设计意图的领会和精益，这些将构成建设工程项目的（　　）。
A. 使用功能质量特性　　B. 安全可靠质量特性
C. 艺术文化质量特性　　D. 建筑环境质量特性

42. 建设工程项目的实施过程是由多主体参与的价值增值链，因此，只有保持合理的供方及分供方关系，才能形成质量控制系统的（　　）。
A. 利益机制　　B. 动力机制
C. 约束机制　　D. 反馈机制

43. 建设工程项目质量的形成过程，贯穿于整个建设项目的（　　）和各个工程项目的设计与施工过程，体现了建设工程项目质量从目标决策、目标细化到目标实现的系统过程。
A. 决策过程　　B. 设计过程
C. 实施过程　　D. 管理过程

44. 项目质量控制体系，应从实际出发，结合项目特点、合同结构和项目管理组织系统的构成情况，建立项目各参与方共同遵循的质量管理制度和控制措施，并形成有效的运行机制。这体现了（　　）。
A. 分层次规划原则　　B. 目标分解原则
C. 系统有效性原则　　D. 质量责任制原则

45. 在企业质量管理体系的认证书有效期内，当出现体系认证证书持有者变更时（　　）。
A. 可按规定进行复评　　B. 可按规定重新换证
C. 认证证书作废　　D. 待有效期满后再处理

46. 为实现项目的进度目标，应充分重视（　　）。

扫码听课
A. 尽早确定总进度目标　　B. 健全项目管理的组织体系
C. 工程质量目标的论证　　D. 大量采用计算机辅助进度计划

47. 某分部工程双代号时标网络计划如下图所示（时间单位：天），工作 A 的总时差为（　　）天。
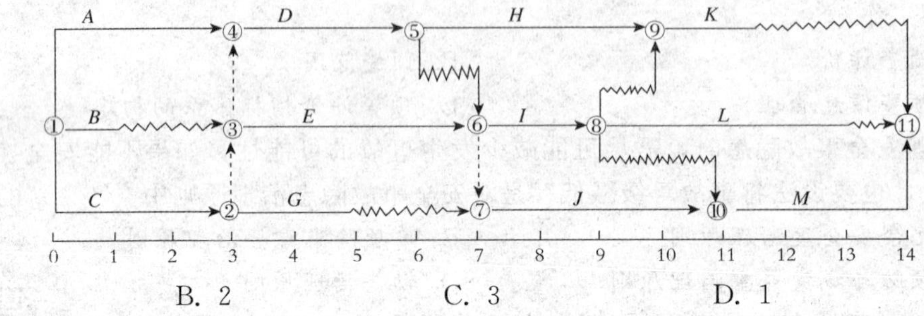

A. 0　　B. 2　　C. 3　　D. 1

48. 企业质量管理体系运行过程中，落实质量管理体系的内部审核程序，有组织有计划开展内部质量审核活动的目的之一是（　　）。
扫码听课
A. 评价质量管理程序的执行情况及适用性
B. 记载关键活动的质量参数
C. 反映针对不足所采取的纠正措施及纠正效果
D. 证明产品质量达到合同要求及质量保证的满足程度

49. 从建设工程项目的施工组织设计到（　　）的施工计划，在实施之前都必须进行对下逐级交底，其目的是使管理者的计划和决策意图为实施人员所理解。
A. 检验批　　B. 分部工程
C. 分部分项工程　　D. 单位工程

50. 关于建筑施工企业劳动用工的说法，错误的是（　　）。
A. 建筑施工企业与劳动者应当自试用期满后，按照劳动合同法规的规定签订书面劳动合同
B. 建筑施工企业应当按照相关规定办理用工手续，不得使用零散工
C. 建筑施工企业应当将每个工程项目中的施工管理、作业人员劳务档案中有关情况在当地建筑业企业信息管理系统中按规定如实填报
D. 劳动合同应一式三份，双方当事人各持一份，劳动者所在工地保留一份备查

51. 任何设计意图都要通过施工来实现，设计意图不能脱离现实的施工技术和装备水平，否则再好的设计意图也无法实现。这体现了项目（　　）质量控制。
A. 观感性　　B. 功能性
C. 经济性　　D. 施工可行性

52. 当随机抽样方案合理且样本数量足够大时，在生产能力处于正常、稳定状态，质量特性监测数据趋于（　　）分布。
A. 标准　　B. 正态
C. 均匀　　D. 正弦

53. （　　）除了反映了组织管理体系需要解决的问题所在，也反映出了组织的管理思路和理念。同时也向组织内外部人员提供了查询所需文件和记录的途径，相当于体系文件的索引。

A. 作业文件　　B. 管理手册

C. 文件管理　　D. 程序文件

54. 职业健康安全管理体系与环境管理体系中管理的主体是（　　）。

A. 集合　　B. 团体

C. 组织　　D. 机构

55. （　　）是一个系统性的动态管理过程，包括信息收集、处理、辨伪、存储和推断等管理工作。

A. 预警评价　　B. 预警范围

C. 预警信息管理　　D. 预警评价指标体系的构建

56. “治理安全事故隐患时，需尽可能减少发生事故的可能性，如果不能安全控制事故的发生，也要设法将事故等级减低”是对安全事故隐患治理原则中（　　）的贯彻。

A. 冗余安全度治理原则　　B. 单项隐患综合治理原则

C. 预防与减灾并重治理原则　　D. 动态治理原则

57. 如分包人与发包人或工程师发生直接工作联系，应（　　）。

扫码听课

A. 视为正常工作联系　　B. 服从发包人直接指令

C. 服从工程师直接指令　　D. 视为分包人违约，并承担违约责任

58. （　　）一般在工程初期很难描述工作范围和性质，或工期紧迫，无法按常规编制招标文件招标时采用。

A. 成本加固定费用合同　　B. 成本加奖金合同

C. 成本加固定比例费用合同　　D. 最大成本加费用合同

59. 下列职业健康安全管理体系要素中，属于辅助性要素的是（　　）。

A. 法规和其他要求　　B. 能力、培训和意识

C. 运行控制　　D. 管理评审

60. 使用因果分析图法，首先画出因果分析图，逐层深入排查可能原因，然后确定其中（　　），进行有的放矢的处置和管理。

A. 直接原因　　B. 次要原因

C. 所有原因　　D. 最主要原因

61. 对已经产生的固体废物进行分选、破碎、压实浓缩、脱水等减少其最终处置量，减低处理成本，减少对环境的污染，此做法属于固体废物（　　）的处置。

A. 填埋　　B. 压实浓缩

C. 回收利用　　D. 减量化处理

62. 投标单位取得投标资格，获得投标文件之后的首要工作是（　　）。

A. 审核工程量清单　　B. 编制施工方案或施工组织设计

C. 进行各项调查　　D. 研究招标文件

63. 收到工程设计文件后编制监理规划，并在第一次工地会议（　　）天前报委托人。

A. 7　　B. 14

C. 28　　D. 30

64. 在建筑材料采购合同中，委托运输部门运输、送货或待运的产品，其交货期限一般以（　　）的日期为准。

A. 需方收货戳记　　B. 承运单位签发

C. 供方向承运单位提出申请　　D. 货物送达交货地点

65. 直方图的观察分析有分布形状观察分析和（　　）。

A. 分布数据观察分析　　B. 分布偏差观察分析

C. 分布位置观察分析　　D. 分布距离观察分析

66. 诚信行为记录由各省、自治区、直辖市建设行政主管部门在当地建筑市场诚信信息平台上统一公布。其中，不良行为记录信息的公布时间为行政处罚决定作出后（　　）日内，公布期限一般为 6 个月至 3 年。

A. 7　　B. 14

C. 28　　D. 32

67. 合同分析的作用不包括（　　）。

扫码听课

A. 分析合同中的漏洞，解释有争议的内容

B. 分析合同风险，制定风险对策

C. 分析发包人可能失误，制定索赔策略

D. 合同任务分解、落实

68. 用（　　）计算时，在直接费的额外费用部分的基础上，再加上应得的间接费和利润，即是承包人应得的索赔金额。

A. 总费用法　　B. 实际费用法

C. 修正费用法　　D. 修正的总费用法

69. 纠纷审议委员会的委员在建设工程项目开始时就介入项目，目的是（　　）。

A. 了解项目管理情况及其问题　　B. 预防纠纷发生

C. 能够正确处理纠纷　　D. 保护当事人权益

70. 单代号网络计划如下图所示（时间单位：天），工作 D 的最迟开始时间是（　　）天。

扫码听课

A. 0　　B. 1

C. 3　　D. 4

二、多项选择题（共 30 题，每题 2 分。每题的备选项中，有 2 个或 2 个以上符合题意，至少有 1 个错项。错选，本题不得分；少选，所选的每个选项得 0.5 分）

71. 项目范围管理指的是“保证项目包含且仅包含项目所需的全部工作的过程。它主要涉及（　　）。

A. 范围计划编制　　B. 范围定义

密封线内不要答题

C. 范围验证　　　　D. 范围变更控制的管理

E. 范围控制

72. 按国际工程的惯例，当采用指定分包商时，不论指定分包商与施工总承包方，或与施工总承包管理方，或与业主方签订合同，（　　）应对合同规定的工期目标和质量目标负责。

A. 施工总承包方　　　　B. 业主方项目管理

C. 施工总承包管理方　　　　D. 分包方项目管理

E. 设计方项目管理

73. 施工总承包管理模式与施工总承包模式相比，其优点有（　　）。

A. 整个项目合同总额的确定较有依据

B. 投标人的报价较有依据

C. 可以为分包单位提供更好的管理和服务

D. 分包通过招标获得有竞争力的投标报价，对业主方节约投资有利

E. 分包合同价对业主是透明的

74. 关于建设工程项目管理规划的说法，正确的有（　　）。

A. 建设工程项目管理规划涉及项目整个实施阶段

B. 建设工程项目管理规划编制完成后不需调整

C. 除业主方以外，建设项目的其他参与单位也需要编制项目管理规划

D. 如果采用工程总承包模式，业主方可以委托建设项目工程总承包方编制项目管理规划

E. 建设工程项目管理规划内容涉及的范围和深度，应视项目的特点而定

75. 关于建造师和项目经理的说法，正确的有（　　）。

A. 大、中型工程项目施工的项目经理必须由取得建造师注册证书的人员担任

B. 取得建造师注册证书的人员是否担任工程项目施工的项目经理，由企业自主决定

C. 建造师是管理岗位，项目经理是技术岗位

D. 项目经理确需离开施工现场时，应事先通知监理人，并取得发包人的书面同意

E. 承包人需要更换项目经理的，应提前28天书面通知发包人和监理人，并征得发包人书面同意

76. 施工预算和施工图预算虽仅一字之差，但区别较大主要有（　　）。

扫码听课

A. 编制的依据不同　　　　B. 适用的范围不同

C. 发挥的作用不同　　　　D. 编制的方法不同

E. 选择对象不同

77. 下列关于施工成本分析的说法，正确的有（　　）。

扫码听课

A. 会计核算主要是成本核算

B. 业务核算的特点是对个别的经济业务进行单项核算

C. 会计和统计核算一般是对已经发生的经济活动进行核算

D. 会计核算具有连续性、系统性、综合性的特点

E. 业务核算的范围比会计、统计核算要广

78. 单位工程竣工成本分析的内容应包括（　　）。

A. 竣工成本分析　　　　B. 年度成本分析

C. 主要资源节超对比分析　　　　D. 企业生产成本分析

E. 主要技术节约措施及经济效果分析

79. 根据《建设工程项目管理规范》（GB/T 50326—2006），下列属于项目经理的职责的有（　　）。

A. 进行授权范围内的利益分配

B. 对资源进行动态管理

C. 建立各种专业管理体系，并组织实施

D. 参与组建项目经理部

E. 制定内部计酬办法

80. 施工成本管理的各环节中，在施工成本核算之前需要进行的工作有（　　）。

A. 施工成本预测　　　　B. 施工成本计划

C. 施工成本控制　　　　D. 施工成本分析

E. 施工成本考核

81. 下列双代号网络图的绘图规则中，说法正确的有（　　）。

扫码听课

A. 不允许出现循环回路

B. 逻辑关系正确

C. 不能出现没有箭头节点或没有箭尾节点的箭线

D. 所有节点均应是中间节点

E. 不能出现带双向箭头或无箭头的连线

82. 横道图进度计划存在的不足有（　　）。

A. 表达直观

B. 难以适应大的进度计划系统

C. 计划调整只能以手工方式进行

D. 不能确定计划的关键工作、关键路线与时差

E. 工序（工作）之间的逻辑关系可以设法表达，但不易表达清楚

83. 进度控制的主要工作环节包括（　　）。

A. 进度目标的分析和论证　　　　B. 编制进度计划

C. 进度计划整体分析　　　　D. 定期跟踪进度计划的执行情况

E. 调整进度计划

84. 下列各项中，属于现场质量检查的实测法的有（　　）。

A. 用仪表检测摊铺沥青拌合料的温度　　　　B. 混凝土坍落度的检测

C. 钢筋抗拉强度的检测　　　　D. 混凝土抗压强度的测定

E. 混凝土的耐酸性、耐碱性的测定

85. 关于支付时间、支付方式、支付条件和支付审批程序等有很多种可能的选择，并且可能对承包人的成本、进度等产生比较大的影响，建设工程施工合同的付款分四个阶段进行，即（　　）。

A. 预付款　　　　B. 工程进度款

C. 最终付款　　　　D. 退还保留金

E. 投标担保

86. 模板、脚手架等施工设施，除按适用的标准定型选用外，一般需按设计及施工要求进行专项设计，对其（　　）应作为重点进行控制。

A. 使用操作要求　　B. 设计方案

C. 施工方案　　D. 制作质量的控制及验收

E. 检验测试指标与标准要求

87. 检验批质量不合格的原因主要为（　　）等原因所致。

A. 使用材料不合格　　B. 业主资金不到位

C. 施工作业质量不合格　　D. 质量控制资料不完整

E. 施工成本低廉

88. 依据建设工程产品的特性，建设工程职业健康安全与环境管理的特点有（　　）。

A. 复杂性　　B. 多变性

C. 协调性　　D. 持续性

E. 单一性

扫码听课

89. 企业安全生产教育培训一般包括对（　　）的安全教育。

A. 员工家属　　B. 特种作业人员

C. 新员工　　D. 企业员工

E. 管理人员

90. 安全生产管理预警体系中，属于内部管理不良预警系统工作的有（　　）。

A. 技术变化的预警　　B. 质量管理的预警

C. 设备管理的预警　　D. 人的行为活动管理的预警

E. 事故征兆的不良趋势预警

91. 下列属于职业健康安全和环境管理体系的相同点有（　　）。

A. 管理目标基本一致　　B. 组织目标基本一致

C. 管理原理基本相同　　D. 不规定具体绩效标准

E. 组织原理基本相同

92. 投标人应重点注意招标文件中的（　　）等问题。

A. 投标人须知　　B. 文件管理

C. 技术说明　　D. 永久性工程之外的报价补充文件

E. 工程概况

93. 有关合同计价方式说法，正确的有（　　）。

扫码听课

A. 固定单价合同适用于工期较短、工程量变化幅度不会太大的项目

B. 在发生重大工程变更可以对固定总价合同价格进行调整

C. 成本加酬金合同，承包商不承担任何价格变化的风险，对业主的投资控制很不利

D. 工期紧迫，无法按常规编制招标文件招标时采用，一般采用成本加固定比例费用合同

E. 当设计深度达到可以报总价的深度应采用成本加奖金合同对业主更有利

94. 关于FIDIC《土木工程施工合同条件》中对履约担保的规定，下列说法正确的有（　　）。

A. 承包人应在收到中标函之后14天内，保函按投标书附件中注明的金额向业主提交

B. 承包人应在收到中标函之后28天内，保函按投标书附件中注明的金额向业主提交

C. 该保函应与投标书附件中规定的货币种类及其比例相一致

D. 该保函应与投标书附件中规定的货币种类一致，但比例可高于投标书附件中规定的比例

E. 当承包人向业主提交该保函的同时通知工程师

95. 施工合同跟踪的两方面的含义是指（　　）。

A. 承包单位的合同管理职能部门对合同履行情况进行的跟踪、监督和检查

B. 合同执行者本身对合同计划的执行情况进行跟踪、检查与对比

C. 建设单位的合同管理部门对合同履行情况进行的跟踪、监督和检查

D. 监理本身对合同计划的执行情况进行跟踪、检查与对比

E. 建设单位本身对合同计划的执行情况进行跟踪、检查与对比

扫码听课

96. 承包人向发包人索赔时，所提交索赔文件的主要内容包括（　　）。

A. 总述部分　　B. 论证部分

C. 索赔款项计算部分　　D. 证据部分

E. 索赔意向通知

97. 当协商和调解不成时，仲裁是国际工程承包合同争议解决的常用方式。以下关于仲裁的特点的说明，正确的有（　　）。

A. 仲裁程序效率高，周期短　　B. 仲裁程序一般都是保密的

C. 公正性和中立性　　D. 费用较高

E. 专业化程度较低

98. 建设工程项目的信息管理是通过对（　　）的管理，使项目的信息能方便和有效地获取、存储、存档、处理和交流。

A. 各个系统　　B. 各种材料

C. 各种工程　　D. 各项工作

E. 各种数据

99. 已知某基础工程经过调整的双代号网络计划如下图，其表达的正确信息有（　　）。

扫码听课

A. 该计划的工期为12天　　B. 工作④—⑥最早开始时间为4天

C. 关键线路为①—③—⑤—⑥　　D. 工作②—⑥为非关键工作

E. 工作③—④为虚工作

100. 施工安全隐患的处理原则包括冗余安全度处理原则、单项隐患综合处理原则以及（　　）。

A. 全面处理原则　　B. 直接隐患与间接隐患并治原则

C. 预防与减灾并重处理原则　　D. 重点处理原则

E. 动态处理原则

扫码听课

密 封 线

密封线内不要答题

参考答案及解析

2016年《建设工程项目管理》真题

一、单项选择题

1. C【解析】费用偏差（CV）＝已完工作预算费用（$BCWP$）－已完工作实际费用（$ACWP$），由于两项参数均以已完工作为计算基准，所以两项参数之差，反映项目进展的费用偏差，并且曲线法反映的又是累计值，故两条曲线的竖向距离表示成本的累计偏差。
2. A【解析】办公区和生活区应设密闭式垃圾容器。故选项A错误。
3. B【解析】施工机具使用费中，窝工费的计算，如系租赁设备，一般按实际租金和调进调出费的分摊计算；如系承包人自有设备，一般按台班折旧费计算，而不能按台班费计算，因台班费中包括了设备使用费。由题意可知，该机械为承包人自有机械，因此按台班折旧费计算，即索赔费用＝160×10＝1600（元）。
4. D【解析】选项A属于施工人员的质量控制；选项B属于材料设备的质量控制；选项C属于施工机械的质量控制。
5. B【解析】由于设计费仅占建设总投资很小的比率，业主方往往忽视对设计过程的管理，这是项目管理的一个误区。应指出，设计阶段的项目管理是建设工程项目管理的一个非常重要的部分，设计的质量直接影响项目实施的投资（或成本）、进度和质量；设计的进度也直接影响工程的进展。
6. D【解析】因素分析法又称连环置换法，可用来分析各种因素对成本的影响程度。
7. D【解析】声源上降低噪声，这是防止噪声污染的最根本的措施。
8. A【解析】选项B，砌体工程中，普通砖15万块、多孔砖5万块、灰砂砖及粉灰砖10万块各为一检验批，抽检数量为1组。选项C，对梁类、板类构件，应各抽取构件数量的2%且不少于5个构件进行钢筋保护层厚度检验。选项D，混凝土预制构件结构性能检测中，对成批生产的构件，应按同一工艺正常生产的不超过1000件且不超过3个月的同类型产品为一批。
9. A【解析】建设工程项目进度控制的过程包括：①进度目标的分析和论证，其目的是论证进度目标是否合理，进度目标有否可能实现。如果经过科学的论证，目标不可能实现，则必须调整目标；②在收集资料和调查研究的基础上编制进度计划；③进度计划的跟踪检查与调整，它包括定期跟踪检查所编制进度计划的执行情况，若其执行有偏差，则采取纠偏措施，并视必要调整进度计划。
10. C【解析】因为工作M的完成节点为关键节点，则该工作的紧后工作中必有一项是关键工作。如果该工作的完成节点是终点节点，那么其总时差就等于该工作的自由时差。如果该工作的完成节点为非终点节点，那么该工作的总时差等于其紧后工作的总时差与该工作自由时差之和的最小值。该工作紧后工作总时差的最小值是0，所以该工作的总时差等于自由时差。
11. B【解析】题中该单代号网络计划中的关键线路为：①－③－⑥－⑦－⑧，计算工期＝4＋10＋7＋5＋0＝26（天）。
12. D【解析】施工成本预测是对未来的成本水平及其发展趋势作出科学的估计。故选项A错误。施工成本考核将成本的实际指标与计划、定额、预算进行对比和考核，评定施工项目成本计划的完成情况和各责任者的业绩。故选项B错误。施工成本核算按照规定的成本开支范围对施工费用进行归集和分配，计算出施工费用的实际发生额。故选项C错误。
13. D【解析】在工程项目开工前，监督机构接受建设单位有关建设工程质量监督的申报手续，并对建设单位提供的有关文件进行审查，审查合格签发有关质量监督文件。故选项A错误。监督机构检查内容包括：参与工程项目建设各方的质量保证体系建立和运行情况；企业的工程经营资质证书和相关人员的资格证书；按建设程序规定的开工前必须办理的各项建设行政手续是否齐全完备；施工组织设计、监理规划等文件及其审批手续和实际执行情况；执行相关法律法规和工程建设强制性标准的情况；工程质量检查记录等。故选项B错误。工程竣工质量验收由建设单位负责组织实施。故选项C错误。
14. B【解析】项目的结构编码，依据项目结构图对项目结构的每一层的每一个组成部分进行编码。
15. A【解析】选项B、C、D均属于社会环境因素。
16. C【解析】由题意可知，M工作的最早完成时间＝12＋5＝17（天），自由时差＝min｛$ES_{j-k}-EF_{i-j}$｝则FF_M＝min｛21－17，24－17，28－17｝＝4（元）。
17. B【解析】预警信号一般采用国际通用的颜色表示不同的安全状况，如：Ⅰ级预警，表示安全状况特别严重，用红色表示；Ⅱ级预警，表示受到事故的严重威胁，用橙色表示；Ⅲ级预警，表示处于事故的上升阶段，用黄色表示；Ⅳ级预警，表示生产活动处于正常状态，用蓝色表示。
18. B【解析】从风险产生的原因分析，常见的质量风险有自然风险、技术风险、管理风险和环境风险。故选项A错误。因项目实施人员自身技术水平的局限造成错误的质量风险属于技术风险。故选项C错误。风险识别的步骤是：采用层次分析法画出质量风险结构层次图→分析每种风险的促发因素→将风险识别的结果汇总成为质量风险识别报告。故选项D错误。
19. B【解析】项目目标动态控制的第一步工作是将项目的目标进行分解，以确定用于目标控制的计划值。
20. D【解析】选项A属于风险识别；选项B属于风险控制；选项C属于风险评估。
21. B【解析】建筑施工企业因暂时生产经营困难无法按劳动合同约定的日期支付工资的，应当向劳动者说明情况，并经与工会或职工代表协商一致后，可以延期支付工资，但最长不得超过30日。
22. A【解析】题中该工程的已完工作实际费用（$ACWP$）＝已完成工作量×实际单价＝2800×20＝56000（元）。
23. D【解析】沟通有两个层面：思维的交流和语言的交流。
24. D【解析】管理行为控制程序是对成本全过程控制的基础，指标控制程序则是成本进行过程控制的重点。故选项A、B错误。施工成本的过程控制中，有管理行为控制程序和指标控制程序两类控制程序。故选项C错误。
25. C【解析】由于B、D、I工作共用一台施工机械且按B→D→I顺序施工，即B工作完成后D工作开始，则D工作从第4周开始，最早开始时间拖后1周，但因D工作有1周总时差，因此不影响总工期；D工作完成后I工作开始，则I工作最早开始时间为第10周，但因I工作有3周总时差，因此不影响总工期，I工作在第14周完成。
26. D【解析】业务核算不但可以核算已经完成的项目是否达到原定的目的、取得预期的效果，而且可以对尚未发生或正在发生的经济活动进行核算，以确定该项经济活动是否有经济效果，是否有执行的必要。
27. C【解析】物业运行管理包括维修管理和现代化管理。选项A、B、D属于物业资产管理。
28. A【解析】业主方的投资目标指的是项目的总投资目标。故选项B错误。安全管理是业主方项目管理中最重要的任务。故选项C错误。业主方的项目管理工作包括安全管理、投资控制、进度控制、质量控制、合同管理、信息管理、组织和协调。故选项D错误。
29. C【解析】选项A、D属于专业技术性依据；选项B属于共同性依据。
30. A【解析】选项B，成本加固定费用的合同，如果设计变更或增加新项目，当直接费超过原估算成本的一定比例时，固定的报酬也要增加；选项C，成本加固定比例费用的合同，不利于缩短工期和降低成本；选项D，当设计深度达到可以报总价的深度，适宜采用最大成本加费用合同。
31. A【解析】项目结构图通过树状图的方式对一个项目的结构进行逐层分解，以反映组成该项目的所有工作任务。
32. D【解析】工程项目部专职安全人员的配备应按住建部的规定，1万m^2以下工程1人；1万～5万m^2的工程不少于2人；5万m^2以上的工程不少于3人。
33. D【解析】甲工人的不合格率＝2/10×100%＝20%；乙工人的不合格率＝4/40×100%＝10%；丙工人的不合格率＝10/20×100%＝50%；丁工人的不合格率＝8/30×100%＝27%。则焊接质量由好到差的排序为：乙→甲→丁→丙。
34. A【解析】支付担保是中标人（承包人）要求招标人（发包人）提供的保证履行合同中约定的工程款支付义务的担保。
35. D【解析】根据工程质量事故造成的人员伤亡或者直接经济损失，重大事故是指造成10人以上30人以下死亡，或者50人以上100人以下重伤，或者5000万元以上1亿元以下直接经济损失的事故。
36. C【解析】工伤保险是属于法定的强制性保险。

37. B【解析】选项A，安全生产许可证的有效期为3年；选项C，企业取得安全生产许可证，无须要求企业获得职业健康安全管理体系认证；选项D，安全生产许可证有效期满需要延期的，企业应当于期满前3个月向原安全生产许可证颁发管理机关办理延期手续。
38. C【解析】选项A，每年至少组织一次综合应急预案演练或者专项应急预案演练；选项B，每半年至少组织一次现场处置方案演练；选项D，周围环境发生变化，形成新的重大危险源的情形，应急预案应当及时修订。
39. B【解析】工程建设监理实施细则应在工程施工开始前编制完成，并必须经总监理工程师批准。
40. B【解析】工业发达国家在建设项目管理中广泛应用管理职能分工表，以使管理职能的分工更清晰、更严谨，并会暴露仅用岗位责任描述书时所掩盖的矛盾。
41. C【解析】施工总承包管理模式与施工总承包模式的比较中，施工总承包管理模式可以在很大程度上缩短建设周期。
42. A【解析】建设工程项目施工成本管理应从工程投标报价开始，直至项目保证金返还为止，贯穿于项目实施的全过程。
43. B【解析】招标人有下列行为之一的，属于以不合理条件限制、排斥潜在投标人或者投标人：①就同一招标项目向潜在投标人或者投标人提供有差别的项目信息；②设定的资格、技术、商务条件与招标项目的具体特点和实际需要不相适应或者与合同履行无关；③依法必须进行招标的项目以特定行政区域或者特定行业的业绩、奖项作为加分条件或者中标条件；④对潜在投标人或者投标人采取不同的资格审查或者评标标准；⑤限定或者指定特定的专利、商标、品牌、原产地或者供应商；⑥依法必须进行招标的项目非法限定潜在投标人或者投标人的所有制形式或者组织形式；⑦以其他不合理条件限制、排斥潜在投标人或者投标人。
44. C【解析】建设单位应当自建设工程竣工验收合格之日起15日内，向工程所在地的县级以上地方人民政府建设主管部门备案。故选项A错误。工程竣工验收合格后，建设单位应当及时提出工程竣工验收报告。故选项B错误。住宅工程应当提交《住宅质量保证书》和《住宅使用说明书》。故选项D错误。
45. A【解析】由题意可知，工作M的总时差为5天，且工作M的实际进度落后，影响总工期2天，则工作M的实际进度落后5+2=7（天）。
46. D【解析】选项A、B、C均属于项目决策阶段策划的工作内容。
47. B【解析】各个行业的建设施工中出现了安全事故，都应当向建设行政主管部门报告；专业工程出现安全事故，还需要向有关行业主管部门报告。故选项A错误。建设工程安全事故发生后，事故现场有关人员应当立即向本单位负责人报告。故选项C错误。情况紧急时，事故现场有关人员可以直接向事故发生地县级以上人民政府安全生产监督管理部门和负有安全生产监督管理职责的有关部门报告。故选项D错误。
48. A【解析】项目质量控制体系的建立过程，一般可按以下环节依次展开工作：①确立系统质量控制网络；②制定质量控制制度；③分析质量控制界面；④编制质量控制计划。
49. C【解析】合同分析后，应向各层次管理者作“合同交底”，项目经理或合同管理人员应将各种任务或事件的责任分解，落实到具体的工作小组、人员或分包单位。
50. C【解析】当两个或两个以上的延误事件从发生到终止的时间完全相同时，这些事件引起的延误称为共同延误。由此可知，工作A因发包人原因和工作B因承包人原因各延误2周。
51. C【解析】工程总承包项目管理的主要内容应包括：①任命项目经理，组建项目部，进行项目策划并编制项目计划；②实施设计管理，采购管理，施工管理，试运行管理；③进行项目范围管理，进度管理，费用管理，设备材料管理，资金管理，质量管理，安全、职业健康和环境管理，人力资源管理，风险管理，沟通与信息管理，合同管理，现场管理，项目收尾等。
52. C【解析】单位工程中的分包工程完工后，分包单位应对所承包的工程项目进行自检，并应按规定的程序进行验收。故选项A错误。工程竣工质量验收由建设单位负责组织实施。故选项B错误。工程完工并对存在的质量问题整改完毕后，施工单位向建设单位提交工程竣工报告，申请工程竣工验收。实行监理的工程，工程竣工报告须经总监理工程师签署意见。故选项D错误。
53. C【解析】选项A、B应返工处理；选项D应返修处理，可采用嵌缝密闭法。
54. A【解析】在进行建设工程项目总进度目标控制前，首先应分析和论证进度目标实现的可能性。
55. D【解析】职业健康安全和环境管理体系的相同点包括：①管理目标基本一致；②管理原理基本相同；③不规定具体绩效标准。职业健康安全和环境管理体系的不同点包括：①需要满足的对象不同；②管理的侧重点有所不同。

56. A【解析】因合同约定工程量变化不调整单价，竣工结算工程量为20000m³，如不考虑人工费的调整，此时竣工结算价=30×2=60（万元）。根据人工费占比30%且施工期间人工费平均上涨15%，则工程量为20000m³的人工费=60×30%=18（万元），人工费上涨的费用=18×15%=2.7（万元），由此可得出最终的竣工结算价=60+2.7=62.7（万元）。
57. B【解析】重点、难点分部（分项）工程和专项工程施工方案应由施工单位技术部门组织相关专家评审，施工单位技术负责人批准。
58. C【解析】AIA合同条件主要用于私营的房屋建筑工程，在美洲地区具有较高的权威性，应用广泛。
59. D【解析】选项A、B、C属于承包人应完成的工作。
60. C【解析】选项A、B属于质量控制体系的第一层次；选项D属于质量控制体系的第三层次。
61. D【解析】竞争性成本计划是施工项目投标及签订合同阶段的估算成本计划。
62. D【解析】由题意可知，工作B的总时差=19－13=6（天）；工作C的总时差=21－15=6（天）；工作A的总时差=min $\{FF_B+LAG_{A,B}, FF_C+LAG_{A,C}\}$ =min {6+0，6+2} =6（天）。由于工作A的实际进度拖延7天，则影响总工期7－6=1（天）。
63. A【解析】DAB提出的裁决不是强制性的，不具有终局性。故选项B错误。特聘争端裁决委员会由只在发生争端时任命的一名或三名成员组成，他们的任期通常在DAB对该争端发出其最终决定时期满。故选项C错误；DAB的成员不应是合同任何一方的代表，与业主、承包商没有任何经济利益及业务联系，与本工程所裁决的争端没有任何联系。故选项D错误。
64. B【解析】选项A、C属于对承包任务的合同跟踪；选项D属于对工程小组或分包人的工程和工作的合同跟踪。
65. B【解析】在编制实施性计划成本时要进行施工预算和施工图预算的对比分析，通过“两算”对比，分析节约和超支的原因，以便提出解决问题的措施，防止工程亏损，为降低工程成本提供依据。
66. A【解析】保修期是指承包人按照合同约定对工程承担保修责任的期限，从工程竣工验收合格之日起计算。
67. D【解析】线路上总的工作持续时间最长的线路为关键线路，则题中该双代号网络计划的关键线路有4条，即：$A\to B\to E\to H\to J$；$A\to B\to E\to G\to I\to J$；$A\to C\to F\to H\to J$；$A\to C\to F\to G\to I\to J$。
68. B【解析】保险金额是保险利益的货币价值表现，是保险人承担赔偿或给付保险金责任的最高限额。
69. A【解析】选项B、C属于项目进度控制的管理措施；选项D属于项目进度控制的技术措施。
70. D【解析】在进行月（季）度成本分析时，如果存在“政策性”亏损，则应从控制支出着手，把超支额压缩到最低限度。

二、多项选择题

71. ABCD【解析】企业管理费包括管理人员工资、办公费、差旅交通费、固定资产使用费、工具用具使用费、劳动保险费和职工福利费、劳动保护费、检验试验费、工会经费、职工教育经费、财产保险费、财务费、税金和其他。
72. ADE【解析】选项B，由于施工项目包括很多分部分项工程，无法也没有必要对每一分部分项工程都进行成本分析；选项C，分部分项工程成本分析的方法是进行预算成本、目标成本和实际成本的“三算”对比。
73. AB【解析】项目经理应是承包人正式聘用的员工，承包人应向发包人提交项目经理与承包人之间的劳动合同，以及承包人为项目经理缴纳社会保险的有效证明。
74. ABCD【解析】成本控制的功能包括：①投标估算的数据计算和分析；②计划施工成本；③计算实际成本；④计划成本与实际成本的比较分析；⑤根据工程的进展进行施工成本预测等。
75. ABCD【解析】在国际上，固定总价合同被广泛接受和采用。故选项E错误。
76. BD【解析】特种作业人员应具备的条件包括：①年满18周岁，且不超过国家法定退休年龄；②经社区或者县级以上医疗机构体检健康合格，并无妨碍从事相应特种作业的器质性心脏病、癫痫病、美尼尔氏症、眩晕症、癔症、震颤麻痹症、精神病、痴呆症以及其他疾病和生理缺陷；③具有初中及以上文化程度；④具备必要的安全技术知识与技能；⑤相应特种作业规定的其他条件。
77. BC【解析】地方各级安全生产监督管理部门的应急预案，应当报同级人民政府和上一级安全生产监督管理部门备案。
78. BDE【解析】选项A，对工程项目的进度开展风险管理属于管理措施；选项C，进度控制会议的组织设计属于组织措施。

79. BCD【解析】选项 A、E 属于资质方面的不良行为。

80. ACE【解析】选项 B，无虚箭线的线路并不一定为关键工作；选项 D，关键节点组成的线路不一定为关键线路。

81. BD【解析】本工作的自由时差与紧后工作的总时差没有必然的联系。故选项 A 错误。本工作的总时差等于本工作的自由时差加上后续工作的总时差，但是与紧后工作的自由时差是没有关联的。故选项 C 错误。与紧后工作的最小时间间隔是该工作的自由时差，总时差一定是大于等于自由时差的。故选项 E 错误。

82. CDE【解析】建设工程项目总进度目标论证的工作步骤包括：①调查研究和收集资料；②项目结构分析；③进度计划系统的结构分析；④项目的工作编码；⑤编制各层进度计划；⑥协调各层进度计划的关系，编制总进度计划；⑦若所编制的总进度计划不符合项目的进度目标，则设法调整；⑧若经过多次调整，进度目标无法实现，则报告项目决策者。

83. CDE【解析】施工成本分析贯穿于施工成本管理的全过程，它是在成本的形成过程中，主要利用施工项目的成本核算资料（成本信息），与目标成本、预算成本以及类似的施工项目的实际成本等进行比较，了解成本的变动情况。

84. AE【解析】组织结构模式和组织分工都是一种相对静态的组织关系。

85. AC【解析】选项 B 属于技术风险；选项 D 属于组织风险；选项 E 属于工程环境风险。

86. ACDE【解析】施工质量计划的基本内容一般应包括：①工程特点及施工条件分析；②质量总目标及其分解目标；③质量管理组织机构和职责，人员及资源配置计划；④确定施工工艺与操作方法的技术方案和施工组织方案；⑤施工材料、设备等物资的质量管理及控制措施；⑥施工质量检验、检测、试验工作的计划安排及其实施方法与检测标准；⑦施工质量控制点及其跟踪控制的方式与要求；⑧质量记录的要求等。

87. ABCD【解析】在制定事故处理的技术方案时，应做到安全可靠、技术可行、不留隐患、经济合理、具有可操作性、满足项目的安全和使用功能要求。故选项 E 错误。

88. ABE【解析】建设工程项目管理的核心任务是项目的目标控制。故选项 C 错误。业主方的项目管理是该项目的项目管理的核心。故选项 D 错误。

89. BD【解析】承包人应根据工程规模及技术参数合理预见工程施工所需的进出施工现场的方式、手段、路径等。因承包人未合理预见所增加的费用和（或）延误的工期由承包人承担。故选项 A 错误。因承包人原因造成的场内基本交通设施损坏的，承包人负责修复并承担由此增加的费用。故选项 C 错误。运输超大件或超重件所需的道路和桥梁临时加固改造费用和其他有关费用，由承包人承担，但专用合同条款另有约定除外。故选项 E 错误。

90. ACDE【解析】设计单位项目负责人和施工单位技术、质量部门负责人应参加主体结构、节能分部工程验收。故选项 B 错误。

91. BDE【解析】书证是指以其文字或数字记载的内容起证明作用的书面文书和其他载体。如合同文本、财务账册、欠据、收据、往来信函以及确定有关权利的判决书、法律文件等。选项 A 属于物证；选项 C 属于鉴定结论。

92. ABCD【解析】生活区应设置开水炉、电热水器或饮用水保温桶；施工区应配备流动保温水桶。故选项 E 错误。

93. BCE【解析】选项 A 属于项目组织成员资信和能力风险；选项 D 属于项目外界环境风险。

94. ABCE【解析】质量控制的主要过程包括：项目策划与决策过程；勘察设计过程；设备材料采购过程；施工组织与实施过程；检测设施控制与计量过程；施工生产的检验试验过程；工程质量的评定过程；工程竣工验收与交付过程；工程回访维修服务过程等。

95. ABDE【解析】根据《建筑法》的规定，按照合同约定，建筑材料、建筑构配件和设备由工程承包单位采购的，发包单位不得指定承包单位购入用于工程的建筑材料、建筑构配件和设备或者指定生产厂、供应商。故选项 C 错误。

96. ABDE【解析】专项施工方案的主要内容包括：①工程概况；②施工安排；③施工进度计划；④施工准备与资源配置计划；⑤施工方法及工艺要求。选项 C 属于单位工程施工组织设计的主要内容。

97. CDE【解析】建设工程施工合同的付款分四个阶段进行，即预付款、工程进度款、最终付款和退还保留金。

98. CE【解析】工程建设监理规划应在签订委托监理合同及收到设计文件后开始编制，完成后必须经监理单位技术负责人审核批准，并应在召开第一次工地会议前报送业主。

99. BDE【解析】表格法是进行偏差分析最常用的一种方法。故选项 A 错误。曲线法可以用于定量分析。故选项 C 错误。

100. ABCD【解析】图（2）质量特性数据分布偏下限，易出现不合格，在管理上必须提高总体能力。故选项 E 错误。

2015 年《建设工程项目管理》真题

一、单项选择题

1. D【解析】社会环境因素，主要是指会对项目质量造成影响的各种社会环境因素，包括国家建设法律法规的健全程度及其执法力度；建设工程项目法人决策的理性化程度以及建筑业经营者的经营管理理念；建筑市场包括建设工程交易市场和建筑生产要素市场的发育程度及交易行为的规范程度；政府的工程质量监督及行业管理成熟程度；建设咨询服务业的发展程度及其服务水准的高低；廉政管理及行风建设的状况等。

2. C【解析】招标人所规定的投标截止日就是提交标书最后的期限。投标人在投标截止日之前所提交的投标是有效的，超过该日期之后就会被视为无效投标。

3. C【解析】项目实施管理策划的主要工作内容包括：①项目实施各阶段项目管理的工作内容；②项目风险管理与工程保险方案。

4. B【解析】管理评审是由组织的最高管理者对管理体系的系统评价，判断组织的管理体系面对内部情况和外部环境的变化是否充分适应有效，由此决定是否对管理体系做出调整，包括方针、目标、机构和程序等。

5. C【解析】题中的关键线路有：①—②—④—⑦—⑨—⑩、①—②—④—⑤—⑥—⑦—⑨—⑩、①—②—⑤—⑥—⑦—⑨—⑩。

6. D【解析】“建设工程管理”的内涵涉及工程项目全过程（工程项目全寿命）的管理，它包括：决策阶段的管理；实施阶段的管理，即项目管理；使用阶段的管理，即设施管理。故选项 A 错误。“建设工程管理”涉及参与工程项目的各个方面对工程的管理，即包括投资方、开发方、设计方、施工方、供货方和项目使用期的管理方的管理。故选项 B 错误。建设工程能管理指的是专业性的（专业人士的）管理。故选项 C 错误。

7. B【解析】安全生产责任制是最基本的安全管理制度，是所有安全生产管理制度的核心。

8. C【解析】直接成本包括人工费、材料费和施工机具使用费等。选项 C 属于施工机具使用费，选项 A、B、D 属于企业管理费。

9. C【解析】对于没有消耗定额的材料，则实行计划管理和按指标控制的办法。根据以往项目的实际耗用情况，结合具体施工项目的内容和要求，制定领用材料指标，以控制发料。

10. C【解析】施工方作为项目建设的一个重要参与方，其项目管理不仅应服务于施工方本身的利益，也必须服务于项目的整体利益。故选项 A 错误。施工方的项目管理工作主要在施工阶段进行，但由于设计阶段和施工阶段在时间上往往是交叉的，因此，施工方的项目管理工作也会涉及设计阶段。故选项 B 错误。按国际工程的惯例，当采用指定分包商时，不论指定分包商与施工总承包方，或与施工总承包管理方，或与业主方签订合同，由于指定分包商合同在签约前必须得到施工总承包方或施工总承包管理方的认可，因此，施工总承包方或施工总承包管理方应对合同规定的工期目标和质量目标负责。故选项 D 错误。

11. D【解析】承包商的价格风险有报价计算错误、漏报项目、物价和人工费上涨等。选项 A、B、C 属于工作量风险。

12. A【解析】系统的目标决定了系统的组织。故选项 B 错误。影响一个系统目标实现的主要因素除了组织以外，还有：①人的因素，它包括管理人员和生产人员的数量和质量；②方法与工具，它包括管理的方法与工具以及生产的方法与工具。故选项 C、D 错误。

13. B【解析】工程监理单位受业主的委托进行工程建设的监理活动，它提供的是服务，工程监理单位将尽一切努力进行项目的目标控制，但它不可能保证项目的目标一定实现。故选项 A 错误。工程监理单位拥有从事工程监理工作的专业人士应是“监理工程师”，而不是“注册监理工程师”。故选项 C 错误。工程监理单位受业主的委托进行工程建设的监理活动，当业主方和承包商发生利益冲突或矛盾时，工程监理机构应以事实为依据，以法律和有关合同为准绳，在维护业主的合法权益时，不损害承包商的合法权益。故选项 D 错误。

14. A【解析】《永久设备和设计一建造合同条件》适用于由承包商做绝大部分设计的工程项目，承包商要按照业主的要求进行设计、提供设备以及建造其他工程（可能包括由土木、机械、电力等工程的组合）。故选项 B 错误。合同计价采用总价合同方式，如果发生法规规定的变化或物价波动，合同价格可随之调整，故选项 C、D 错误。

15. B【解析】根据时间—成本累积曲线，可以推导出每月的进度计划成本，4 月底计划成本为 1150 万元，3 月底计划成本为 750 万元，则 4 月份计划成本＝1150－750＝400（万元）。

16. B【解析】工作 A 的总时差＝该工作的各个紧后工作总时差的最小值＋本工作的自由时差。因线路①—②—③—④—⑦—⑧有 1 天的总时差，所以工作 A 的总时差为 1 天。

17. C【解析】工作 F 的总时差＝该工作的各个紧后工作的总时差＋该工作与其紧后工作之间的时间间隔之和的最小值。因此，工作 F 的总时差＝5＋（14－12）＝7（天）。

18. B【解析】施工预算的编制以施工定额为主要依据，施工图预算的编制以预算定额为主要依据。故选项 A 错误。施工预算的人工数量及人工费比施工图预算一般要低 6%左右。故选项 C 错误。施工预算的材料消耗量及材料费一般低于施工图预算。故选项 D 错误。

19. A【解析】施工安全技术措施的一般要求包括：①施工安全技术措施必须在工程开工前制定；②施工安全技术措施要有全面性；③施工安全技术措施要有针对性；④施工安全技术措施应力求全面、具体、可靠；⑤施工安全技术措施必须包括应急预案；⑥施工安全技术措施要有可行性和可操作性。

20. C【解析】不良行为记录信息的公布时间为行政处罚决定作出后 7 日内。

21. C【解析】当混凝土结构出现的裂缝宽度不大于 0.2mm 时，可采用表面密封法；当裂缝宽度大于 0.3mm 时，采用嵌缝密闭法；当裂缝较深时，则应采取灌浆修补的方法。

22. B【解析】大型建设工程项目总进度目标论证的核心工作是通过编制总进度纲要论证总进度目标实现的可能性。故选项 A 错误。建设工程项目的总进度目标指的是整个工程项目的进度目标，它是在项目决策阶段项目定义时确定的。故选项 C 错误。若项目总进度目标不可能实现，则项目管理者应提出调整项目总进度目标的建议，并提请项目决策者审议。故选项 D 错误。

23. B【解析】施工合同的管理风险包括：①对环境调查和预测的风险；②合同条款不严密、错误、二义性，工程范围和标准存在不确定性；③承包商投标策略错误，错误地理解业主意图和招标文件，导致实施方案错误、报价失误等；④承包商的技术设计、施工方案、施工计划和组织措施存在缺陷和漏洞，计划不周；⑤实施控制过程中的风险。选项 A 属于项目组织成员资信和能力风险，选项 C、D 属于项目外界环境风险。

24. C【解析】事故责任人和周围群众没有受到教育不放过，使事故责任者和广大群众了解事故发生的原因及所造成的危害，并深刻认识到搞好安全生产的重要性，从事故中吸取教训，提高安全意识，改进安全管理工作。

25. B【解析】前 3 个月的已完工作量＝5000÷5×3＝3000m³。根据题中所给出的价格指数，前 3 个月的实际费用分别为：1000×100%＝1000（元/m³）；1000×115%＝1150（元/m³）；1000×110%＝1100（元/m³）。根据“费用偏差（CV）＝已完工作预算费用（$BCWP$）－已完工作实际费用（$ACWP$）”，则前 3 个月的费用偏差（CV）＝3000×1000－（1000×1000＋1000×1150＋1000×1100）＝－25（万元）。

26. D【解析】动力机制是项目质量控制体系运行的核心机制。

27. B【解析】工程未经竣工验收，发包人擅自使用的，以转移占有工程之日为实际竣工日期。

28. C【解析】横道图计划表中的进度线（横道）与时间坐标相对应，表示的是工作的持续时间，这种表达方式较直观。

29. C【解析】第三者责任险是指由于施工的原因导致项目法人和承包人以外的第三人受到财产损失或人身伤害的赔偿，第三者责任险的被保险人也应是项目法人和承包人。故选项 A 错误。属于承包商或业主在工地的财产损失，或其公司和其他承包商在现场从事与工作有关的职工的伤亡不属于第三者责任险的赔偿范围，而属于工程一切险和人身意外伤害险的范围。故选项 B、D 错误。

30. C【解析】组织结构图反映一个组织系统中各组成部门（组成元素）之间的组织关系（指令关系）。

31. A【解析】宿舍内应保证有必要的生活空间，室内净高不得小于 2.4m，通道宽度不得小于 0.9m，每间宿舍居住人员不得超过 16 人，施工现场宿舍必须设置可开启式窗户，宿舍内的床铺不得超过 2 层，严禁使用通铺。

32. A【解析】质量风险应对策略中，转移的方法有：分包转移；担保转移；保险转移。其中，分包转移——例如，施工总承包单位依法把自己缺乏经验、没有足够把握的分项工程，通过签订分包合同，分包给有经验、有能力的单位施工。

33. B【解析】因果分析图法应用时的注意事项包括：①一个质量特性或一个质量问题使用一张图分析；②通常采用 QC 小组活动的方式进行，集思广益，共同分析；③必要时可以邀请小组以外的有关人员参与，广泛听取意见；④分析时要充分发表意见，层层深入，排出所有可能的原因；⑤在充分分析的基础上，由各参与人员采用投票或其他方式，从中选择 1 至 5 项多数人达成共识的最主要原因。

34. A【解析】建立文明施工的管理组织，应确立项目经理为现场文明施工的第一责任人。

35. A【解析】施工技术准备工作的质量控制包括：对技术准备工作成果的复核审查，检查工作成果是否符合设计图纸和施工技术标准的要求；依据经过审批的质量计划审查、完善施工质量控制措施；针对质量控制点，明确质量控制的重点对象和控制方法；尽可能地提高工作成果对施工质量的保证程度等。选项 B、C、D 属于现场施工准备工作的质量控制。

36. D【解析】虽然在投标报价、评标以及签订合同中，人们常常注重总价格，但在工程款结算中单价优先，对于投标书中明显的数字计算错误，业主有权力先作修改再评标，当总价和单价的计算结果不一致时，以单价为准调整总价。

37. D【解析】管理工作流程组织，如投资控制、进度控制、合同管理、付款和设计变更等流程。

38. D【解析】成本降低率提高对成本降低额的影响程度：（3.5%－3%）×240＝1.2（万元）。

39. B【解析】当资源供应发生异常时，应采用资源优化方法对计划进行调整，或采取应急措施，使其对工期的影响最小。故选项 A、C 错误。增、减工作项目时应符合下列规定：①不打乱原网络计划总的逻辑关系，只对局部逻辑关系进行调整；②在增减工作后应重新计算时间参数，分析对原网络计划的影响；当对工期有影响时，应采取调整措施，以保证计划工期不变。故选项 D 错误。

40. D【解析】技术措施，是指分析由于技术（包括设计和施工的技术）的原因而影响项目目标实现的问题，并采取相应的措施，如调整设计、改进施工方法和改变施工机具等。

41. C【解析】承包商按造价比例法可索赔工期＝原工期×新增工程量÷原工程量＝20×400÷2000＝4（个月）。

42. B【解析】编码信息、单位组织信息、项目组织信息和项目管理组织信息属于组织类信息。

43. C【解析】在检验批验收时，发现存在严重缺陷的应推倒重做，有一般的缺陷可通过返修或更换器具、设备消除缺陷后重新进行验收。故选项 A 错误。个别检验批发现某些项目或指标（如试块强度等）不满足要求难以确定是否验收时，应请有资质的法定检测单位检测鉴定，当鉴定结果能够达到设计要求时，应予以验收。故选项 B 错误。通过返修或加固处理后仍不能满足安全或重要使用要求的分部工程及单位工程，严禁验收。故选项 D 错误。

44. A【解析】沟通过程包括五个要素，即：沟通主体、沟通客体、沟通介体、沟通环境和沟通渠道。

45. B【解析】控制项目目标的主要措施包括组织措施、管理措施、经济措施和技术措施，其中，组织措施是最重要的措施。如果对一个建设工程的项目管理进行诊断，首先应分析其组织方面存在的问题。

46. D【解析】在工程施工承包招标时，施工期限 1 年左右的项目一般实行固定总价合同，超过 1 年的一般考虑实行变动总价合同。

47. B【解析】题中的风险事件对项目造成中度损失，且发生的可能性很大，根据《建设工程项目管理规范》（GB/T 50326—2006）条文中的风险等级评估表，对应的风险等级为 4 级。

48. B【解析】生产经营单位应急预案未按照有关规定备案的，由县级以上安全生产监督管理部门给予警告，并处 3 万元以下罚款。

49. C【解析】较大事故是指造成 3 人以上 10 人以下死亡，或者 10 人以上 50 人以下重伤，或者 1000 万元以上 5000 万元以下直接经济损失的事故；指导责任事故是指由于工程实施指导或领导失误而造成的质量事故。例如，由于工程负责人片面追求施工进度，放松或不按质量标准进行控制和检验，降低施工质量标准等。

50. A【解析】A 的紧后工作只有 C。故选项 B 错误。E 的紧前工作是 B、D。故选项 C 错误。F 的紧前工作是 C、E。故选项 D 错误。

51. A【解析】信息管理部门的主要工作任务是：①负责编制信息管理手册，在项目实施过程中进行信息管理手册的必要修改和补充，并检查和督促其执行；②负责协调和组织项目管理班子中各个工作部门的信息处理工作；③负责信息处理工作平台的建立和运行维护；④与其他工作部门协同组织收集信息、处理信息和形成各种反映项目进展和项目目标控制的报表和报告；⑤负责工程档案管理等。

52. D【解析】决策阶段合同策划的主要工作内容包括：①决策期的合同结构；②决策期的合同内容和文本；③实施期合同结构总体方案。

53. D【解析】项目管理规划应包括项目管理规划大纲和项目管理实施规划两类文件。
54. C【解析】承包人应在接到更换通知后 14 天内向发包人提出书面的改进报告。
55. C【解析】在双代号网络图中，为了正确地表达图中工作之间的逻辑关系，往往需要应用虚箭线。虚箭线是实际工作中并不存在的一项虚设工作，故它们既不占用时间，也不消耗资源，一般起着工作之间的联系、区分和断路三个作用。
56. B【解析】重视信息技术（包括相应的软件、局域网、互联网以及数据处理设备）在进度控制中的应用等属于管理措施。
57. D【解析】项目质量控制体系的建立过程，一般可按以下环节依次展开工作：①确立系统质量控制网络；②制定质量控制制度；③分析质量控制界面；④编制质量控制计划。
58. D【解析】施工合同跟踪过程中，可以将工程施工任务分解交由不同的工程小组或发包给专业分包完成，工程承包人必须对这些工程小组或分包人及其所负责的工程进行跟踪检查、协调关系，提出意见、建议或警告，保证工程总体质量和进度。故选项 D 错误。
59. C【解析】对工程项目实施质量监督，应当依照下列程序进行：①受理建设单位办理质量监督手续；②制订工作计划并组织实施；③对工程实体质量和工程质量行为进行抽查、抽测；④监督工程竣工验收；⑤形成工程质量监督报告；⑥建立工程质量监督档案。
60. D【解析】不是正常有序地施工，而盲目赶工，难免会导致施工质量问题和施工安全问题的出现，并且会引起施工成本的增加。
61. A【解析】形象进度、产值统计、实际成本归集“三同步”，即三者的取值范围应是一致的。
62. D【解析】施工部署及施工方案包括：①根据工程情况，结合人力、材料、机械设备、资金、施工方法等条件，全面部署施工任务，合理安排施工顺序，确定主要工程的施工方案；②对拟建工程可能采用的几个施工方案进行定性、定量的分析，通过技术经济评价，选择最佳方案。
63. B【解析】对该工程提取的管理费＝同期内公司的总管理费×该工程的合同额÷同期内公司的总合同额＝1500×5000÷50000＝150（万元）；该工程的每日管理费＝该工程向总部上缴的管理费÷合同实施天数＝150÷300＝0.5（万元/天）；索赔的总部管理费＝该工程的每日管理费×工程延期的天数＝0.5×30＝15（万元）。
64. C【解析】专项成本分析方法是针对与成本有关的特定事项的分析，包括成本盈亏异常分析、工期成本分析、资金成本分析等内容。
65. B【解析】钢筋保护层厚度检测的结构部位，应由监理（建设）、施工等各方根据结构构件的重要性共同选定。对梁类、板类构件，应各抽取构件数量的 2%且不少于 5 个构件进行检验。
66. D【解析】一般情况下，施工总承包管理单位不参与具体工程的施工；在进行对施工总承包管理单位的招标时，只确定施工总承包管理费，而不确定工程总造价；一般情况下，所有分包合同的招标投标、合同谈判以及签约工作均由业主负责；业主不需要等待施工图设计完成后再进行施工总承包管理的招标。
67. B【解析】《EPC 交钥匙项目合同条件》适用于在交钥匙的基础上进行的工程项目的设计和施工，承包商要负责所有的设计、采购和建造工作，在交钥匙时，要提供一个设施配备完整、可以投产运行的项目。合同计价采用固定总价方式，只有在某些特定风险出现时才调整价格。在该合同条件下，没有业主委托的工程师这一角色，由业主或业主代表管理合同和工程的具体实施。与《施工合同条件》、《永久设备和设计—建造合同条件》的条件相比，承包商要承担较大的风险。
68. A【解析】交货日期的确定可以按照下列方式：①供货方负责送货的，以采购方收货戳记的日期为准；②采购方提货的，以供货方按合同规定通知的提货日期为准；③凡委托运输部门或单位运输、送货或代运的产品，一般以供货方发运产品时承运单位签发的日期为准，不是以向承运单位提出申请的日期为准。
69. B【解析】检验批应由专业监理工程师组织施工单位项目专业质量检查员、专业工长等进行验收。故选项 A 错误。主控项目的验收必须从严要求，不允许有不符合要求的检验结果，主控项目的检查具有否决权。除主控项目以外的检验项目称为一般项目。故选项 C、D 错误。
70. A【解析】施工技术准备工作主要在室内进行，例如：熟悉施工图纸，组织设计交底和图纸审查；进行工程项目检查验收的项目划分和编号；审核相关质量文件，细化施工技术方案和施工人员、机具的配置方案，编制施工作业技术指导书，绘制各种施工详图，进行必要的技术交底和技术培训。技术准备工作的质量控制，包括对上述技术准备工作成果的复核审查，检查这些成果是否符合设计图纸和施工技术标准的要求；依据经过审批的质量计划审查、完善施工质量控制措施；针对质量控制点，明确质量控制的重点对象和控制方法；尽可能地提高上述工作成果对施工质量的保证程度等。

二、多项选择题

71. BDE【解析】从信息接受者的角度看，影响信息沟通的因素主要有：信息译码不准确；对信息的筛选；对信息的承受力；心理上的障碍；过早地评价情绪。故选项 A 错误。沟通障碍包括组织的沟通障碍和个人的沟通障碍两种形式。故选项 C 错误。
72. BCD【解析】在合同履行过程中，因下列情况导致工期延误和（或）费用增加的，由发包人承担由此延误的工期和（或）增加的费用，且发包人应支付承包人合理的利润：①发包人未能按合同约定提供图纸或所提供图纸不符合合同约定的；②发包人未能按合同约定提供施工现场、施工条件、基础资料、许可、批准等开工条件的；③发包人提供的测量基准点、基准线和水准点及其书面资料存在错误或疏漏的；④发包人未能在计划开工日期之日起 7 天内同意下达开工通知的；⑤发包人未能按合同约定日期支付工程预付款、进度款或竣工结算款的；⑥监理人未按合同约定发出指示、批准等文件的；⑦专用合同条款中约定的其他情形。
73. AD【解析】事前质量控制，即在正式施工前进行的事前主动质量控制，通过编制施工质量计划，明确质量目标，制定施工方案，设置质量管理点，落实质量责任，分析可能导致质量目标偏离的各种影响因素，针对这些影响因素制定有效的预防措施，防患于未然。
74. ADE【解析】编制工程建设监理实施细则的依据包括：①已批准的工程建设监理规划；②相关的专业工程的标准、设计文件和有关的技术资料；③施工组织设计。
75. ACDE【解析】在降低成本占本项一列中，正值代表成本降低，负值代表成本增加，负值中比例最大的是间接成本（−7.37%）；在成本降低金额一列中，成本降低为正值，最大的是材料费；成本节约做得最好的应该为降低成本的比例最大者，即措施费（8.1%）；直接成本增加比例最大，即降低成本占本项负值最大者为人工费（−5.22%）。
76. ABC【解析】总进度目标论证并不是单纯的总进度规划的编制工作，它涉及许多工程实施的条件分析和工程实施策划方面的问题。
77. BC【解析】当工作 D 按最早开始时间进行安排时，4 月份完成的工作为 E、D、C 各完成 1 个月的工作量，此时 4 月份的施工计划成本为 15＋25＋10＝50（万元）；当工作 D 按最迟开始时间进行安排时，工作 D 在第 6 个月初开始，6 月底完成，因此 4 月份完成的工作量为 E、C 各完成 1 个月的工作量，此时 4 月份的施工成本计划为 15＋10＝25（万元）。
78. ACD【解析】排列图法的适用范围，在质量管理过程中，通过抽样检查或检验试验所得到的关于质量问题、偏差、缺陷、不合格等方面的统计数据，以及造成质量问题的原因分析统计数据，均可采用排列图方法进行状况描述。
79. ABE【解析】题中的 $BCWP > BCWS$，表明进度较快；$BCWP < ACWP$，表明费用超支；又因为 $ACWP > BCWP > BCWS$，所以效率较低，投入超前，应抽出部分人员，增加少量骨干人员。
80. ACDE【解析】施工现场搅拌站废水，现制水磨石的污水，电石（碳化钙）的污水必须经沉淀池沉淀合格后再排放，最好将沉淀水用于工地洒水降尘或采取措施回收利用。故选项 B 错误。
81. BCDE【解析】发包人（业主）的合作责任通常有：①业主雇用工程师并委托其在授权范围内履行业主的部分合同责任；②业主和工程师有责任对平行的各承包人和供应商之间的责任界限作出划分，对这方面的争执作出裁决，对他们的工作进行协调，并承担管理和协调失误造成的损失；③及时作出承包人履行合同所必需的决策，如下达指令、履行各种批准手续、作出认可、答复请示，完成各种检查和验收手续等；④提供施工条件，如及时提供设计资料、图纸、施工场地、道路等；⑤按合同规定及时支付工程款，及时接收已完工程等。
82. CDE【解析】编制安全生产事故应急预案属于风险减轻的策略。故选项 A 错误。招标人要求中标人提交履约担保属于风险转移中的担保转移。故选项 B 错误。
83. BCD【解析】一般情况下，当采用施工总承包管理模式时，分包合同由业主与分包单位直接签订。故选项 A 错误。对于施工总承包管理单位或施工总承包单位提供的某些设施和条件，如搭设的脚手架、临时用房等，如果分包人需要使用，则应由双方协商所支付的费用。故选项 E 错误。
84. ABE【解析】合同管理的功能包括：①合同基本数据查询；②合同执行情况的查询和统计分析；③标准合同文本查询和合同辅助起草等。
85. ACE【解析】业主方的项目管理工作涉及项目实施阶段的全过程，即在设计前的准备阶段、设计阶段、施工阶段、动用前准备阶段和保修期分别进行如下工作：①安全管理；②投资控制；③进度控制；④质量控制；⑤合同管理；⑥信息管理；⑦组织和协调。故选项 B 错误。业主方项目管理服务

于业主的利益，其项目管理的目标包括项目的投资目标、进度目标和质量目标。项目的质量目标不仅涉及施工的质量，还包括设计质量、材料质量、设备质量和影响项目运行或运营的环境质量等。故选项D错误。

86. ABE【解析】组织分工反映了一个组织系统中各子系统或各组织元素的工作任务分工和管理职能分工。故选项C错误。组织分工都是一种相对静态的组织关系，工作流程组织是一种动态关系。故选项D错误。

87. ACE【解析】第一层次的质量控制体系应由建设单位的工程项目管理机构负责建立；在委托代建、委托项目管理或实行“交钥匙”式工程总承包的情况下，应由相应的代建方项目管理机构、受托项目管理机构或工程总承包企业项目管理机构负责建立。

88. ACD【解析】各类保险合同由于标的的差异，除外责任不尽相同，但比较一致的有：①投保人故意行为所造成的损失；②因被保险人不忠实履行约定义务所造成的损失；③战争或军事行为所造成的损失；④保险责任范围以外，其他原因所造成的损失。

89. ABD【解析】建设工程项目进度控制的管理措施涉及管理的思想、管理的方法、管理的手段、承发包模式、合同管理和风险管理等。选项C、E属于组织措施。

90. ABDE【解析】建设单位应当自建设工程竣工验收合格之日起15日内，向工程所在地的县级以上地方人民政府建设主管部门备案。建设单位办理工程竣工验收备案应当提交下列文件：①工程竣工验收备案表；②工程竣工验收报告；③法律、行政法规规定应当由规划、环保等部门出具的认可文件或者准许使用文件；④法规规定应当由公安消防部门出具的对大型的人员密集场所和其他特殊建设工程验收合格的证明文件；⑤施工单位签署的工程质量保修书；⑥法规、规章规定必须提交的其他文件。住宅工程还应当提交《住宅质量保证书》和《住宅使用说明书》。

91. BDE【解析】对业主而言，成本加酬金形式也有一定优点，如：①可以通过分段施工缩短工期，而不必等待所有施工图完成才开始招标和施工；②可以减少承包商的对立情绪，承包商对工程变更和不可预见条件的反应会比较积极和快捷；③可以利用承包商的施工技术专家，帮助改进或弥补设计中的不足；④业主可以根据自身力量和需要，较深入地介入和控制工程施工和管理；⑤也可以通过确定最大保证价格约束工程成本不超过某一限值，从而转移一部分风险。

92. BCE【解析】虚箭线是实际工作中并不存在的一项虚设工作，故它们既不占用时间，也不消耗资源，一般起着工作之间的联系、区分和断路三个作用。

93. ABCD【解析】特种作业操作资格证书在全国范围内有效，离开特种作业岗位6个月以上的特征作业人员，应当重新进行实际操作考试，经确认合格后方可上岗作业。故选项E错误。

94. BC【解析】第4周末检查时，工作B实际进行到第2周，因此工作B拖后2周，将影响总工期2周；第4周末检查时工作A拖后1周，因工作A在关键线路上，因此将影响总工期1周；第10周末检查时，工作G拖后1周，因工作G有2周的自由时差，因此不会影响总工期；第10周末检查时，工作I提前一周，但是工作H正常，因此工期不会提前；第4周末检查时工作F正常，第10周末检查时，工作I拖后1周，因此，在第5周到第10周内，工作F、I进度拖后1周。

95. ABCE【解析】承包人应力争以维修保函来代替业主扣留的保留金。故选项D错误。

96. AB【解析】以施工成本降低额和施工成本降低率作为成本考核的主要指标，要加强公司层对项目经理部的指导，并充分依靠技术人员、管理人员和作业人员的经验和智慧，防止项目管理在企业内部异化为靠少数人承担风险的以包代管模式。

97. ABD【解析】建设工程生产安全事故应急预案的管理包括应急预案的评审、备案、实施和奖惩。故选项C错误。生产经营单位应当制定本单位的应急预案演练计划，根据本单位的事故预防重点，每年至少组织一次综合应急预案演练或者专项应急预案演练，每半年至少组织一次现场处置方案演练。故选项E错误。

98. ABCD【解析】施工质量事故预防的具体措施包括：①严格按照基本建设程序办事；②认真做好工程地质勘察；③科学地加固处理好地基；④进行必要的设计审查复核；⑤严格把好建筑材料及制品的质量关；⑥对施工人员进行必要的技术培训；⑦依法进行施工组织管理；⑧做好应对不利施工条件和各种灾害的预案；⑨加强施工安全与环境管理。

99. CDE【解析】施工平面图是施工方案及施工进度计划在空间上的全面安排。它把投入的各种资源、材料、构件、机械、道路、水电供应网络、生产和生活活动场地及各种临时工程设施合理地布置在施工现场，使整个现场能有组织地进行文明施工。

100. ABCD【解析】承包人的主要权利和义务有：①承包人应按照合同约定的标准、规范、工程的功能、规模、考核目标和竣工日期，完成设计、采购、施工、竣工试验和（或）指导竣工后试验等工作，不得违反国家强制性标准、规范的规定。②承包人应按合同约定，自费修复因承包人原因引起的设计、文件、设备、材料、部件、施工中存在的缺陷，或在竣工试验和竣工后试验中发现的缺陷。③承包人应按合同约定和发包人的要求，提交相关报表。报表的类别、名称、内容、报告期、提交时间和份数，在专用条款中约定。④承包人有权根据相关条款中承包人的复工要求、付款时间延误和17条不可抗力的约定，以书面形式向发包人发出暂停通知。除此之外，凡因承包人原因的暂停，造成承包人的费用增加由其自负，造成关键路径延误的应自费赶上。⑤对因发包人原因给承包人带来任何损失、损害或造成工程关键路径延误的，承包人有权要求赔偿和（或）延长竣工日期。

2014年《建设工程项目管理》真题

一、单项选择题

1. A【解析】关键工作指的是网络计划中总时差最小的工作。当计划工期等于计算工期时，总时差为零的工作就是关键工作。关键路线是总的工作持续时间最长的线路。非关键线路上也有可能有关键工作；关键线路上允许有虚工作。

2. C【解析】《EPC交钥匙项目合同条件》的合同计价采用固定总价方式，只有在某些特定风险出现时才调整价格。

3. A【解析】双代号网络图中，一项工作应用一条箭线和相对应的一对节点表示，题中用两条箭线表示一项工作是错误的。

4. A【解析】相对于工程预算而言，工程概算是投资的计划值；相对于工程合同价，则工程概算和工程预算都可作为投资的计划值等。

5. D【解析】不良行为记录信息的公布时间为行政处罚决定作出后7日内，公布期限一般为6个月至3年；良好行为记录信息公布期限一般为3年。

6. D【解析】发包人的主要义务和权利主要包括：①负责办理项目的审批、核准或备案手续，取得项目用地的使用权，完成拆迁补偿工作，使项目具备法律规定和合同约定的开工条件，并提供立项文件；②履行合同中约定的合同价格调整、付款、竣工结算义务；③有权按照合同约定和适用法律关于安全、质量、标准、环境保护和职业健康等强制性标准和规范的规定，对承包人的设计、采购、施工、竣工试验等实施工作提出建议、修改和变更，但不得违反国家强制性标准、规范的规定；④有权根据合同约定，对因承包人原因给发包人带来的任何损失和损害，提出赔偿；⑤发包人认为必要时，有权以书面形式发出暂停通知。

7. A【解析】施工质量事故报告和调查处理的一般程序包括：事故报告；事故调查；事故的原因分析；制定事故处理的技术方案；事故处理；事故处理的鉴定验收；提交事故处理报告。

8. C【解析】合同和合同分析的资料是工程实施管理的依据。合同分析后，应向各层次管理者作“合同交底”，即由合同管理人员在对合同的主要内容进行分析、解释和说明的基础上，通过组织项目管理人员和各个工程小组学习合同条文和合同总体分析结果，使大家熟悉合同中的主要内容、规定、管理程序，了解合同双方的合同责任和工作范围，各种行为的法律后果等，使大家都树立全局观念，使各项工作协调一致，避免执行中的违约行为。例如：项目经理或合同管理人员应将各种任务或事件的责任分解，落实到具体的工作小组、人员或分包单位。

9. B【解析】焚烧用于不适合再利用且不宜直接予以填埋处置的废物，除有符合规定的装置外，不得在施工现场熔化沥青和焚烧油毡、油漆，亦不得焚烧其他可产生有毒有害和恶臭气体的废弃物。

10. B【解析】项目总承包方项目管理工作涉及项目实施阶段的全过程，即设计前的准备阶段、设计阶段、施工阶段、动用前准备阶段和保修期。

11. C【解析】工程建设监理实施细则应在工程施工开始前编制完成，并必须经总监理工程师批准。

12. D【解析】差额计算法利用各个因素的目标值与实际值的差额来计算其对成本的影响程度。因此，利用差额计算法得出预算成本增加对成本的影响：(640－600)×4%＝1.6（万元）。

13. C【解析】对于投标书中明显的数字计算错误，业主有权力先作修改再评标，当总价和单价的计算结果不一致时，以单价为准调整总价。

14. C【解析】工作缺陷责任期自实际竣工日期起计算。

15. C【解析】单代号搭接网络图中，箭线及其上面的时距符号表示相邻工作间的逻辑关系。

16. D【解析】直方图中，如果质量特性数据的分布居中且边界与质量标准的上下界限有较大的距离，说明其质量能力偏大，不经济。

17. C【解析】施工成本分析是在施工成本核算的基础上，对成本的形成过程和影响成本升降的因素进行分析，以寻求进一步降低成本的途径，包括有利偏差的挖掘和不利偏差的纠正。施工成本分析贯穿于施工成本管理的全过程。

18. C【解析】（4800－3200）÷3200×100%＝50%＞15%，承包商可以提出变更，则索赔的天数＝（4800－3200×1.15）÷（3200÷60）＝21（天）。

19. D【解析】管理风险是指工程项目的建设、设计、施工、监理等工程质量责任单位的质量管理体系存在缺陷，组织结构不合理，工作流程组织不科学，任务分工和职能划分不恰当，管理制度不健全，或者各级管理者的管理能力不足和责任心不强，这些因素都可能对项目质量造成损害。选项A、C属于技术风险，选项B属于环境风险。

20. D【解析】项目工程质量监督档案按单位工程建立。要求归档及时，资料记录等各类文件齐全，经监督机构负责人签字后归档，按规定年限保存。

21. D【解析】地方各级安全生产监督管理部门的应急预案，应当报同级人民政府和上一级安全生产监督管理部门备案。

22. C【解析】工作 C 的总时差是3天，工作 D 的总时差是4天，题中工作的总时差 $TF=\min\{TF_C+LAG_{I-C};\ TF_D+LAG_{I-D}\}=\{3+2;\ 4+4\}=5$（天）。

23. B【解析】施工成本分析的基本方法包括比较法、因素分析法、差额计算法、比率法等。因素分析法又称连环置换法，可用来分析各种因素对成本的影响程度。

24. D【解析】进度目标指的是项目动用的时间目标，也即项目交付使用的时间目标，如工厂建成可以投入生产、道路建成可以通车、办公楼可以启用、旅馆可以开业的时间目标等。

25. B【解析】由于承包商没有及时使用出厂合格的水泥，属于自身材料管理不善，应由承包人自行承担责任。

26. C【解析】辅助性要素包括：能力、培训和意识；沟通、参与和协商；文件；文件控制；应急准备和响应；事件调查、不符合、纠正措施和预防措施；记录控制。选项A、B、D属于核心要素。

27. D【解析】建设工程管理工作是一种增值服务工作，其核心任务是为工程的建设和使用增值。

28. B【解析】人工费的控制实行“量价分离”的方法，将作业用工及零星用工按定额工日的一定比例综合确定用工数量与单价，通过劳务合同进行控制。

29. B【解析】采购管理应遵循下列程序：①明确采购产品或服务的基本要求、采购分工及有关责任；②进行采购策划，编制采购计划；③进行市场调查，选择合格的产品供应或服务单位，建立名录；④采用招标或协商等方式实施评审工作，确定供应或服务单位；⑤签订采购合同；⑥运输、验证、移交采购产品或服务；⑦处置不合格产品或不符合要求的服务；⑧采购资料归档。

30. A【解析】预警评价包括确定评价的对象、内容和方法，建立相应的预测系统，确定预警级别和预警信号标准等工作。预警信号一般采用国际通用的颜色表示不同的安全状况。

31. C【解析】实施性成本计划是项目施工准备阶段的施工预算成本计划，它是以项目实施方案为依据，以落实项目经理责任目标为出发点，采用企业的施工定额通过施工预算的编制而形成的实施性施工成本计划。

32. B【解析】施工质量计划应由自控主体即施工承包企业进行编制。经过按规定程序审查批准的施工质量计划，在实施过程中如因条件变化需要对某些重要决定进行修改时，其修改内容仍应按照相应程序经过审批后执行。施工总承包方有责任对各分包方施工质量计划的编制进行指导和审核，并承担相应施工质量的连带责任。

33. A【解析】社会、经济原因指引发的质量事故是由于社会上存在的不正之风及经济上的原因，滋长了建设中的违法违规行为，而导致出现质量事故。例如，违反基本建设程序，无立项、无报建、无开工许可、无招投标、无资质、无监理、无验收的“七无”工程，边勘察、边设计、边施工的“三边”工程，屡见不鲜。

34. A【解析】采用平行委托模式，其总进度计划和控制由业主负责。

35. A【解析】施工成本计划的编制以成本预测为基础，关键是确定目标成本。

36. A【解析】项目目标动态控制的工作程序如下：①第一步，项目目标动态控制的准备工作：将项目的目标进行分解，以确定用于目标控制的计划值。②第二步，在项目实施过程中项目目标的动态控制：收集项目目标的实际值，如实际投资，实际进度等；定期（如每两周或每月）进行项目目标的计划值和实际值的比较；通过项目目标的计划值和实际值的比较，如有偏差，则采取纠偏措施进行纠偏。③第三步，如有必要，则进行项目目标的调整，目标调整后再回复到第一步。

37. C【解析】抵押是指债务人或者第三人不转移对所拥有财产的占有，将该财产作为债权的担保。债务人不履行债务时，债权人有权依法从将该财产折价或者拍卖、变卖该财产的价款中优先受偿。

38. A【解析】沟通能力包含着表达能力、争辩能力、倾听能力和设计能力（形象设计、动作设计、环境设计）。

39. D【解析】减振降噪是指对来自振动引起的噪声，通过降低机械振动减小噪声，如将阻尼材料涂在振动源上，或改变振动源与其他刚性结构的连接方式等，减振降噪属于传播途径的控制。

40. C【解析】项目风险评估工作包括：①利用已有数据资料和相关专业方法分析各种风险因素发生的概率；②分析各种风险的损失量；③根据各种风险发生的概率和损失量，确定各种风险的风险量和风险等级。

41. C【解析】结构复杂，危险性大、特性较多的分部分项工程，应编制专项施工方案和安全措施。如基坑支护与降水工程、土方开挖工程、模板工程、起重吊装工程、脚手架工程、拆除工程、爆破工程等，必须编制单项的安全技术措施，并要有设计依据、有计算、有详图、有文字要求。

42. D【解析】按照我国保险制度，工程一切险包括建筑工程一切险、安装工程一切险两类。在施工过程中如果发生保险责任事件使工程本体受到损害，已支付进度款部分的工程属于项目法人的财产，尚未获得支付但已完成部分的工程属于承包人的财产，因此要求投保人办理保险时应以双方名义共同投保。

43. C【解析】最大成本加费用合同指在工程成本总价合同基础上加固定酬金费用的方式，即当设计深度达到可以报总价的深度，投标人报一个工程成本总价和一个固定的酬金（包括各项管理费、风险费和利润）。如果实际成本超过合同中规定的工程成本总价，由承包商承担所有的额外费用，若实施过程中节约了成本，节约的部分归业主，或者由业主与承包商分享，在合同中要确定节约分成比例。在非代理型（风险型）CM模式的合同中就采用这种方式。

44. B【解析】为使业主方各工作部门和项目各参与方方便快捷地获取进度信息，可利用项目信息门户作为基于互联网的信息处理平台辅助进度控制。

45. A【解析】项目实施的管理策划的主要工作内容包括：①项目实施各阶段项目管理的工作内容；②项目风险管理与工程保险方案。

46. B【解析】项目质量控制体系的有效性一般由项目管理的总组织者进行自我评价与诊断，不需进行第三方认证。故选项A错误。项目质量控制体系与项目管理组织系统相融合，是一次性的质量工作体系，并非永久性的质量管理体系。故选项C错误。项目质量控制体系只用于特定的项目质量控制，而不是用于建筑企业或组织的质量管理。故选项D错误。

47. A【解析】工期延误按照延误事件之间的关联性划分为单一延误、共同延误和交叉延误三种。

48. B【解析】编制项目管理实施规划应遵循下列程序：①了解项目相关各方的要求；②分析项目条件和环境；③熟悉相关法规和文件；④组织编制；⑤履行报批手续。

49. B【解析】施工组织设计应由项目负责人主持编制，可根据需要分阶段编制和审批。

50. C【解析】建设项目的经济信息包括投资控制信息和工作量控制信息。

51. D【解析】施工总承包管理单位和施工总承包单位一样，既要负责对现场施工的总体管理和协调，也要负责向分包人提供相应的配合施工的服务。

52. C【解析】工作 C、D 不一定同时完成。故选项A错误。工作 B 的紧后工作有工作 C、D、E。故选项B错误。工作 C 完成后即可进行工作 F。故选项D错误。

53. B【解析】施工成本管理体系的建立是企业自身生存发展的需要，没有社会组织来评审和认证。故选项A错误。管理行为控制程序是对成本全过程控制的基础，指标控制程序则是成本进行过程控制的重点。故选项C错误。管理行为控制程序和指标控制程序两者既相对独立又相互联系，既相互补充又相互制约。故选项D错误。

54. D【解析】项目人力资源管理的目的是调动所有项目参与人的积极性，在项目承担组织的内部和外部建立有效的工作机制，以实现项目目标。

55. B【解析】对于重要的工序或对工程质量有重大影响的工作，应严格执行“三检”制度（即自检、互检、专检）。

56. A【解析】业主方和项目各参与方，如工程管理咨询单位、设计单位、施工单位和供货单位等都有各自的工作流程组织的任务。

57. B【解析】组织措施是从施工成本管理的组织方面采取的措施。施工成本管理不仅是专业成本管理人员的工作，各级项目管理人员都负有成本控制责任。组织措施的另一方面是编制施工成本控制工作计划，确立合理详细的工作流程。选项A属于合同措施，选项C属于技术措施，选项D属于经济措施。

58. A【解析】业主方和项目各参与方有各自的项目管理的任务和其管理职能分工，应该编制各自的项目管理职能分工表。故选项B错误。项目管理职能分工表可用于企业管理。故选项C错误。使用管理职能分工表不足以明确每个工作部门的管理职能，可辅以使用管理职能分工描述书。故选项D错误。

59. A【解析】分项工程应由专业监理工程师组织施工单位项目专业技术负责人等进行验收。

60. B【解析】建设工程项目的总进度目标指的是整个工程项目的进度目标。故选项A错误。大型建设工程项目总进度目标论证的核心工作是通过编制总进度纲要论证总进度目标实现的可能性。故选项C错误。总进度纲要的内容包括各子系统进度规划。故选项D错误。

61. A【解析】大型建设工程项目的结构分析是根据编制总进度纲要的需要，将整个项目进行逐层分解，并确立相应的工作目录。

62. A【解析】严重质量缺陷或超过检验批范围内的缺陷，经法定检测单位检测鉴定以后，认为不能满足最低限度的安全储备和使用功能，则必须进行加固处理，经返修或加固处理的分部分项工程，满足安全及使用功能要求时，可按技术处理方案和协商文件的要求予以验收，责任方应承担经济责任。

63. A【解析】质量控制是质量管理的一部分，是致力于满足质量要求的一系列相关活动。

64. A【解析】凡属"待检点"的施工作业，如隐蔽工程等，施工方必须在完成施工质量自检的基础上，提前通知项目监理机构进行检查验收。

65. C【解析】在我国，仲裁实行一裁终局制；国际工程承包合同中，合同双方往往愿意采用DAB（争端裁决委员会）或DRB（纠纷审议委员会）方式解决争议，由于DAB提出的裁决不是强制性的，不具有终局性，合同双方或一方对裁决不满意，仍然可以提请仲裁或诉讼。故选项A、D错误。国际工程施工承包合同争议的解决方式中，协商解决争议是最常见也是最有效的方式，也是应该首选的最基本的方式。故选项B错误。

66. D【解析】未造成人员伤亡的一般事故，县级人民政府可以委托事故发生单位组织事故调查组进行调查。

67. D【解析】建设项目工程总承包的基本出发点是借鉴工业生产组织的经验，实现建设生产过程的组织集成化，以克服由于设计与施工的分离致使投资增加，以及克服由于设计和施工的不协调而影响建设进度等弊端。

68. A【解析】投标人根据招标文件内容在约定的期限内向招标人提交投标文件，为要约。

69. B【解析】建设工程项目策划指的是通过调查研究和收集资料，在充分占有信息的基础上，针对建设工程项目的决策和实施，或决策和实施中的某个问题，进行组织、管理、经济和技术等方面的科学分析和论证，旨在为项目建设的决策和实施增值。

70. D【解析】项目进度控制的组织措施包括编制项目进度控制的工作流程，如：①定义项目进度计划系统的组成；②各类进度计划的编制程序、审批程序和计划调整程序等。

二、多项选择题

71. ABD【解析】员工经常性安全教育的形式有：每天的班前班后会上说明安全注意事项；安全活动日；安全生产会议；事故现场会；张贴安全生产招贴画、宣传标语及标志等。

72. ABCD【解析】为了保证项目质量，建设单位、监理单位、设计单位及政府的工程质量监督部门，在施工阶段依据法律法规和工程施工承包合同，对施工单位的质量行为和项目实体质量实施监督控制。

73. ADE【解析】施工现场空气污染的防治措施有：①施工现场垃圾渣土要及时清理出现场。②高大建筑物清理施工垃圾时，要使用封闭式的容器或者采取其他措施处理高空废弃物，严禁凌空随意抛撒。③施工现场道路应指定专人定期洒水清扫，形成制度，防止道路扬尘。④对于细颗粒散体材料（如水泥、粉煤灰、白灰等）的运输、储存要注意遮盖、密封，防止和减少扬尘。⑤车辆开出工地要做到不带泥沙，基本做到不洒土、不扬尘，减少对周围环境污染。⑥除设有符合规定的装置外，禁止在施工现场焚烧油毡、橡胶、塑料、皮革、树叶、枯草、各种包装物等废弃物品以及其他会产生有毒、有害烟尘和恶臭气体的物质。⑦机动车都要安装减少尾气排放的装置，确保符合国家标准。⑧工地茶炉应尽量采用电热水器。⑨大城市市区的建设工程已不容许搅拌混凝土。在容许设置搅拌站的工地，应将搅拌站封闭严密，并在进料仓上方安装除尘装置，采用可靠措施控制工地粉尘污染。⑩拆除旧建筑物时，应适当洒水，防止扬尘。

74. BCDE【解析】项目进度控制时，应进行有关进度控制会议的组织设计，以明确：①会议的类型；②各类会议的主持人及参加单位和人员；③各类会议的召开时间；④各类会议文件的整理、分发和确认等。

75. ABCE【解析】工程符合下列条件方可进行竣工验收：①完成工程设计和合同约定的各项内容。

②施工单位在工程完工后对工程质量进行了检查，确认工程质量符合有关法律、法规和工程建设强制性标准，符合设计文件及合同要求，并提出工程竣工报告。工程竣工报告应经项目经理和施工单位有关负责人审核签字。③对于委托监理的工程项目，监理单位对工程进行了质量评估，具有完整的监理资料，并提出工程质量评估报告。工程质量评估报告应经总监理工程师和监理单位有关负责人审核签字。④勘察、设计单位对勘察、设计文件及施工过程中由设计单位签署的设计变更通知书进行了检查，并提出质量检查报告。质量检查报告应经该项目勘察、设计负责人和勘察、设计单位有关负责人审核签字。⑤有完整的技术档案和施工管理资料。⑥有工程使用的主要建筑材料、建筑构配件和设备的进场试验报告，以及工程质量检测和功能性试验资料。⑦建设单位已按合同约定支付工程款。⑧有施工单位签署的工程质量保修书。⑨对住宅工程，进行分户验收并验收合格，建设单位按户出具《住宅工程质量分户验收表》。⑩建设主管部门及工程质量监督机构责令整改的问题全部整改完毕。⑪法律、法规规定的其他条件。

76. ADE【解析】施工总承包管理模式与施工总承包模式相比在合同价方面有以下优点：①合同总价不是一次确定，某一部分施工图设计完成以后，再进行该部分施工招标，确定该部分合同价，因此整个建设项目的合同总额的确定较有依据；②所有分包都通过招标获得有竞争力的投标报价，对业主方节约投资有利；③在施工总承包管理模式下，分包合同价对业主是透明的。此外，采用施工总承包管理模式，施工总承包管理单位的招标可以不依赖完整的施工图，当完成一部分施工图就可对其进行招标，施工总承包管理模式可以在很大程度上缩短建设周期。

77. ABC【解析】单代号网络图的绘图规则包括：①单代号网络图必须正确表达已确定的逻辑关系。②单代号网络图中，不允许出现循环回路。③单代号网络图中，不能出现双向箭头或无箭头的连线。④单代号网络图中，不能出现没有箭尾节点的箭线和没有箭头节点的箭线。⑤绘制网络图时，箭线不宜交叉，当交叉不可避免时，可采用过桥法或指向法绘制。⑥单代号网络图中只应有一个起点节点和一个终点节点。当网络图中有多项起点节点或多项终点节点时，应在网络图的两端分别设置一项虚工作，作为该网络图的起点节点和终点节点。

78. CDE【解析】项目经理应履行下列职责：①项目管理目标责任书规定的职责；②主持编制项目管理实施规划，并对项目目标进行系统管理；③对资源进行动态管理；④建立各种专业管理体系，并组织实施；⑤进行授权范围内的利益分配；⑥收集工程资料，准备结算资料，参与工程竣工验收；⑦接受审计，处理项目经理部解体的善后工作；⑧协助组织进行项目的检查、鉴定和评奖申报工作。

79. BE【解析】管理职能分工表是用表的形式反映项目管理班子内部项目经理、各工作部门和各工作岗位对各项工作任务的项目管理职能分工。

80. ACE【解析】进度控制的功能包括：①计算工程网络计划的时间参数，并确定关键工作和关键路线；②绘制网络图和计划横道图；③编制资源需求量计划；④进度计划执行情况的比较分析；⑤根据工程的进展进行工程进度预测。

81. BDE【解析】单位工程竣工成本分析的内容包括：①竣工成本分析；②主要资源节超对比分析；③主要技术节约措施及经济效果分析。

82. ACDE【解析】投标担保可以采用银行保函、担保公司担保书、同业担保书和投标保证金担保方式。

83. BDE【解析】建设工程项目的组织风险包括：①组织结构模式；②工作流程组织；③任务分工和管理职能分工；④业主方（包括代表业主利益的项目管理方）人员的构成和能力；⑤设计人员和监理工程师的能力；⑥承包方管理人员和一般技工的能力；⑦施工机械操作人员的能力和经验；⑧损失控制和安全管理人员的资历和能力等。

84. ADE【解析】按事故责任分类，工程质量事故可分为：指导责任事故、操作责任事故和自然灾害事故。

85. BCD【解析】对建设周期一年半以上的工程项目，采用变动总价合同时，应考虑下列因素引起的价格变化问题：①劳务工资以及材料费用的上涨；②其他影响工程造价的因素，如运输费、燃料费、电力等价格的变化；③外汇汇率的不稳定；④国家或者省、市立法的改变引起的工程费用的上涨。

86. ABCE【解析】工程总承包项目管理的主要内容应包括：①任命项目经理，组建项目部，进行项目策划并编制项目计划；②实施设计管理，采购管理，施工管理，试运行管理；③进行项目范围管理，进度管理，费用管理，设备材料管理，资金管理，质量管理，安全、职业健康和环境管理，人力资源管理，风险管理，沟通与信息管理，合同管理，现场管理，项目收尾等。

87. ACE【解析】工程建设监理实施细则的内容包括：①专业工程的特点；②监理工作的流程；③监理工作的控制要点及目标值；④监理工作的方法和措施。

88. ABD【解析】发包人的责任与义务有：①图纸的提供和交底；②对化石、文物的保护；③出入现场的权利；④场外交通；⑤场内交通；⑥许可或批准，包括办理建设工程施工许可证、规划许可证等；⑦提供施工现场；⑧提供施工条件；⑨提供基础资料；⑩资金来源证明及支付担保；⑪支付合同价款；⑫组织竣工验收；⑬现场统一管理协议。

89. ACD【解析】施工方案的主要内容包括：①工程概况；②施工安排；③施工进度计划；④施工准备与资源配置计划；⑤施工方法及工艺要求。

90. BE【解析】指定媒介发布依法必须进行招标的项目的境内资格预审公告、招标公告，不得收取费用。故选项 A 错误。招标人或其委托的招标代理机构应至少在一家指定的媒介发布招标公告。故选项 C 错误。对于所附的设计文件，招标人可以向投标人酌收押金，对于开标后投标人退还设计文件的，招标人应当向投标人退还押金。故选项 D 错误。

91. ABDE【解析】质量管理体系文件包括：质量方针和质量目标；质量手册；程序性文件；质量记录。

92. AD【解析】直方图的分布形状及分布区间宽窄是由质量特性统计数据的平均值和标准偏差所决定的。

93. ABCE【解析】施工成本计划的编制依据包括：①投标报价文件；②企业定额、施工预算；③施工组织设计或施工方案；④人工、材料、机械台班的市场价；⑤企业颁布的材料指导价、企业内部机械台班价格、劳动力内部挂牌价格；⑥周转设备内部租赁价格、摊销损耗标准；⑦已签订的工程合同、分包合同（或估价书）；⑧结构件外加工计划和合同；⑨有关财务成本核算制度和财务历史资料；⑩施工成本预测资料；⑪拟采取的降低施工成本的措施；⑫其他相关资料。

94. CD【解析】项目目标动态控制纠偏的技术措施，即分析由于技术（包括设计和施工的技术）的原因而影响项目目标实现的问题，并采取相应的措施，如调整设计、改进施工方法和改变施工机具等。

95. ABCD【解析】由于业主要求、政府部门要求、环境变化、不可抗力、原设计错误等导致的设计修改，应该由业主承担责任。由此所造成的施工方案的变更以及工期的延长和费用的增加应该向业主索赔。

96. DE【解析】第 5 天末工作 G 进度落后 1 天，工作 G 是关键工作，总工期延长 1 天。工作 H 工程进度落后 2 天，但工作 H 有 2 天的总时差，因此不影响工期。工作 E 计划是第 6 天完成，实际提前 1 天完成。

97. ABC【解析】调查研究和收集资料的工作包括：①了解和收集项目决策阶段有关项目进度目标确定的情况和资料；②收集与进度有关的该项目组织、管理、经济和技术资料；③收集类似项目的进度资料；④了解和调查该项目的总体部署；⑤了解和调查该项目实施的主客观条件等。

98. CD【解析】生产经营单位应急预案未按照有关规定备案的，由县级以上安全生产监督管理部门给予警告，并处 3 万元以下罚款。

99. ABD【解析】施工合同示范文本一般都由以下 3 部分组成：①协议书；②通用条款；③专用条款。

100. ACDE【解析】施工成本的过程控制中，材料费的控制按照“量价分离”原则进行；材料价格主要由材料采购部门控制；对分包费用的控制，主要是做好分包工程的询价、订立平等互利的分包合同、建立稳定的分包关系网络、加强施工验收和分包结算工作；实际弹性需求的劳务管理制度是施工成本过程控制中人工费控制的方法之一；做好施工机械配件和工程材料采购计划，以降低材料成本。

2013 年《建设工程项目管理》真题

一、单项选择题

1. B【解析】建设项目工程总承包方项目管理工作涉及项目实施阶段的全过程。

2. D【解析】系统的目标决定了系统的组织，而组织是目标能否实现的决定性因素。

3. D【解析】管理职能分工由多个环节组成，包括提出问题、筹划、决策、执行、检查。

4. D【解析】决策期组织策划包括：决策期的组织结构、任务分工、管理职能分工、工作流程、实施期组织总体方案和项目编码体系分析。

5. B【解析】建设工程项目总承包的基本出发点是借鉴工业生产组织的经验，实现建设生产过程的组织集成化。

6. B【解析】采用施工总承包管理模式时，对各分包单位的质量控制由施工总承包管理单位进行。

7. D【解析】《建设工程项目管理规范》中，把项目管理规范分为两个类型，即项目管理规划大纲和项目管理实施规划两类文件。

8. C【解析】施工组织总设计的编制通常采用的程序有：①收集和熟悉编制施工组织总设计所需要的有关资料和图纸，进行项目特点和施工条件的调查研究；②计算主要工种工程的工程量；③确定施工的总体部署；④拟定施工方案；⑤编制施工总进度计划；⑥编制资源需求量计划；⑦编制施工准备工作计划；⑧施工总平面图设计；⑨计算主要技术经济指标。（该知识点在新版教材中已删除）

9. D【解析】施工总承包管理模式下，一般采用成本加酬金合同。

10. B【解析】进行登记应当提交施工起重机械有关资料，包括：①生产方面的资料，如设计文件、制造质量证明书、检验证书、使用说明书、安装证明等；②使用的有关情况资料，如施工单位对于这些机械和设施的管理制度和措施、使用情况、作业人员的情况等。

11. D【解析】年度成本分析的内容，除了月（季）度成本分析的六个方面以外，重点是针对下一年度的施工进展情况，规划切实可行的成本管理措施，以保证施工项目成本目标的实现。

12. C【解析】由不同深度的计划构成的进度计划系统包括：总进度计划、项目子系统进度计划、项目子系统的单项工程进度计划。

13. D【解析】根据自由时差公式，$FF_{i-j}=ES_{j-k}-ES_{i-j}-D_{i-j}=6-0-6=0$。

14. A【解析】质量管理的计划职能包括确定质量目标和制定实现质量目标的行动方案两方面。

15. A【解析】业主方进度控制的任务是控制整个项目实施阶段的进度。

16. D【解析】材料价格是由买价、运杂费、运输中的合理的损耗等所组成。

17. D【解析】施工过程中降低成本的技术措施包括：确定最合适的施工机械、设备使用方案。

18. B【解析】特聘争端裁决委员会，由只在发生争端时任命的 1 名或 3 名成员组成。

19. B【解析】重大事故、较大事故、一般事故调查的人民政府应当自收到事故调查报告之日起 15 日内作出批复。

20. B【解析】施工成本可以按成本构成分解为人工费、材料费、施工机具使用费和企业管理费。

21. A【解析】当获证企业发生质量管理体系存在严重不符合规定，或在认证暂停的规定期限未予整改，或发生其他构成撤销体系认证资格情况时，认证机构作出撤销认证的决定。企业不服可提出申诉。撤销认证的企业一年后可重新提出认证申请。

22. C【解析】在建设工程施工投标过程中，施工方案应由投标人的技术负责人主持制定。

23. C【解析】在建设工程项目质量的影响因素中，决策因素和组织因素属于管理因素。（该知识点在新版教材中已删除）

24. B【解析】项目参与各方均应围绕着致力于满足业主要求的质量总目标而努力。

25. A【解析】建设单位应当在工程竣工验收 7 个工作日前将验收的时间、地点及验收组名单书面通知负责监督该工程的工程质量监督机构。

26. B【解析】建设工程项目总进度目标论证的工作步骤如下：①调查研究和收集资料；②项目结构分析；③进度计划系统的结构分析；④项目的工作编码；⑤编制各层进度计划；⑥协调各层进度计划的关系，编制总进度计划；⑦若所编制的总进度计划不符合项目的进度目标，则设法调整；⑧若经过多次调整，进度目标无法实现，则报告项目决策者。

27. D【解析】项目目标动态控制的组织措施，是指分析由于组织的原因而影响项目目标实现的问题，并采取相应的措施，如调整项目组织结构、任务分工、管理职能分工、工作流程组织和项目管理班子人员等。

28. C【解析】施工成本计划的编制以成本预测为基础，关键是确定目标成本。

29. D【解析】根据《建设工程项目管理规范》（GB/T 50326—2006），项目管理目标责任书应在项目实施之前，由法定代表人与项目经理协商制定。

30. A【解析】项目风险管理过程包括项目实施全过程的项目风险识别、项目风险评估、项目风险响应和项目风险控制。

31. D【解析】虽然在投标报价、评标以及签订合同中，人们常常注重总价格，但在工程款结算中单价优先，对于投标书中明显的数字计算错误，业主有权力先作修改再评标，当总价和单价的计算结果不一致时，以单价为准调整总价。

32. B【解析】内部审核是组织对其自身的管理体系进行的审核，是对体系是否正常运行以及是否达到了规定的目标所作的独立的检查和评价，是管理体系自我保证和自我监督的一种机制。

33. A【解析】由于工程质量形成的影响因素多，因此，对工程质量状况的调查和质量问题的分析，必须分门别类地进行，以便准确有效地找出问题及其原因所在，这就是分层法的基本思想。

34. B【解析】施工成本管理就是在保证工期和满足质量要求的情况下，采取相应措施把成本控制在计划范围内，并最大限度地节约成本。

35. B【解析】由于建设工程项目大量数据处理的需要，应重视利用新信息技术的手段进行信息管理，

其核心手段是基于互联网的信息处理平台。

36. B【解析】工程档案的编码应根据有关工程档案规定、项目特点和项目实施单位的需求而建立。

37. D【解析】为了实现项目的进度目标，应选择合理的合同结构，以避免过多的合同交界面而影响工程的进展。这属于进度控制的管理措施。

38. D【解析】参加竣工验收会议的目的是对竣工工程的质量验收程序、验收组织与方法、验收过程等进行监督。

39. A【解析】在签订合同的谈判中，为了防范货币贬值或者通货膨胀的风险，招标人和中标人一般通过确定价格调整条款约定风险分担方式。

40. C【解析】施工现场100人以上的临时食堂，污水排放时可设置简易有效的隔油池，定期清理，防止污染。

41. B【解析】项目进度控制的主要工作环节中，首先应进行的工作是分析和论证进度目标。

42. B【解析】现场处置方案是针对具体的装置、场所或设施、岗位所制定的应急处置措施。现场处置方案应具体、简单、针对性强。现场处置方案应根据风险评估及危险性控制措施逐一编制，做到事故相关人员应知应会、熟练掌握，并通过应急演练，做到迅速反应、正确处置。

43. C【解析】工程项目施工组织设计中，一般将施工顺序的安排写入施工部署和施工方案。

44. C【解析】后道工序可以弥补的质量缺陷。例如，混凝土结构表面的轻微麻面，可通过后续的抹灰、刮涂、喷涂等弥补，也可不作处理。再比如，混凝土现浇楼面的平整度偏差达到10mm，但由于后续垫层和面层的施工可以弥补，所以也可不作处理。

45. A【解析】合同实施偏差处理中的组织措施，如增加人员投入，调整人员安排，调整工作流程和工作计划等。

46. C【解析】辅助性要素包括：培训、意识和能力；协商和沟通；文件；文件和资料控制；应急准备和响应；事故、事件、不符合、纠正和预防措施；记录和记录管理。

47. A【解析】建设工程项目的技术风险，如：①工程勘测资料和有关文件；②工程设计文件；③工程施工方案；④工程物资；⑤工程机械等。

48. A【解析】承包商自有设备，一般按台班折旧费计算，而不能按台班费计算，因台班费中包括设备使用费。

49. B【解析】施工质量事故发生的社会、经济原因，是指引发的质量事故是由于社会上存在的不正之风及经济上的原因，滋长了建设中的违法违规行为，而导致出现质量事故。例如，某些施工企业盲目追求利润而不顾工程质量，在投标报价中随意压低标价，中标后则依靠违法的手段或修改方案追加工程款，甚至偷工减料等，这些因素都会导致发生重大工程质量事故。

50. A【解析】费用绩效指数（CPI）＝已完工作预算费用（$BCWP$）÷已完工作实际费用（$ACWP$）＝410÷430≈0.953。

51. B【解析】施工质量计划的基本内容一般应包括：①工程特点及施工条件（合同条件、法规条件和现场条件等）分析；②质量总目标及其分解目标；③质量管理组织机构和职责，人员及资源配置计划；④确定施工工艺与操作方法的技术方案和施工组织方案；⑤施工材料、设备等物资的质量管理及控制措施；⑥施工质量检验、检测、试验工作的计划安排及其实施方法与检测标准；⑦施工质量控制点及其跟踪控制的方式与要求；⑧质量记录的要求等。

52. D【解析】招标人在招标文件中要求投标人提交投标保证金的，投标保证金不得超过招标项目估算价的2%。则施工投标保证金的数额不超过：3000×2%＝60（万元人民币）。故排除选项A、B、C。

53. D【解析】凡在人口稠密区进行强噪声作业时，须严格控制作业时间，一般晚10点到次日早6点之间停止强噪声作业。

54. A【解析】时标网络计划中，应以实箭线表示工作，以虚箭线表示虚工作，以波形线表示工作的自由时差。总时差为本工作的自由时差加上紧后工作总时差的最小值。因此，虚箭线的长度表示工作的自由时差，即波形线的水平长度。

55. C【解析】直方图的分布形状及分布区间宽窄，取决于质量特征统计数据的平均值和标准偏差。

56. C【解析】在工程实施过程中发生索赔事件以后，或者承包人发现索赔机会，首先要提出索赔意向，即在合同规定时间内将索赔意向用书面形式及时通知发包人或者工程师，向对方表明索赔愿望、要求或者声明保留索赔权利，这是索赔工作程序的第一步。

57. A【解析】根据项目目标动态控制的工作程序，第一步工作是进行项目目标分解。

58. C【解析】政府质量监督机构根据质量监督检查的状态，对查实的问题可签发“质量问题整改通知单”或“局部暂停施工指令单”，对问题严重的单位也可根据问题的性质签发“临时收缴资质证书通知书”。

59. D【解析】常用的无损检测方法有超声波探伤、X射线探伤、γ射线探伤等。

60. A【解析】工程管理信息化有利于提高建设工程项目的经济效益和社会效益，以达到为项目建设增值的目的。

61. A【解析】工程变更补偿范围以合同金额的一定百分比表示时，百分比值越大，承包人的风险越大。故选项B错误。合同实施中，对工程师指令的工程变更属于合同规定的工程范围，承包人必须无条件执行。故选项C错误。工程变更的索赔有效期越短，对承包人越不利。故选项D错误。

62. A【解析】分部分项工程成本分析是对预算成本、目标成本、实际成本的“三算”对比。

63. D【解析】劳务分包人必须为从事危险作业的职工办理意外伤害保险，并为施工场地内自有人员生命财产和施工机械设备办理保险，支付保险费用。

64. C【解析】当检测鉴定达不到设计要求时，但经原设计单位核算仍能满足结构安全和使用功能的检验批，可予以验收。

65. B【解析】施工合同文件的组成及解释顺序的说明包括：①施工合同协议书（双方有关工程的洽商、变更等书面协议或文件视为施工合同协议书的组成部分）；②中标通知书；③投标书及其附件；④施工合同专用条款；⑤施工合同通用条款；⑥标准、规范及有关技术文件；⑦图纸；⑧工程量清单；⑨工程报价单或预算书。

66. B【解析】工程建设监理实施细则应在工程实施开始前编制完成，并必须经总监理工程师批准。

67. B【解析】重大事故，是指造成10人以上30人以下死亡，或者50人以上100人以下重伤，或者5000万元以上1亿元以下直接经济损失的事故。

68. A【解析】在管理信息中，合理的组织机构有利于信息沟通。但是，如果组织机构过于庞大，中间层次太多，信息从最高决策层传递到下层不仅容易产生信息失真，而且还会浪费大量时间，影响信息及时性。

69. C【解析】在施工准备阶段，绘制模版配图属于施工技术准备的质量控制工作。选项A、B、D属于现场施工准备的质量控制工作。

70. D【解析】所谓检验批是指“按同一的生产条件或按规定的方式汇总起来供检验用的，由一定数量样本组成的检验体”，检验批可根据施工及质量控制和专业验收需要按楼层、施工段、变形缝等进行划分。检验批是工程验收的最小单位，是分项工程乃至整个建筑工程质量验收的基础。

二、多项选择题

71. ABCE【解析】事故调查报告的内容应当包括：事故发生单位概况；事故发生经过和事故救援情况；事故造成的人员伤亡和直接经济损失；事故发生的原因和事故性质；事故责任的认定以及对事故责任者的处理建议；事故防范和整改措施。

72. CD【解析】没有约束机制的控制体系是无法使工程质量处于受控状态的。约束机制取决于各质量责任主体内部的自我约束能力和外部的监控效力。约束能力表现为组织及个人的经营理念、质量意识、职业道德及技术能力的发挥；监控效力取决于项目实施主体外部对质量工作的推动和检查监督。两者相辅相成，构成了质量控制过程的制衡关系。

73. ABC【解析】在国际上业主方工程建设物资采购有多种模式，如：业主方自行采购、与承包商约定某些物资的指定供货商、承包商采购等。

74. ABDE【解析】合同计价方式属于单价合同，但也有某些子项采用包干价格。故选项C错误。

75. ABC【解析】未经监理工程师签字，建筑材料、建筑构配件和设备不得在工程上使用或者安装，施工单位不得进行下一道工序的施工。未经总监理工程师签字，建设单位不拨付工程款，不进行竣工验收。

76. DE【解析】项目进度控制的组织措施包括编制项目进度控制的工作流程和进行有关进度控制会议的组织设计。选项A、B属于管理措施，选项C属于经济措施。

77. ADE【解析】施工方进度控制的目标就是在尽量保证工程质量的前提下，控制工程的进度。故选项B错误。项目各参与方进度控制的目标和时间范畴是不相同的。故选项C错误。

78. ABDE【解析】项目目标分析和再论证的主要工作内容包括：①投资目标的分解和论证；②编制项目投资总体规划；③进度目标的分解和论证；④编制项目建设总进度规划；⑤项目功能分解；⑥建筑面积分配；⑦确定项目质量目标。

79. ACDE【解析】在落实现场文明施工的各项管理措施中，建立门卫值班管理制度，严禁无证人员和其他闲杂人员进入施工现场，避免安全事故和失盗事件的发生；建立宣传教育制度，即现场宣传安

全生产、文明施工、国家大事、社会形势、企业精神、优秀事迹等；现场建立消防管理制度，建立消防领导小组，落实消防责任制和责任人员，做到思想重视、措施跟上、管理到位；建立检查考核制度，即在实际工作中，项目应结合相关标准和规定建立文明施工考核制度，推进各项文明施工措施的落实。

80. ACDE【解析】项目经理在承担工程项目施工管理过程中应履行的职责在：①贯彻执行国家和工程所在地政府的有关法律、法规和政策，执行企业的各项管理制度；②严格财务制度，加强财经管理，正确处理国家、企业与个人的利益关系；③执行项目承包合同中由项目经理负责履行的各项条款；④对工程项目施工进行有效控制，执行有关技术规范和标准，积极推广应用新技术，确保工程质量和工期，实现安全、文明生产，努力提高经济效益。

81. BCD【解析】单位工程施工组织设计的主要内容包括：①工程概况；②施工部署；③施工进度计划；④施工准备与资源配置计划；⑤主要施工方案；⑥施工现场平面布置。分部（分项）工程或专项工程施工组织设计的主要内容包括：①工程概况；②施工安排；③施工进度计划；④施工准备与资源配置计划；⑤施工方法及工艺要求。

82. BE【解析】因果分析图法应用时的注意事项有：①一个质量特性或一个质量问题使用一张图分析；②通常采用 QC 小组活动的方式进行，集思广益，共同分析；③必要时可以邀请小组以外的有关人员参与，广泛听取意见；④分析时要充分发表意见，层层深入，排出所有可能的原因；⑤在充分分析的基础上，由各参与人员采用投票或其他方式，从中选择 1 至 5 项多数人达成共识的最主要原因。

83. ADE【解析】索赔的成立，应该同时具备的前提条件有：①与合同对照，事件已造成了承包人工程项目成本的额外支出，或直接工期损失；②造成费用增加或工期损失的原因，按合同约定不属于承包人的行为责任或风险责任；③承包人按合同规定的程序和时间提交索赔意向通知和索赔报告。以上三个条件必须同时具备，缺一不可。

84. ABE【解析】履约担保的形式包括：①银行履约保函；②履约担保书；③保留金。

85. CD【解析】在施工质量事故处理的一般程序中，当事故的原因清楚不需要进行技术处理时，该施工质量事故的后续工作有做出事故结论和提交处理报告。

86. BCE【解析】节点①、③均只有引出箭线，没有引入箭线，都是起点节点。故选项 B 错误。图中在两个节点⑧。故选项 C 错误。虚工作⑨至⑩是多余的。故选项 E 错误。

87. BCD【解析】选项 B、C、D 属于发包人的责任和义务，选项 A、E 属于承包人的责任和义务。

88. ABCE【解析】单位工程竣工成本分析的内容包括：①竣工成本分析；②主要资源节超对比分析；③主要技术节约措施及经济效果分析。

89. AD【解析】从图中可以看出，施工进度的节奏为第Ⅰ阶段比较快，第Ⅱ阶段比较慢，部分处于停工状态，第Ⅲ阶段比较快，第Ⅳ阶段比较慢。

90. ADE【解析】投标人须知是招标人向投标人传递的基础信息文件，投标人应特别注意其中的招标工程的范围和详细内容；投标文件的组成；重要的时间安排。

91. ABCE【解析】项目管理规划大纲可依据下列资料编制：①可行性研究报告；②设计文件、标准、规范与有关规定；③招标文件及有关合同文件；④相关市场信息与环境信息。

92. ABCE【解析】施工单位向建设单位提交工程竣工验收报告时，应具备的条件包括：完成建设工程设计和合同约定的各项内容；有完整的技术档案和施工管理资料；有工程使用的主要建筑材料、构配件和设备的进场试验报告；有施工单位签署的工程保修书。(该知识点在新版教材中已删除)

93. ACE【解析】“三检”包括自检、互检和专检。

94. ABE【解析】工程项目施工成本管理的基础工作包括：建立成本管理责任体系；建立企业内部施工定额；科学设计成本核算账册。

95. BD【解析】在建设工程项目决策阶段，建设单位应按照有关建设工程法律法规的规定和强制性标准的要求，办理各种有关安全与环境保护方面的审批手续。对需要进行环境影响评价或安全预评价的建设工程项目，应组织或委托有相应资质的单位进行建设工程项目环境影响评价和安全预评价。

96. BDE【解析】在进行对施工总承包管理单位的招标时，只确定施工总承包管理费，而不确定工程总造价，这可能成为业主控制总投资的风险。故选项 A 错误。多数情况下，由业主方与分包人直接签约，这样有可能增加业主方的风险。故选项 C 错误。

97. AD【解析】工程中涉及深基坑、地下暗挖工程、高大模板工程的专项施工方案，施工单位还应当组织专家进行论证、审查。

98. BCD【解析】建设工程项目信息管理中，为形成各类报表和报告，应当建立收集信息、录入信息、审核信息、加工信息、信息传输和发布的工作流程。

99. CD【解析】政府质量监督的性质属于行政执法行为，是主管部门依据有关法律法规和工程建设强制性标准，对工程实体质量和工程建设、勘察、设计、施工、监理单位（简称工程质量责任主体）和质量检测等单位的工程质量行为实施监督。

100. ABCE【解析】质量控制是质量管理的一部分，是致力于满足质量要求的一系列相关活动。这些活动主要包括：设定目标、测量结果、评价和纠偏。

2012 年《建设工程项目管理》真题

一、单项选择题

1. C【解析】工程总承包项目管理的主要内容应包括：①任命项目经理，组建项目部，进行项目策划并编制项目计划；②实施设计管理，采购管理，施工管理，试运行管理；③进行项目范围管理，进度管理，费用管理，设备材料管理，资金管理，质量管理，安全、职业健康和环境管理，人力资源管理，风险管理，沟通与信息管理，合同管理，现场管理，项目收尾等。

2. D【解析】按国际工程惯例，当采用指定分包商时，不论指定分包商与施工总承包方，或与施工总承包管理方，或与业主方签订合同，由于指定分包商合同在签约前必须得到施工总承包方或施工总承包管理方的认可，因此，施工总承包方或施工总承包管理方必须对工程合同规定的工期目标和质量目标负责。

3. A【解析】为了编制项目管理任务分工表，首先应对项目实施的各阶段的费用（投资或成本）控制、进度控制、质量控制、合同管理、管理和组织与协调等管理任务进行详细分解，在项目管理任务分解的基础上确定项目经理和费用（投资或成本）控制、进度控制、质量控制、合同管理、管理及组织与协调等主管工作部门或主管人员的工作任务。

4. A【解析】项目结构图是一个组织工具，它通过树状图的方式对一个项目的结构进行逐层分解，以反映组成该项目的所有工作任务。

5. B【解析】建设工程项目实施阶段策划的基本内容包括：①项目实施的环境和条件调查与分析；②项目目标的分析和再论证；③项目实施的组织策划；④项目实施的管理策划；⑤项目实施的合同策划；⑥项目实施的经济策划；⑦项目实施的技术策划；⑧项目实施的风险策划等。

6. D【解析】落实质量体系的内部审核程序，有组织、有计划地开展内部质量审核活动，其主要目的是：①评价质量管理程序的执行情况及适用性；②揭露过程中存在的问题，为质量改进提供依据；③检查质量体系运行的信息；④向外部审核单位提供体系有效的证据。

7. B【解析】因果分析图法应用时的注意事项有：①一个质量特性或一个质量问题使用一张图分析；②通常采用 QC 小组活动的方式进行，集思广益，共同分析；③必要时可以邀请小组以外的有关人员参与，广泛听取意见；④分析时要充分发表意见，层层深入，排除所有可能的原因；⑤在充分分析的基础上，由各参与人员采用投票或其他方式，从中选择 1 至 5 项多数人达成共识的最主要原因。

8. B【解析】对涉及结构安全、使用功能、节能、环境保护等重要分部工程应进行抽样检测。

9. B【解析】按施工项目组成编制施工成本计划的方法有：大中型工程项目通常是由若干单项工程构成的，而每个单项工程包括多个单位工程，每个单位工程又是由若干个分部分项工程所构成的。

10. A【解析】固定总价合同不因为环境的变化和工程量的增减而变化。在固定总价合同中，承包商承担了全部的工作量和价格的风险。

11. D【解析】建设工程项目质量控制体系的分层次的规划，是指建设工程项目管理的总组织者（建设单位或代建制项目管理企业）和承担项目实施任务的各参与单位，分别进行不同层次和范围的建设工程项目质量控制体系规划。

12. C【解析】建设工程项目进度控制是一个动态的管理过程。它包括：①进度目标的分析和论证，其目的是论证进度目标是否合理，进度目标有否可能实现。如果经过科学的论证，目标不可能实现，则必须调整目标。②在收集资料和调查研究的基础上编制进度计划。③进度计划的跟踪检查与调整，即定期跟踪检查所编制进度计划的执行情况，若其执行有偏差，则采取纠偏措施，并视必要调整进度计划。

13. C【解析】施工安全措施要有可行性和可操作性，施工安全措施应能够在每个施工工序之中得到贯彻实施，既要考虑保证安全要求，又要考虑现场环境条件和施工技术条件能够做得到。

14. D【解析】施工单位在开工前应编制测量控制方案，经项目技术负责人批准后实施。对建设单位提供的原始坐标点、基准线和水准点等测量控制点进行复核，并将复测结果上报监理工程师审核，批

准后施工单位才能建立施工测量控制网，进行工程定位和标高基准的控制。

15. C【解析】施工成本控制的工作步骤包括：比较、分析、预测、纠偏、检查。在比较的基础上，对比较的结果进行分析，以确定偏差的严重性及偏差产生的原因，这一步是施工成本控制工作的核心。

16. D【解析】在分包管理的成本控制中，对业主指定分包，如果不是由业主直接向分包支付工程款，则要把握分包工程款的支付时间，一定要在收到业主的工程款之后才能支付，并应扣除管理费、配合费和质量保证金等。

17. D【解析】设计方应尽可能使设计工作进度与招标、施工和物资采购等工作进度相协调。

18. A【解析】某些工程质量问题虽然达不到规定的要求或标准，但其情况不严重，对工程或结构的使用及安全影响很小，经过分析、论证、法定检测单位鉴定和设计单位等认可后可不作专门处理。

19. C【解析】《国务院关于取消第二批行政审批项目和改变一批行政审批项目管理方式的决定》（国发[2003] 5号）规定，取消建筑施工企业项目经理资质核准，由注册建造师代替，并设立过渡期。过渡期满后，大、中型工程项目施工的项目经理必须由取得建造师注册证书的人员担任；但取得建造师注册证书的人员是否担任工程项目施工的项目经理，由企业自主决定。

20. D【解析】施工合同分析后，应向各层次管理者作“合同交底”，即由合同管理人员在对合同的主要内容进行分析、解释和说明的基础上，通过组织项目管理人员和各个工程小组学习合同条文和合同总体分析结果，使大家熟悉合同中的主要内容、规定、管理程序，了解合同双方的合同责任和工作范围，以及各种行为的法律后果等，使大家都树立全局观念，使各项工作协调一致，避免执行中的违约行为。

21. B【解析】国际工程施工承包合同争议解决的方式一般包括协商、调解、仲裁或诉讼等。其中，协商解决争议是最常见也是最有效的方式，也是应该首选的最基本方式。

22. B【解析】我国的工程监理属于国际上业主方项目管理的范畴，在国际上把这类服务归为工程咨询（工程顾问）服务。

23. C【解析】地方各级安全生产监督管理部门的应急预案，应当报同级人民政府和上一级安全生产监督管理部门备案。生产经营单位应当制定本单位的应急预案演练计划，根据本单位的事故预防重点，每年至少组织一次综合应急预案演练或者专项应急预案演练，每半年至少组织一次现场处置方案演练。

24. C【解析】单位工程施工组织设计是以单位工程为对象编制的，如一栋楼房、一个烟囱、一段道路、一座桥等。（该知识点在新版教材中已删除）

25. A【解析】建造师是一种专业人士的名称，而项目经理是一个工作岗位的名称。大、中型工程项目施工的项目经理必须由取得建造师注册证书的人员担任；但取得建造师注册证书的人员是否担任工程项目施工的项目经理，由企业自主决定。

26. D【解析】大型建设工程项目的计划系统一般由多层计划构成，如：第三层进度计划，将每一个子项目进度计划分解为若干项。

27. B【解析】作业文件是指管理手册、程序文件之外的文件，一般包括作业指导书（操作规程）、管理规定、监测活动准则及程序文件引用的表格。

28. D【解析】选项D为正常直方图，呈正态分布，其形状特征是中间高、两边低、成对称，反映生产过程质量处于正常、稳定状态。

29. A【解析】建设工程项目进度控制的技术措施涉及对实现进度目标有利的设计技术和施工技术的选用。不同的设计理念、设计技术路线、设计方案会对工程进度产生不同的影响。

30. D【解析】施工成本管理的措施包括组织措施、技术措施、经济措施和合同措施。组织措施一方面实行项目经理责任制，落实机构人员，明确任务和职能分工、权力和责任；另一方面是编制施工成本控制工作计划、确定合理详细的工作流程，加强施工定额管理和施工任务单管理，控制活劳动和物化劳动的消耗等。

31. A【解析】发包人的责任包含业主雇用工程师并委托其在授权范围内履行业主的部分合同责任。

32. A【解析】在工程预算中应考虑加快工程进度所需的资金，其中包括为实现进度目标将要采取的经济奖励措施所需要的费用。

33. C【解析】双代号网络图中应只有一个起点节点和一个终点节点，⑧、⑨两个点都是终点节点。故选项C错误。

34. A【解析】已完工作预算成本－已完工作实际成本＝成本累计偏差。

35. D【解析】投资计划值和实际值是相对的，相对于工程合同价，则工程概算价和工程预算价都可作为投资的计划值等。

36. D【解析】本工作的总时差＝紧后工作的总时差最小值＋本工作的自由时差，工作A紧后工作最小值为1，虚工作②—③。工作A自由时差为0。所以工作A总时差为1。

37. B【解析】工程总承包企业受业主委托，按照合同约定对工程建设项目的勘察、设计、施工、采购、试运行等实行全过程或若干阶段的承包。

38. A【解析】建设单位应当自建设工程竣工验收合格之日起15日内，将建设工程竣工验收报告和规划、公安消防、环保等部门出具的认可文件或准许使用文件，报建设行政主管部门或者其他相关部门备案。故选项B错误。新建、扩建和改建的各类房屋建筑工程和市政基础设施工程的竣工验收，均应按《建设工程质量管理条例》规定进行备案。故选项C错误。建设单位未组织竣工验收，擅自交付使用的，责令改正，处以工程合同价款2%～4%的罚款。故选项D错误。（该知识点在新版教材中已修改）

39. D【解析】在提交投标文件截止时间后到招标文件规定的投标有效期终止之前，投标人不得补充、修改、替代或者撤回其投标文件。投标人补充、修改、替代投标文件的，招标人不予接受；投标人撤回投标文件的，其投标保证金将被没收。故选项A、B错误。投标人在投标截止日之前所提交的投标是有效的，超过该日期之后就会被视为无效投标。故选项C错误。

40. C【解析】单价合同的特点是单价优先，当总价和单价的计算结果不一致时，以单价为准调整总价。

41. A【解析】施工质量事故处理的一般程序是：事故调查、事故原因分析、制定事故处理方案、事故处理和事故处理的鉴定验收。

42. B【解析】连环置换法又称因素分析法，这种方法可以用来分析各种因素对成本的影响程度。

43. A【解析】工程施工阶段建设监理工作的主要任务包含施工阶段的质量控制，此项包括检查施工单位的测量、检测仪器、度量衡定期检验的证明文件。

44. A【解析】施工成本计划的编制以成本预测为基础，关键是确定目标成本。

45. C【解析】建设安全事故隐患处理原则：冗余安全度治理原则、单项隐患综合治理原则、事故直接隐患与间接隐患并治原则、预防与减灾并重治理原则、重点治理原则和动态治理原则。为确保安全，在治理事故隐患时应考虑设多道防线，即使发生有一两道防线无效，还有冗余的防线可以控制事故隐患。

46. C【解析】质量控制点应选择技术要求高、施工难度大、对工程质量影响大或是发生质量问题时危害大的对象进行设置。

47. B【解析】风险分可忽略的、可容许的、中度的、重大的和不容许的5个等级。中度的风险采取的措施：应努力降低风险，但应仔细测定并限定预防成本，并在规定的时间期限内实施降低风险的措施。（该知识点在新版教材中已删除）

48. C【解析】对工业与民用建筑工程而言，在国际上，建筑师事务所往往起着主导作用，其他专业设计事务所则配合建筑师事务所从事相应的设计工作。

49. C【解析】专项应急预案是针对具体的事故类别（如基础开挖、脚手架拆除等事故）、危险源和应急保障而制定的计划或方案。

50. D【解析】供货方一般为物资供应单位或建筑材料和设备的生产厂家，供货方应对其生产或供应的产品质量负责。

51. B【解析】稳定和固化是指利用水泥、沥青等胶结材料，将松散的废物胶结包裹起来，减少有害物质从废物中向外迁移、扩散，使得废物对环境的污染减少。

52. A【解析】沟通主体可以选择和决定沟通客体、沟通介体、沟通环境和沟通渠道，在沟通过程中处于主导地位。

53. D【解析】在合同谈判阶段双方谈判的结果一般以《合同补遗》的形式，有时也可以以《合同谈判纪要》形式，形成书面文件。故选项A错误。对于违反法律的条款，即使由合同双方达成协议并签了字，也不受法律保障。故选项B错误。双方在合同谈判结束后，应按相关内容和形式形成一个完整的合同文本草案，经双方代表认可后形成正式文件。双方核对无误后，由双方代表草签，至此合同谈判阶段即告结束。故选项C错误。

54. A【解析】网络计划的调整，可以定期进行，亦可根据计划检查的结果在必要时进行。

55. B【解析】目测法的方法可概括为“看、摸、敲、照”四个字。其中，“敲”就是运用敲击工具进行音感检查。例如，对地面工程、装饰工程中的水磨石、面砖、石材饰面等，均应进行敲击检查。

56. D【解析】施工成本可以按成本构成分解为人工费、材料费、施工机具使用费和企业管理费等。

57. C【解析】合同通用条款规定的优先解释顺序有：①协议书（包括补充协议）；②中标通知书；③投标书及其附件；④专用合同条款；⑤通用合同条款；⑥有关的标准、规范及技术文件；⑦图纸；

密封线内不要答题

⑧工程量清单；⑨工程报价单或预算书等。

58. C【解析】建设单位在工程项目施工招投标工作完成后，建设单位申请领取施工许可证之前，应携带有关资料按照分级管理的原则到省直属工程质量安全监督站办理工程质量监督登记手续，填写工程质量监督登记表，并按规定缴纳工程质量监督费用。

59. D【解析】组织措施，分析由于组织的原因而影响项目目标实现的问题，并采取相应的措施，如调整项目组织结构、任务分工、管理职能分工、工作流程组织和项目管理班子人员等。

60. B【解析】施工总承包模式的工作程序是：先进行建设项目的设计，待施工图设计结束后再进行施工总承包招标投标，然后再进行施工。如果采用施工总承包管理模式，施工总承包管理单位的招标可以不依赖完整的施工图，当完成一部分施工图就可对其进行招标。故选项A错误。采用施工总承包模式时，分包单位由施工总承包单位选择，由业主方认可。当采用施工总承包管理模式时，每一个分包人的选择和每一个分包合同的签订都要经过施工总承包管理单位的认可。故选项C错误。施工总承包管理单位有责任对分包人的质量和进度进行控制。故选项D错误。

61. A【解析】当发现工程设计不符合国家颁布的建设工程质量标准或设计合同约定的质量标准时，监理人应当书面报告委托人并要求设计人更正。

62. B【解析】施工组织总设计的编制通常采用如下程序：①收集和熟悉编制施工组织总设计所需的有关资料和图纸，进行项目特点和施工条件的调查研究；②计算主要工种工程的工程量；③确定施工的总体部署；④拟订施工方案；⑤编制施工总进度计划；⑥编制资源需求量计划；⑦编制施工准备工作计划；⑧施工总平面图计划；⑨计算主要技术经济指标。

63. A【解析】工程承包人的主要责任和义务包括承包人应提供总包合同（有关承包合同的价格内容除外）供分包人查阅。

64. A【解析】自由时差是指在不影响其紧后工作最早开始的前提下，该工作可以利用的机动时间。工作M的自由时差为2天，该工作的持续时间延长了4天，则紧后工作的最早开始时间推迟2天，总时差为5天，所以不影响总工期。

65. C【解析】建设工程项目管理信息系统是基于计算机的项目管理的信息系统，主要用于项目的目标控制。

66. B【解析】工期索赔，一般是指承包商非自身的原因导致工期延误向业主提出的工期顺延要求。

67. B【解析】项目管理实施规划应由项目经理组织编制。

68. B【解析】建设工程项目的全面质量管理是指建设工程项目参与各方所进行的工程项目质量管理的总称。

69. D【解析】履约担保书是履约担保的一种形式，是由担保公司或者保险公司开具履约担保书，当承包人在执行合同过程中违约时，开出担保书的担保公司或者保险公司用该项担保金去完成施工任务或者向发包人支付完成该项目所实际花费的金额，但该金额必须在保证金的担保金额之内。

70. B【解析】工程款支付担保的作用在于，通过对业主资金状况进行严格审查并落实各项担保措施，确保工程费用及时支付到位；一旦业主违约，付款担保人将代为履约。发包人要求承包人提供保证向分包人付款的付款担保，可以保证工程款真正支付给实施工程的单位或个人。

二、多项选择题

71. BC【解析】检验批质量验收合格应符合下列规定：①主控项目和一般项目的质量经抽样检验合格；②具有完整的施工操作依据、质量检查记录。

72. ABE【解析】由于施工项目包括很多分部分项工程，不可能也没有必要对每一个分部分项工程都进行成本分析。故选项C错误。分析的方法是进行预算成本、目标成本和实际成本的"三算"对比。故选项D错误。

73. BCDE【解析】建设工程安全事故处理的原则（"四不放过"原则），具体内容如下：事故原因未查清不放过；事故责任人未受到处理不放过；事故责任人和周围群众未受到教育不放过；事故没有制定切实可行的整改措施不放过。

74. ABCE【解析】职业伤害事故按事故造成的人员伤亡或者直接经济损失分为：特别重大事故、重大事故、较大事故、一般事故。

75. CE【解析】劳动作业环境有施工现场的通风、照明、安全卫生防护设施等。地下水位、风力等级属于自然环境；验收程序属于管理环境。

76. ABDE【解析】总时差＝工作的最迟开始时间－最早开始时间，自由时差＝紧后工作最早开始时间－最早完成时间。

77. BD【解析】建筑业通常倾向于采用有条件的保函。故选项A错误。履约担保书由担保公司或者保险公司开具。故选项C错误。履约保证金额取决于担保项目的类型与规模。故选项E错误。

78. ACD【解析】在国际上业主方工程建设物资采购有多种模式，即：①业主方自行采购；②与承包商约定某些物资为指定供应商；③承包商采购等。

79. AE【解析】由图中可知，第4周检查时工作A、B均拖后1周，工作A处于关键线路。所以影响总工期1周，工作B的自由时差已用完，虽不处于关键线路，但对工期有影响。第10周检查时，$D—E$和$E—H$线路均有提前，但是无法确定具体哪项工作提前。$F—I$进度正常，但实际进度未必正常。

80. AC【解析】S形曲线是包括在全部工作按最早开始时间开始和全部工作都按最迟必须开始时间开始的曲线所组成的"香蕉图"内。一般而言，所有工作都按最迟开始时间开始，对节约资金贷款利息是有利的，但同时也降低了项目按期竣工的保证率。

81. BDE【解析】DAB的成员不应是合同任何一方的代表，任命有3种方式：常任、特聘、工程师兼任。采用DAB方式解决争端的优点如下：①DAB委员可以在项目开始时就介入项目，了解项目管理情况及存在的问题。②DAB委员公正性、中立性规定通常情况下可以保证他们的决定不带有任何主观倾向或偏见。DAB的委员有较高的业务素质和实践经验，特别是具有项目施工方面的丰富经验。③周期短，可以及时解决争议。④DAB的费用较低。⑤DAB委员是发包人和承包人自己选择。⑥DAB提出的裁决不是强制性的，不具有终局性。

82. CDE【解析】建设工程项目管理规划涉及项目的整个实施阶段。故选项A错误。建设工程项目管理规划必须随着情况的变化而进行动态调整。故选项B错误。

83. ACE【解析】沿工地四周连续设置围挡，市区主要道路和其他涉及市容景观路段的工地围挡的高度不低于2.5 m，其他工地的围挡高度不低于1.8m。故选项B错误。施工现场设置排水系统，严禁泥浆、污水、废水外流或堵塞下水道和排水河道。故选项D错误。

84. AD【解析】技术措施，分析由于技术（设计和施工的技术）的原因而影响项目目标实现的问题，并采取相应的措施，如调整设计、改进施工方法和改变施工机具等。

85. AB【解析】施工组织总设计的编制顺序中有些顺序不可逆转，即：①拟定施工方案后才可编制施工总进度计划；②编制施工总进度计划后才可编制资源需求量计划。

86. BD【解析】在《建设工程施工合同（示范文本）》（GF—1999—0201）的词语定义与解释中，对工程师做了专门定义，明确为工程监理单位委派的总监理工程师或发包人指定的履行合同的代表，其具体身份和职权由发包人和承包人在专用条款中约定。

87. ABCE【解析】施工成本控制的主要依据有：工程承包合同、施工成本计划、进度报告、工程变更。

88. BCE【解析】施工企业承揽业务中的不良行为包括：①利用向发包单位及其工作人员行贿，提供回扣或者给予其他好处等不正当手段承揽的；②相互串通投标或者与招标人相互串通的，以向招标人或者评标委员会成员行贿的手段谋取中标的；③以他人名义投标或者以其他方式弄虚作假，骗取中标的；④不按照与招标人订立的合同履行义务，情节严重的；⑤将承包的工程转包或者违法分包的。

89. CD【解析】根据《建设工程项目管理规范》（GB/T50326—2006），项目经理应具有下列权限：①参与项目招标、投标和合同签订；②参与组建项目经理部；③主持项目经理部工作；④决定项目授权范围内的项目资金的投入和使用；⑤制定内部计酬办法；⑥参与选择并使用具有相应资质的分包人；⑦参与选择物资供应单位；⑧在授权范围内协调与项目有关的内、外部关系；⑨法定代表人授予的其他权利。

90. ACE【解析】建设工程项目信息中技术类信息有：前期技术信息、设计技术信息、质量控制信息、材料设备技术信息、施工技术信息和竣工验收技术信息。选项B属于管理类信息，选项D属于经济类信息。

91. BCD【解析】建设单位和监理单位应组织设计单位向所有的施工实施单位进行详细的设计交底，使实施单位充分理解设计意图，了解设计内容和技术要求，明确质量控制的重点与难点。

92. ACE【解析】工程建设监理规划一般包括以下内容：建设工程概况、监理工作范围、监理工作内容、监理工作目标、监理工作依据、项目监理机构的组织形式、项目监理机构的人员配备计划、项目监理机构的人员岗位职责、监理工作程序、监理工作方法及措施、监理工作制度、监理设施。

93. ACD【解析】工程师对索赔文件的审核是索赔的工作内容之一。故选项B错误。反索赔工作包括两个方面：一是防止对方提出索赔，二是反击或反驳对方的索赔。故选项E错误。

94. CDE【解析】建设工程进度控制的经济措施涉及资金需求计划、资金供应的条件和经济奖励措施等。

95. ABDE【解析】总进度纲要的主要内容包括：项目实施的总体部署、总进度规划、各子系统进度规划、确定里程碑事件的计划进度目标、总进度目标实现的条件和应采取的措施。

96. ADE【解析】直方图法的主要用途有：①整理统计数据，了解统计数据的分布特征，即数据分布的集中或离散状况，从中掌握质量能力状态；②观察分析生产过程质量是否处于正常稳定和受控制状态，以及质量水平是否保持在公差允许的范围内。

97. CD【解析】施工质检员应是具有“检查”的职能。故选项A错误。项目管理职能分工表应针对各项管理工作进行编制，包括投资控制、进度控制、质量控制、合同管理、信息管理的等。故选项B错误。在项目的进展过程中，应视必要对工作任务分工进行调整，项目管理班子的职能分工也应根据需要进行调整。故选项E错误。

98. ABD【解析】涉及深基坑、地下暗挖工程、高大模板工程的专项施工方案，施工单位还应当组织专家进行论证、审查。

99. ABDE【解析】对业主而言，成本加酬金合同有一定的优点，如：①可以通过分段施工缩短工期，而不必等待所有施工图完成才开始招标和施工；②可以减少承包商的对立情绪，承包商对工程变更和不可预见条件的反应会比较积极和快捷；③可以利用承包商的施工技术专家，帮助改进或弥补设计中的不足；④业主也可以根据自身力量和需要，较深入地介入和控制工程施工和管理；⑤也可以通过确定最大保证价格约束工程成本不超过某一限值，从而转移一部分风险。

100. ABC【解析】建设工程管理工作是一种增值服务工作，其核心任务是为工程的建设和使用增值。业主方的项目管理工作涉及项目实施阶段的全过程。项目立项是项目决策的标志，决策阶段管理工作的主要任务是确定项目的定义。建造师的业务范围并不限于项目实施阶段的工程项目管理工作，还包括项目决策的管理和项目使用阶段的物业管理工作。故选项D错误。施工方的项目管理不能认为其只是施工企业对项目的管理，施工企业委托工程项目管理咨询公司对项目管理的某个方面提供的咨询服务也属于施工方项目管理的范畴。故选项E错误。

《建设工程项目管理》押题模拟试卷（一）

一、单项选择题

1. D【解析】建设工程项目管理的时间是项目实施阶段。故选项A错误。建设工程管理的时间是项目的全寿命周期。故选项B错误。建设工程管理的核心任务是为工程的建设和使用增值。故选项C错误。

2. A【解析】进度绩效指数（SPI）＝已完工作预算费用（$BCWP$）÷计划工作预算费用（$BCWS$），当进度绩效指数（SPI）＜1时，表示进度延误，即实际进度比计划进度慢；当进度绩效指数（SPI）＞1时，表示进度提前，即实际进度比计划进度快。

3. A【解析】建设工程设计质量控制首先要保证设计方案的技术经济合理性、先进性和实用性，满足业主所提出的各项功能要求。

4. C【解析】处置分纠偏和预防两个步骤。前者是采取应急措施，解决当前的质量问题；后者是信息反馈管理部门，反思问题症结或计划时的不周，为今后类似问题的质量预防提供借鉴。

5. C【解析】与施工总承包模式相比，可以提前开工，缩短建设周期。“费率招标”实质上是开口合同，对业主方的合同管理和投资控制十分不利。故选项A错误。施工总承包管理模式下，一般情况下，所有分包合同的招标投标、合同谈判以及签约工作均由业主负责，业主方的招标及合同管理工作量较大。故选项B错误。一般要等施工图设计全部结束后，业主才进行施工总承包的招标，因此，开工日期不可能太早，建设周期会较长。这是施工总承包模式的最大缺点，限制了其在建设周期紧迫的建设工程项目上的应用。故选项D错误。

6. D【解析】处置阶段中，对于质量检查所发现的质量问题或质量不合格，及时进行原因分析，采取必要的措施予以纠正，保持质量形成的受控状态。

7. B【解析】建筑分项工程应按主要工种、材料、施工工艺、设备类别等进行划分。

8. C【解析】在质量管理原则中，管理的系统方法将相互关联的过程作为系统加以识别、理解和管理，有助于组织提高实现其目标的有效性和效率。即采用过程网络的方法建立质量管理体系，实施系统管理。

9. A【解析】建筑施工企业因暂时生产经营困难无法按劳动合同约定的日期支付工资的，应当向劳动者说明情况，并经与工会或职工代表协商一致后，可以延期支付工资，但最长不得超过30日。超过30日不支付劳动者工资的，属于无故拖欠工资行为。

10. A【解析】总承包单位依法将建设工程分包给其他单位的，分包单位应当按照分包合同的约定对其分包工程的质量向总承包单位负责。

11. D【解析】工作A的最迟完成时间＝工作A紧后工作最迟开始时间的最小值＝min（27，33）＝27（天）；工作A的总时差＝工作A的最迟完成时间－工作A的最早完成时间＝27－（10＋6）＝11（天）；计算工作A的自由时差＝min（工作A的紧后工作最早开始时间－工作A的最早完成时间）＝min（10，15）＝10（天）。

12. D【解析】在该双代号网络图中，可以看出节点编号无误，只有一个起点，符合绘图规则要求。故选项A、C错误。由于没有说明，故不能笼统判断该双代号网络图中逻辑关系正确与否。故选项B错误。

13. B【解析】施工成本计划的编制依据包括：①投标报价文件；②企业定额、施工预算；③施工组织设计或施工方案；④人工、材料、机械台班的市场价；⑤企业颁布的材料指导价、企业内部机械台班价格、劳动力内部挂牌价格；⑥周转设备内部租赁价格、摊销损耗标准；⑦已签订的工程合同、分包合同（或估价书）；⑧结构件外加工计划和合同；⑨有关财务成本核算制度和财务历史资料；⑩施工成本预测资料；⑪拟采取的降低施工成本的措施；⑫其他相关资料。

14. C【解析】建设单位应当自建设工程竣工验收合格之日起15日内，向工程所在地的县级以上地方人民政府建设主管部门备案。

15. A【解析】仲裁、调解、诉讼、协商均是解决争议的方式，但协商与调解不具备对当事人的最终约束力，诉讼相对仲裁，耗时长，费用高，因此一般以仲裁作为解决争议的方式。

16. D【解析】建设工程项目管理的内涵是：自项目开始至项目完成，通过项目策划和项目控制，以使项目的费用目标、进度目标和质量目标得以实现。

17. A【解析】事故的发生是两类危险源共同作用的结果，第一类危险源是事故发生的前提，第二类危险源的出现是第一类危险源导致事故的必要条件。第一类危险源是事故的主体，决定事故的严重程度，第二类危险源出现的难易，决定事故发生的可能性的大小。

18. C【解析】设计方作为项目建设的一个参与方，其项目管理主要服务于项目的整体利益和设计方的本身利益。

19. B【解析】建筑工程安全生产管理必须坚持安全第一，预防为主的方针，建立和健全安全生产的责任制度和群防群治制度。

20. A【解析】单位工程竣工成本分析的内容包括：①竣工成本分析；②主要资源节超对比分析；③主要技术节约措施及经济效果分析。通过以上分析，可以全面了解单位工程的成本构成和降低成本的来源。

21. D【解析】施工方是项目管理的参与方，其项目管理主要服务于项目的整体利益和设计本身的利益。

22. C【解析】工作C后有工作E、F两项紧后工作，其最迟开始时间分别为12天、13天，逆向箭线取最小值，因此，工作C的最迟开始时间＝工作C的最迟完成时间－工作C的持续时间＝12－4＝8（天）。

23. A【解析】工程总承包项目管理的主要内容应包括：①项目启动，任命项目经理，组建项目部，进行项目策划并编制项目计划；②实施设计管理，采购管理，施工管理，试运行管理；③进行项目范围管理，进度管理，费用管理，设备材料管理，资金管理，质量管理，安全、职业健康和环境管理，人力资源管理，风险管理，沟通与信息管理，合同管理，现场管理，项目收尾等。

24. B【解析】直方图的分布形状及分布区间宽窄是由质量特性统计数据的平均值和标准偏差所决定。

25. B【解析】从时标网络图中工作E后面直至终点的2条线路来看，工作E的总时差为1周。如果工作E实际进度延误4周，则会对原基础工程施工进度计划的工期影响：4－1＝3（周）。

26. A【解析】事中质量控制又称作业活动过程质量控制，是指质量活动主体的自我控制和他人监控的控制方式。自我控制是第一位的，他人监控是指作业者的质量活动过程和结果，接受来自企业内部管理者和来自企业外部有关方面的检查检验。

27. B【解析】建设项目工程总承包的主要意义并不在于总价包干和“交钥匙”，其核心是通过设计与施工过程的组织集成，促进设计与施工的紧密结合，以达到为项目建设增值的目的。

28. D【解析】建设项目业主方进度控制的任务是依据设计任务委托合同对设计工作进度的要求控制设计工作进度。选项A属于设计方进度控制的任务，选项B属于施工方进度控制的任务，选项C属于供货方进度控制的任务。

29. A【解析】建设工程项目结构图描述的是工作对象之间的关系。

30. B【解析】施工组织设计的编制原则包括：①重视工程的组织对施工的作用；②提高施工的工业化程度；③重视管理创新和技术创新；④重视工程施工的目标控制；⑤积极采用国内外先进的施工技术；⑥充分利用时间和空间，合理安排施工顺序，提高施工的连续性和均衡性；⑦合理部署施工现场，实现文明施工。

31. D【解析】分部分项工程成本分析的对象是已完成分部分项工程。分部分项工程成本分析是施工项

目成本分析的基础。

32. A【解析】质量控制是质量管理的一部分。故选项 B 错误。质量管理就是建立和确定质量方针、质量目标及职责，并在质量管理体系中通过质量策划、质量控制、质量保证和质量改进等手段来实施和实现全部质量管理职能的所有活动。故选项 C、D 错误。

33. C【解析】项目结构图是一个组织工具，通过树状图的方式对一个项目的结构进行逐层分解，以反映组成该项目的所有工作任务。

34. A【解析】组织措施，分析由于组织的原因而影响项目目标实现的问题，并采取相应的措施，如调整项目组织结构、任务分工、管理职能分工、工作流程组织和项目管理班子人员等。

35. B【解析】安全检查表（SCL）实际上就是实施安全检查和诊断项目的明细表。它的优点是简单易懂，容易掌握，可以事先组织专家编制检查项目，使安全检查做到系统化、完整化。缺点是只能做出定性评价。

36. D【解析】信息指的是用口头的方式、书面的方式或电子的方式传递的知识、新闻或可靠的或不可靠的情报。

37. B【解析】施工成本管理就是在保证工期和满足质量要求的前提下，利用组织措施、经济措施、技术措施、合同措施把成本控制在计划范围内，并进一步寻求最大限度的成本节约。

38. A【解析】作业活动结束，先是自己检查再相互检查，最后由专业人员检查。

39. B【解析】组织分工反映了一个组织系统中各子系统或各元素的工作任务分工和管理职能分工。组织分工是一种相对静态的组织关系。

40. C【解析】评标分为评标的准备、初步评审、详细评审、编写评标报告等过程，其核心是详细评审。

41. B【解析】安全检查的注意事项包括：安全检查要深入基层；建立检查的组织领导机构；做好检查的各项准备工作；明确检查的目的和要求；把自查与互查有机结合起来；坚持查改结合；建立检查档案；根据用途和目的具体确定安全检查表的种类。

42. A【解析】监理单位是建筑市场的主体之一，建设监理是一种高智能的有偿技术服务。在国际上把这类服务归为工程咨询（工程顾问）服务。

43. C【解析】在建设工程项目总进度目标论证时，往往还没有掌握比较详细的设计资料，也缺乏比较全面的有关工程发包的组织、施工组织和施工技术等方面的资料，以及其他有关项目实施条件的资料，因此，总进度目标论证并不是单纯的总进度规划的编制工作，涉及许多工程实施的条件分析和工程实施策划方面的问题。

44. A【解析】使用功能的质量特性，工程项目的功能性质量，主要表现为反映项目使用功能需求的一系列特性指标，如房屋建筑工程的平面空间布局、通风采光性能；工业建筑工程的生产能力和工艺流程；道路交通工程的路面等级、通行能力等。

45. A【解析】组织是目标能否实现的决定性因素，为实现项目的进度目标，应充分重视健全项目管理的组织体系，在项目组织结构中应有专门的工作部门和符合进度控制岗位资格的专人负责进度控制工作。

46. C【解析】大型建设工程项目的一级工作任务目录，将整个项目划分成若干个子系统；二级工作任务目录，将每一个子系统分解为若干个子项目；三级工作任务目录，将每一个子项目分解为若干个工作项。

47. C【解析】建设工程项目进度控制的技术措施涉及对实现进度目标有利的设计技术和施工技术的选用。

48. D【解析】建设工程项目质量控制体系根据工程项目管理的实际需要而建立，随着建设工程项目的完成和项目管理组织的解体而消失，因此，是一个一次性的质量控制工作体系，不同于企业的质量管理体系。

49. B【解析】事前质量预控要求针对质量控制对象的控制目标、活动条件、影响因素进行周密分析，找出薄弱环节，制定有效的控制措施和对策。故选项 B 错误。

50. A【解析】横道图法具有形象、直观、一目了然等优点，它能够准确表达出费用的绝对偏差，而且能一眼感受到偏差的严重性。但这种方法反映的信息量少，一般在项目的较高管理层应用。

51. A【解析】总时差是指不影响总工期的前提下，本工作可以利用的机动时间；自由时差是指不影响其紧后工作最早开始时间的前提下，本工作可以利用的机动时间。

52. B【解析】在线性组织结构中，每一个工作部门只能对其直接的下属工作部门下达工作指令，每一个工作部门也只有一个直接的上级部门，因此，每一个工作部门只有唯一的指令源，避免了由于矛盾的指令而影响组织系统的运行。

53. C【解析】规避，采取恰当的措施避免质量风险的发生。例如：依法进行招标投标，慎重选择有资质、有能力的项目设计、施工、监理单位，避免因这些质量责任单位选择不当而发生质量风险；正确进行项目的规划选址，避开不良地基或容易发生地质灾害的区域等。

54. C【解析】进度目标分析和论证目的是论证进度目标是否合理和进度目标是否可能实现。进度控制的目的是通过控制以实现工程的进度目标。

55. D【解析】职业健康安全管理体系的核心要素包括：职业健康安全方针；对危险源辨识、风险评价和风险控制的策划；法规和其他要求；目标；结构和职责；职业健康安全管理方案；运行控制；绩效测量和监视；审核；管理评审。

56. D【解析】持续改进机制，在项目实施的各个阶段，不同的层面、不同的范围和不同的质量责任主体之间，应用 PDCA 循环原理，即计划、实施、检查和处置不断循环的方式展开质量控制，同时注重抓好控制点的设置，加强重点控制和例外控制，并不断寻求改进机会、研究改进措施，才能保证建设工程项目质量控制系统的不断完善和持续改进，不断提高质量控制能力和控制水平。

57. B【解析】施工成本控制是指在施工过程中，对影响施工成本的各种因素加强管理，并采取各种有效措施，将施工中实际发生的各种消耗和支出严格控制在成本计划范围内，随时揭示并及时反馈，严格审查各项费用是否符合标准，计算实际成本和计划成本之间的差异并进行分析，进而采取多种措施，消除施工中的损失浪费现象。

58. C【解析】工程项目风险管理过程中，项目风险识别的工作程序包括：①收集与项目风险有关的信息；②确定风险因素；③编制项目风险识别报告。

59. A【解析】在受自然地域环境限制的情形中，工程项目经批准可以进行邀请招标。

60. D【解析】业主方和项目各参与方，如工程管理咨询单位、设计单位、施工单位和供货单位等都有各自的工作流程组织的任务。题中的建筑施工企业的项目组织结构图反映了项目经理和相关工作部门人员的组织关系。

61. B【解析】合同实施偏差分析的内容包括：①产生偏差的原因分析；②合同实施偏差的责任分析；③合同实施趋势分析。

62. D【解析】直方图的分布形状及分布区间宽窄是由质量特性统计数据的平均值和标准偏差所决定的。

63. B【解析】施工项目总成本降低率是成本计划的质量指标，计算方法有：①设计预算成本计划降低率＝设计预算总成本计划降低额÷设计预算总成本；②责任目标成本计划降低率＝责任目标总成本计划降低额÷责任目标总成本。

64. B【解析】对中型及中型以上或专业性较强的工程项目，项目监理机构应编制工程建设监理实施细则，工程建设监理实施细则应在工程施工开始前编制完成，并必须经总监理工程师批准。

65. C【解析】选项 A 属于冗余安全度治理原则，选项 B 属于单项隐患综合治理原则，选项 D 属于动态治理原则。

66. D【解析】按现行施工管理制度规定，工地现场安装的危险性较大的起重机械设备安装完毕，必须经专业管理部门验收合格方能使用。

67. C【解析】项目全寿命管理中，项目决策阶段的管理被称为开发管理。

68. B【解析】工作流程组织包括：①管理工作流程组织，如投资控制、进度控制、合同管理、付款和设计变更等流程；②信息处理工作流程组织，如与生成月度进度报告有关的数据处理流程；③物质流程组织，如钢结构深化设计工作流程，外立面施工工作流程等。

69. D【解析】成本加酬金合同，是指成本费按承包人的实际支出由发包人支付，发包人同时另外向承包人支付一定数额或百分比的管理费和商定的利润的合同方式。

70. A【解析】施工安全控制的程序包括：①确定每项具体建设工程项目的安全目标；②编制建设工程项目安全技术措施计划；③安全技术措施计划的落实和实施；④安全技术措施计划的验证；⑤持续改进。

二、多项选择题

71. ACE【解析】选项 B 属于材料费的内容，选项 D 属于施工措施费的内容。

72. ABE【解析】风险管理属于进度控制管理措施的范畴。故选项 C 错误。应分析是否存在设计技术的影响因素，为实现进度目标有无设计变更的可能性。故选项 D 错误。

73. ABE【解析】竞争性成本计划带有成本战略的性质，是施工项目投标阶段商务标书的基础，而有竞争力的商务标书又是以其先进合理的技术标书为支撑的。因此，它奠定了施工成本的基本框架和水平；指导性成本计划和实施性成本计划，都是战略性成本计划的进一步开展和深化，是对战略性成

本计划的战术安排。故选项C、D错误。

74. BCD【解析】建设工程项目质量控制系统的运行环境，主要是指以下三方面为系统运行提供支持管理关系、组织制度和资源配置的条件：①建设工程的合同结构；②质量管理的资源配置；③质量管理的组织制度。

75. ACD【解析】工程监理人员认为工程施工不符合设计要求、施工技术标准和合同约定的，有权要求建筑施工企业改正。选项B、E分别是监理项目，机构开展监理工作的纲领性文件和指导性文件。

76. BCD【解析】业主方进度控制的任务是控制整个项目实施阶段的进度，包括：控制设计准备阶段的工作进度、设计工作进度、施工进度、物资采购进度及项目动用之前准备阶段的工作进度。

77. AE【解析】题中单代号网络计划线路长度分别为19天，16天，17天，14天，19天，故选项A、E所列线路持续时间最长，①—②—④—⑤—⑧和①—③—⑥—⑦—⑧为关键线路。

78. ACDE【解析】担保的额度为工程合同价总额的20%～25%。

79. DE【解析】选项A、B是质量控制点重点控制的对象，不是设置质量控制点的原则，选项C也不是确定质控点的原则，是干扰项。

80. BCDE【解析】单代号搭接网络计划图的绘图原则有：①单代号网络图必须正确表达已确定的逻辑关系；②不允许出现循环回路；③不能出现双向箭头或无箭头的连线；④不能出现没有箭尾节点的箭线和没有箭头节点的箭线；⑤箭线不宜交叉，当交叉不可避免时，可采用过桥法或指向法绘制；⑥只应有一个起点节点和一个终点节点。

81. BCE【解析】网络计划一定有关键线路。故选项A错误。D网络计划修改后会出现关键线路的转移。故选项D错误。

82. ACDE【解析】TQC的主要特点有：以顾客满意为宗旨；领导参与质量方针和目标的制定；提倡预防为主、科学管理、用数据说话等。

83. ABCD【解析】建设工程项目信息管理的任务是实现有序的和科学的信息管理，各方应编制各自的信息管理手册，规范信息管理工作。信息管理部门的主要任务是：负责编制信息管理手册；负责协调和组织各部门信息处理工作；负责信息处理工作平台的建立和维护；负责档案管理等。信息管理的核心手段是基于网络的信息处理平台。

84. ABCD【解析】在一般的意义上，人力资源管理的工作步骤除选项A、B、C、D外，还包括：通过招聘增补员工；通过解聘减少员工；进行人员甄别，确定和选聘有能力的员工；形成能适应组织和不断更新技能与知识的能干的员工；员工的业务提高和发展。

85. BCE【解析】在双代号网络图中，为了正确地表达图中工作之间的逻辑关系，往往需要应用虚箭线。虚箭线是实际工作中并不存在的一项虚设工作，既不占用时间，也不消耗资源，一般起着工作之间的联系、区分和断路三个作用。

86. ACDE【解析】核心要素包括：职业健康安全方针；对危险源辨识、风险评价和控制措施的确定；法律法规和其他要求；目标和方案；资源、作用、职责、责任和权限；合规性评价；运行控制；绩效测量和监视；内部审核；管理评审。选项B属于辅助性要素。

87. BCE【解析】比率法是施工成本分析的基本方法，常用的有相关比率法、构成比率法和动态比率法。

88. ACD【解析】事中质量控制的目标是确保工序质量合格，杜绝质量事故发生；控制的关键是坚持质量标准；控制的重点是工序质量、工作质量和质量控制点的控制。

89. ACD【解析】文明施工的规定包括：个人岗位责任制、经济责任制、安全检查制度、持证上岗制度、奖惩制度、竞赛制度和各项专业管理制度等。

90. ACD【解析】详细评审是评标的核心，是对标书进行实质性审查，包括技术评审和商务评审。其中，技术评审主要是对投标书的技术方案、技术措施、技术手段、技术装备、人员配备、组织结构、进度计划等的先进性、合理性、可靠性、安全性、经济性等进行分析评价。选项B、E属于商务评审内容。

91. AB【解析】施工单位中标后与建设工程项目招标人进行合同谈判后达到一致的内容，应以合同补遗和会议纪要确定下来作为合同的附件。

92. ACDE【解析】工程合同的付款分四个阶段进行，即预付款、工程进度款、最终付款和退还保留金。

93. AD【解析】劳务报酬最终支付，在全部工作完成后，经工程承包人认可后14天内，劳务分包人向工程承包人递交完整的结算资料，双方按照本合同约定的计价方式，进行劳务报酬的最终支付。

94. ABCD【解析】产生费用偏差的原因包括：物价上涨、设计原因、业主原因、施工原因和客观原因。

95. ABE【解析】成本加固定费用合同适用在工程总成本一开始估计不准，可能变化不大的情况；成本加固定比例费用合同，一般在工程初期很难描述工作范围和性质，或工期紧迫，无法按常规编制招标文件招标时采用；在招标时，当图纸、规范等准备不充分，不能据以确定合同价格，而仅能制定一个估算指标时可采用成本加奖金合同。

96. BD【解析】合规性评价分公司级和项目级评价两个层次进行。故选项A错误。公司级评价每年进行一次。故选项C错误。项目组级合规性评价次数至少进行一次，视项目实施阶段的施工时间长短而定。故选项E错误。

97. ACD【解析】发包人的责任与义务最主要的有：①图纸的提供和交底；②对化石、文物的保护；③出入现场的权利；④场外交通；⑤场内交通；⑥许可或批准；⑦提供施工现场；⑧提供施工条件；⑨提供基础资料；⑩资金来源证明及支付担保；⑪支付合同价款；⑫组织竣工验收；⑬现场统一管理协议。选项B、E属于承包人的义务。

98. BDE【解析】施工成本分析就是根据会计核算、业务核算和统计核算提供的资料，对施工成本的形成过程和影响成本升降的因素进行分析。会计核算主要是价值核算，具有连续性、系统性、综合性的特点；业务核算是各业务部门根据业务工作的需要而建立的核算制度，其范围比会计核算、统计核算广，会计和统计核算一般是对已经发生的经济活动进行核算，而业务核算，对已经发生的以及尚未发生的或正在发生的经济活动进行核算。

99. CD【解析】选项A属于组织措施，选项B属于技术措施，选项E属于合同措施。

100. ACDE【解析】资质不良包括：未取得资质证书承揽工程的，或超越本单位资质等级承揽工程的；以欺骗手段取得资质证书承揽工程的；允许其他单位或个人以本单位名义承揽工程的；未在规定期限内办理资质变更手续的；涂改、伪造、出借、转让《建筑企业资质证书》；按照国家规定需要持证上岗的技术工种的作业人员未经培训、考核，未取得证书上岗，清洁严重。选项B属于承揽业务不良行为。

《建设工程项目管理》押题模拟试卷（二）

一、单项选择题

1. C【解析】工程建设增值包括：确保工程建设安全、提高工程质量、有利于投资（成本）控制、有利于进度控制。选项A、B、D属于工程使用增值。

2. A【解析】由于建设工程项目大量数据处理的需要，在当今的时代应重视利用信息技术的手段进行信息管理。其核心的手段是基于互联网的信息处理平台。

3. D【解析】建设工程项目质量控制体系，一般形成多层次、多单元的结构形态，这是由其实施任务的委托方式和合同结构所决定的。

4. D【解析】已标价工程量清单中有适用于变更工程项目的，采用该项目的单价；但当工程变更导致该清单项目的工程数量发生变化，且工程量偏差超过15%，此时，调整的原则为：当工程量增加15%以上时，其增加部分的工程量的综合单价应予调低；当工程量减少15%以上时，减少后剩余部分的工程量的综合单价应予调高。

5. B【解析】在履行合同过程中发生的下列情形，属发包人违约：①发包人未能按合同约定支付预付款或合同价款，或拖延、拒绝批准付款申请和支付凭证，导致付款延误的；②发包人原因造成停工的；③监理人无正当理由没有在约定期限内发出复工指示，导致承包人无法复工的；④发包人无法继续履行或明确表示不履行或实质上已停止履行合同的；⑤发包人不履行合同约定其他义务的。

6. B【解析】施工项目成本核算所提供的各种成本信息，是成本预测、成本计划、成本控制、成本分析和成本考核等各个环节的依据。

7. B【解析】业主方项目管理服务于业主的利益，其项目管理的目标包括项目的投资目标、进度目标和质量目标。其中投资目标指的是项目的总投资目标。进度目标指的是项目动用的时间目标，也即项目交付使用的时间目标，如工厂建成可以投入生产、道路建成可以通车、办公楼可以启用、旅馆可以开业的时间目标等。

8. B【解析】工程变更索赔：由于发包人或工程师指令修改设计、增加或减少工程量、增加或删除部分工程、修改实施计划、变更施工次序，造成工期延长和费用损失，承包人对此提出索赔。

9. A【解析】统计核算的计量尺度比会计核算宽，可以用货币计算，也可以用实物或劳动量计量。

10. A【解析】对于依法批准开工报告的建设工程，建设单位应当自开工报告批准之日起15日内，将保证安全施工的措施报送建设工程所在地的县级以上人民政府建设行政主管部门或者其他有关部门备案。

11. D【解析】除专用合同条款另有约定外，工程隐蔽部位经承包人自检确认具备覆盖条件的，承包人应在共同检查前48小时书面通知监理人检查，通知中应载明隐蔽检查的内容、时间和地点，并应附

密封线内不要答题

密封线内不要答题

有自检记录和必要的检查资料。

12. B【解析】项目的信息管理是通过对各个系统、各项工作和各种数据的管理，使项目的信息能方便和有效地获取、存储、存档、处理和交流。

13. A【解析】建设工程项目环境管理的目的是保护生态环境，使社会的经济发展与人类的生存环境相协调。

14. B【解析】职能型组织结构的最大缺点是每个职能人员都有指挥权，妨碍了组织必要的集中领导和统一指挥，形成了多头领导，导致基层无所适从，造成管理的混乱。

15. B【解析】建设工程项目的总进度目标指的是整个项目的进度目标，是在项目决策阶段项目定义时确定的，建设工程项目总进度目标的控制是业主方项目管理的任务。

16. D【解析】总时差是指不影响总工期的前提下，本工作可以利用的机动时间；自由时差是指不影响其紧后工作最早开始时间的前提下，本工作可以利用的机动时间。

17. A【解析】建设工程文明施工的组织要求，施工现场应成立以项目经理为第一责任人的文明施工领导小组，分包单位应服从总包单位的安全管理和文明施工的要求。

18. A【解析】用赢得值法进行费用、进度综合分析控制，基本参数有三项，即已完工作预算费用、计划工作预算费用和已完工作实际费用。进度绩效指数（*SPI*）＝已完工作预算费用（*BCWP*）÷计划工作预算费用（*BCWS*）。当进度绩效指数（*SPI*）＜1时，表示进度延误，即实际进度比计划进度拖后；当进度绩效指数（*SPI*）＞1时，表示进度提前，即实际进度比计划进度快。费用绩效指数（*CPI*）＝已完工作预算费用（*BCWP*）÷已完工作实际费用（*ACWP*）。当费用绩效指数（*CPI*）＜1时，表示超支，即实际费用高于预算费用；当费用绩效指数（*CPI*）＞1时，表示节支，即实际费用低于预算费用。

19. D【解析】建设工程项目进度计划系统是由多个相互关联的进度计划组成的系统，是项目进度控制的依据。

20. C【解析】施工现场垃圾渣土要及时清理出现场；高大建筑物清理施工垃圾时，要使用封闭式的容器或者采取其他措施处理高空废弃物，严禁凌空随意抛撒。

21. B【解析】根据《建设工程质量管理条例》，保修期间因施工安装单位的施工和安装质量原因造成的问题，由原施工单位负责保修及承担费用。

22. A【解析】大、中型工程项目施工的项目经理必须由取得建造师注册证书的人员担任，但取得建造师注册证书的人员是否担任工程项目施工的项目经理，由企业自主决定。故选项B错误。建造师是一种专业人士的名称，而项目经理是一个工作岗位的名称。故选项C错误。取得建造师执业资格的人员表示其知识和能力符合建造师执业的要求，但其在企业中的工作岗位则由企业视工作需要和安排而定。故选项D错误。

23. B【解析】根据《安全生产法》的规定，建设项目的安全措施必须与主体工程同时设计、同时施工、同时投入生产和使用。安全设施投资应当纳入建设项目概算。

24. D【解析】合同收尾工作包括：取得合同目标考核证书，办理决算手续，清理各种债权债务；缺陷通知期限满后取得履约证书。选项A、B属于项目管理收尾阶段的内容，选项C属于试运行阶段的内容。

25. D【解析】局部成本偏差包括按项目的月度（或周、天等）核算成本偏差、按专业核算成本偏差以及按分部分项作业核算成本偏差等，累计成本偏差是指已完工程在某一时间点上实际总成本与相应的计划总成本的差异。故选项A错误。施工成本分析是在施工成本核算的基础上，对成本的形成过程和影响成本升降的因素进行分析。故选项B错误。成本偏差分为局部成本偏差和累计成本偏差。故选项C错误。

26. D【解析】施工作业交底是最基层的技术和管理交底活动，施工总承包方和工程监理机构都要对施工作业交底进行监督。

27. C【解析】第一次替代产量因素，以520m³代替500m³，则520×660×（1+5%）＝360360（元）；第二次替代单价因素，以680元代替660元，则520×680×（1+5%）＝371280（元）；第三次替代损耗率因素，以3%替代5%，则520×680×（1+3%）＝364208（元）。损耗率下降使成本减少：364208－371280＝－7072（元）。

28. D【解析】内部审核是组织对其自身的管理体系进行的审核，是对体系是否正常进行及是否达到规定的目标所做的独立的检查和评价，是管理体系自我保证和自我监督的一种机制。

29. C【解析】题中有①、⑥两个起点节点。

30. C【解析】当两个或两个以上的延误事件从发生到终止只有部分时间重合时，称为交叉延误。交叉延误的补偿分析更加复杂。

31. A【解析】关键工作可能在非关键线路上。故选项B错误。关键线路上可能出现虚工作。故选项C错误。关键线路上的总时差最小，当计划工期等于计算工期是，总时差为0。故选项D错误。

32. B【解析】《建设工程项目管理规范》（GB/T 50326—2006）规定：①项目管理规划大纲应由组织的管理层或委托的项目管理单位编写；②项目管理实施规划由项目经理组织编制。

33. D【解析】对于不可辞退的工人，索赔人工窝工费，应按人工工日成本计算；对于可以辞退的工人，可索赔人工上涨费；自有机械窝工费一般按台班折旧费索赔，租赁机械一般按实际租金和调进调出的分摊费计算；由于全面停工，可索赔增加的工地管理费。现场管理费可按日计算，也可按直接成本的百分比计算。

34. C【解析】进度控制的目的是通过控制以实现工程的进度目标。

35. D【解析】履约担保的有效期始于工程开工之日，终止日期则可以约定为工程竣工交付之日或者保修期满之日。

36. C【解析】坚持质量管理者深入生产第一线，掌握第一手资料，才能形成有效的质量信息反馈机制。故选项C错误。

37. D【解析】建设工程项目的调查研究和收集资料包括：①了解和收集项目决策阶段有关项目进度目标确定的情况和资料；②收集与进度有关的该项目组织、管理、经济和技术资料；③收集类似项目的进度资料；④了解和调查该项目的总体部署；⑤了解和调查该项目实施的主客观条件等。

38. B【解析】施工成本计划的编制以成本预测为基础，关键是确定目标成本。

39. A【解析】组织结构模式可用组织结构图来描述，是一个重要的组织工具，反映一个组织系统中各组成部门（组成元素）之间的组织关系（指令关系）。

40. C【解析】《EPC交钥匙项目合同条件》适用于工程建设之类的开发项目，是包含项目策划、可行性研究、具体设计、采购、建造、安装、试运行等在内的全过程承包方式。

41. D【解析】事中质量控制的目标是确保工序质量合格，杜绝质量事故发生；控制的关键是坚持质量标准；控制的重点是工序质量、工作质量和质量控制点的控制。

42. D【解析】合同交底是指由合同管理人员在对合同的主要内容进行分析、解释和说明的基础上，通过组织项目管理人员和各个工程小组学习合同条文和合同总体分析结果，使大家熟悉合同中的主要内容、规定、管理程序，了解合同双方的合同责任和工作范围，各种行为的法律后果等，使大家都树立全局观念，使各项工作协调一致，避免执行中的违约行为。

43. B【解析】建设工程项目管理是指自项目开始至项目完成，通过项目策划和项目控制，以使项目的费用目标、进度目标和质量目标得以实现。其中，费用目标对业主而言是投资目标，对施工方而言是成本目标。

44. B【解析】项目结构图（WBS）是一个组织工具，它通过树状图的方式对一个项目的结构进行逐层分解，以反映组成该项目的所有工作任务，描述的是工作对象之间的关系。

45. D【解析】项目的投资目标、进度目标和质量目标之间既有矛盾的一面，也有统一的一面，它们之间的关系是对立的统一关系。

46. B【解析】在一个建设工程项目实施过程中，其管理工作的流程、信息处理的流程，以及设计工作、物资采购和施工的流程的组织都属于工作流程组织的范畴。工作流程组织反映一个组织系统中各项工作之间的逻辑关系，是一种动态关系。

47. B【解析】建设工程项目决策阶段组织策划的主要工作内容有：决策期的组织结构；决策期的任务分工；决策期管理职能分工；决策期工作流程；实施期组织总体方案；项目编码体系分析。

48. A【解析】在线性组织结构中，每一个工作部门只能对其直接的下属部门下达工作指令，每一个工作部门也只有一个直接的上级部门，因此，每一个工作部门只有唯一的指令源，避免了由于矛盾的指令而影响组织系统的运行。

49. C【解析】项目目标动态控制的工作程序有：①项目目标动态控制的准备工作。将项目的目标进行分解，以确定用于目标控制的计划值。②在项目实施过程中项目目标的动态控制。包括收集项目目标的实际值，如实际投资、实际进度等；定期（如每两周或每月）进行项目目标的计划值和实际值的比较；对项目目标的计划值和实际值进行比较，如有偏差，则采取纠偏措施进行纠偏。③如有必要，则进行项目目标的调整，目标调整后再回复到第一步。

50. A【解析】风险是指出现损失的不确定性，对项目而言，风险就是影响项目目标实现的不确定因素。

51. C【解析】在进行月（季）度成本分析时，发现出现了属于预算定额规定的“政策性”亏损，则应该从控制支出着手，把超支额压缩到最低限度。

52. C【解析】社会、经济原因，是指引发的质量事故是由于社会上存在的不正之风及经济上的原因。例如，某些施工企业盲目追求利润而不顾工程质量，在投标报价中随意压低标价，中标后则依靠违法的手段或修改方案追加工程款，甚至偷工减料等，这些因素都会导致发生重大工程质量事故。

53. B【解析】项目管理最基本的方法论是项目目标的动态控制。

54. C【解析】沟通客体即沟通对象，包括个体沟通对象和团体沟通对象，是沟通过程的出发点和落脚点，在沟通过程中具有积极的能动作用。

55. A【解析】在对质量管理体系进行审核时，质量认证机构派出审核在对申请方质量体系进行检查和评定，包括文件审查、现场审核，并提出审核报告。

56. A【解析】每个工作部门都有纵、横两个指令源。故选项 B 错误。矩阵组织结构适宜用于大的组织系统。故选项 C 错误。在矩阵组织结构中为避免纵向和横向工作部门指令矛盾对工作的影响，可以采用以纵向工作部门指令为主或以横向工作部门指令为主矩阵组织结构。故选项 D 错误。

57. B【解析】在分层法的实际应用中，通常根据管理需要和统计目的进行调查分析的层次划分。一般的划分包括：按施工时间分、按地区部位分、按产品材料分、按检测方法分、按作业组织分、按工程类型分、按合同结构分。

58. B【解析】计划工作预算费用（*BCWS*）＝计划工作量×预算单价＝3100×16＝49600（元）。

59. A【解析】工程总承包和工程项目管理是国际通行的工程建设项目组织实施方式。

60. C【解析】因果分析图法，也称为质量特性要因分析法，其基本原理是对每一个质量特性或问题，逐层深入排查可能原因，然后确定其中最主要原因，进行有的放矢的处置和管理。故选项 A 错误。排列图法具有直观、主次分明的特点。故选项 B 错误。直方图法的主要用途包括：整理统计数据，了解统计数据的分布特征，即数据分布的集中或离散状况，从中掌握质量能力状态。故选项 D 错误。

61. C【解析】招标人应当按招标公告或者投标邀请书规定的时间、地点出售招标文件或资格预审文件。自招标文件或者资格预审文件出售之日起至停止出售之日止，最短不得少于 5 日。

62. C【解析】施工质量计划的内容一般包括：①工程特点及施工条件分析；②质量总目标及其分解目标；③质量管理组织机构和职责，人员及资源配置计划；④确定施工工艺与操作方法的技术方案和施工组织方案；⑤施工材料、设备等物资的质量管理及控制措施；⑥施工质量检验、检查、试验工作的计划安排及其实施方法与接收准则；⑦施工质量控制点及其跟踪控制的方式与要求；⑧质量记录的要求等。

63. B【解析】工程招标代理机构资格分为甲、乙两级。其中乙级工程招标代理机构只能承担工程投资额（不含征地费、大市政配套费与拆迁补偿费）1 亿元以下的工程招标代理业务。

64. D【解析】总价合同的特点包括：①发包单位可以在报价竞争状态下确定项目的总造价，可以较早确定或预测工程成本；②业主的风险较小，承包人将承担较多的风险；③评标时易于迅速确定最低报价的投标人；④在施工进度上能极大地调动承包人的积极性；⑤发包单位能更容易、更有把握地对项目进行控制；⑥必须完整而明确地规定承包人的工作；⑦必须将设计和施工方面的变化控制在最小限度内。

65. B【解析】价值工程是“通过各相关领域的协作，对研究对象的功能与费用进行系统分析，持续创新，旨在提高研究对象价值的一种管理思想和管理技术”，其中价值是研究对象的功能与费用（成本）的比值。

66. A【解析】《环境管理体系要求及使用指南》（GB/T 24001—2004）认为环境是指“组织运行活动的外部存在，包括空气、水、土地、自然资源、植物、动物、人，以及它（他）们之间的相互关系”。

67. B【解析】对于建设工程项目，职业健康安全管理的目的是防止和尽可能减少生产安全事故、保护产品生产者的健康与安全、保障人民群众的生命和财产免受损失。

68. B【解析】工程管理信息化指的是工程管理信息资源的开发和利用，以及信息技术在工程管理中的开发和应用。

69. C【解析】系统的目标决定了系统的组织，而组织是目标能否实现的决定性因素，为实现项目的进度目标，应充分重视健全项目管理的组织体系。

70. C【解析】死亡事故中，重大伤亡事故指一次事故中死亡 1～2 人的事故；特大伤亡事故指一次事故死亡 3 人以上（含 3 人）的事故。

二、多项选择题

71. BDE【解析】工作流程组织包括管理工作流程组织、信息处理工作流程组织、物质流程组织。

72. ACD【解析】工程监理人员认为工程施工不符合工程设计要求、施工技术标准和合同约定的，有权要求建筑企业改正。工程监理人员发现工程设计不符合建筑工程质量标准或者合同约定的质量要求的，应当报告建设单位要求设计单位改正。

73. CE【解析】项目风险识别的工作程序包括：①收集与项目风险有关的信息；②确定风险因素；③编制项目风险识别报告。

74. ADE【解析】工作流程图用图的形式反映一个组织系统中各项工作之间的逻辑关系，它可用以描述工作流程组织，工作流程图是一个重要的组织工具。故选项 B、C 错误。

75. AB【解析】全部工作完成，经承包人认可后 14 天内，劳务分包人向承包人递交完整的结算资料，双方按照本合同约定的计价方式，进行劳务报酬的最终支付。承包人收到劳务分包人递交的结算资料后 14 天内进行核实，给予确认或者提出修改意见。承包人确认结算资料后 14 天内向劳务分包人支付劳务报酬尾款。劳务分包人和承包人对劳务报酬结算价款发生争议时，按合同约定处理。

76. BCE【解析】项目经理应具有下列权限：①参与项目招标、投标和合同签订；②参与组建项目经理部；③主持项目经理部工作；④决定授权范围内的项目资金的投入和使用；⑤制定内部计酬办法；⑥参与选择并使用具有相应资质的分包人；⑦参与选择物资供应单位；⑧在授权范围内协调与项目有关的内、外部关系；⑨法定代表人授予的其他权力。

77. ACDE【解析】施工成本控制的依据包括工程承包合同、施工成本计划、进度报告、工程变更、有关施工组织设计、分包合同文本等。

78. ABC【解析】编制工程建设监理实施细则的依据如下：①已批准的工程建设监理规划；②相关的专业工程的标准、设计文件和有关的技术资料；③施工组织设计。

79. ABCD【解析】“三同步”检查可以通过以下的对比分析来实现：①产值与施工任务单的实际工程量和形象进度是否同步；②资源消耗与施工任务单的实耗人工、限额领料单的实耗材料、当期租用的周转材料和施工机械是否同步；③其他费用（如材料价、超高费和台班费等）的产值统计与实际支付是否同步；④预算成本与产值统计是否同步；⑤实际成本与资源消耗是否同步。

80. ABE【解析】在施工网络图中，关键线路没有波形线。故选项 C、D 错误。

81. ABD【解析】施工验收阶段建设监理工作的主要任务有：督促和检查施工单位及时整理竣工文件和验收资料，并提出意见；审查施工单位提交的竣工验收申请，编写工程质量评估报告；组织工程预验收，参加业主组织的竣工验收，并签署竣工验收意见；编制、整理工程监理归档文件并提交给业主。

82. ABCE【解析】施工成本分析的基本方法包括：比较法、因素分析法、差额计算法、比率法。曲线法是成本偏差分析的方法。

83. BCD【解析】关键路线只有 1 条 $B—E—I$，计算工期为 4＋6＋5＝15（天）；工作 G 的总时差＝10－6＝4（天）；工作 G 的自由时差＝15－11＝4（天）；工作 D 的最早完成时间是第 9 天，工作 I 的最早开始时间是第 10 天，有 1 天的时间间隔；工作 H 的自由时差 15－12＝3（天）。

84. ABDE【解析】根据《中华人民共和国建筑法》的规定，建筑工程监理应当依照法律、行政法规及有关的技术标准、设计文件和建筑工程承包合同，对承包单位在施工质量、建设工期和建设资金使用等方面，代表建设单位实施监督。

85. DE【解析】采用价值工程的方法、调整投资控制的方法和手段、采取限额设计的方法均属管理措施。

86. CE【解析】风险自留可以采取设立风险基金的办法，在损失发生后用基金弥补；在建筑工程预算价格中通常预留一定比例的不可预见费，一旦发生风险损失，由不可预见费支付。选项 A、D 属于风险规避，选项 B 属于风险减轻。

87. ABDE【解析】合同交底的目的和任务主要有：①对合同的主要内容达成一致理解；②将各种合同事件的责任分解落实到各工程小组或分包人；③将工程项目和任务分解，明确其质量和技术要求及实施的注意要点等；④明确各项工作或各个工程的工期要求；⑤明确成本目标和消耗标准；⑥明确相关事件之间的逻辑关系；⑦明确各个工程小组（分包人）之间的责任界限；⑧明确完不成任务的影响和法律后果；⑨明确合同有关各方（如业主、监理工程师）的责任和义务。

88. ABD【解析】建设单位和监理单位应组织设计单位向所有的施工实施单位进行详细的设计交底，使实施单位充分理解设计意图，了解设计内容和技术要求，明确质量控制的重点和难点；同时认真地进行图纸会审，深入发现和解决各专业设计之间可能存在的矛盾，消除施工图的差错。选项 C、E 属

于图纸会审的目的。

89. CDE【解析】采用工料单价法投标报价中，工程清单中所填入的单价包括人工费、机械费和材料费，其他费用按现行规定的方法计取。

90. BCE【解析】由不同功能的计划构成的进度计划系统，主要包括：①控制性进度规划（计划）；②指导性进度规划（计划）；③实施性（操作性）进度计划等。

91. BCE【解析】建设工程项目管理规划内容涉及的范围和深度，在理论上和工程实践中并没有统一的规定，应视项目的特点而定。项目实施过程中主客观条件的变化是绝对的，不变则是相对的；在项目进展过程中平衡是暂时的，不平衡则是永恒的，因此，建设工程项目管理规划必须随着情况的变化而进行动态调整。项目管理实施规划应由项目经理组织编制。

92. BCD【解析】建设工程项目进度控制的管理措施涉及管理的思想、管理的方法、管理的手段、承发包模式、合同管理和风险管理等。

93. ACDE【解析】按照我国《企业伤亡事故分类标准》（GB 6441—1986）标准规定，职业伤害事故分为 20 类，其中与建筑业有关的有以下 12 类：物体打击、车辆伤害、机械伤害、起重伤害、触电、灼烫、火灾、高处坠落、坍塌、火药爆炸、中毒和窒息、其他伤害。选项 B 不属于工伤范围。

94. ADE【解析】横道图具有形象、直观、明确反映工期的优点。

95. AD【解析】决定建设工程项目质量目标的主要依据是业主的要求和法律法规的要求。

96. ABCD【解析】根据《特种作业人员安全技术培训考核管理规定》（国家安全生产监督管理总局令第 30 号），特种作业的范围主要有：①电工作业，包括高压电工作业、低压电工作业、防爆电气作业；②焊接与热切割作业，包括熔化焊接与热切割作业、压力焊作业、钎焊作业；③高处作业，包括登高架设作业，高处安装、维护、拆除作业；④制冷与空调作业，包括制冷与空调设备运行操作作业、制冷与空调设备安装修理作业；⑤煤矿安全作业；⑥金属非金属矿山安全作业；⑦石油天然气安全作业；⑧冶金（有色）生产安全作业；⑨危险化学品安全作业；⑩烟花爆竹安全作业；⑪安全监管总局认定的其他作业。

97. ABDE【解析】专业分包人的主要责任和义务包括：①按照分包合同的约定，对分包工程进行设计（分包合同有约定时）、施工、竣工和保修。②按照合同约定的时间，完成规定的设计内容，报承包人确认后在分包工程中使用。承包人承担由此发生的费用。③在合同约定的时间内，向承包人提供年、季、月度工程进度计划及相应进度统计报表。④在合同约定的时间内，向承包人提交详细的施工组织设计，承包人应在专用条款约定的时间内批准，分包人方可执行。⑤遵守政府有关主管部门对施工场地交通、施工噪声以及环境保护和安全文明生产等的管理规定，按规定办理有关手续，并以书面形式通知承包人，承包人承担由此发生的费用，因分包人责任造成的罚款除外。⑥分包人应允许承包人、发包人、工程师及其三方中任何一方授权的人员在工作时间内，合理进入分包工程施工场地或材料存放的地点，以及施工场地以外与分包合同有关的分包人的任何工作或准备的地点，分包人应提供方便。⑦已竣工工程未交付承包人之前，分包人应负责已完分包工程的成品保护工作，保护期间发生损坏，分包人自费予以修复；承包人要求分包人采取特殊措施保护的工程部位和相应的追加合同价款，双方在合同专用条款内约定。

98. CDE【解析】用标号法计算，题中的关键线路是：①—②—③—④—⑥，关键线路上的工作是关键工作，关键工作是：*B*、*C*、*G*。双代号网络图中除了关键工作外均为非关键工作，即：*A*、*D*、*E*、*F*。

99. CDE【解析】对建设工程项目信息的内容属性进行分类，可分为：组织类信息、管理类信息、经济类信息、技术类信息和法规类信息。

100. DE【解析】索赔的依据主要是三个方面：合同文件，法律、法规及工程建设惯例。合同文件是索赔的最主要的依据，它包括合同协议书、中标通知书、投标书及附件、专用条款、通用条款、标准规范技术文件、图纸、工程量清单、工程报价单和预算书。

《建设工程项目管理》押题模拟试卷（三）

一、单项选择题

1. B【解析】建设工程项目决策阶段策划的内容包括：项目环境和条件的调查与分析、项目定义和项目目标论证、组织策划、管理策划、合同策划、经济策划以及技术策划。

2. D【解析】项目经理由于主观原因，或由于工作失误有可能承担法律责任和经济责任。政府主管部门将追究的主要是其法律责任，企业将追究的主要是其经济责任。但是，如果由于项目经理的违法行为

而导致企业的损失，企业也有可能追究其法律责任。

3. D【解析】采购管理应遵循下列程序：①明确采购产品或服务的基本要求、采购分工及有关责任；②进行采购策划，编制采购计划；③进行市场调查，选择合格的产品供应或服务单位，建立名录；④采用招标或协商等方式实施评审工作，确定供应或服务单位；⑤签订采购合同；⑥运输、验证，移交采购产品或服务；⑦处置不合格产品或不符合要求的服务；⑧采购资料归档。

4. A【解析】纠纷委员可以在项目开始时就介入项目，了解项目管理情况及其存在的问题。

5. D【解析】建设工程项目进度控制的技术措施涉及对实现进度目标有利的设计技术和施工技术的选用。不同的设计理念、设计技术路线、设计方案会对工程进度产生不同的影响，在设计工作的前期，特别是在设计方案评审和选用时，应对设计技术与工程进度的关系做分析比较。

6. D【解析】终点节点，即网络图的最后一个节点，只有内向箭线（指向节点的箭线），一般表示一项任务或一个项目的完成。故选项 D 错误。

7. C【解析】建设项目的参与单位如设计单位、施工单位和供货单位，为进行项目管理需要编制项目管理规划，但只涉及项目实施的一个方面，分别称为设计方项目管理规划、施工方项目管理规划和供货方项目管理规划。

8. D【解析】建筑业企业项目经理资质管理制度向建造师执业资格制度过渡的时间为 5 年。

9. A【解析】施工总承包管理模式即业主方委托一个施工单位或由多个施工单位组成的施工联合体或施工合作体作为施工总包单位，经业主同意，施工总承包单位可以根据需要将施工任务的一部分分包给其他符合资质的分包人的管理模式。采用施工总承包管理模式的合同关系有两种可能，即业主与分包单位签订合同或者由施工总承包管理单位与分包单位签订合同。

10. A【解析】业务核算不但可以对已经发生的，而且还可以对尚未发生或正在发生的经济活动进行核算。

11. B【解析】审批关系的处理原则包括：①正确处理承包人利益和项目利益的关系，施工企业内部的审批首先应从履行工程承包合同的角度，审查实现合同质量目标的合理性和可行性，以项目质量计划向发包方提供信任；②施工质量计划在审批过程中，对监理工程师审查所提出的建议、希望、要求等意见是否采纳及采纳的程度，应由负责质量计划编制的施工单位自主决策；③经过按规定程序审查批准的施工质量计划，在实施过程如因条件变化需要对某些重要决定进行修改时，其修改内容仍应按照相应程序经过审批后执行。

12. D【解析】盲目追求建筑产品质量的高标准，而不充分考虑业主的投资规模，是缺乏质量的经济性考虑的决策。

13. C【解析】声音、文字、数字和图像等都是信息表达的形式。

14. A【解析】质量控制是质量管理的一部分，是致力于满足质量要求的一系列相关活动。

15. B【解析】建设工程监理的工作性质的特点有：服务性；科学性；独立性和公平性。工程监理机构受业主的委托进行工程建设的监理活动，当业主方和承包商发生利益冲突或矛盾时，工程监理机构应以事实为依据，以法律和有关合同为准绳，在维护业主的合法权益时，不损害承包商的合法权益，这体现了建设工程监理的公平性。

16. A【解析】国际工程项目以招标为基础，并通过签订工程承包合同的方式确立业主、承包商、分包商和独立工程师之间的相互关系。

17. B【解析】进行预算成本、目标成本和实际成本的“三算”对比，分别计算实际偏差和目标偏差，分析偏差产生的原因，可以为今后的分部分项工程成本寻求节约途径。

18. A【解析】施工安全控制的基本要求中的“五检查”的内容包括：日常巡回检查、专业性检查、季节性检查、节假日前后的安全检查、不定期检查。

19. B【解析】一般的民事法律关系的内容（即权利和义务）基本处于一种确定的状态，而担保的内容处于一种不确定的状态，即当债务人不按主合同之约定履行债务导致债权无法实现时，担保的权利和义务才能确定并成为现实。

20. A【解析】进度控制的目的是通过控制以实现工程的进度目标。如只重视进度计划的编制，而不重视进度计划必要的调整，则进度无法得到控制。为了实现进度目标，进度控制的过程也就是随着项目的进展，进度计划不断调整的过程。

21. D【解析】项目的投资项编码并不是概预算定额确定的分部分项工程的编码，应综合考虑概算、预算、合同价和工程款的支付等因素，建立统一的编码，以服务于项目投资目标的动态控制。

22. B【解析】由于非承包商责任造成承包商自有机械设备窝工，其索赔费按台班折旧费计算。

23. C【解析】利用工程网络计划的方法编制进度计划必须很严谨地分析和考虑工作之间的逻辑关系，通过工程网络的计算可发现关键工作和关键路线，也可知道非关键工作可使用的时差，工程网络计划的方法有利于实现进度控制的科学化。

24. C【解析】组织论主要研究系统的组织结构模式和组织分工，以及工作流程组织，是与项目管理学相关的重要的基础理论学科。

25. C【解析】建设工程项目管理规划是指导项目管理工作的纲领性文件，它从总体上和宏观上对多个方面进行分析和描述。

26. C【解析】成本的计划值和实际值的比较应是定量的数据比较，比较的成果是进度跟踪和控制报告，如编制成本控制的月、季、半年和年度报告等。

27. B【解析】职业健康安全和环境管理体系的相同点：管理目标基本一致、不规定具体绩效标准、管理原理基本相同。

28. B【解析】风险指的是损失的不确定性，对建设工程项目管理而言，风险是指可能出现的影响项目目标实现的不确定因素。

29. D【解析】建设工程施工承包合同的计价方式主要有三种：①单价合同；②总价合同；③成本加酬金合同。在合同签订时，工程实际成本往往不能确定，只能确定酬金的取值比例或者计算原则。

30. D【解析】书证、物证、证人证言、视听材料、被告人供述和有关当事人陈述、鉴定结论和勘验、检验笔录等都可以作为索赔证据的材料使用。其中，勘验、检验笔录具有专门性。

31. C【解析】反索赔是相对索赔而言的，是对提出索赔的一方的反驳。发包人可以针对承包人的索赔进行反索赔；承包人也可以针对发包人的索赔进行反索赔。针对一方的索赔要求，反索赔的一方应以事实为依据，以合同为准绳，反驳和拒绝对方的不合理要求或索赔要求中的不合理部分。

32. B【解析】为充分利用和发挥信息资源的价值，提高信息管理的效率以及实现有序的和科学的信息管理，应由业主方和项目参与各方编制各自的信息管理手册，以规范信息管理工作。

33. A【解析】项目的进度项（进度计划的工作项）编码应综合考虑不同层次、不同深度和不同用途的进度计划工作项的需要，建立统一的编码，服务于项目进度目标的动态控制。

34. D【解析】基于互联网的项目信息门户（PIP）ASP 模式为众多项目服务的公用信息平台实现业主方内部、业主方和项目参与各方，以及项目参与各方之间的信息交流、协同工作和文档管理。

35. D【解析】项目实施的工作项编码（项目实施的工作过程的编码）应覆盖项目实施的工作任务目录的全部内容，包括：①设计准备阶段的工作项；②设计阶段的工作项；③招投标工作项；④施工和设备安装工作项；⑤项目动用前的准备工作项。

36. A【解析】施工组织总设计应由总承包单位技术负责人审批；单位工程施工组织设计应由施工单位技术负责人或技术负责人授权的技术人员审批，施工方案应由项目技术负责人审批；重点、难点分部（分项）工程和专项工程施工方案应由施工单位技术部门组织相关专家评审，施工单位技术负责人批准。

37. C【解析】工作 C 后有两项紧后工作，分别为工作 F 和工作 E 且两项工作的最迟开始时间分别为 12、13，逆向箭线求，则取最小值，由此可得知工作 C 的最迟完成时间为 12 天，12 减去本工作的持续时间 4 天，得 8 天。

38. D【解析】建设工程项目质量的好坏在很大程度上取决于施工总承包单位的管理水平和技术水平，这是施工总承包模式质量控制方面的特点。

39. A【解析】程序要求施工方首先完成自检并合格，然后填写《隐蔽工程验收单》，验收单与实物一致，通知监理机构及有关方面，按约定时间进行验收，合格后双方共同签署验收记录。严格按程序验收和记录，对于预防工程质量隐患，提供可追溯质量记录具有重要作用。

40. D【解析】该工作的总时差＝该工作的最迟完成时间－该工作的最早完成时间；该工作的自由时差＝紧后工作的最早开始时间－该工作的最早完成时间。可见，总时差多于或等于自由时差。

41. B【解析】《建设工程施工合同（示范文本）》通用条款规定的优先顺序如下：①合同协议书；②中标通知书（如果有）；③投标函及其附录（如果有）；④专用合同条款及其附件；⑤通用合同条款；⑥技术标准和要求；⑦图纸；⑧已标价工程量清单或预算书；⑨其他合同文件。

42. D【解析】分部分项工程成本分析的对象为已完成分部分项工程。分析的方法是：进行预算成本、目标成本和实际成本的“三算”对比，分别计算实际偏差和目标偏差，分析偏差产生的原因，为今后的分部分项工程成本寻求节约途径。由于施工项目包括很多分部分项工程，不可能也不必要对每一个分部分项工程都进行成本分析。

43. C【解析】由于非承包商的责任，工程延期导致的材料价格上涨和超期储存费用，可以进行索赔。

44. B【解析】按照索赔目的和要求分类：①工期索赔，一般指承包人向业主或者分包人向承包人要求延长工期；②费用索赔，即要求补偿经济损失，调整合同价格。

45. B【解析】自 20 世纪 70 年代末和 80 年代初开始，我国开始研制进度计划编制的软件，这些软件都是在工程网络计划原理的基础上编制的。

46. C【解析】建设工程项目的经济类信息包括投资控制信息和工作量控制信息。选项 A 属于管理类信息，选项 B 属于技术类信息，选项 D 属于组织类信息。

47. C【解析】招标人对已经发出的招标文件进行必要的澄清和修改的，应当在招标文件要求提交投标文件截止时间至少 15 日前，以书面形式通知所有招标文件接受人。

48. B【解析】建设工程项目实施阶段策划的基本内容包括：①项目实施的环境和条件调查与分析；②项目目标的分析和再论证；③项目实施的组织策划；④项目实施的管理策划；⑤项目实施的合同策划；⑥项目实施的经济策划；⑦项目实施的技术策划；⑧项目实施的风险策划等。

49. D【解析】落实质量体系的内部审核程序，有组织、有计划地开展内部质量审核活动，其主要目的是：①评价质量管理程序的执行情况及适用性；②揭露过程中存在的问题，为质量改进提供依据；③检查质量体系运行的信息；④向外部审核单位提供体系有效的证据。

50. B【解析】因果分析图法应用时的注意事项有：①一个质量特性或一个质量问题使用一张图分析；②通常采用 QC 小组活动的方式进行，集思广益，共同分析；③必要时可以邀请小组以外的有关人员参与，广泛听取意见；④分析时要充分发表意见，层层深入，排除所有可能的原因；⑤在充分分析的基础上，由各参与人员采用投票或其他方式，从中选择 1～5 项多数人达成共识的最主要原因。

51. B【解析】对涉及结构安全、使用功能、节能、环境保护等重要分部工程应进行抽样检测。

52. B【解析】按施工项目组成编制施工成本计划的方法：大中型工程项目通常是由若干单项工程构成的，而每个单项工程包括多个单位工程，每个单位工程又是由若干个分部分项工程所构成的。

53. A【解析】固定总价合同不因为环境的变化和工程量的增减而变化。在固定总价合同中，承包商承担了全部的工作量和价格的风险。

54. D【解析】建设工程项目质量控制体系的分层次规划，是指建设工程项目管理的总组织者（建设单位或代建制项目管理企业）和承担项目实施任务的各参与单位，分别进行不同层次和范围的建设工程项目质量控制体系规划。

55. A【解析】动力机制是建设工程项目质量控制体系运行的核心机制，它来源于公正、公开、公平的竞争机制和利益机制的制度设计或安排。

56. B【解析】在编制成本支出计划时，要在项目总的方面考虑总的预备费，也要在主要的分项工程中安排适当的不可预见费，避免在具体编制成本计划时，可能发现个别单位工程或工程量表中某项内容的工程量计算有较大出入，使原来的成本预算失实，并在项目实施过程中对其尽可能地采取一些措施。

57. B【解析】已完工作实际成本曲线与已完工作预算成本曲线的竖向距离即图中的 CV，由于两项参数均以已完工作为计算基准，所以两项参数之差反映项目进展的费用偏差，针对本题即成本累计偏差。

58. B【解析】纠偏是施工成本控制中最具实质性的一步。只有通过纠偏，才能最终达到有效控制施工成本的目的。

59. B【解析】现场处置方案的主要内容包括事故特征、应急组织与职责、应急处置等。

60. C【解析】工程竣工验收通过，实际竣工日期为承包人送交竣工验收报告的日期。

61. C【解析】要约是指建设工程投标人根据招标文件内容在约定的期限内向招标人提交投标文件。选项 A、B 属于要约邀请，选项 D 属于承诺。

62. A【解析】自由时差是指在不影响其紧后工作最早开始的前提下，工作可以利用的机动时间。总时差是在不影响总工期的前提下，工作可以利用的机动时间，所以该项工作的拖延时间超过其自由时差但没有超过总时差，则使其紧后工作不能按最早时间开始。

63. D【解析】施工技术准备是指在正式开展施工作业活动前进行的技术准备工作。这类工作内容繁多，主要在室内进行，例如：熟悉施工图纸，组织设计交底和图纸审查；进行工程项目检查验收的项目划分和编号；审核相关质量文件，细化施工技术方案和施工人员、机具的配置方案，编制施工作业技术指导书，绘制各种施工详图（如测量放线图、大样图及配筋、配板、配线图表等），进行必要的技术交底和技术培训。

64. A【解析】物的不安全状态的类型：防护等装置缺陷；设备、设施等缺陷；个人防护用品缺陷；生产场地环境的缺陷。

65. B【解析】声源控制措施包括：声源上降低噪声、尽量采用低噪声设备和加工工艺代替高噪声设备与加工工艺、在声源处安装消声器消声。

66. C【解析】进行建筑工程质量验收，应将工程项目划分为单位工程、分部工程、分项工程和检验批。

67. D【解析】诚信行为记录由各省、自治区、直辖市建设行政主管部门在当地建筑市场诚信信息平台上统一公布。其中，不良行为记录信息的公布时间为行政处罚决定做出后7日内，公布期限一般为6个月至3年。

68. B【解析】项目进度控制是一个动态的管理过程。它包括：①进度目标的分析和论证，其目的是论证进度目标是否合理，进度目标是否可能实现。如果经过科学的论证，目标不可能实现，则必须调整目标；②在收集资料和调查研究的基础上编制进度计划；③进度计划的跟踪检查与调整。

69. C【解析】建筑施工企业项目经理是指受企业法定代表人委托，对工程项目施工过程全面负责的项目管理者，是建筑施工企业法定代表人在工程项目上的代表人。

70. B【解析】建设项目工程总承包的基本出发点是借鉴工业生产组织的经验，实现建设生产过程的组织集成化，以克服由于设计和施工的分离致使投资增加，以及克服由于设计和施工的不协调而影响建设进度等弊病。

二、多项选择题

71. ABC【解析】工程建设监理一般应按下列程序进行：①组成项目监理机构，配备满足项目监理工作的监理人员与设施；②编制工程建设监理规划，根据需要编制监理实施细则；③实施监理服务；④组织工程竣工预验收，出具监理评估报告；⑤参与工程竣工验收签署建设监理意见；⑥建设监理业务完成后，向业主提交监理工作报告及工程监理档案文件。

72. BCD【解析】项目成本项编码并不是概预算定额确定的分部分项工程的编码，它应综合考虑概算、预算、标底、合同价和工程款的支付等因素，建立统一的编码，以服务于项目投资目标的动态控制。

73. ACE【解析】项目信息门户属于垂直门户；项目管理系统是基于数据处理设备的，为项目管理服务的信息系统，主要用于项目的目标控制。

74. AD【解析】市场宏观经济环境调查应调查工程所在地的经济形势和经济状况，包括与投标工程实施有关的法律法规、劳动力与材料的供应状况、设备市场租赁状况、专业施工公司的经营状况与价格水平等。

75. ABDE【解析】在竣工阶段，监督机构主要是按规定对工程竣工验收备案工作进行监督：①竣工验收前，针对在质量监督检查中提出的质量问题的整改情况进行复查，了解其整改的情况；②竣工验收时，参加竣工验收的会议，对验收的程序及验收的过程进行监督；③编制单位工程质量监督报告，在竣工验收之日起五天内提交到竣工验收备案部门，对不符合验收要求的责令改正。对存在的问题进行处理，并向备案部门提出书面报告。

76. ABCE【解析】与建筑相关的有12类事故，如物体打击；车辆伤害；机械伤害；起重伤害；触电；灼烫；火灾；高处坠落；坍塌；火药爆炸；中毒和窒息；其他伤害，如扭伤、跌伤等。

77. CDE【解析】在施工过程中投资的计划值和实际值的比较包括：工程合同价与工程概算的比较；工程合同价与工程预算的比较；工程款支付与工程概算的比较；工程款支付与工程预算的比较；工程款支付与工程合同价的比较；工程决算与工程概算、工程预算和工程合同价的比较。故选项A、B错误。

78. ACDE【解析】建设工程项目质量的影响因素，主要是指在项目质量目标策划、决策和实现过程中影响质量形成的各种客观因素和主观因素，包括人的因素、机械因素、材料因素、方法因素和环境因素等。

79. BCE【解析】成套设备供应合同的一般条款可参照建筑材料供应合同的一般条款，包括产品（设备）的名称、品种、型号、规格、等级、技术标准或技术性能指标；数量和计量单位；包装标准及包装物的供应与回收；交货单位、交货方式、运输方式、交货地点、提货单位、交（提）货期限；验收方式；产品价格；结算方式；违约责任等。

80. ABDE【解析】施工作业质量自控的要求是预防为主、重点控制、坚持标准、记录完整。

81. DE【解析】资格审查分为资格预审和资格后审。其中，资格预审是指招标人在招标开始之前或者开始初期，由招标人对申请参加投标的潜在投标人进行资质条件、业绩、信誉、技术、资金等多方面的情况进行资格审查；经认定合格的潜在投标人，才可以参加投标；通过资格预审，可以淘汰不合格的潜在投标人；资格预审是一个重要的过程，要有比较严谨的执行程序；资格预审必须在指定的时间、地点出售资格预审文件，并同时公布对资格预审文件的答疑的具体时间。

82. ABCD【解析】施工方项目管理的任务包括：施工安全管理；施工成本控制；施工进度控制；施工质量控制；施工合同管理；施工信息管理；与施工有关的组织与协调等。选项E属于建设方的任务。

83. BCE【解析】目标额：600×715×1.04＝446160（元）。第一次替代产量因素：640×715×1.04＝475904（元）。第二次替代单价因素：640×755×1.04＝502528（元）。第三次替代损耗率因素：640×755×1.03＝497696（元）。由计算差额可知，因产量增加的差额：475904－446160＝29744（元）。实际成本与目标成本的差额：497696－446160＝51536（元）。因单价提高的差额：502528－475904＝26624（元）。因损耗率下降的差额：497696－502528＝－4832（元）。

84. ACD【解析】工程监理人员认为工程施工不符合工程设计要求、施工技术标准和合同约定的，有权要求建筑施工企业改正。

85. AB【解析】在网络计划中，工作之间的逻辑关系包括工艺关系和组织关系。

86. BCE【解析】分部分项工程成本分析的资料来源包括：①预算成本来自投标报价成本；②目标成本来自施工预算；③实际成本来自施工任务单的实际工程量、实耗人工和限额领料单的实耗材料。

87. ABCD【解析】大型建设工程项目总进度论证的核心工作是通过编制总进度纲要论证总进度目标实现的可能性。总进度纲要的主要内容包括：①项目实施的总体部署；②总进度规划；③各子系统进度规划；④确定里程碑事件的计划进度目标；⑤总进度目标实现的条件和应采取的措施等。

88. BC【解析】劳务分包人施工开始前，承包人应获得发包人为施工场地内的自有人员及第三人人员生命财产办理的保险，且不需劳务分包人支付保险费用。运至施工场地用于劳务施工的材料和待安装设备，由承包人办理或获得保险，且不需劳务分包人支付保险费用。承包人必须为租赁或提供给劳务分包人使用的施工机械设备办理保险，并支付保险费用。劳务分包人必须为从事危险作业的职工办理意外伤害保险，并为施工场地内自有人员生命财产和施工机械设备办理保险，支付保险费用。保险事故发生时，劳务分包人和承包人有责任采取必要的措施，防止或减少损失。

89. ABCD【解析】建设工程项目质量的基本特性包括：①反映使用功能的质量特性；②反映安全可靠的质量特性；③反映艺术文化的质量特性；④反映建筑环境的质量特性。

90. ABCD【解析】从风险产生的原因分析，常见的质量风险有：自然风险、技术风险、管理风险和环境风险。

91. AD【解析】费用偏差＝已完工作预算费用－已完工作实际费用＝1900×170－1900×185＝－28500（元），结果为负表示费用超支，超支28500元。进度偏差＝已完工作预算费用－计划工作预算费用＝1900×170－2100×170＝－34000（元），结果为负表示进度延误，即34000的工作量未按计划完成。

92. ABC【解析】关键线路为：①—②—③—⑦—⑨—⑩，即3＋3＋3＋2＋1＝12（天），只有1条关键路线。

93. ACDE【解析】施工成本计划的编制依据包括：①投标报价文件；②企业定额、施工预算；③施工组织设计或施工方案；④人工、材料、机械台班的市场价；⑤企业颁布的材料指导价、企业内部机械台班价格、劳动力内部挂牌价格；⑥周转设备内部租赁价格、摊销损耗标准；⑦已签订的工程合同、分包合同（或估价书）；⑧结构件外加工计划和合同；⑨有关财务成本核算制度和财务历史资料；⑩施工成本预测资料；⑪拟采取的降低施工成本的措施；⑫其他相关资料。

94. BE【解析】安全检查的注意事项包括：①安全检查要深入基层、紧紧依靠职工，坚持领导与群众相结合的原则，组织好检查工作；②建立检查的组织领导机构；③做好检查的各项准备工作；④明确检查的目的和要求；⑤把自查与互查有机结合起来，基层以自检为主，企业内相应部门间互相检查；⑥坚持查改结合。检查不是目的，只是一种手段，整改才是最终目的；⑦建立检查档案；⑧根据用途和目的具体确定安全检查表的种类。

95. ABC【解析】沟通障碍主要来自发送者的障碍、接受者的障碍和沟通通道的障碍这三个方面。

96. ABCE【解析】施工组织设计的基本内容包括：工程概况、施工部署及施工方案、施工进度计划、施工平面图、主要技术经济指标。

97. BCDE【解析】除题中选项B、C、D、E的内容外，合同文件还包括：合同协议书；标准、规范及有关技术文件；图纸；工程量清单；工程报价单或预算书。

98. DE【解析】第5天末工作H落后两天。故选项A错误。工作H落后两天，但是工作H有两天的总时差，所以如果后续工作按计划进行，不会影响工期，但是后续工作是否加快进度无法得知，所以总工期无法判断。故选项B错误。工作G进度落后两天有可能是工作A引起的，也可能工作B、C引起的。故选项D错误。

99. ACE【解析】重大事故，是指造成 10 人以上 30 人以下死亡，或者 50 人以上 100 人以下重伤，或者 5000 万元以上 1 亿元以下直接经济损失的事故。

100. ABCE【解析】分部工程质量验收合格应符合下列规定：①所含分项工程的质量均应验收合格；②质量控制资料应完整；③有关安全、节能、环境保护和主要使用功能的抽样检验结果应符合有关规定；④观感质量应符合要求。

《建设工程项目管理》押题模拟试卷（四）

一、单项选择题

1. B【解析】"费用目标"对业主而言是投资目标，对施工方而言是成本目标。
2. A【解析】系统的目标决定了系统的组织，而组织是目标能否实现的决定性因素。
3. D【解析】安全管理是项目管理中的最重要的任务，因为安全管理关系到人身的健康与安全，而投资控制、进度控制、质量控制和合同管理等则主要涉及物质的利益。
4. D【解析】项目管理作为一门学科，50 多年来在不断发展，传统的项目管理是该学科的第一代，其第二代是项目集管理，第三代是项目组合管理，第四代是变更管理。
5. B【解析】项目总承包方项目管理工作涉及项目实施阶段的全过程，即设计前的准备阶段、设计阶段、施工阶段、动用前准备阶段和保修期。
6. B【解析】在线性组织结构中，每一个工作部门只能对其直接的下属部门下达工作指令，每一个工作部门也只有一个直接的上级部门，因此，每一个工作部门只有唯一的指令源，避免了由于矛盾的指令而影响组织系统的运行。
7. B【解析】在矩阵组织结构中，每一项纵向和横向交汇的工作，指令来自于纵向和横向两个工作部门，因此其指令源为两个。
8. A【解析】在项目管理的组织结构图中，如果两个单位之间有管理指令关系，则用单向箭杆联系。双向箭杆表示合同关系；项目结构图中，矩形表示工作任务；菱形框表示判别条件。
9. C【解析】项目结构图描述的是工作对象之间的关系。
10. A【解析】项目实施的组织策划其主要工作内容包括：①业主方项目管理的组织结构；②任务分工和管理职能分工；③项目管理工作流程；④建立编码体系。
11. A【解析】项目建设成本分析属于项目决策阶段策划中经济策划的主要内容。
12. C【解析】业主方自行编制，或委托顾问工程师编制项目建设纲要或设计纲要，它是项目总承包方编制项目设计建议书的依据。
13. A【解析】施工总承包，即业主方委托一个施工单位或由多个施工单位组成的施工联合体或施工合作体作为施工总包单位，经业主同意，施工总承包单位可以根据需要将施工任务的一部分分包给其他符合资质的分包人。
14. A【解析】一般情况下，所有分包合同的招标投标、合同谈判以及签约工作均由业主负责，业主方的招标及合同管理工作量较大。
15. A【解析】项目管理实施规划可依据下列资料编制：①项目管理规划大纲；②项目条件和环境分析资料；③工程合同及相关文件；④同类项目的相关资料。
16. C【解析】技术经济指标用以衡量组织施工的水平，它是对施工组织设计文件的技术经济效益进行全面评价。
17. A【解析】选项 B 属于技术措施，选项 C 属于管理措施，选项 D 属于组织措施。
18. C【解析】项目目标动态控制的核心是，在项目实施的过程中定期地进行项目目标的计划值和实际值的比较，当发现项目目标偏离时采取纠偏措施。
19. A【解析】大、中型工程项目施工的项目经理必须由取得建造师注册证书的人员担任；但取得建造师注册证书的人员是否担任工程项目施工的项目经理，由企业自主决定。
20. C【解析】沟通介体即沟通主体用以影响、作用于沟通客体的中介，包括沟通内容和沟通方法，它使沟通主体与客体间建立联系，以保证沟通过程的正常开展。
21. D【解析】进城务工人员，俗称农民工，是目前施工企业劳务用工的主力军。对这部分用工的管理存在问题较多，是各级政府主管部门明令必须加强管理的重点对象。
22. B【解析】项目人力资源管理的目的是调动所有项目参与人的积极性，在项目承担组织的内部和外部建立有效的工作机制，以实现项目目标。
23. C【解析】选项 A、B 属于风险评估，选项 D 属于项目风险控制。

24. A【解析】若某事件经过风险评估，它处于风险区 A，则应采取措施，降低其概率，即使它移位至风险区 B；或采取措施降低其损失量，即使它移位至风险区 C。风险区 B 和 C 的事件则应采取措施，使其移位至风险区 D。
25. A【解析】建设工程监理单位是建筑市场的主体之一，它是一种高智能的有偿技术服务，我国的工程监理属于国际上业主方项目管理的范畴。
26. B【解析】公平性，工程监理单位受业主的委托进行工程建设的监理活动，当业主方和承包商发生利益冲突或矛盾时，工程监理机构应以事实为依据，以法律和有关合同为准绳，在维护业主的合法权益时，不损害承包商的合法权益，这体现了工程监理的公平性。
27. A【解析】未经总监理工程师签字，建设单位不拨付工程款，不进行竣工验收。
28. D【解析】施工成本预测是在工程施工前对成本进行的估算，它是根据成本信息和施工项目的具体情况，运用一定的专门方法，对未来的成本水平及其发展趋势作出科学的估计。
29. B【解析】施工成本计划是建立施工项目成本管理责任制、开展成本控制和核算的基础，此外，它还是项目降低成本的指导文件，是设立目标成本的依据，即成本计划是目标成本的一种形式。
30. B【解析】施工成本计划一般情况下有以下三类指标：①成本计划的数量指标；②成本计划的质量指标；③成本计划的效益指标。
31. A【解析】施工成本可以按成本构成分解为人工费、材料费、施工机具使用费和企业管理费等。
32. A【解析】项目经理因特殊情况授权其下属人员履行其某项工作职责的，该下属人员应具备履行相应职责的能力，并应提前 7 天将上述人员的姓名和授权范围书面通知监理人，并征得发包人书面同意。
33. C【解析】投标保证金应当在投标有效期满后 28 天内一直有效，其目的是给招标人在需要索取保证金时，有足够的时间采取行动。
34. A【解析】工期索赔值＝原工期×新增工程量÷原工程量＝40×（3500－2800）÷2800＝10（天）。
35. C【解析】业务核算的范围比会计、统计核算要广
36. A【解析】人工费的控制实行"量价分离"的方法，将作业用工及零星用工按定额工日的一定比例综合确定用工数量与单价，通过劳务合同进行控制。材料费控制同样按照"量价分离"原则，控制材料用量和材料价格。
37. C【解析】因素分析法的计算原则：先实物量，后价值量，先绝对值，后相对值。目标成本：500×800×1.05＝420000（元），产量提高后：600×800×1.05＝504000（元），所以由于产量增加导致成本增加：504000－420000＝84000（元）。
38. D【解析】费用偏差（CV）＝已完工作预算费用（$BCWP$）－已完工作实际费用（$ACWP$）＝已完成工作量×预算单价－已完成工作量×实际单价＝110×1.3－110×1.4＝－11（万元）。
39. D【解析】利用工程网络计划的方法编制进度计划必须很严谨地分析和考虑工作之间的逻辑关系，通过工程网络的计算可发现关键工作和关键路线，也可知道非关键工作可使用的时差，工程网络计划的方法有利于实现进度控制的科学化。
40. A【解析】建设工程项目总进度目标的控制是业主方项目管理的任务。
41. B【解析】大型建设工程项目总进度目标论证的核心工作是通过编制总进度纲要论证总进度目标实现的可能性。
42. C【解析】在国际上，设计进度计划主要是确定各设计阶段的设计图纸（包括有关的说明）的出图计划，在出图计划中标明每张图纸的出图日期。
43. C【解析】横道图缺点包括：①工序（工作）之间的逻辑关系可以设法表达，但不易表达清楚；②适用于手工编制计划；③没有通过严谨的进度计划时间参数计算，不能确定计划的关键工作、关键路线与时差；④计划调整只能用手工方式进行，其工作量较大；⑤难以适应较大的进度计划系统。
44. B【解析】自由时差可以直接在图上通过波形线得出，波形线的长度即为自由时差 2 天。而时标网络计划中一项工作的总时差等于其紧后工作的总时差加本工作与该紧后工作之间的时间间隔所得之和的最小值。其中以终点节点为结束节点的工作（无紧后工作）的总时差为 2 天。
45. C【解析】箭线可以交叉，比如过桥法或指向法。故选项 A 错误。关键工作不一定安排在图画中心。故选项 B 错误。工作箭线可以竖向和水平线。故选项 D 错误。
46. B【解析】双代号网络图是以箭线及两端节点编号表示工作的网络图。
47. C【解析】总工期最长的就是关键线路：5＋6＋5＝16（天），即①—③—④—⑥。
48. C【解析】选项 A、D 属于组织措施，选项 B 属于技术措施。
49. D【解析】施工生产要素是施工质量形成的物质基础，其质量的含义包括：作为劳动主体的施工人

员，即直接参与施工的管理者、作业者的素质及其组织效果；作为劳动对象的建筑材料、半成品、工程用品、设备等的质量；作为劳动方法的施工工艺及技术措施的水平；作为劳动手段的施工机械、设备、工具、模具等的技术性能；以及施工环境——现场水文、地质、气象等自然环境，通风、照明、安全等作业环境以及协调配合的管理环境。

50. B【解析】建设工程项目决策阶段策划的基本内容包括：①项目环境和条件的调查与分析；②项目定义和项目目标论证；③组织策划；④管理策划；⑤合同策划；⑥经济策划；⑦技术策划。

51. D【解析】质量控制是在明确的质量目标和具体的条件下，通过行动方案和资源配置的计划、实施、检查和监督，进行质量目标的事前预控、事中控制和事后纠偏控制，实现预期质量目标的系统过程。

52. B【解析】建设主管部门近年在建筑业中推广应用的多项新的应用技术，包括地基基础和地下空间工程技术、高性能混凝土技术、高强钢筋和预应力技术、新型模板及脚手架应用技术、钢结构技术、建筑防水技术以及 BIM 等信息技术。

53. D【解析】技术交底和技术培训属于施工技术准备工作的质量控制。

54. A【解析】选项 B 属于“照”的手法，选项 C、D 属于“看”的手法。

55. B【解析】赢得值法的四个评价指标：费用偏差、进度偏差、费用绩效指数、进度绩效指数。

56. C【解析】人力不可抗拒灾害主要是指自然灾害，由这类灾害造成的损失应向承保的保险公司索赔。在许多合同中承包人以业主和承包人共同的名义投保工程一切险，这种索赔可同业主一起进行。

57. B【解析】在质量管理过程中，通过抽样检查或检验试验所得到的关于质量问题、偏差、缺陷、不合格等方面的统计数据，以及造成质量问题的原因分析统计数据，均可采用排列图方法进行状况描述，它具有直观、主次分明的特点。

58. A【解析】质量手册是规定企业组织质量管理体系的文件，质量手册对企业质量体系作系统、完整和概要的描述。

59. A【解析】一般事故，是指造成 3 人以下死亡，或者 10 人以下重伤，或者 100 万元以上 1000 万元以下直接经济损失的事故。

60. D【解析】职业健康安全和环境管理体系的不同点有：①需要满足的对象不同；②管理的侧重点有所不同。

61. B【解析】管理手册是对施工企业整个管理体系的整体性描述，为体系的进一步展开以及后续程序文件的制定提供了框架要求和原则规定，是管理体系的纲领性文件。

62. B【解析】一般情况下，施工总承包管理单位不参与具体工程的施工，而具体工程的施工需要再进行分包单位的招标与发包，把具体工程的施工任务分包给分包商来完成。但有时也存在另一种情况，即施工总承包管理单位也想承担部分具体工程的施工，这时它也可以参加这一部分工程施工的投标，通过竞争取得任务。

63. B【解析】建设工程索赔通常是指在工程合同履行过程中，合同当事人一方因对方不履行或未能正确履行合同或者由于其他非自身因素而受到经济损失或权利损害，通过合同规定的程序向对方提出经济或时间补偿要求的行为。

64. C【解析】单价合同的特点是单价优先，虽然在投标报价、评标以及签订合同中，人们常常注重总价格，但在工程款结算中单价优先，对于投标书中明显的数字计算错误，业主有权力先作修改再评标，当总价和单价的计算结果不一致时，以单价为准调整总价。

65. C【解析】固定单价合同适用于工期较短、工程量变化幅度不会太大的项目。

66. B【解析】根据《工程建设项目施工招标投标办法》的规定，投标保证金有效期应当超出投标有效期 30 天。

67. D【解析】根据合同实施偏差分析的结果，承包商应该采取相应的调整措施，调整措施可以分为：①组织措施；②技术措施；③经济措施；④合同措施。

68. D【解析】我国在建设工程项目管理中当前最薄弱的工作领域是信息管理。

69. A【解析】合同管理是整个项目管理的核心，合同双方对合同的内容和条款非常重视。

70. A【解析】检验批是工程验收的最小单位，是分项工程乃至整个建筑工程质量验收的基础。

二、多项选择题

71. BD【解析】建设工程管理工作是一种增值服务工作，其核心任务是为工程的建设和使用增值。

72. BD【解析】项目总承包方作为项目建设的一个重要参与方，其项目管理主要服务于项目的整体利益和项目总承包方本身的利益。

73. ABDE【解析】职能组织结构有多个矛盾的指令源，线性组织结构有唯一一个指令源。故选项 C

错误。

74. ABC【解析】施工总承包管理模式与施工总承包模式相比在合同价方面有以下优点：①合同总价不是一次确定，某一部分施工图设计完成以后，再进行该部分施工招标，确定该部分合同价，因此整个建设项目的合同总额的确定较有依据；②所有分包都通过招标获得有竞争力的投标报价，对业主方节约投资有利；③在施工总承包管理模式下，分包合同价对业主是透明的。

75. AB【解析】项目管理规划大纲应由组织的管理层或组织委托的项目管理单位编制。

76. CE【解析】单位工程施工组织设计应由施工单位技术负责人或技术负责人授权的技术人员审批。

77. AE【解析】选项 B、C 属于技术措施，选项 D 属于管理措施。

78. ABDE【解析】根据《建设工程项目管理规范》(GB/T 50326—2006)，项目经理的职责包括：①项目管理目标责任书规定的职责；②主持编制项目管理实施规划，并对项目目标进行系统管理；③对资源进行动态管理；④建立各种专业管理体系，并组织实施；⑤进行授权范围内的利益分配；⑥收集工程资料，准备结算资料，参与工程竣工验收；⑦接受审计，处理项目经理部解体的善后工作；⑧协助组织进行项目的检查、鉴定和评奖申报工作。

79. ADE【解析】选项 B 属于风险响应，选项 C 属于风险识别。

80. ACE【解析】监理工程师应当按照工程监理规范的要求，采取旁站、巡视和平行检验等形式，对建设工程实施监理

81. ACDE【解析】横道图法具有形象、直观、一目了然等优点，它能够准确表达出费用的绝对偏差；表格法是进行偏差分析最常用的一种方法，灵活、适用性强，信息量大。

82. BDE【解析】在双代号网络图中，通常将被研究的工作用 $i-j$ 工作表示。紧排在本工作之前的工作称为紧前工作；紧排在本工作之后的工作称为紧后工作；与之平行进行的工作称为平行工作。顺着箭线的方向，可以得知工作 A 的紧后工作有 B、D、G。

83. CE【解析】必须正确表达已定的逻辑关系；严禁出现循环回路；在节点之间严禁出现带双向箭头或无箭头的连线；严禁出现没有箭头节点或没有箭尾节点的箭线；某些节点有多条外向箭线或多条内向箭线时，为使图形简洁，可使用母线法绘制（但应满足一项工作用一条箭线和相应的一对节点表示）；绘制网络图时，箭线不宜交叉；当交叉不可避免时，可用过桥法或指向法；应只有一个起点节点和一个终点节点（多目标网络计划除外），而其他所有节点均应是中间节点；应条理清楚，布局合理。

84. ADE【解析】作业文件是指管理手册、程序文件之外的文件，一般包括作业指导书（操作规程）、管理规定、监测活动准则及程序文件引用的表格。其编写的内容和格式与程序文件的要求基本相同。在编写之前应对原有的作业文件进行清理，摘其有用，删除无关。

85. AE【解析】项目经理部应在确定施工方案的初期就要确定需要分包的工程范围，决定分包范围的因素主要是施工项目的专业性和项目规模。

86. BC【解析】采用固定总价合同，双方结算比较简单，但是由于承包商承担了较大的风险，承包商的风险主要有两个方面：一是价格风险，二是工作量风险。

87. BCE【解析】当计算工期不能满足要求工期时，可通过压缩关键工作的持续时间以满足工期要求，在选择缩短持续时间的关键工作时，宜考虑的因素包括：①综合持续时间对质量和安全影响不大的工作；②有充足备用资源的工作；③缩短持续时间所需增加的费用最小的工作等。

88. ABCD【解析】施工成本分析的基本方法包括比较法、因素分析法（因素分析法又称连环置换法）、差额计算法、比率法等。

89. ABCD【解析】国家对发生事故后的“四不放过”处理原则，即事故原因未查清不放过、事故责任人未受到处理不放过、事故责任人和周围群众没有受到教育不放过、事故没有制定切实可行的整改措施不放过。

90. ADE【解析】建设工程项目中防治污染的设施，必须与主体工程同时设计、同时施工、同时投产使用。

91. ABDE【解析】施工作业质量自控应坚持以下要求：预防为主、重点控制、坚持标准、记录完整。

92. ABCE【解析】施工成本管理的任务和环节主要包括：施工成本预测；施工成本计划；施工成本控制；施工成本核算；施工成本分析；施工成本考核。

93. ABD【解析】新员工上岗前的三级安全教育，通常是指进厂、进车间、进班组三级，对建设工程来说，具体指企业（公司）、项目（或工区、工程处、施工队）、班组三级。

94. BCDE【解析】项目信息门户实施的条件包括：①组织件；②教育件；③软件；④硬件。

95. ABDE【解析】一般来说，由于工程范围的变更、文件有缺陷或技术性错误、业主未能提供现场等

引起的索赔，承包人可以列入利润。

96. ABCD【解析】验收方式有驻厂验收、提运验收、接运验收和入库验收等方式。

97. ACE【解析】按事故责任分为指导责任事故、操作责任事故和自然灾害事故。

98. ABCD【解析】约束机制取决于各质量责任主体内部的自我约束能力和外部的监控效力。约束能力表现为组织及个人的经营理念、质量意识、职业道德及技术能力的发挥；监控效力取决于项目实施主体外部对质量工作的推动和检查监督。两者相辅相成，构成了质量控制过程的制衡关系。

99. ABD【解析】安全控制的目标是减少和消除生产过程中的事故，保证人员健康安全和财产免受损失。具体应包括：①减少或消除人的不安全行为的目标；②减少或消除设备、材料的不安全状态的目标；③改善生产环境和保护自然环境的目标。

100. ABDE【解析】与诉讼方式相比，采用仲裁方式解决合同争议具有以下特点。①仲裁程序效率高，周期短，费用少；②保密性；③专业化。

《建设工程项目管理》押题模拟试卷（五）

一、单项选择题

1. B【解析】项目总承包方项目管理工作涉及项目实施阶段的全过程，即设计前的准备阶段、设计阶段、施工阶段、动用前准备阶段和保修期。

2. D【解析】业主方项目管理服务于业主的利益，其项目管理的目标包括项目的投资目标、进度目标和质量目标。

3. C【解析】工作流程组织则可反映一个组织系统中各项工作之间的逻辑关系，是一种动态关系。设计的工作流程组织可以是方案设计、初步设计、技术设计、施工图设计，也可以是方案设计、初步设计（扩大初步设计）、施工图设计；施工作业也有多个可能的工作流程。

4. C【解析】合同结构图反映业主方和各参与方之间，以及项目各参与方之间的合同关系。故选项A、D错误。如果两个单位之间有合同关系，在合同结构图中用双向箭线联系。故选项B错误。

5. B【解析】经济策划主要工作内容包括：项目建设成本分析；项目效益分析；融资方案；编制资金需求量计划。

6. D【解析】采购管理应遵循下列程序：①明确采购产品或服务的基本要求、采购分工及有关责任；②进行采购策划，编制采购计划；③进行市场调查，选择合格的产品供应或服务单位，建立名录；④采用招标或协商等方式实施评审工作，确定供应或服务单位；⑤签订采购合同；⑥运输、验证、移交采购产品或服务；⑦处置不合格产品或不符合要求的服务；⑧采购资料归档。

7. B【解析】工程总承包企业按照合同约定对工程项目的质量、工期、造价等向业主负责。工程总承包企业可依法将所承包工程中的部分工作发包给具有相应资质的分包企业；分包企业按照分包合同的约定对总承包企业负责。

8. D【解析】项目管理实施规划可依据下列资料编制：项目管理规划大纲；项目条件和环境分析资料；工程合同及相关文件；同类项目的相关资料。

9. D【解析】单位工程施工组织设计的主要内容：工程概况；施工部署；施工进度计划；施工准备与资源配置计划；主要施工方案；施工现场平面布置。

10. A【解析】重点、难点分部（分项）工程和专项工程施工方案应由施工单位技术部门组织相关专家评审，施工单位技术负责人批准。

11. A【解析】项目目标动态控制的管理措施（包括合同措施）分析由于管理的原因而影响项目目标实现的问题，并采取相应的措施，如调整进度管理的方法和手段，改变施工管理和强化合同管理等。

12. D【解析】在施工过程中投资的计划值和实际值的比较包括：工程合同价与工程概算的比较；工程合同价与工程预算的比较；工程款支付与工程概算的比较；工程款支付与工程预算的比较；工程款支付与工程合同价的比较；工程决算与工程概算、工程预算和工程合同价的比较。

13. B【解析】项目经理因特殊情况授权其下属人员履行其某项工作职责的，该下属人员应具备履行相应职责的能力，并应提前7天将上述人员的姓名和授权范围书面通知监理人，并征得发包人书面同意。

14. D【解析】根据《建设工程项目管理规范》（GB/T 50326—2006），项目经理应履行下列职责：项目管理目标责任书规定的职责；主持编制项目管理实施规划，并对项目目标进行系统管理；对资源进行动态管理；建立各种专业管理体系，并组织实施；进行授权范围内的利益分配；收集工程资料，准备结算资料，参与工程竣工验收；接受审计，处理项目经理部解体的善后工作；协助组织进行项目的检查、鉴定和评奖申报工作。

15. D【解析】技术风险包括：工程勘测资料和有关文件；工程设计文件；工程施工方案；工程物资；工程机械等。

16. A【解析】常用的风险对策包括风险规避、减轻、自留、转移及其组合等策略。对难以控制的风险，向保险公司投保是风险转移的一种措施。

17. C【解析】施工成本控制应贯穿于项目从投标阶段开始直至保证金返还的全过程。故选项A错误。施工成本预测是在工程施工前对成本进行的估算，它是根据成本信息和施工项目的具体情况，运用一定的专门方法，对未来的成本水平及其发展趋势作出科学的估计。故选项B错误。通过成本预测，可以在满足项目业主和本企业要求的前提下，选择成本低、效益好的最佳成本方案，并能够在施工项目成本形成过程中，针对薄弱环节，加强成本控制，克服盲目性，提高预见性。故选项D错误。

18. C【解析】施工成本管理的任务和环节主要包括：①施工成本预测；②施工成本计划；③施工成本控制；④施工成本核算；⑤施工成本分析；⑥施工成本考核。

19. A【解析】施工成本可以按成本构成分解为人工费、材料费、施工机具使用费和企业管理费。

20. B【解析】费用偏差（CV）＝已完工作预算费用（$BCWP$）－已完工作实际费用（$ACWP$）＝2100×12－2100×15＝－6300（元）；费用绩效指数（CPI）＝已完工作预算费用（$BCWP$））÷已完工作实际费用（$ACWP$）＝0.8。

21. D【解析】偏差分析可以采用不同的表达方法，常用的有横道图法、表格法和曲线法。

22. B【解析】与本行业平均水平、先进水平对比，通过这种对比，可以反映本项目的技术和经济管理水平与行业的平均及先进水平的差距，进而采取措施提高本项目管理水平。

23. A【解析】进度控制的目的是通过控制以实现工程的进度目标。

24. D【解析】设计方进度控制的任务是依据设计任务委托合同对设计工作进度的要求控制设计工作进度，这是设计方履行合同的义务。

25. B【解析】建设工程项目总进度目标论证的工作步骤如下：①调查研究和收集资料；②项目结构分析；③进度计划系统的结构分析；④项目的工作编码；⑤编制各层进度计划；⑥协调各层进度计划的关系，编制总进度计划；⑦若编制的总进度计划不符合项目的进度目标，则设法调整；⑧若经过多次调整，进度目标无法实现，则报告项目决策者。

26. C【解析】在双代号网络图中，为了正确地表达图中工作之间的逻辑关系，往往需要应用虚箭线。

27. C【解析】根据题意，工作C的总时差为3天，工作D的总时差为4天，$TF_C=\min(LAG_{B,C}+3, LAG_{B,D}+4)$，而$LAG_{B,C}$和$LAG_{B,D}$的最小值为5天（因为工作$A$的自由时差是其与紧后工作之间时间间隔的最小值），所以的TF_A最小值为5天。

28. C【解析】图中关键线路一共有4条。关键线路1：①—②—③—⑤—⑦—⑧；关键线路2：①—②—④—⑤—⑦—⑧；关键线路3：①—②—④—⑤—⑥—⑦—⑧；关键线路4：①—②—③—⑤—⑥—⑦—⑧。

29. D【解析】横道图计划表中的进度线（横道）与时间坐标相对应，这种表达方式较直观，易看懂计划编制的意图。但是，横道图进度计划法也存在一些问题，如：①工序（工作）之间的逻辑关系可以设法表达，但不易表达清楚；②适用于手工编制计划；③没有通过严谨的进度计划时间参数计算，不能确定计划的关键工作、关键路线与时差；④计划调整只能用手工方式进行，其工作量较大；⑤难以适应大的进度计划系统。

30. B【解析】总时差是指在不影响总工期的前提下，本工作可以利用的机动时间。总时差＝紧后工作总时差的最小值＋本工作的自由时差＝1＋1＝2（周）。

31. B【解析】进度控制工作包含大量的组织和协调工作，而会议是组织和协调的重要手段，应进行有关进度控制会议的组织设计。

32. B【解析】项目进度控制的管理措施，为了实现进度目标，应选择合理的合同结构，以避免过多的合同交界面而影响工程的进展。工程物资的采购模式对进度也有直接的影响，对此应作比较分析。

33. B【解析】我国实行建筑业企业经营资质管理制度、市场准入制度、执业资格注册制度、作业及管理人员持证上岗制度等，从本质上说，都是对从事建设工程活动的人的素质和能力进行必要的控制。

34. A【解析】建设工程项目质量的形成过程，贯穿于整个建设项目的决策过程和各个工程项目的设计与施工过程，体现了建设工程项目质量从目标决策、目标细化到目标实现的系统过程。

35. A【解析】质量手册是规定企业组织质量管理体系的文件，对企业质量体系作系统、完整和概要的描述。

36. D【解析】TQC的主要特点是：以顾客满意为宗旨；领导参与质量方针和目标的制定；提倡预防为主、科学管理、用数据说话等。

密封线内不要答题

37. C【解析】质量控制点的重点控制对象中的特殊地基或特种结构包括：对于湿陷性黄土、膨胀土、红黏土等特殊土地基的处理，以及大跨度结构、高耸结构等技术难度较大的施工环节和重要部位，均应予以特别的重视。

38. C【解析】施工质量计划应由自控主体即施工承包企业进行编制。

39. D【解析】根据项目进度控制不同的需要和不同的用途，业主方和项目各参与方可以构建多个不同的建设工程项目进度计划系统，由不同深度的计划构成进度计划系统，包括：①总进度规划（计划）；②项目子系统进度规划（计划）；③项目子系统中的单项工程进度计划等。

40. A【解析】技术原因，指引发质量事故是由于在项目勘察、设计、施工中技术上的失误。例如，地质勘察过于疏略，对水文地质情况判断错误，致使地基基础设计采用不正确的方案；或结构设计方案不正确，计算失误，构造设计不符合规范要求。

41. C【解析】较大事故，是指造成3人以上10人以下死亡，或者10人以上50人以下重伤，或者1000万元以上5000万元以下直接经济损失的事故。

42. D【解析】因果分析图法，也称为质量特性要因分析法，其基本原理是对每一个质量特性或问题，逐层深入排查可能原因，然后确定其中最主要原因，进行有的放矢的处置和管理。

43. A【解析】政府质量监督的性质属于行政执法行为，是主管部门依据有关法律法规和工程建设强制性标准对工程实体质量和工程建设、勘察、设计、施工、监理单位和质量检测单位的工程质量行为实施监督。

44. A【解析】在《环境管理体系要求及使用指南》（GB/T 24001—2004）中，环境是指组织运行活动的外部存在，包括空气、水、土地、自然资源、植物、动物、人，以及它（他）们之间的相互关系。

45. D【解析】特种作业人员应具备的条件包括：①年满18周岁，且不超过国家法定退休年龄；②经社区或者县级以上医疗机构体检健康合格，并无妨碍从事相应特种作业的器质性心脏病、癫痫病、美尼尔氏症、眩晕症、癔病、震颤麻痹症、精神病、痴呆症以及其他疾病和生理缺陷；③具有初中及以上文化程度；④具备必要的安全技术知识与技能；⑤相应特种作业规定的其他条件。

46. A【解析】预警信号一般采用国际通用的颜色表示不同的安全状况：Ⅰ级预警，表示安全状况特别严重，用红色表示；Ⅱ级预警，表示受到事故的严重威胁，用橙色表示；Ⅲ级预警，表示处于事故的上升阶段，用黄色表示；Ⅳ级预警，表示生产活动处于正常状态，用蓝色表示。

47. B【解析】专项应急预案是针对具体的事故类别（如基坑开挖、脚手架拆除等事故）、危险源和应急保障而制定的计划或方案，是综合应急预案的组成部分，应按照综合应急预案的程序和要求组织制定，并作为综合应急预案的附件。

48. A【解析】重大伤亡事故指一次事故中死亡1～2人的事故。

49. D【解析】建立文明施工的管理组织应确立项目经理为现场文明施工的第一责任人。

50. B【解析】市区主要路段和其他涉及市容景观路段的工地设置围挡的高度不低于2.5m，其他工地的围挡高度不低于1.8m。

51. D【解析】招标分公开招标和邀请招标两种方式。公开招标亦称无限竞争性招标。

52. C【解析】施工方案应由投标单位的技术负责人主持制定，主要应考虑施工方法、主要施工机具的配置、各工种劳动力的安排及现场施工人员的平衡、施工进度及分批竣工的安排、安全措施等。

53. D【解析】按照《建设项目工程总承包合同示范文本（试行）》（GF—2011—0216），发包人的主要义务：①负责办理项目的审批、核准或备案手续，取得项目用地的使用权，完成拆迁补偿工作，使项目具备法律规定和合同约定的开工条件，并提供立项文件。②履行合同中约定的合同价格调整、付款、竣工结算义务。③有权按照合同约定和适用法律关于安全、质量、标准、环境保护和职业健康等强制性标准和规范的规定，对承包人的设计、采购、施工、竣工试验等实施工作提出建议、修改和变更，但不得违反国家强制性标准、规范的规定。④有权根据合同约定，对因承包人原因给发包人带来的任何损失和损害，提出赔偿。⑤发包人认为必要时，有权以书面形式发出暂停通知。

54. C【解析】在招标时，当图纸、规范等准备不充分，不能据以确定合同价格，而仅能制定一个估算指标时可采用成本加奖金合同。

55. D【解析】当施工发包的工程内容和工程量一时尚不能十分明确、具体地予以规定时，则可以采用单价合同形式。

56. D【解析】单价合同的特点是单价优先，例如FIDIC土木工程施工合同中，业主给出的工程量清单表中的数字是参考数字，而实际工程款则按实际完成的工程量和合同中确定的单计算。虽然在投标报价、评标以及签订合同中，人们常常注重总价格，但在工程款结算中单价优先，对于投标书中明显的数字计算错误，业主有权力先作修改再评标，当总价和单价的计算结果不一致时，以单价为准调整总价。

57. B【解析】银行履约保函是由商业银行开具的担保证明，通常为合同金额的10%左右。银行保函分为有条件的银行保函和无条件的银行保函。

58. A【解析】预付款担保的主要形式是银行保函。

59. D【解析】CIP保险的优点包括：①以最优的价格提供最佳的保障范围；②能实施有效的风险管理；③降低赔付率，进而降低保险费率；④避免诉讼，便于索赔。

60. A【解析】分项工程应由专业监理工程师组织施工单位项目专业技术负责人进行验收。

61. C【解析】对分包施工单位的管理办法，包括施工质量、进度、程序、信息等方面，其中一条就是专业分包人须在进场前，将其承包范围内的施工组织设计报技术部，由项目总工审核，公司技术部审批后方可依照施工。

62. C【解析】根据合同实施偏差分析的结果，承包商应该采取相应的调整措施，调整措施可以分为：①组织措施，如增加人员投入，调整人员安排，调整工作流程和工作计划等；②技术措施，如变更技术方案，采用新的高效率的施工方案等；③经济措施，如增加投入，采取经济激励措施等；④合同措施，如进行合同变更，签订附加协议，采取索赔手段等。

63. D【解析】索赔的成立，应该同时具备以下三个前提条件：①与合同对照，事件已造成了承包人工程项目成本的额外支出，或直接工期损失；②造成费用增加或工期损失的原因，按合同约定不属于承包人的行为责任或风险责任；③承包人按合同规定的程序和时间提交索赔意向通知和索赔报告。以上三个条件必须同时具备，缺一不可。

64. B【解析】索赔费用的计算方法有：实际费用法、总费用法和修正的总费用法。

65. C【解析】按索赔有关当事人分类：①承包人与发包人之间的索赔；②承包人与分包人之间的索赔；③承包人或发包人与供货人之间的索赔；④承包人或发包人与保险人之间的索赔。

66. A【解析】协商解决争议是最常见也是最有效的方式，也是应该首选的最基本的方式。双方依据合同，通过友好磋商和谈判，互相让步，折中解决合同争议。

67. C【解析】《永久设备和设计—建造合同条件》（简称“新黄皮书”）适用于由承包商做绝大部分设计的工程项目，承包商要按照业主的要求进行设计、提供设备以及建造其他工程（可能包括由土木、机械、电力等工程的组合）。

68. B【解析】对建设工程项目信息分类按项目实施的工作过程分为设计准备信息、设计信息、招投标信息和施工过程信息等。

69. A【解析】项目的结构编码，依据项目结构图对项目结构的每一层的每一个组成部分进行编码。

70. A【解析】国际上项目信息门户应用的主流是ASP模式。

二、多项选择题

71. BCDE【解析】工程总承包项目管理的主要内容应包括：①任命项目经理，组建项目部，进行项目策划并编制项目计划；②实施设计管理，采购管理，施工管理，试运行管理；③进行项目范围管理，进度管理，费用管理，设备材料管理，资金管理，质量管理，安全、职业健康和环境管理，人力资源管理，风险管理，沟通与信息管理，合同管理，现场管理，项目收尾等。

72. AB【解析】在矩阵组织结构中，每一项纵向和横向交汇的工作，指令来自于纵向和横向两个工作部门，因此其指令源为两个。当纵向和横向工作部门的指令发生矛盾时，由该组织系统的最高指挥者进行协调或决策。

73. ABCD【解析】项目目标的分析和再论证的主要工作内容包括：①投资目标的分解和论证；②编制项目投资总体规划；③进度目标的分解和论证；④编制项目建设总进度规划；⑤项目功能分解；⑥建筑面积分配；⑦确定项目质量目标。

74. ABC【解析】在进行对施工总承包管理单位的招标时，只确定施工总承包管理费，而不确定工程总造价，这可能成为业主控制总投资的风险。故选项D错误。多数情况下，由业主方与分包人直接签约，这样有可能增加业主方的风险。故选项E错误。

75. CDE【解析】建设工程项目管理规划一般包括如下内容：项目概述；项目的目标分析和论证；项目管理的组织；项目采购和合同结构分析；投资控制的方法和手段；进度控制的方法和手段；质量控制的方法和手段；安全、健康与环境管理的策略；信息管理的方法和手段；技术路线和关键技术的分析；设计过程的管理；施工过程的管理；价值工程的应用；风险管理的策略等。

76. ABCE【解析】在我国，大型房屋建筑工程标准一般指：25层以上的房屋建筑工程；高度100m及

以上的构筑物或建筑物工程；单体建筑面积3万m²及以上的房屋建筑工程；单跨跨度30m及以上的房屋建筑工程；建筑面积10万m²及以上的住宅小区或建筑群体工程；单项建安合同额1亿元及以上的房屋建筑工程。

77. BC【解析】项目目标动态控制的技术措施是指，分析由于技术（包括设计和施工的技术）的原因而影响项目目标实现的问题，并采取相应的措施，如调整设计、改进施工方法和改变施工机具等。

78. BDE【解析】根据《建设工程项目管理规范》(GB/T 50326—2006)，项目经理的权限项目经理应具有下列权限：①参与项目招标、投标和合同签订；②参与组建项目经理部；③主持项目经理部工作；④决定授权范围内的项目资金的投入和使用；⑤制定内部计酬办法；⑥参与选择并使用具有相应资质的分包人；⑦参与选择物资供应单位；⑧在授权范围内协调与项目有关的内、外部关系；⑨法定代表人授予的其他权力。

79. ACDE【解析】发送者的障碍是在沟通过程中，信息发送者的情绪、倾向、个人感受、表达能力和判断力等都会影响信息的完整传递。障碍主要表现在：表达能力不佳；信息传送不全；信息传递不及时或不适时；知识经验的局限；对信息的过滤等。选项B属于接受者的障碍。

80. BCD【解析】对建设周期一年半以上的工程项目，则应考虑下列因素引起的价格变化问题：①劳务工资以及材料费用的上涨；②其他影响工程造价的因素，如运输费、燃料费、电力等价格的变化；③外汇汇率的不稳定；④国家或者省、市立法的改变引起的工程费用的上涨。

81. ABCD【解析】施工成本计划的编制依据包括：①投标报价文件；②企业定额、施工预算；③施工组织设计或施工方案；④人工、材料、机械台班的市场价；⑤企业颁布的材料指导价、企业内部机械台班价格、劳动力内部挂牌价格；⑥周转设备内部租赁价格、摊销损耗标准；⑦已签订的工程合同、分包合同（或估价书）；⑧结构件外加工计划和合同；⑨有关财务成本核算制度和财务历史资料；⑩施工成本预测资料；⑪拟采取的降低施工成本的措施；⑫其他相关资料。

82. ABCD【解析】施工成本控制的依据包括：工程承包合同、施工成本计划、进度报告、工程变更。

83. ABDE【解析】施工成本分析的基本方法包括比较法、因素分析法、差额计算法、比率法等。

84. ACDE【解析】总进度纲要的主要内容包括：①项目实施的总体部署；②总进度规划；③各子系统进度规划；④确定里程碑事件的计划进度目标；⑤总进度目标实现的条件和应采取的措施等。

85. BDE【解析】计算时间参数确定关键线路为：①—③—④—⑤—⑥—⑧，关键工作有C、E、H。

86. ACDE【解析】E的紧前工作有A和C。故选项B错误。

87. DE【解析】选项A、B、C属于经济措施。

88. ABDE【解析】质量管理八项原则的具体内容如下：以顾客为关注焦点、领导作用、全员参与、过程方法、管理的系统方法、持续改进、基于事实的决策方法、与供方互利的关系。

89. ABC【解析】选项A、B属于目测法中“看”的方法，选项C属于目测法中“照”的方法，选项D、E属于实测法中“量”的方法。

90. ABC【解析】检验批质量验收合格应符合下列规定：①主控项目的质量经抽样检验均应合格；②一般项目的质量经抽样检验合格；③具有完整的施工操作依据、质量检查记录。

91. ACDE【解析】按事故造成损失的程度，工程质量事故可以分为特别重大事故、重大事故、较大事故、一般事故。

92. ABCE【解析】一个质量特性或一个质量问题应该只用一张图分析。故选项D错误。

93. ABCD【解析】工程质量监督报告的基本内容包括：工程项目概况；项目参建各方的质量行为检查情况；工程项目实体质量抽查情况；历次质量监督检查中提出质量问题的整改情况；工程竣工质量验收情况；项目质量评价（包括建筑节能和环保评价）；对存在的质量缺陷的处理意见等。检查其整改情况属于监督工程竣工验收。

94. ACE【解析】预控对策是根据具体的警情确定控制方案，尽早采取必要的预防和控制措施，避免事故的发生和人员的伤亡，减少财产损失等。预控对策一般包括组织准备、日常监控和事故危机管理三个活动阶段。

95. BCE【解析】应急预案体系由综合应急预案、专项应急预案、现场处置方案构成。

96. ABCD【解析】施工现场设置排水系统，排水畅通，不积水，严禁泥浆、污水、废水外流或堵塞下水道和排水河道。故选项E错误。

97. ABC【解析】建设工程施工招标应该具备的条件包括以下几项：招标人已经依法成立；初步设计及概算应当履行审批手续的，已经批准；招标范围、招标方式和招标组织形式等应当履行核准手续的，已经核准；有相应资金或资金来源已经落实；有招标所需的设计图纸及技术资料。

98. AC【解析】根据《合同法》，勘察合同、设计合同、施工承包合同属于建设工程合同

99. ABCD【解析】合同分析，在不同的时期，为了不同的目的，有不同的内容，通常有以下几个方面：合同的法律基础；承包人的主要任务；发包人的责任；合同价格；施工工期；违约责任；验收、移交和保修；索赔程序和争执的解决。

100. ACE【解析】投标担保的主要目的是保护招标人不因中标人不签约而蒙受经济损失。投标担保要确保投标人在投标有效期内不要撤回投标书，以及投标人在中标后保证与业主签订合同并提供业主所要求的履约担保、预付款担保等。投标担保的另一个作用是，在一定程度上可以起筛选投标人的作用。

《建设工程项目管理》押题模拟试卷（六）

一、单项选择题

1. D【解析】建设工程项目管理的时间范畴是建设工程项目的实施阶段。

2. B【解析】建造师的业务范围并不限于在项目实施阶段的工程项目管理工作，还包括项目决策阶段的管理和项目使用阶段的物业管理（设施管理）工作。

3. D【解析】组织分工反映了一个组织系统中各子系统或各元素的工作任务分工和管理职能分工。

4. B【解析】决策阶段管理工作的主要任务是确定项目的定义。

5. C【解析】为了编制项目管理任务分工表，首先应对项目实施各阶段的费用（投资或成本）控制、进度控制、质量控制、合同管理、信息管理和组织与协调等管理任务进行详细分解，在项目管理任务分解的基础上定义项目经理和费用（投资或成本）控制、进度控制、质量控制、合同管理、信息管理和组织与协调等主管工作部门或主管人员的工作任务。

6. D【解析】工作流程图用图的形式反映一个组织系统中各项工作之间的逻辑关系，它可用以描述工作流程组织，而不是合同关系。故选项D错误。

7. A【解析】选项B属于技术策划内容，选项C属于实施阶段的组织策划，选项D属于决策期管理策划内容。

8. D【解析】工程项目策划的过程是专家知识的组织和集成，以及信息的组织和集成的过程，其实质是知识管理的过程。故选项D错误。

9. B【解析】经济与管理风险，如：①宏观和微观经济情况；②工程资金供应的条件；③合同风险；④现场与公用防火设施的可用性及其数量；⑤事故防范措施和计划；⑥人身安全控制计划；⑦信息安全控制计划等。选项A、C属于组织风险，选项D属于工程环境风险。

10. A【解析】项目总承包从招标开始至确定合同价的基本工作程序有：①业主方自行编制，或委托顾问工程师编制项目建设纲要或设计纲要，它是项目总承包方编制项目设计建议书的依据；②项目总承包方编制项目设计建议书和报价文件；③设计评审；④合同洽谈，包括确定合同价。

11. C【解析】我国《建筑法》对物资采购有这样的规定，按照合同约定，建筑材料、建筑构配件和设备由工程承包单位采购的，发包单位不得指定承包单位购人用于工程的建筑材料、建筑构配件和设备或者指定生产厂、供应商。

12. B【解析】《建设工程项目管理规范》规定，项目管理规划大纲应由组织的管理层或组织委托的项目管理单位编制。

13. B【解析】编制项目管理实施规划应遵循下列程序：①了解项目相关各方的要求；②分析项目条件和环境；③熟悉相关法规和文件；④组织编制；⑤履行报批手续。

14. C【解析】技术经济指标用以衡量组织施工的水平，它是对施工组织设计文件的技术经济效益进行全面评价。

15. D【解析】组织措施，如调整项目组织结构、任务分工、管理职能分工、工作流程组织和项目管理班子人员等。

16. A【解析】投资的计划值和实际值是相对的，相对于工程预算而言，工程概算是投资的计划值。

17. B【解析】发包人收到改进报告后仍要求更换的，承包人应在接到第二次更换通知的28天内进行更换，并将新任命的项目经理的注册执业资格、管理经验等资料书面通知发包人。

18. C【解析】若某事件经过风险评估，它处于风险区A，则应采取措施，降低其概率，以使它移位至风险区B；或采取措施降低其损失量，以使它移位至风险区C。风险区B和C的事件则应采取措施，使其移位至风险区D。

19. D【解析】服务性，工程监理单位受业主的委托进行工程建设的监理活动，它提供的是服务，工程监理单位将尽一切努力进行项目的目标控制，但它不可能保证项目的目标一定实现，它也不可能承

担由于不是它的责任而导致项目目标的失控。

20. D【解析】施工成本预测是在工程施工前对成本进行的估算，它是根据成本信息和施工项目的具体情况，运用一定的专门方法，对未来的成本水平及其发展趋势作出科学的估计。

21. B【解析】在编制成本支出计划时，要在项目总体层面上考虑总的预备费，也要在主要的分项工程中安排适当的不可预见费。

22. A【解析】按施工进度编制施工成本计划，通常可在控制项目进度的网络图的基础上，进一步扩充得到。

23. B【解析】为了取得施工成本管理的理想成效，应当从多方面采取措施实施管理，通常可以将这些措施归纳为组织措施、技术措施、经济措施、合同措施。

24. A【解析】施工成本控制是指在施工过程中，对影响施工成本的各种因素加强管理，并采取各种有效措施，将施工中实际发生的各种消耗和支出严格控制在成本计划范围内。

25. B【解析】形象进度、产值统计、实际成本归集三同步，即三者的取值范围应是一致的。

26. D【解析】选项A属于合同措施，选项B属于组织措施，选项C属于技术措施。

27. B【解析】"两算"对比的方法有实物对比法和金额对比法。

28. C【解析】指导性成本计划是选派项目经理阶段的预算成本计划，是项目经理的责任成本目标。它是以合同价为依据，按照企业的预算定额标准制定的设计预算成本计划，且一般情况下确定责任总成本目标。

29. C【解析】施工成本计划是以货币形式编制施工项目在计划期内的生产费用、成本水平、成本降低率以及为降低成本所采取的主要措施和规划的书面方案。

30. A【解析】进度偏差＝已完成工作预算费用－计划工作预算费用＝2500×15－3000×15＝－7500（元）。进度偏差为负值，说明进度延误。

31. C【解析】指标控制程序则是成本进行过程控制的重点。故选项C错误。

32. B【解析】选项A属于组织措施，选项C属于经济措施，选项D属于合同措施。

33. B【解析】在国际上，设计进度计划主要是各设计阶段的设计图纸的出图计划，在出图计划中标明每张图纸的名称、图纸规格、负责人和出图日期。

34. A【解析】施工进度控制不仅关系到施工进度目标的是否实现，他还直接关系到工程的质量和成本。因此在进行施工进度控制时，必须树立和坚持的最基本的工程管理原则是在确保工程质量的前提下，控制工程的进度。

35. D【解析】基于事实的决策方法，有效的决策应建立在数据和信息分析的基础上，数据和信息分析是事实的高度提炼。以事实为依据做出决策，可防止决策失误。为此企业领导应重视数据信息的收集、汇总和分析，以便为决策提供依据。

36. D【解析】建设工程项目总进度目标论证的工作步骤包括：①调查研究和收集资料；②项目结构分析；③进度计划系统的结构分析；④项目的工作编码；⑤编制各层进度计划；⑥协调各层进度计划的关系，编制总进度计划；⑦若所编制的总进度计划不符合项目的进度目标，则设法调整；⑧若经过多次调整，进度目标无法实现，则报告项目决策者。

37. B【解析】当关键线路的实际进度比计划进度拖后时，应在尚未完成的关键工作中，选择资源强度小或费用低的工作缩短其持续时间。

38. C【解析】总时差＝工作M的最迟开始时间－工作M的最早开始时间＝18－15＝3（天），自由时差＝紧后工作的最早开始时间（最小值）－工作M的最早结束时间＝24－（15＋7）＝2（天）。

39. B【解析】最迟开始时间＝紧后工作最迟开始时间的最小值－本工作的持续时间＝9－4＝5（天）。

40. B【解析】管理措施，用工程网络计划的方法编制进度计划必须很严谨地分析和考虑工作之间的逻辑关系。

41. C【解析】建设工程项目艺术文化特性的质量来自于设计者的设计理念、创意和创新，以及生产施工者对设计意图的领会与精益生产。

42. B【解析】动力机制是建设工程项目质量控制体系运行的核心机制，它源于公平，公开，公平的竞争机制和利益机制的制度设计或安排。这是因为建设工程项目的实施过程是由多主体参与的价值增值链，只有保持合理的供方及分供方关系才能形成合力，是建设工程项目成功的重要保证。

43. A【解析】建设工程项目质量的形成过程，贯穿于整个建设项目的决策过程和各个工程项目的设计与施工过程，体现了建设工程项目质量从目标决策、目标细化到目标实现的系统过程。

44. C【解析】系统有效性原则，即项目质量控制体系，应从实际出发，结合项目特点、合同结构和项目管理组织系统的构成情况，建立项目各参与方共同遵循的质量管理制度和控制措施，并形成有效的运行机制。

45. B【解析】在企业质量管理体系的认证书有效期内，出现体系认证标准变更、体系认证范围变更、体系认证证书持有者变更，可按规定重新换证。

46. B【解析】组织是目标能否实现的决定性因素，为实现项目的进度目标，应充分重视健全项目管理的组织体系。

47. D【解析】工作A的总时差＝该工作的各个紧后工作总时差的最小值＋本工作的自由时差，线路①—④—⑤—⑥—⑦—⑩—⑪有1天的总时差。

48. A【解析】落实质量体系的内部审核程序，有组织有计划开展内部质量审核活动，其主要目的是：①评价质量管理程序的执行情况及适用性；②揭露过程中存在的问题，为质量改进提供依据；③检查质量体系运行的信息；④向外部审核单位提供体系有效的证据。

49. C【解析】从建设工程项目的施工组织设计到分部分项工程的施工计划，在实施之前都必须进行对下逐级交底，其目的是使管理者的计划和决策意图为实施人员所理解。

50. A【解析】建筑施工企业与劳动者建立劳动关系，应当自用工之日起按照劳动合同法规的规定订立书面劳动合同。故选项A错误

51. D【解析】项目施工可行性质量控制中，任何设计意图都要通过施工来实现，设计意图不能脱离现实的施工技术和装备水平，否则再好的设计意图也无法实现。

52. B【解析】数理统计研究证明，当随机抽样方案合理且样本数量足够大时，在生产能力处于正常、稳定状态，质量特性监测数据趋于正态分布。

53. B【解析】管理手册除了反映组织管理体系需要解决的问题所在，也反映出组织的管理思路和理念。同时也向组织内外部人员提供了查询所需文件和记录的途径，相当于体系文件的索引。

54. C【解析】职业健康安全管理和环境管理都是组织管理体系的一部分，其管理的主体是组织。

55. C【解析】预警信息管理是一个系统性的动态管理过程，包括信息收集、处理、辨伪、存储和推断等管理工作。

56. C【解析】预防与减灾并重治理原则，是在治理安全事故隐患时，需尽可能减少发生事故的可能性，如果不能安全控制事故的发生，也要设法将事故等级减低。

57. D【解析】在分包人与发包人的关系中，分包人须服从承包人转发的发包人或工程师与分包工程有关的指令。未经承包人允许，分包人不得以任何理由与发包人或工程师发生直接工作联系，也不得直接接受发包人或工程师的指令。如分包人与发包人或工程师发生直接工作联系，将被视为违约，并承担违约责任。

58. C【解析】成本加固定比例费用合同，工程成本中直接费加一定比例的报酬费，报酬部分的比例在签订合同时由双方确定。这种方式的报酬费用总额随成本加大而增加，不利于缩短工期和降低成本。一般在工程初期很难描述工作范围和性质，或工期紧迫，无法按常规编制招标文件招标时采用。

59. B【解析】职业健康安全管理体系要素的辅助性要素包括：能力、培训和意识；沟通、参与和协商；文件；文件控制；应急准备和响应；事件调查、不符合、纠正措施和预防措施；记录控制。选项A、C、D属于核心要素。

60. D【解析】因果分析图法，即首先画出因果分析图，逐层深入排查可能原因，然后确定其中最主要原因，进行有的放矢的处置和管理。

61. D【解析】减量化处理是对已经产生的固体废物进行分选、破碎、压实浓缩、脱水等减少其最终处置量，减低处理成本，减少对环境的污染。

62. D【解析】投标单位取得投标资格，获得投标文件之后的首要工作就是认真仔细地研究招标文件，充分了解其内容和要求，以便有针对性地安排投标工作。

63. A【解析】收到工程设计文件后编制监理规划，并在第一次工地会议7天前报委托人。

64. B【解析】交货日期的确定方式中，凡委托运输部门或单位运输、送货或代运的产品，一般以供货方发运产品时承运单位签发的日期为准，不是以向承运单位提出申请的日期为准。

65. C【解析】直方图的观察分析分为分布形状观察分析和分布位置观察分析。

66. A【解析】诚信行为记录由各省、自治区、直辖市建设行政主管部门在当地建筑市场诚信信息平台上统一公布。其中，不良行为记录信息的公布时间为行政处罚决定作出后7日内，公布期限一般为6个月至3年。

67. C【解析】合同分析的作用包括：分析合同中的漏洞，解释有争议的内容；分析合同风险，制定风

险对策；合同任务分解、落实。

68. B【解析】用实际费用法计算时，在直接费的额外费用部分的基础上，再加上应得的间接费和利润，即是承包人应得的索赔金额。

69. A【解析】纠纷审议委员会的委员在建设工程项目开始时就介入项目，目的是了解项目管理情况及其问题。这是纠纷审议委员会的优点。

70. C【解析】单代号网络计划的最迟开始时间＝本工作的最迟完成时间－本工作的持续时间＝9－6＝3（天）。

二、多项选择题

71. ABCD【解析】项目范围管理指的是保证项目包含且仅包含项目所需的全部工作的过程。它主要涉及范围计划编制、范围定义、范围验证和范围变更控制的管理。

72. AC【解析】按国际工程的惯例，当采用指定分包商时，不论指定分包商与施工总承包方，或与施工总承包管理方，或与业主方签订合同，由于指定分包商合同在签约前必须得到施工总承包方或施工总承包管理方的认可，因此，施工总承包方或施工总承包管理方应对合同规定的工期目标和质量目标负责。

73. ADE【解析】施工总承包管理模式与施工总承包模式相比在合同价方面有以下优点：①合同总价不是一次确定，某一部分施工图设计完成以后，再进行该部分施工招标，确定该部分合同价，因此整个建设项目的合同总额的确定较有依据；②所有分包都通过招标获得有竞争力的投标报价，对业主方节约投资有利；③在施工总承包管理模式下，分包合同价对业主是透明的。选项B属于施工总承包模式的特点，选项C是两者都具备的相同点。

74. ACDE【解析】建设工程项目管理的规划编制必须随着情况的变化而进行动态调。故选项B错误。

75. ABD【解析】建造师是一种专业人士的名称，而项目经理是一个工作岗位的名称。故选项C错误。承包人需要更换项目经理的，应提前14天，而不是28天。故选项E错误。

76. ABC【解析】施工预算和施工图预算虽仅一字之差，但区别较大主要有编制的依据不同、适用的范围不同、发挥的作用不同。

77. BCDE【解析】会计核算主要是价值核算，而不是成本核算。故选项A错误。

78. ACE【解析】单位工程竣工成本分析应包括的内容有：①竣工成本分析；②主要资源节超对比分析；③主要技术节约措施及经济效果分析。

79. ABC【解析】项目经理的职责包括：①项目管理目标责任书规定的职责；②主持编制项目管理实施规划，并对项目目标进行系统管理；③对资源进行动态管理；④建立各种专业管理体系，并组织实施；⑤进行授权范围内的利益分配；⑥收集工程资料，准备结算资料，参与工程竣工验收；⑦接受审计，处理项目经理部解体的善后工作；⑧协助组织进行项目的检查、鉴定和评奖申报工作。选项D、E属于项目经理的权限。

80. ABC【解析】施工成本管理的任务和环节主要包括：①施工成本预测；②施工成本计划；③施工成本控制；④施工成本核算；⑤施工成本分析；⑥施工成本考核。

81. ABCE【解析】双代号网络图中应只有一个起点节和一个终点节点（多目标网络计划除外），而其他所有节点均应是中间节点。故选项D错误。

82. BCDE【解析】横道图进度计划法存在的问题，如：①工序（工作）之间的逻辑关系可以设法表达，但不易表达清楚；②适用于手工编制计划；③没有通过严谨的进度计划时间参数计算，不能确定计划的关键工作、关键路线与时差；④计划调整只能用手工方式进行，其工作量较大；⑤难以适应大的进度计划系统。

83. ABDE【解析】进度控制的主要工作环节包括进度目标的分析和论证、编制进度计划、定期跟踪进度计划的执行情况、采取纠偏措施以及调整进度计划。

84. AB【解析】现场进行质量检查的方法有目测法、实测法和试验法三种。实测法的手段可概括为“靠、吊、量、套”四个字。选项C、D、E属于试验法。

85. ABCD【解析】建设工程施工合同的付款分四个阶段进行，即预付款、工程进度款、最终付款和退还保留金。

86. BD【解析】对施工中使用的模具、脚手架等施工设备，按适用的标准定型选用外，一般需按设计及施工要求进行专项设计，对其设计方案及制作质量的控制及验收应作为重点进行控制。

87. ACD【解析】检验批质量不合格可能是由于使用的材料不合格、或施工作业质量不合格，或质量控制资料不完整等原因所致。

88. ABCD【解析】依据建设工程产品的特性，建设工程职业健康安全与环境管理有以下特点：复杂性、多变性、协调性、持续性、经济性、多样性。

89. BDE【解析】企业安全生产教育培训一般包括对管理人员、特种作业人员和企业员工的安全教育。

90. BCD【解析】内部管理不良预警系统包括：质量管理预警、设备管理预警、人的行为活动管理预警。

91. ACD【解析】职业健康安全和环境管理体系的相同点：①管理目标基本一致；②管理原理基本相同；③不规定具体绩效标准。

92. ACD【解析】投标人应重点注意招标文件中的投标人须知，投标书附录与合同条件，技术说明，永久性工程之外的报价补充文件四个方面的问题。

93. ABCD【解析】当设计深度达到可以报总价的深度应采用最大成本加费用合同，而不是成本加奖金合同。故选项E错误。

94. BCE【解析】承包人应在收到中标函之后28天内，按投标书附件中注明的金额取得担保，并将此保函提交给业主。故选项A错误。该保函与投标书附件中规定的货币种类及比例相一致。故选项D错误。

95. AB【解析】施工合同跟踪有两方面的含义，二者缺一不可。一是承包单位的合同管理职能部门对合同执行者（项目经理部或项目参与人）的履行情况进行的跟踪、监督和检查；二是合同执行者（项目经理部或项目参与人）本身对合同计划的执行情况进行跟踪、检查与对比。

96. ABCD【解析】索赔文件的主要内容包括：总述部分、论证部分、索赔款项（和/或工期）计算部分、证据部分。

97. AB【解析】仲裁的特点包括：①仲裁程序效率高，周期短，费用少；②保密性，仲裁程序一般都是保密的；③专业化。

98. ADE【解析】项目的信息管理是通过对各个系统、各项工作和各种数据的管理，使项目的信息能方便和有效地获取、存储、存档、处理和交流。

99. ADE【解析】在本题的双代号网络计划中，关键线路为①—②—④—⑥（最长的线路）；工作②—⑥不在关键线路上，因此，为非关键工作；关键线路的长度即为该计划的工期12天；工作④—⑥最早开始时间为②—④工作和①—③工作最早完成时间的最大值，即8天，而不是4天；从图中可以看出，工作③—④用虚线表示，是虚工作。

100. BCDE【解析】安全事故隐患治理原则包括：①冗余安全度治理原则；②单项隐患综合治理原则；③事故直接隐患与间接隐患并治原则；④预防与减灾并重治理原则；⑤重点治理原则；⑥动态治理原则。

环球书业
Huanqiushuye

2018年 用通过率说话

全国一级建造师执业资格考试专业辅导用书

JIANSHE GONGCHENG XIANGMU GUANLI

建设工程项目管理

历年真题·押题模拟

全国一级建造师执业资格考试命题研究中心 主编

环球网校建造师考试研究院 审定

东南大学出版社
SOUTHEAST UNIVERSITY PRESS

Qian Yan 前言

在我国，一级建造师是一种建筑类的执业资格，是担任大中型工程施工项目经理的前提条件。取得建造师执业资格证书并经过注册登记后，即获得一级建造师注册证书，注册后的建造师方可受聘执业。一级建造师执业资格考试由人社部与住建部共同组织实施，原则上每年举行一次考试。

本套丛书共分《建设工程法规及相关知识》《建设工程项目管理》《建设工程经济》《建筑工程管理与实务》《市政公用工程管理与实务》《机电工程管理与实务》《公路工程管理与实务》《水利水电工程管理与实务》《铁路工程管理与实务》《通信与广电工程管理与实务》十个科目，可供参加全国一级建造师执业资格考试的考生复习使用。

本套试卷特点如下：

真题详解，指点技巧，专家引导。对近年来的真题进行详细讲解，向考生展示考试的重点和难点，总结历年考试的命题规律，使考生能深刻领会命题人的出题意图，帮助考生获得专家般的点拨。

临考押题，把握趋势，突破无忧。在真题详解的基础上，试卷编委会又精心编写了具有预测性质的押题模拟试卷，力图通过对考点的精准把握帮助考生进行考前“练兵”，巩固强化知识点，增强实战经验。

扫码听课，名师讲解，快速提高。针对部分考试重难点，试卷中配以环球网校录制的考试微课，考生通过扫码听课，可以在老师的带领下把握做题的思路和关键点，绕过命题人的“坑”，使备考达到事半功倍的效果。

由于时间紧促、水平有限，书中难免有疏漏和不当之处，恳请广大读者批评指正。

全国一级建造师执业资格考试命题研究中心

◇《建设工程项目管理》高频考点汇编◇

1Z201000　建设工程项目的组织与管理

1. 国际设施管理协会所确定的设施管理包括物业资产管理和物业运行管理。其中，物业资产管理包括财务管理、空间管理和用户管理；物业运行管理包括维修和现代化管理。
2. "建设工程管理"的内涵涉及工程项目全过程（工程项目全寿命）的管理，它包括：决策阶段的管理；实施阶段的管理，即项目管理；使用阶段的管理，即设施管理。
3. "建设工程管理"涉及参与工程项目的各个方面对工程的管理，即包括投资方、开发方、设计方、施工方、供货方和项目使用期的管理方的管理。建设工程管理工作是一种增值服务工作，其核心任务是为工程的建设和使用增值。
4. 建设工程项目管理的内涵是：自项目开始至项目完成，通过项目策划和项目控制，以使项目的费用目标、进度目标和质量目标得以实现。其中，"自项目开始至项目完成"指的是项目的实施阶段；"项目策划"指的是目标控制前的一系列筹划和准备工作；"费用目标"对业主而言是投资目标，对施工方而言是成本目标。
5. 业主方的项目管理工作涉及项目实施阶段的全过程，即在设计前的准备阶段、设计阶段、施工阶段、动用前准备阶段和保修期分别进行如下工作：①安全管理；②投资控制；③进度控制；④质量控制；⑤合同管理；⑥信息管理；⑦组织和协调。
6. 业主方项目管理服务于业主的利益，其项目管理的目标包括项目的投资目标、进度目标和质量目标。项目的质量目标不仅涉及施工的质量，还包括设计质量、材料质量、设备质量和影响项目运行或运营的环境质量等。
7. 安全管理是业主方项目管理中的最重要的任务，而投资控制、进度控制、质量控制和合同管理等主要涉及物质的利益。
8. 按国际工程的惯例，当采用指定分包商时，不论指定分包商与施工总承包方，或与施工总承包管理方，或与业主方签订合同，由于指定分包商合同在签约前必须得到施工总承包方或施工总承包管理方的认可，因此，施工总承包方或施工总承包管理方应对合同规定的工期目标和质量目标负责。

9. 工程总承包项目管理的主要内容应包括：①任命项目经理，组建项目部，进行项目策划并编制项目计划；②实施设计管理，采购管理，施工管理，试运行管理；③进行项目范围管理，进度管理，费用管理，设备材料管理，资金管理，质量管理，安全、职业健康和环境管理，人力资源管理，风险管理，沟通与信息管理，合同管理，现场管理，项目收尾等。

10. 项目总承包方项目管理工作涉及项目实施阶段的全过程，即设计前的准备阶段、设计阶段、施工阶段、动用前准备阶段和保修期。

11. 管理职能分工表是用表的形式反映项目管理班子内部项目经理、各工作部门和各工作岗位对各项工作任务的项目管理职能分工。

12. 管理工作流程组织，如投资控制、进度控制、合同管理、付款和设计变更等流程。

13. 业主方和项目各参与方，如工程管理咨询单位、设计单位、施工单位和供货单位等都有各自的工作流程组织的任务。

14. 建设工程项目策划指的是通过调查研究和收集资料，在充分占有信息的基础上，针对建设工程项目的决策和实施，或决策和实施中的某个问题，进行组织、管理、经济和技术等方面的科学分析和论证，旨在为项目建设的决策和实施增值。

15. 项目结构图是一个组织工具，它通过树状图的方式对一个项目的结构进行逐层分解，以反映组成该项目的所有工作任务。

16. 工业发达国家在建设项目管理中广泛应用管理职能分工表，以使管理职能的分工更清晰、更严谨，并会暴露仅用岗位责任描述书时所掩盖的矛盾。

17. 管理职能分工表是用表的形式反映项目管理班子内部项目经理、各工作部门和各工作岗位对各项工作任务的项目管理职能分工。如使用管理职能分工表还不足以明确每个工作部门的管理职能，则可辅以使用管理职能分工描述书。为了区分业主方和代表业主利益的项目管理方和工程建设监理方等的管理职能，也可以用管理职能分工表表示。

18. 建设工程项目决策阶段策划的基本内容有：①项目环境和条件的调查与分析；②项目定义和项目目标论证；③组织策划；④管理策划；⑤合同策划；⑥经济策划；⑦技术策划。

19. 施工方的项目管理工作主要在施工阶段进行，但由于设计阶段和施工阶段在时间上往往是交叉的，因此，施工方的项目管理工作也会涉及设计阶段。

20. 控制项目目标的主要措施包括组织措施、管理措施、经济措施和技术措施，其中，组织措施是最重要的措施。

21. 组织结构图反映一个组织系统中各组成部门（组成元素）之间的组织关系（指令关系）。

22. 组织结构模式反映了一个组织系统中各子系统之间或各元素（各工作部门）之间的指令关系。组织分工反映了一个组织系统中各子系统或各元素的工作任务分工和管理职能分工。组织结构模式和组织分工都是一种相对静态的组织关系。而工作流程组织则反映一个组织系统中各项工作之间的逻辑关系，是一种动态关系。

23. 决策阶段合同策划的主要工作内容包括：①决策期的合同结构；②决策期的合同内容和文本；③实施期合同结构总体方案。

24. 项目实施管理策划的主要工作内容包括：①项目实施各阶段项目管理的工作内容；②项目风险管理与工程保险方案。

25. 建设工程项目实施阶段策划的主要任务是确定如何组织该项目的开发或建设。建设工程项目实施阶段策划的基本内容有：①项目实施的环境和条件的调查与分析；②项目目标的分析和再论证；③项目实施的组织策划；④项目实施的管理策划；⑤项目实施的合同策划；⑥项目实施的经济策划；⑦项目实施的技术策划；⑧项目实施的风险策划等。

26. 建设项目工程总承包的基本出发点是借鉴工业生产组织的经验，实现建设生产过程的组织集成化，以克服由于设计与施工的分离致使投资增加，以及克服由于设计和施工的不协调而影响建设进度等弊端。

27. 一般情况下，施工总承包管理单位不参与具体工程的施工；在进行对施工总承包管理单位的招标时，只确定施工总承包管理费，而不确定工程总造价；一般情况下，所有分包合同的招标投标、合同谈判以及签约工作均由业主负责；业主不需要等待施工图设计完成后再进行施工总承包管理的招标。

28. 施工总承包管理单位和施工总承包单位一样，既要负责对现场施工的总体管理和协调，也要负责向分包人提供相应的配合施工的服务。

29. 对于施工总承包管理单位或施工总承包单位提供的某些设施和条件，如搭设的脚手架、临时用房等，如果分包人需要使用，则应由双方协商所支付的费用。

30. 进度目标指的是项目动用的时间目标，也即项目交付使用的时间目标，如工厂建成可以投入生产、道路建成可以通车、办公楼可以启用、旅馆可以开业的时间目标等。

31. 施工总承包模式在投资控制方面的特点包括：①一般以施工图设计为投

标报价的基础，投标人的投标报价较有依据；②在开工前就有较明确的合同价，有利于业主的总投资控制；③若在施工过程中发生设计变更，可能会引发索赔。

32. 影响一个系统目标实现的主要因素除了组织以外，还有：①人的因素，它包括管理人员和生产人员的数量和质量；②方法与工具，它包括管理的方法与工具以及生产的方法与工具。

33. 施工总承包模式在进度控制方面的特点是：由于一般要等施工图设计全部结束后，业主才进行施工总承包的招标，因此，开工日期不可能太早，建设周期会较长。

34. 施工总承包模式在质量控制方面的特点是：建设工程项目质量的好坏在很大程度上取决于施工总承包单位的管理水平和技术水平。

35. 施工总承包模式在合同管理方面的特点包括：①业主只需要进行一次招标，与施工总承包商签约，因此招标及合同管理工作量将会减小；②在很多工程实践中，采用的并不是真正意义上的施工总承包，而采用所谓的“费率招标”。“费率招标”实质上是开口合同，对业主方的合同管理和投资控制十分不利。

36. 施工总承包模式在组织与协调方面的特点是：由于业主只负责对施工总承包单位的管理及组织协调，其组织与协调的工作量比平行发包会大大减少，这对业主有利。

37. 施工总承包管理模式在投资控制方面的特点包括：①一部分施工图完成后，业主就可单独或与施工总承包管理单位共同进行该部分工程的招标，分包合同的投标报价和合同价以施工图为依据；②在进行对施工总承包管理单位的招标时，只确定施工总承包管理费，而不确定工程总造价，这可能成为业主控制总投资的风险；③多数情况下，由业主方与分包人直接签约，这样有可能增加业主方的风险。

38. 施工总承包管理模式在进度控制方面的特点是：不需要等待于施工图设计完成后再进行施工总承包管理的招标，分包合同的招标也可以提前，这样就有利于提前开工，有利于缩短建设周期。

39. 施工总承包管理模式在质量控制方面的特点包括：①对分包人的质量控制由施工总承包管理单位进行；②分包工程任务符合质量控制的“他人控制”原则，对质量控制有利；③各分包之间的关系可由施工总承包管理单位负责，这样就可减轻业主方管理的工作量。

40. 施工总承包管理模式与施工总承包模式相比在合同价方面有以下优点：①合同总价不是一次确定，某一部分施工图设计完成以后，再进行该部分施工招标，确定该部分合同价，因此整个建设项目的合同总额的确定较有依据；②所有分包都通过招标获得有竞争力的投标报价，对业主方节约投资有利；③在施工总承包管理模式下，分包合同价对业主是透明的。此外，采用施工总承包管理模式，施工总承包管理单位的招标可以不依赖完整的施工图，当完成一部分施工图就可对其进行招标，施工总承包管理模式可以在很大程度上缩短建设周期。

41. 采购管理应遵循下列程序：①明确采购产品或服务的基本要求、采购分工及有关责任；②进行采购策划，编制采购计划；③进行市场调查，选择合格的产品供应或服务单位，建立名录；④采用招标或协商等方式实施评审工作，确定供应或服务单位；⑤签订采购合同；⑥运输、验证、移交采购产品或服务；⑦处置不合格产品或不符合要求的服务；⑧采购资料归档。

42. 项目管理规划应包括项目管理规划大纲和项目管理实施规划两类文件。

43. 编制项目管理实施规划应遵循下列程序：①了解项目相关各方的要求；②分析项目条件和环境；③熟悉相关法规和文件；④组织编制；⑤履行报批手续。

44. 施工平面图是施工方案及施工进度计划在空间上的全面安排。

45. 施工组织设计应由项目负责人主持编制，可根据需要分阶段编制和审批。

46. 施工总承包管理模式在合同管理方面的特点包括：①一般情况下，所有分包合同的招标投标、合同谈判以及签约工作均由业主负责，业主方的招标及合同管理工作量较大；②对分包人的工程款支付可由施工总包管理单位支付或由业主直接支付，前者有利于施工总包管理单位对分包人的管理。

47. 施工总承包管理模式在组织与协调方面的特点是：由施工总承包管理单位负责对所有分包人的管理及组织协调，这样就大大减轻业主方的工作。

48. 施工总承包管理单位和施工总承包单位一样，既要负责对现场施工的总体管理和协调，也要负责向分包人提供相应的配合施工的服务。对于施工总承包管理单位或施工总承包单位提供的某些设施和条件，如搭设的脚手架、临时用房等，如果分包人需要使用，则应由双方协商所支付的费用。

49. 发包人有权书面通知承包人更换其认为不称职的项目经理，通知中应当载明要求更换的理由。承包人应在接到更换通知后 14 天内向发包人提出书面的改进报告。发包人收到改进报告后仍要求更换的，承包人应在接到第二次更换通知的 28 天内进行更换，并将新任命的项目经理的注册执业资格、管理经验等资料书面通知发包人。

50. 施工部署及施工方案包括：①根据工程情况，结合人力、材料、机械设备、资金、施工方法等条件，全面部署施工任务，合理安排施工顺序，确定主要工程的施工方案；②对拟建工程可能采用的几个施工方案进行定性、定量的分析，通过技术经济评价，选择最佳方案。

51. 由于设计费仅占建设总投资很小的比率，业主方往往忽视对设计过程的管理。设计阶段的项目管理是建设工程项目管理的一个非常重要的部分，设计的质量直接影响项目实施的投资（或成本）、进度和质量；设计的进度也直接影响工程的进展。

52. 专项施工方案的主要内容包括：①工程概况；②施工安排；③施工进度计划；④施工准备与资源配置计划；⑤施工方法及工艺要求。

53. 项目目标动态控制纠偏的技术措施，即分析由于技术（包括设计和施工的技术）的原因而影响项目目标实现的问题，并采取相应的措施，如调整设计、改进施工方法和改变施工机具等。

54. 相对于工程预算而言，工程概算是投资的计划值；相对于工程合同价，则工程概算和工程预算都可作为投资的计划值等。

55. 重点、难点分部（分项）工程和专项工程施工方案应由施工单位技术部门组织相关专家评审，施工单位技术负责人批准。

56. 项目经理应履行下列职责：①项目管理目标责任书规定的职责；②主持编制项目管理实施规划，并对项目目标进行系统管理；③对资源进行动态管理；④建立各种专业管理体系，并组织实施；⑤进行授权范围内的利益分配；⑥收集工程资料，准备结算资料，参与工程竣工验收；⑦接受审计，处理项目经理部解体的善后工作；⑧协助组织进行项目的检查、鉴定和评奖申报工作。

57. 项目目标动态控制的工作程序中，第一步，项目目标动态控制的准备工作：将项目的目标进行分解，以确定用于目标控制的计划值。第二步，在项目实施过程中项目目标的动态控制：①收集项目目标的实际值，如实际投资，实际进度等；②定期（如每两周或每月）进行项目目标的计划值和实际值的比较；③通过项目目标的计划值和实际值的比较，如有偏差，则采取纠偏措施进行纠偏。第三步，如有必要，则进行项目目标的调整，目标调整后再回复到第一步。

58. 沟通有两个要素：思维与表达；沟通也有两个层面：思维的交流和语言的交流。

59. 沟通过程包括五个要素，即：沟通主体、沟通客体、沟通介体、沟通环境和沟通渠道。

60. 沟通能力包含着表达能力、争辩能力、倾听能力和设计能力（形象设计、动作设计、环境设计）。

61. 从信息接受者的角度看，影响信息沟通的因素主要有：信息译码不准确；对信息的筛选；对信息的承受力；心理上的障碍；过早地评价情绪。

62. 项目人力资源管理的目的是调动所有项目参与人的积极性，在项目承担组织的内部和外部建立有效的工作机制，以实现项目目标。

63. 建筑施工企业因暂时生产经营困难无法按劳动合同约定的日期支付工资的，应当向劳动者说明情况，并经与工会或职工代表协商一致后，可以延期支付工资，但最长不得超过 30 日。超过 30 日不支付劳动者工资的，属于无故拖欠工资行为。

64. 建设工程项目的组织风险包括：①组织结构模式；②工作流程组织；③任务分工和管理职能分工；④业主方（包括代表业主利益的项目管理方）人员的构成和能力；⑤设计人员和监理工程师的能力；⑥承包方管理人员和一般技工的能力；⑦施工机械操作人员的能力和经验；⑧损失控制和安全管理人员的资历和能力等。

65. 风险管理过程包括项目实施全过程的项目风险识别、项目风险评估、项目风险响应和项目风险控制。

66. 项目风险识别的任务是识别项目实施过程存在哪些风险，其工作程序包括：①收集与项目风险有关的信息；②确定风险因素；③编制项目风险识别报告。

67. 项目风险评估包括以下工作：①利用已有数据资料（主要是类似项目有关风险的历史资料）和相关专业方法分析各种风险因素发生的概率；②分析各种风险的损失量，包括可能发生的工期损失、费用损失，以及对工程的质量、功能和使用效果等方面的影响；③根据各种风险发生的概率和损失量，确定各种风险的风险量和风险等级。

68. 常用的风险对策包括风险规避、减轻、自留、转移及其组合等策略。项目风险响应指的是针对项目风险的对策进行风险响应。项目风险对策形成风险管理计划，它包括：①风险管理目标；②风险管理范围；③可使用的风险管理方法、工具以及数据来源；④风险分类和风险排序要求；⑤风险管理的职责和权限；⑥风险跟踪的要求；⑦相应的资源预算。

69. 工程监理单位受业主的委托进行工程建设的监理活动，当业主方和承包商发生利益冲突或矛盾时，工程监理机构应以事实为依据，以法律和有关合同为准绳，在维护业主的合法权益时，不损害承包商的合法权益。

70. 工程建设监理实施细则应在工程施工开始前编制完成，并必须经总监理工程师批准。

71. 编制工程建设监理实施细则的依据包括：①已批准的工程建设监理规划；②相关的专业工程的标准、设计文件和有关的技术资料；③施工组织设计。

72. 工程建设监理实施细则的内容包括：①专业工程的特点；②监理工作的流程；③监理工作的控制要点及目标值；④监理工作的方法和措施。

1Z202000 建设工程项目施工成本控制

1. 施工成本管理就是要在保证工期和质量满足要求的情况下，采取相应管理措施，包括组织措施、经济措施、技术措施、合同措施，把成本控制在计划范围内，并进一步寻找最大程度的成本节约。

2. 形象进度、产值统计、实际成本归集“三同步”，即三者的取值范围应是一致的。

3. 施工成本分析是在施工成本核算的基础上，对成本的形成过程和影响成本升降的因素进行分析，以寻求进一步降低成本的途径，包括有利偏差的挖掘和不利偏差的纠正。施工成本分析贯穿于施工成本管理的全过程。

4. 以施工成本降低额和施工成本降低率作为成本考核的主要指标，要加强公司层对项目经理部的指导，并充分依靠技术人员、管理人员和作业人员的经验和智慧，防止项目管理在企业内部异化为靠少数人承担风险的以包代管模式。

5. 组织措施是从施工成本管理的组织方面采取的措施。施工成本管理不仅是专业成本管理人员的工作，各级项目管理人员都负有成本控制责任。组织措施的另一方面是编制施工成本控制工作计划，确立合理详细的工作流程。

6. 实施性成本计划是项目施工准备阶段的施工预算成本计划，它是以项目实施方案为依据，以落实项目经理责任目标为出发点，采用企业的施工定额通过施工预算的编制而形成的实施性施工成本计划。

7. 施工预算的编制以施工定额为主要依据，施工图预算的编制以预算定额为主要依据。

8. 施工成本预测是在工程施工前对成本进行的估算，它是根据成本信息和施工项目的具体情况，运用一定的专门方法，对未来的成本水平及其发展趋势作出科学的估计。

9. 建设工程项目施工成本控制应贯穿于项目从投标阶段开始直至保证金返还的全过程，它是企业全面成本管理的重要环节。

10. 施工成本核算包括两个基本环节：一是按照规定的成本开支范围对施工费用进行归集和分配，计算出施工费用的实际发生额；二是根据成本核算对象，采用适当的方法，计算出该施工项目的总成本和单位成本。

11. 施工成本管理需要正确及时地核算施工过程中发生的各项费用，计算施工项目的实际成本。

12. 施工成本核算制是明确施工成本核算的原则、范围、程序、方法、内容、责任及要求的制度。

13. 竞争性成本计划是施工项目投标及签订合同阶段的估算成本计划。

14. 施工成本计划的编制依据包括：①投标报价文件；②企业定额、施工预算；③施工组织设计或施工方案；④人工、材料、机械台班的市场价；⑤企业颁布的材料指导价、企业内部机械台班价格、劳动力内部挂牌价格；⑥周转设备内部租赁价格、摊销损耗标准；⑦已签订的工程合同、分包合同（或估价书）；⑧结构件外加工计划和合同；⑨有关财务成本核算制度和财务历史资料；⑩施工成本预测资料；⑪拟采取的降低施工成本的措施；⑫其他相关资料。

15. 施工成本计划的编制以成本预测为基础，关键是确定目标成本。

16. 人工费的控制实行“量价分离”的方法，将作业用工及零星用工按定额工日的一定比例综合确定用工数量与单价，通过劳务合同进行控制。

17. 对于没有消耗定额的材料，则实行计划管理和按指标控制的办法。根据以往项目的实际耗用情况，结合具体施工项目的内容和要求，制定领用材料指标，以控制发料。

18. 要做好施工成本的过程控制，必须制定规范化的过程控制程序。成本的过程控制中，有两类控制程序，一是管理行为控制程序，二是指标控制程序。管理行为控制程序是对成本全过程控制的基础，指标控制程序则是成本进行过程控制的重点。两个程序既相对独立又相互联系，既相互补充又相互制约。

19. 管理行为控制的目的是确保每个岗位人员在成本管理过程中的管理行为符合事先确定的程序和方法的要求。

20. 用赢得值法进行费用、进度综合分析控制，基本参数有三项，即已完工作预算费用、计划工作预算费用和已完工作实际费用。

21. 施工成本分析的基本方法包括比较法、因素分析法、差额计算法、比率法等。因素分析法又称连环置换法，可用来分析各种因素对成本的影响程度。

22. 差额计算法利用各个因素的目标值与实际值的差额来计算其对成本的影响程度。

23. 单位工程竣工成本分析的内容包括：①竣工成本分析；②主要资源节超对比分析；③主要技术节约措施及经济效果分析。

24. 专项成本分析方法是针对与成本有关的特定事项的分析，包括成本盈亏异常分析、工期成本分析、资金成本分析等内容。

25. 排列图法的适用范围，在质量管理过程中，通过抽样检查或检验试验所得到的关于质量问题、偏差、缺陷、不合格等方面的统计数据，以及造成质量问题的原因分析统计数据，均可采用排列图方法进行状况描述。

26. 已完工作预算费用为 *BCWP*，是指在某一时间已经完成的工作（或部分工作），以批准认可的预算为标准所需要的资金总额，由于发包人正是根据这个值为承包人完成的工作量支付相应的费用，也就是承包人获得（挣得）的金额，故称赢得值或挣值。已完工作预算费用（*BCWP*）＝已完成工作量×预算单价。

27. 计划工作预算费用，简称 *BCWS*，即根据进度计划，在某一时刻应当完成的工作（或部分工作），以预算为标准所需要的资金总额。一般来说，除非合同有变更，*BCWS* 在工程实施过程中应保持不变。计划工作预算费用（*BCWS*）＝计划工作量×预算单价。

28. 已完工作实际费用，简称（*ACWP*），即到某一时刻为止，已完成的工作（或部分工作）所实际花费的金额。已完工作实际费用（*ACWP*）＝已完成工作量×实际单价。

29. 费用偏差（*CV*）＝已完工作预算费用（*BCWP*）－已完工作实际费用（*ACWP*），由于两项参数均以已完工作为计算基准，所以两项参数之差，反映项目进展的费用偏差。

30. 业务核算时各业务部门根据业务工作的需要建立的核算制度，它包括原始记录和计算登记表，如单位工程及分部分项工程进度登记，质量登记，工效、定额计算登记，物资消耗定额记录，测试记录等。业务核算的范围比会计、统计核算要广。会计和统计核算一般是对已经发生的经济活动进行核算，而业务核算不但可以核算已经完成的项目是否达到原定的目的、取得预期的效果，而且可以对尚未发生或正在发生的经济活动进行核算，以确定该项经济活动是否有经济效果，是否有执行的必要。它的特点是对个别的经济业务进行单项核算，例如各种技术措施、新工艺等项目。

1Z203000　建设工程项目进度控制

1. 为使业主方各工作部门和项目各参与方方便快捷地获取进度信息，可利用项目信息门户作为基于互联网的信息处理平台辅助进度控制。
2. 大型建设工程项目总进度目标论证的核心工作是通过编制总进度纲要论证总进度目标实现的可能性。
3. 大型建设工程项目的结构分析是根据编制总进度纲要的需要，将整个项目进行逐层分解，并确立相应的工作目录。
4. 建设工程项目是在动态条件下实施的，因此进度控制也就必须是一个动态的管理过程。它包括：①进度目标的分析和论证，其目的是论证进度目标是否合理，进度目标有否可能实现。如果经过科学的论证，目标不可能实现，则必须调整目标。②在收集资料和调查研究的基础上编制进度计划。③进度计划的跟踪检查与调整，它包括定期跟踪检查所编制进度计划的执行情况，若其执行有偏差，则采取纠偏措施，并视必要调整进度计划。
5. 建设工程项目总进度目标论证的工作步骤包括：①调查研究和收集资料；②项目结构分析；③进度计划系统的结构分析；④项目的工作编码；⑤编制各层进度计划；⑥协调各层进度计划的关系，编制总进度计划；⑦若所编制的总进度计划不符合项目的进度目标，则设法调整；⑧若经过多次调整，进度目标无法实现，则报告项目决策者。
6. 在进行建设工程项目总进度目标控制前，首先应分析和论证进度目标实现的可能性。若项目总进度目标不可能实现，则项目管理者应提出调整项目总进度目标的建议，并提请项目决策者审议。
7. 调查研究和收集资料的工作包括：①了解和收集项目决策阶段有关项目进度目标确定的情况和资料；②收集与进度有关的该项目组织、管理、经济和技术资料；③收集类似项目的进度资料；④了解和调查该项目的总体部署；⑤了解和调查该项目实施的主客观条件等。
8. 总进度目标论证并不是单纯的总进度规划的编制工作，它涉及许多工程实施的条件分析和工程实施策划方面的问题。
9. 双代号时标网络计划的间接法绘制，先绘制出时标网络计划，计算各工作的最早时间参数，再根据最早时间参数在时标计划表上确定节点位置，连线完成，某些工作箭线长度不足以到达该工作的完成节点时，用波形线补足。
10. 根据双代号时标网络计划中工作之间的逻辑关系及各工作的持续时间，

直接在时标计划表上绘制时标网络计划。绘制步骤包括：①将起点节点定位在时标计划表的起始刻度线上；②按工作持续时间在时标计划表上绘制起点节点的外向箭线；③其他工作的开始节点必须在其所有紧前工作都绘出以后，定位在这些紧前工作最早完成时间最大值的时间刻度上，某些工作的箭线长度不足以到达该节点时，用波形线补足，箭头画在波形线与节点连接处；④用上述方法从左到右依次确定其他节点位置，直至网络计划终点节点定位，绘图完成。

11. 横道图计划表中的进度线（横道）与时间坐标相对应，表示的是工作的持续时间，这种表达方式较直观。

12. 在双代号网络图中，为了正确地表达图中工作之间的逻辑关系，往往需要应用虚箭线。虚箭线是实际工作中并不存在的一项虚设工作，故它们既不占用时间，也不消耗资源，一般起着工作之间的联系、区分和断路三个作用。

13. 单代号网络图的绘图规则包括：①单代号网络图必须正确表达已确定的逻辑关系。②单代号网络图中，不允许出现循环回路。③单代号网络图中，不能出现双向箭头或无箭头的连线。④单代号网络图中，不能出现没有箭尾节点的箭线和没有箭头节点的箭线。⑤绘制网络图时，箭线不宜交叉，当交叉不可避免时，可采用过桥法或指向法绘制。⑥单代号网络图中只应有一个起点节点和一个终点节点。当网络图中有多项起点节点或多项终点节点时，应在网络图的两端分别设置一项虚工作，作为该网络图的起点节点和终点节点。

14. 技术风险，即重视信息技术（包括相应的软件、局域网、互联网以及数据处理设备）在进度控制中的应用。

15. 建设工程项目进度控制的管理措施涉及管理的思想、管理的方法、管理的手段、承发包模式、合同管理和风险管理等。

16. 单代号搭接网络图中，箭线及其上面的时距符号表示相邻工作间的逻辑关系。

17. 自始至终全部由关键工作组成的线路为关键线路，或线路上总的工作持续时间最长的线路为关键线路。

18. 工期泛指完成任务所需要的时间，一般有以下三种：①计算工期，根据网络计划时间参数计算出来的工期，用 T_c 表示；②要求工期，任务委托人所要求的工期，用 T_r 表示；③计划工期，根据要求工期和计算工期所确定的作为实施目标的工期，用 T_p 表示。

19. 增、减工作项目时应符合下列规定：①不打乱原网络计划总的逻辑关系，只对局部逻辑关系进行调整；②在增减工作后应重新计算时间参数，分析对原网络计划的影响；当对工期有影响时，应采取调整措施，以保证计划工期不变。

20. 项目进度控制时，应进行有关进度控制会议的组织设计，以明确：①会议的类型；②各类会议的主持人及参加单位和人员；③各类会议的召开时间；④各类会议文件的整理、分发和确认等。

21. 项目进度控制的组织措施包括编制项目进度控制的工作流程，如：①定义项目进度计划系统的组成；②各类进度计划的编制程序、审批程序和计划调整程序等。

22. 网络计划的计划工期 T_p应按下列情况分别确定：当已规定了要求工期 T_r时，$T_p \leqslant T_r$；当未规定要求工期时，可令计划工期等于计算工期 $T_p = T_c$。

23. 网络计划起点节点的编号为 1，则 $ES_{i-j}=0$（$i=1$）；最早完成时间等于最早开始时间加上其持续时间，$EF_{i-j}=ES_{i-j}+D_{i-j}$；最早开始时间等于各紧前工作的最早完成时间 EF_{h-i} 的最大值，$ES_{i-j}=\max\{EF_{h-i}\}$ 或 $ES_{i-j}=\max\{ES_{h-i}+D_{h-i}\}$。

24. 当网络计划终点节点为 n 时，计算工期 $T_c=\max\{EF_{i-n}\}$，当无要求工期的限制时，取计划工期等于计算工期，即取 $T_p=T_c$。

25. 以网络计划的终点节点（$j=n$）为箭头节点的工作的最迟完成时间等于计划工期，即 $LF_{i-n}=T_p$；最迟开始时间等于最迟完成时间减去其持续时间，$LS_{i-j}=LF_{i-j}-D_{i-j}$；最迟完成时间等于各紧后工作的最迟开始时间，或等于最迟完成时间减去最早完成时间，即 $LF_{i-j}=\min\{LS_{j-k}\}$；或 $LF_{i-j}=\min\{LF_{j-k}-D_{j-k}\}$。

26. 总时差等于其最迟开始时间减去最早开始时间，或等于最迟完成时间减去最早完成时间，即 $TF_{i-j}=LS_{i-j}-ES_{i-j}$ 或 $TF_{i-j}=LF_{i-j}-EF_{i-j}$。

27. 当工作 $i-j$ 有紧后工作 $j-k$ 时，其自由时差应为 $FF_{i-j}=ES_{j-k}-EF_{i-j}$ 或 $FF_{i-j}=ES_{j-k}-ES_{i-j}-D_{i-j}$。以网络计划的终点节点（$j=n$）为箭头节点的工作，其自由时差 FF_{i-n} 应按网络计划的计划工期 T_p 确定，即 $FF_{i-n}=T_p-EF_{i-n}$。

1Z204000　建设工程项目质量控制

1. 建设工程项目质量的影响因素，主要是指在项目质量目标策划、决策和实现过程中影响质量形成的各种客观因素和主观因素，包括人的因素、机械因素、材料因素、方法因素和环境因素（简称人、机、料、法、环）等。

2. 影响项目质量的环境因素包括项目的自然环境因素、社会环境因素、管理环境因素和作业环境因素。

3. 从风险产生的原因分析，常见的质量风险有自然风险、技术风险、管理风险、环境风险。

4. 自然环境因素主要指工程地质、水文、气象条件和地下障碍物以及其他不可抗力等影响项目质量的因素。

5. 社会环境因素主要是指会对项目质量造成影响的各种社会环境因素，包括国家建设法律法规的健全程度及其执法力度；建设工程项目法人决策的理性程度以及经营者的经营管理理念；建筑市场（包括建设工程交易市场和建筑生产要素市场）的发育程度及交易行为的规范程度；政府的工程质量监督及行业管理成熟程度；建设咨询服务业的发展程度及其服务水准的高低；廉政管理及行风建设的状况等。

6. 管理环境因素主要是指项目参建单位的质量管理体系、质量管理制度和各参建单位之间的协调等因素。

7. 作业环境因素主要是指项目实施现场平面和空间环境条件，各种能源介质供应，施工照明、通风、安全防护设施，施工场地给排水，以及交通运输和道路条件等因素。这些条件是否良好，都直接影响到施工能否顺利进行，以及施工质量能否得到保证。

8. 自然风险包括客观自然条件对项目质量的不利影响和突发自然灾害对项目质量造成的损害。软弱、不均匀的岩土地基，恶劣的水文、气象条件，是长期存在的可能损害项目质量的隐患；地震、暴风、雷电、暴雨以及由此派生的洪水、滑坡、泥石流等突然发生的自然灾害都可能对项目质量造成严重破坏。

9. 技术风险包括现有技术水平的局限和项目实施人员对工程技术的掌握、用不当对项目质量造成的不利影响。人类对自然规律的认识有一定的局限性，现有的科学技术水平不一定能够完全解决和正确处理工程实践中的所有问题；项目实施人员自身技术水平的局限，在项目决策和设计、施工、监理过程中，可能发生技术上的错误。

10. 工程项目的建设、设计、施工、监理等工程质量责任单位的质量管理体系存在缺陷，组织结构不合理，工作流程组织不科学，任务分工和职能划分不恰当，管理制度不健全，或者各级管理者的管理能力不足和责任心不强，这些因素都可能对项目质量造成损害。

11. 环境风险包括项目实施的社会环境和项目实施现场的工作环境可能对项目质量造成的不利影响。社会上的种种腐败现象和违法行为，都会给项目质量带来严重的隐患；项目现场的空气污染、水污染、光污染和噪声、固体废弃物等都可能对项目实施人员的工作质量和项目实体质量造成不利影响。

12. 风险识别可分三步进行：①采用层次分析法画出质量风险结构层次图；②分析每种风险的促发因素；③将风险识别的结果汇总成为质量风险识别报告。

13. 全过程质量管理要控制的主要过程有：项目策划与决策过程；勘察设计过程；设备材料采购过程；施工组织与实施过程；检测设施控制与计量过程；施工生产的检验试验过程；工程质量的评定过程；工程竣工验收与交付过程；工程回访维修服务过程等。

14. 管理风险是指工程项目的建设、设计、施工、监理等工程质量责任单位的质量管理体系存在缺陷，组织结构不合理，工作流程组织不科学，任务分工和职能划分不恰当，管理制度不健全，或者各级管理者的管理能力不足和责任心不强，这些因素都可能对项目质量造成损害。

15. 分包转移——例如，施工总承包单位依法把自己缺乏经验、没有足够把握的分项工程，通过签订分包合同，分包给有经验、有能力的单位施工。

16. 多层次结构是对应于项目工程系统纵向垂直分解的单项、单位工程项目的质量控制体系。在大中型工程项目尤其是群体工程项目中，第一层次的质量控制体系应由建设单位的工程项目管理机构负责建立；在委托代建、委托项目管理或实行交钥匙式工程总承包的情况下，应由相应的代建方项目管理机构、受托项目管理机构或工程总承包企业项目管理机构负责建立。第二层次的质量控制体系，通常是指分别由项目的设计总负责单位、施工总承包单位等建立的相应管理范围内的质量控制体系。第三层次及其以下，是承担工程设计、施工安装、材料设备供应等各承包单位的现场质量自控体系，或称各自的施工质量保证体系。系统纵向层次机构的合理性是项目质量目标、控制责任和措施分解落实的重要保证。

17. 项目质量控制体系的有效性一般由项目管理的总组织者进行自我评价与诊断，不需进行第三方认证。

18. 项目质量控制体系的建立过程，一般可按以下环节依次展开工作：①确立系统质量控制网络；②制定质量控制制度；③分析质量控制界面；④编制质量控制计划。

19. 动力机制是项目质量控制体系运行的核心机制，它来源于公正、公开、公平的竞争机制和利益机制的制度设计或安排。

20. 质量管理体系文件包括：质量方针和质量目标；质量手册；程序性文件；

质量记录。

21. 项目质量控制体系的建立过程，一般可按以下环节依次展开工作：①确立系统质量控制网络；②制定质量控制制度；③分析质量控制界面；④编制质量控制计划。

22. 共同性依据，指适用于施工质量管理有关的、通用的具有普遍指导意义和必须遵守的基本法规。主要包括：国家和政府有关部门颁发的与工程质量管理有关的法律法规性文件，如《建筑法》《中华人民共和国招标投标法》和《建设工程质量管理条例》等。

23. 专业技术性依据，指针对不同的行业、不同质量控制对象制定的专业技术规范文件。包括规范、规程、标准、规定等，如：工程建设项目质量检验评定标准，有关建筑材料、半成品和构配件质量方面的专门技术法规性文件，有关材料验收、包装和标志等方面的技术标准和规定，施工工艺质量等方面的技术法规性文件，有关新工艺、新技术、新材料、新设备的质量规定和鉴定意见等。

24. 项目专用性依据，指本项目的工程建设合同、勘察设计文件、设计交底及图纸会审记录、设计修改和技术变更通知，以及相关会议记录和工程联系单等。

25. 施工质量计划的基本内容一般应包括：①工程特点及施工条件（合同条件、法规条件和现场条件等）分析；②质量总目标及其分解目标；③质量管理组织机构和职责，人员及资源配置计划；④确定施工工艺与操作方法的技术方案和施工组织方案；⑤施工材料、设备等物资的质量管理及控制措施；⑥施工质量检验、检测、试验工作的计划安排及其实施方法与检测标准；⑦施工质量控制点及其跟踪控制的方式与要求；⑧质量记录的要求等。

26. 事前质量控制，即在正式施工前进行的事前主动质量控制，通过编制施工质量计划，明确质量目标，制定施工方案，设置质量管理点，落实质量责任，分析可能导致质量目标偏离的各种影响因素，针对这些影响因素制定有效的预防措施，防患于未然。

27. 施工质量计划应由自控主体即施工承包企业进行编制。经过按规定程序审查批准的施工质量计划，在实施过程中如因条件变化需要对某些重要决定进行修改时，其修改内容仍应按照相应程序经过审批后执行。施工总承包方有责任对各分包方施工质量计划的编制进行指导和审核，并承担相应施工质量的连带责任。

28. 凡属“待检点”的施工作业，如隐蔽工程等，施工方必须在完成施工质量自检的基础上，提前通知项目监理机构进行检查验收。

29. 施工技术准备工作主要在室内进行，例如：熟悉施工图纸，组织设计交底和图纸审查；进行工程项目检查验收的项目划分和编号；审核相关质量文件，细化施工技术方案和施工人员、机具的配置方案，编制施工作业技术指导书，绘制各种施工详图，进行必要的技术交底和技术培训。技术准备工作的质量控制，包括对上述技术准备工作成果的复核审查，检查这些成果是否符合设计图纸和施工技术标准的要求；依据经过审批的质量计划审查、完善施工质量控制措施；针对质量控制点，明确质量控制的重点对象和控制方法；尽可能地提高上述工作成果对施工质量的保证程度等。

30. 施工人员的质量控制包括：①施工企业必须坚持执业资格注册制度和作业人员持证上岗制度；②对所选派的施工项目领导者、组织者进行教育和培训，使其质量意识和组织管理能力能满足施工质量控制的要求；③对所属施工队伍进行全员培训，加强质量意识的教育和技术训练，提高每个作业者的质量活动能力和自控能力；④对分包单位进行严格的资质考核和施工人员的资格考核，其资质、资格必须符合相关法规的规定，与其分包的工程相适应。

31. 对原材料、半成品及工程设备进行质量控制的主要内容包括：控制材料设备的性能、标准、技术参数与设计文件的相符性；控制材料、设备各项技术性能指标、检验测试指标与标准规范要求的相符性；控制材料、设备进场验收程序的正确性及质量文件资料的完备性；优先采用节能低碳的新型建筑材料和设备，禁止使用国家明令禁用或淘汰的建筑材料和设备等。

32. 施工机械的质量控制包括：①对施工所用的机械设备，应根据工程需要从设备选型、主要性能参数及使用操作要求等方面加以控制，符合安全、适用、经济、可靠和节能、环保等方面的要求。②对施工中使用的模具、脚手架等施工设备，除可按适用的标准定型选用之外，一般需按设计及施工要求进行专项设计，对其设计方案及制作质量的控制及验收应作为重点进行控制。

33. 混凝土、砂浆、砌体强度现场检测同一强度等级同条件养护的试块强度，以此检测结果代表工程实体的结构强度。①混凝土：按统计方法评定混凝土强度的基本条件是，同一强度等级的同条件养护试件的留置数量不宜少于10组，按非统计方法评定混凝土强度时，留置数量不应少于3组。②砂浆抽检数量：每一检验批且不超过250m^3砌体的各种类型及强度等级的砌筑砂浆，每台搅拌机应至少抽检一次。③砌体：普通砖 15 万块、多孔砖 5 万块、灰砂砖及粉煤灰砖 10 万块各为一检验批，抽检数量为一组。

34. 钢筋保护层厚度检测包括：①钢筋保护层厚度检测的结构部位，应由监理（建设）、施工等各方根据结构构件的重要性共同选定。②对梁类、板类构件，应各抽取构件数量的 2%且不少于 5 个构件进行检验。

35. 混凝土预制构件结构性能检测包括：对成批生产的构件，应按同一工艺正常生产的不超过 1000 件且不超过 3 个月的同类型产品为一批。在每批中应随机抽取一个构件作为试件进行检验。

36. 单位工程中的分包工程完工后，分包单位应对所承包的工程项目进行自检，并应按规定的程序进行验收。验收时，总包单位应派人参加。工程竣工质量验收由建设单位负责组织实施。建设单位组织单位工程质量验收时，分包单位负责人应参加验收。

37. 竣工质量验收应当按以下程序进行：①工程完工并对存在的质量问题整改完毕后，施工单位向建设单位提交工程竣工报告，申请工程竣工验收。实行监理的工程，工程竣工报告须经总监理工程师签署意见。②建设单位收到工程竣工报告后，对符合竣工验收要求的工程，组织勘察、设计、施工、监理等单位组成验收组，制定验收方案。对于重大工程和技术复杂工程，根据需要可邀请有关专家参加验收组。③建设单位应当在工程竣工验收 7 个工作日前将验收的时间、地点及验收组名单书面通知负责监督该工程的工程质量监督机构。④建设单位组织工程竣工验收。

38. 钢筋保护层厚度检测的结构部位，应由监理（建设）、施工等各方根据结构构件的重要性共同选定。对梁类、板类构件，应各抽取构件数量的 2%且不少于 5 个构件进行检验。

39. 为了保证项目质量，建设单位、监理单位、设计单位及政府的工程质量监督部门，在施工阶段依据法律法规和工程施工承包合同，对施工单位的质量行为和项目实体质量实施监督控制。

40. 对于重要的工序或对工程质量有重大影响的工作，应严格执行“三检”制度（即自检、互检、专检）。

41. 主控项目的验收必须从严要求，不允许有不符合要求的检验结果，主控项目的检查具有否决权。除主控项目以外的检验项目称为一般项目。

42. 在检验批验收时，发现存在严重缺陷的应推倒重做，有一般的缺陷可通过返修或更换器具、设备消除缺陷后重新进行验收。个别检验批发现某些项目或指标不满足要求难以确定是否验收时，应请有资质的法定检测单位检测鉴定，当鉴定结果能够达到设计要求时，应予以验收。当检测鉴定达不到设计要求，但经原设计单位核算仍能满足结构安全和使用功能的检验批，可予以验收。严重质量缺陷或超过检验批范围内的缺陷，经法定检测单位检测鉴定以后，认为不能满足最低限度的安全储备和使用功能，则必须进行加固处理，虽然改变外形尺寸，但能满足安全使用要求，可按技术处理方案和协商文件进行验收，责任方应承担经济责任。通过返修或加固处理后仍不能满足安全使用要求的分部工程严禁验收。

43. 具备下列条件时，由施工单位向建设单位提交工程竣工验收报告，申请工程竣工验收：①完成建设工程设计和合同约定的各项内容；②有完整的技术档案和施工管理资料；③有工程使用的主要建筑材料、构配件和设备的进场试验报告；④有工程勘察、设计、施工、工程监理等单位分别签署的质量合格文件；⑤有施工单位签署的工程保修书。

44. 工程竣工验收合格后，建设单位应当及时提出工程竣工验收报告。工程竣工验收报告主要包括工程概况，建设单位执行基本建设程序情况，对工程勘察、设计、施工、监理等方面的评价，工程竣工验收时间、程序、内容和组织形式，工程竣工验收意见等内容。

45. 建设单位应当自建设工程竣工验收合格之日起 15 日内，向工程所在地的县级以上地方人民政府建设主管部门备案。建设单位办理工程竣工验收备案应当提交下列文件：①工程竣工验收备案表；②工程竣工验收报告；③法律、行政法规规定应当由规划、环保等部门出具的认可文件或者准许使用文件；④法律规定应当由公安消防部门出具的对大型的人员密集场所和其他特殊建设工程验收合格的证明文件；⑤施工单位签署的工程质量保修书；⑥法规、规章规定必须提供的其他文件。住宅工程还应当提交《住宅质量保证书》和《住宅使用说明书》。

46. 建设单位应当自建设工程竣工验收合格之日起 15 日内，将建设工程竣工验收报告和规划、公安消防、环保等部门出具的认可文件或准许使用文件，报建设行政主管部门或者其他相关部门备案。

47. 按事故责任分类，工程质量事故可分为：指导责任事故、操作责任事故和自然灾害事故。

48. 指导责任事故是指由于工程实施指导或领导失误而造成的质量事故。例如，由于工程负责人片面追求施工进度，放松或不按质量标准进行控制和检验，降低施工质量标准等。

49. 社会、经济原因指引发的质量事故是由于社会上存在的不正之风及经济上的原因，滋长了建设中的违法违规行为，而导致出现质量事故。例如，违反基本建设程序，无立项、无报建、无开工许可、无招投标、无资质、无监理、无验收的“七无”工程，边勘察、边设计、边施工的“三边”工程，屡见不鲜。

50. 按事故造成损失的程度将工程质量事故分为4个等级：①特别重大事故；②重大事故；③较大事故；④一般事故。

51. 当项目的某些部分的质量虽未达到规范、标准或设计规定的要求，存在一定的缺陷，但经过采取整修等措施后可以达到要求的质量标准，又不影响使用功能或外观的要求时，可采取返修处理的方法。例如，某些混凝土结构表面出现蜂窝、麻面，或者混凝土结构局部出现损伤，如结构受撞击、局部未振实、冻害、火灾、酸类腐蚀、碱骨料反应等，当这些缺陷或损伤仅仅在结构的表面或局部，不影响其使用和外观，可进行返修处理。再比如对混凝土结构出现裂缝，经分析研究后如果不影响结构的安全和使用功能时，也可采取返修处理。当裂缝宽度不大于0.2mm时，可采用表面密封法；当裂缝宽度大于0.3mm时，采用嵌缝密闭法；当裂缝较深时，则应采取灌浆修补的方法。

52. 加固处理主要是针对危及结构承载力的质量缺陷的处理。通过加固处理，使建筑结构恢复或提高承载力，重新满足结构安全性与可靠性的要求，使结构能继续使用或改作其他用途。对混凝土结构常用的加固方法主要有：增大截面加固法、外包角钢加固法、粘钢加固法、增设支点加固法、增设剪力墙加固法、预应力加固法等。

53. 当工程质量缺陷经过返修、加固处理后仍不能满足规定的质量标准要求，或不具备补救可能性，则必须采取重新制作、重新施工的返工处理措施。

54. 当工程质量缺陷按修补方法处理后无法保证达到规定的使用要求和安全要求，而又无法返工处理的情况下，不得已时可作出诸如结构卸荷或减荷以及限制使用的决定。

55. 某些工程质量问题虽然达不到规定的要求或标准，但其情况不严重，对结构安全或使用功能影响很小，经过分析、论证、法定检测单位鉴定和设计单位等认可后可不作专门处理。

56. 施工质量事故预防的具体措施包括：①严格按照基本建设程序办事；②认真做好工程地质勘察；③科学地加固处理好地基；④进行必要的设计审查复核；⑤严格把好建筑材料及制品的质量关；⑥对施工人员进行必要的技术培训；⑦依法进行施工组织管理；⑧做好应对不利施工条件和各种灾害的预案；⑨加强施工安全与环境管理。

57. 未造成人员伤亡的一般事故，县级人民政府可以委托事故发生单位组织事故调查组进行调查。

58. 施工质量事故报告和调查处理的一般程序包括：事故报告；事故调查；事故的原因分析；制定事故处理的技术方案；事故处理；事故处理的鉴定验收；提交事故处理报告。

59. 直方图的分布形状及分布区间宽窄是由质量特性统计数据的平均值和标准偏差所决定的。直方图中，如果质量特性数据的分布居中且边界与质量标准的上下界限有较大的距离，说明其质量能力偏大，不经济。

60. 项目工程质量监督档案按单位工程建立。要求归档及时，资料记录等各类文件齐全，经监督机构负责人签字后归档，按规定年限保存。

61. 对工程项目实施质量监督，应当依照下列程序进行：①受理建设单位办理质量监督手续；②制订工作计划并组织实施；③对工程实体质量和工程质量行为进行抽查、抽测；④监督工程竣工验收；⑤形成工程质量监督报告；⑥建立工程质量监督档案。

62. 对工程质量责任主体和质量检测等单位的质量行为进行检查。检查内容包括：参与工程项目建设各方的质量保证体系建立和运行情况；企业的工程经营资质证书和相关人员的资格证书；按建设程序规定的开工前必须办理的各项建设行政手续是否齐全完备；施工组织设计、监理规划等文件及其审批手续和实际执行情况；执行相关法律法规和工程建设强制性标准的情况；工程质量检查记录等。

1Z205000　建设工程职业健康安全与环境管理

1. 职业健康安全和环境管理体系的相同点包括：管理目标基本一致、管理原理基本相同、不规定具体绩效标准。

2. 辅助性要素包括：能力、培训和意识；沟通、参与和协商；文件；文件控制；应急准备和响应；事件调查、不符合、纠正措施和预防措施；记录控制。

3. 管理评审是由组织的最高管理者对管理体系的系统评价，判断组织的管理体系面对内部情况和外部环境的变化是否充分适应有效，由此决定是否对管理体系做出调整，包括方针、目标、机构和程序等。

4. 安全生产责任制是最基本的安全管理制度，是所有安全生产管理制度的核心。

5. 职业健康安全和环境管理体系的不同点包括：需要满足的对象不同、管理的侧重点有所不同。

6. 根据《建设工程安全生产管理条例》和《建筑施工安全检查标准》的相关规定，安全生产责任制度主要包括企业主要负责人的安全责任，负责人或其他副职的安全责任，项目负责人（项目经理）的安全责任，生产、技术、材料等各职能管理负责人及其工作人员的安全责任，技术负责人（工程师）的安全责任、专职安全生产管理人员的安全责任，施工员的安全责任，班组长的安全责任和岗位人员的安全责任等。项目的主要工种应有相应的安全技术操作规程，砌筑、抹灰、混凝土、木工、电工、钢筋、机械、起重司机、信号指挥、脚手架、水暖、油漆、塔吊、电梯、电气焊等工种，特殊作业应另行补充。应将安全技术操作规程列为日常安全活动和安全教育的主要内容，并应悬挂在操作岗位前。工程项目部专职安全人员的配备应按住建部的规定，1 万 m^2 以下工程 1 人；1 万～5 万 m^2 的工程不少于 2 人；5 万 m^2 以上的工程不少于 3 人。
7. 员工经常性安全教育的形式有：每天的班前班后会上说明安全注意事项；安全活动日；安全生产会议；事故现场会；张贴安全生产招贴画、宣传标语及标志等。
8. 特种作业操作资格证书在全国范围内有效，离开特种作业岗位 6 个月以上的特征作业人员，应当重新进行实际操作考试，经确认合格后方可上岗作业。
9. 企业取得安全生产许可证，应当具备下列安全生产条件：①建立、健全安全生产责任制，制定完备的安全生产规章制度和操作规程；②安全投入符合安全生产要求；③设置安全生产管理机构，配备专职安全生产管理人员；④主要负责人和安全生产管理人员经考核合格；⑤特种作业人员经有关业务主管部门考核合格，取得特种作业操作资格证书；⑥从业人员经安全生产教育和培训合格；⑦依法参加工伤保险，为从业人员缴纳保险费；⑧厂房、作业场所和安全设施、设备、工艺符合有关安全生产法律、法规、标准和规程的要求；⑨有职业危害防治措施，并为从业人员配备符合国家标准或者行业标准的劳动防护用品；⑩依法进行安全评价；⑪有重大危险源检测、评估、监控措施和应急预案；⑫有生产安全事故应急救援预案、应急救援组织或者应急救援人员，配备必要的应急救援器材、设备；⑬法律、法规规定的其他条件。
10. 安全生产许可证的有效期为 3 年。安全生产许可证有效期满需要延期的，企业应当于期满前 3 个月向原安全生产许可证颁发管理机关办理延期手续。
11. 《工伤保险条例》规定，工伤保险是属于法定的强制性保险。

12. 施工安全技术措施的一般要求包括：①施工安全技术措施必须在工程开工前制定；②施工安全技术措施要有全面性；③施工安全技术措施要有针对性；④施工安全技术措施应力求全面、具体、可靠；⑤施工安全技术措施必须包括应急预案；⑥施工安全技术措施要有可行性和可操作性。

13. 结构复杂，危险性大、特性较多的分部分项工程，应编制专项施工方案和安全措施。如基坑支护与降水工程、土方开挖工程、模板工程、起重吊装工程、脚手架工程、拆除工程、爆破工程等，必须编制单项的安全技术措施，并要有设计依据、有计算、有详图、有文字要求。

14. 预警评价包括确定评价的对象、内容和方法，建立相应的预测系统，确定预警级别和预警信号标准等工作。评价对象时导致事故发生的人、机、环、管等方面的因素，预警系统建立的目的是实现必要的未来预测和预警。

15. 预警信号一般采用国际通用的颜色表示不同的安全状况，如：①Ⅰ级预警，表示安全状况特别严重，用红色表示。②Ⅱ级预警，表示受到事故的严重威胁，用橙色表示。③Ⅲ级预警，表示处于事故的上升阶段，用黄色表示。④Ⅳ级预警，表示生产活动处于正常状态，用蓝色表示。

16. 生产经营单位应当制定本单位的应急预案演练计划，根据本单位的事故预防重点，每年至少组织一次综合应急预案演练或者专项应急预案演练，每半年至少组织一次现场处置方案演练。

17. 有下列情形之一的，应急预案应当及时修订：①生产经营单位因兼并、重组、转制等导致隶属关系、经营方式、法定代表人发生变化的；②生产经营单位生产工艺和技术发生变化的；③周围环境发生变化，形成新的重大危险源的；④应急组织指挥体系或者职责已经调整的；⑤依据的法律、法规、规章和标准发生变化的；⑥应急预案演练评估报告要求修订的；⑦应急预案管理部门要求修订的。

18. 事故发生后，事故现场有关人员应当立即向本单位负责人报告；单位负责人接到报告后，应当于1小时内向事故发生地县级以上人民政府安全生产监督管理部门和负有安全生产监督管理职责的有关部门报告，并有组织、有指挥地抢救伤员、排除险情；应当防止人为或自然因素的破坏，便于事故原因的调查。

19. 地方各级安全生产监督管理部门的应急预案，应当报同级人民政府和上一级安全生产监督管理部门备案。

20. 建立文明施工的管理组织，应确立项目经理为现场文明施工的第一责任人。

21. 声源上降低噪声，这是防止噪声污染的最根本的措施。
22. 施工现场空气污染的防治措施有：①施工现场垃圾渣土要及时清理出现场。②高大建筑物清理施工垃圾时，要使用封闭式的容器或者采取其他措施处理高空废弃物，严禁凌空随意抛撒。③施工现场道路应指定专人定期洒水清扫，形成制度，防止道路扬尘。④对于细颗粒散体材料（如水泥、粉煤灰、白灰等）的运输、储存要注意遮盖、密封，防止和减少扬尘。⑤车辆开出工地要做到不带泥沙，基本做到不洒土、不扬尘，减少对周围环境污染。⑥除设有符合规定的装置外，禁止在施工现场焚烧油毡、橡胶、塑料、皮革、树叶、枯草、各种包装物等废弃物品以及其他会产生有毒、有害烟尘和恶臭气体的物质。⑦机动车都要安装减少尾气排放的装置，确保符合国家标准。⑧工地茶炉应尽量采用电热水器。⑨大城市市区的建设工程已不容许搅拌混凝土。在容许设置搅拌站的工地，应将搅拌站封闭严密，并在进料仓上方安装除尘装置，采用可靠措施控制工地粉尘污染。⑩拆除旧建筑物时，应适当洒水，防止扬尘。
23. 焚烧用于不适合再利用且不宜直接予以填埋处置的废物，除有符合规定的装置外，不得在施工现场熔化沥青和焚烧油毡、油漆，亦不得焚烧其他可产生有毒有害和恶臭气体的废弃物。
24. 施工现场搅拌站废水，现制水磨石的污水，电石（碳化钙）的污水必须经沉淀池沉淀合格后再排放，最好将沉淀水用于工地洒水降尘或采取措施回收利用。
25. 减振降噪是指对来自振动引起的噪声，通过降低机械振动减小噪声，如将阻尼材料涂在振动源上，或改变振动源与其他刚性结构的连接方式等。
26. 施工现场职业健康安全卫生主要包括现场宿舍、现场食堂、现场厕所、其他卫生管理等内容。
27. 现场宿舍的管理内容包括：①宿舍内应保证有必要的生活空间，室内净高不得小于 2.4m，通道宽度不得小于 0.9m，每间宿舍居住人员不得超过 16 人。②施工现场宿舍必须设置可开启式窗户，宿舍内的床铺不得超过 2 层，严禁使用通铺。③宿舍内应设置生活用品专柜，有条件的宿舍宜设置生活用品储藏室。④宿舍内应设置垃圾桶，宿舍外宜设置鞋柜或鞋架，生活区内应提供为作业人员晾晒衣服的场地。
28. 现场食堂的管理内容包括：①食堂必须有卫生许可证，炊事人员必须持身体健康证上岗。②炊事人员上岗应穿戴洁净的工作服、工作帽和口罩，并应保持个人卫生。不得穿工作服出食堂，非炊事人员不得随意进入制作间。③食堂炊具、餐具和公共饮水器具必须清洗消毒。④施工现场应加强食品、原料的进货管理，食堂严禁出售变质食品。⑤食堂应设置在远离厕所、垃圾站、有毒有害场所等污染源的地方。⑥食堂应设置独立的制作间、储藏间，门扇下方应设不低于 0.2m 的防鼠挡板。制作间灶台及其周边应贴瓷砖，所贴瓷砖高度不宜小于 1.5m，地面应做硬化和防滑处理。粮食存放台距墙和地面应大于 0.2m。⑦食堂应配备必要的排风设施和冷藏设施。⑧食堂的燃气罐应单独设置存放间，存放间应通风良好并严禁存放其他物品。⑨食堂制作间的炊具宜存放在封闭的橱柜内，刀、盆、案板等炊具应生熟分开。食品应有遮盖，遮盖物品应用正反面标识。各种作料和副食应存放在密闭器皿内，并应有标识。

29. 现场厕所的管理内容包括：①施工现场应设置水冲式或移动式厕所，厕所地面应硬化，门窗应齐全。蹲位之间宜设置隔板，隔板高度不宜低于 0.9m。②厕所大小应根据作业人员的数量设置。高层建筑施工超过 8 层以后，每隔四层宜设置临时厕所，厕所应设专人负责清扫、消毒，化粪池应及时清掏。

1Z206000　建设工程合同与合同管理

1. 指定媒介发布依法必须进行招标的项目的境内资格预审公告、招标公告，不得收取费用。

2. 招标人所规定的投标截止日就是提交标书最后的期限。投标人在投标截止日之前所提交的投标是有效的，超过该日期之后就会被视为无效投标。

3. 投标人根据招标文件内容在约定的期限内向招标人提交投标文件，为要约。

4. 承包人应力争以维修保函来代替业主扣留的保留金。

5. 施工合同示范文本一般都由以下 3 部分组成：①协议书；②通用条款；③专用条款。

6. 招标人有下列行为之一的，属于以不合理条件限制、排斥潜在投标人或者投标人：①就同一招标项目向潜在投标人或者投标人提供有差别的项目信息；②设定的资格、技术、商务条件与招标项目的具体特点和实际需要不相适应或者与合同履行无关；③依法必须进行招标的项目以特定行政区域或者特定行业的业绩、奖项作为加分条件或者中标条件；④对潜在投标人或者投标人采取不同的资格审查或者评标标准；⑤限定或者指定特定的专利、商标、品牌、原产地或者供应商；⑥依法必须进行招标的项目非法限定潜在投标人或者投标人的所有制形式或者组织形式；⑦以其他不合理条件限制、排斥潜在投标人或者投标人。

7. 保修期是指承包人按照合同约定对工程承担保修责任的期限，从工程竣工验收合格之日起计算。

8. 发包人的责任与义务有：①图纸的提供和交底；②对化石、文物的保护；③出入现场的权利；④场外交通；⑤场内交通；⑥许可或批准，包括办理建设工程施工许可证、规划许可证等；⑦提供施工现场；⑧提供施工条件；⑨提供基础资料；⑩资金来源证明及支付担保；⑪支付合同价款；⑫组织竣工验收；⑬现场统一管理协议。

9. 缺陷责任期是指承包人按照合同约定承担缺陷修复义务，且发包人预留质量保证金的期限，自工程实际竣工日期起计算。

10. 在合同履行过程中，因下列情况导致工期延误和（或）费用增加的，由发包人承担由此延误的工期和（或）增加的费用，且发包人应支付承包人合理的利润：①发包人未能按合同约定提供图纸或所提供图纸不符合合同约定的；②发包人未能按合同约定提供施工现场、施工条件、基础资料、许可、批准等开工条件的；③发包人提供的测量基准点、基准线和水准点及其书面资料存在错误或疏漏的；④发包人未能在计划开工日期之日起 7 天内同意下达开工通知的；⑤发包人未能按合同约定日期支付工程预付款、进度款或竣工结算款的；⑥监理人未按合同约定发出指示、批准等文件的；⑦专用合同条款中约定的其他情形。

11. 承包商的风险主要有两个方面：一是价格风险，二是工作量风险。价格风险有报价计算错误、漏报项目、物价和人工费上涨等；工作量风险有工程量计算错误、工程范围不确定、工程变更或者由于设计深度不够所造成的误差等。

12. 发包人的主要义务和权利主要包括：①负责办理项目的审批、核准或备案手续，取得项目用地的使用权，完成拆迁补偿工作，使项目具备法律规定和合同约定的开工条件，并提供立项文件；②履行合同中约定的合同价格调整、付款、竣工结算义务；③有权按照合同约定和适用法律关于安全、质量、标准、环境保护和职业健康等强制性标准和规范的规定，对承包人的设计、采购、施工、竣工试验等实施工作提出建议、修改和变更，但不得违反国家强制性标准、规范的规定；④有权根据合同约定，对因承包人原因给发包人带来的任何损失和损害，提出赔偿；⑤发包人认为必要时，有权以书面形式发出暂停通知。

13. 承包人的主要权利和义务主要包括：①承包人应按照合同约定的标准、

规范、工程的功能、规模、考核目标和竣工日期，完成设计、采购、施工、竣工试验和（或）指导竣工后试验等工作，不得违反国家强制性标准、规范的规定。②承包人应按合同约定，自费修复因承包人原因引起的设计、文件、设备、材料、部件、施工中存在的缺陷，或在竣工试验和竣工后试验中发现的缺陷。③承包人应按合同约定和发包人的要求，提交相关报表。报表的类别、名称、内容、报告期、提交时间和份数，在专用条款中约定。④承包人有权根据相关条款中承包人的复工要求、付款时间延误和17条不可抗力的约定，以书面形式向发包人发出暂停通知。除此之外，凡因承包人原因的暂停，造成承包人的费用增加由其自负，造成关键路径延误的应自费赶上。⑤对因发包人原因给承包人带来任何损失、损害或造成工程关键路径延误的，承包人有权要求赔偿和（或）延长竣工日期。

14. 劳务分包合同条款中规定的承包人的主要义务包括：①组建与工程相适应的项目管理班子，全面履行总（分）包合同，组织实施项目管理的各项工作，对工程的工期和质量向发包人负责。②完成劳务分包人施工前期的相关工作。③负责编制施工组织设计，统一制定各项管理目标，组织编制年、季、月施工计划和物资需用量计划表，实施对工程质量、工期、安全生产、文明施工、计量检测、实验化验的控制、监督、检查和验收。④负责工程测量定位、沉降观测、技术交底，组织图纸会审，统一安排技术档案资料的收集整理及交工验收。⑤按时提供图纸，及时交付材料、设备，所提供的施工机械设备、周转材料、安全设施保证施工需要。⑥按合同约定，向劳务分包人支付劳动报酬。⑦负责与发包人、监理、设计及有关部门联系，协调现场工作关系。

15. 工程经竣工验收合格的，以承包人提交竣工验收申请报告之日为实际竣工日期，并在工程接收证书中载明；因发包人原因，未在监理人收到承包人提交的竣工验收申请报告42天内完成竣工验收，或完成竣工验收不予签发工程接收证书的，以提交竣工验收申请报告的日期为实际竣工日期；工程未经竣工验收，发包人擅自使用的，以转移占有工程之日为实际竣工日期。

16. 交货日期的确定可以按照下列方式：①供货方负责送货的，以采购方收货戳记的日期为准；②采购方提货的，以供货方按合同规定通知的提货日期为准；③凡委托运输部门或单位运输、送货或代运的产品，一般以供货方发运产品时承运单位签发的日期为准，不是以向承运单位提出申请的日期为准。

17. 虽然在投标报价、评标以及签订合同中，人们常常注重总价格，但在工程款结算中单价优先，对于投标书中明显的数字计算错误，业主有权力先作修改再评标，当总价和单价的计算结果不一致时，以单价为准调整总价。

18. 对建设周期一年半以上的工程项目，采用变动总价合同时，应考虑下列因素引起的价格变化问题：①劳务工资以及材料费用的上涨；②其他影响工程造价的因素，如运输费、燃料费、电力等价格的变化；③外汇汇率的不稳定；④国家或者省、市立法的改变引起的工程费用的上涨。

19. 在工程施工承包招标时，施工期限1年左右的项目一般实行固定总价合同，超过1年的一般考虑实行变动总价合同。

20. 成本加固定费用合同是根据双方讨论同意的工程规模、估计工期、技术要求、工作性质及复杂性、所涉及的风险等来考虑确定一笔固定数目的报酬金额作为管理费及利润，对人工、材料、机械台班等直接成本则实报实销。如果设计变更或增加新项目，当直接费超过原估算成本的一定比例（如10%）时，固定的报酬也要增加。在工程总成本一开始估计不准，可能变化不大的情况下，可采用此合同形式，有时可分几个阶段谈判付给固定报酬。这种方式虽然不能鼓励承包商降低成本，但为了尽快得到酬金，承包商会尽力缩短工期。有时也可在固定费用之外根据工程质量、工期和节约成本等因素，给承包商另加奖金，以鼓励承包商积极工作。

21. 成本加固定比例费用合同是工程成本中直接费加一定比例的报酬费，报酬部分的比例在签订合同时由双方确定。这种方式的报酬费用总额随成本加大而增加，不利于缩短工期和降低成本。

22. 成本加奖金合同中，奖金是根据报价书中的成本估算指标制定的，在合同中对这个估算指标规定一个底点和顶点，分别为工程成本估算的60%～75%和110%～135%。承包商在估算指标的顶点以下完成工程则可得到奖金，超过顶点则要对超出部分支付罚款。如果成本在底点之下，则可加大酬金值或酬金百分比。采用这种方式通常规定，当实际成本超过顶点对承包商罚款时，最大罚款限额不超过原先商定的最高酬金值。

23. 最大成本加费用合同是在工程成本总价合同基础上加固定酬金费用的方式，即当设计深度达到可以报总价的深度，投标人报一个工程成本总价和一个固定的酬金（包括各项管理费、风险费和利润）。如果实际成本超过合同中规定的工程成本总价，由承包商承担所有的额外费用，若实施过程中节约了成本，节约的部分归业主，或者由业主与承包商分享，在合同中要确定节约分成比例。在非代理型（风险型）CM模式的合同中就采用这种方式。

24. 对业主而言，成本加酬金形式也有一定优点，如：①可以通过分段施工缩短工期，而不必等待所有施工图完成才开始招标和施工；②可以减少承包商的对立情绪，承包商对工程变更和不可预见条件的反应会比较积极和快捷；③可以利用承包商的施工技术专家，帮助改进或弥补设计中的不足；④业主可以根据自身力量和需要，较深入地介入和控制工程施工和管理；⑤也可以通过确定最大保证价格约束工程成本不超过某一限值，从而转移一部分风险。

25. 所谓履约担保，是指招标人在招标文件中规定的要求中标的投标人提交的保证履行合同义务和责任的担保。这是工程担保中最重要也是担保金额最大的工程担保。

26. 建设工程合同签订以后，发包人往往会支付给承包人一定比例的预付款，一般为合同金额的10%，如果发包人有要求，承包人应该向发包人提供预付款担保。预付款担保是指承包人与发包人签订合同后领取预付款之前，为保证正确、合理使用发包人支付的预付款而提供的担保。

27. 合同和合同分析的资料是工程实施管理的依据。合同分析后，应向各层次管理者作“合同交底”。

28. 书证是指以其文字或数字记载的内容起证明作用的书面文书和其他载体。如合同文本、财务账册、欠据、收据、往来信函以及确定有关权利的判决书、法律文件等。

29. 施工合同的管理风险包括：①对环境调查和预测的风险；②合同条款不严密、错误、二义性，工程范围和标准存在不确定性；③承包商投标策略错误，错误地理解业主意图和招标文件，导致实施方案错误、报价失误等；④承包商的技术设计、施工方案、施工计划和组织措施存在缺陷和漏洞，计划不周；⑤实施控制过程中的风险。

30. 按照我国保险制度，工程一切险包括建筑工程一切险、安装工程一切险两类。在施工过程中如果发生保险责任事件使工程本体受到损害，已支付进度款部分的工程属于项目法人的财产，尚未获得支付但已完成部分的工程属于承包人的财产，因此要求投保人办理保险时应以双方名义共同投保。

31. 各类保险合同由于标的的差异，除外责任不尽相同，但比较一致的有：①投保人故意行为所造成的损失；②因被保险人不忠实履行约定义务所造成的损失；③战争或军事行为所造成的损失；④保险责任范围以外，其他原因所造成的损失。

32. 第三者责任险是指由于施工的原因导致项目法人和承包人以外的第三人受到财产损失或人身伤害的赔偿，第三者责任险的被保险人也应是项目法人和承包人。

33. 抵押是指债务人或者第三人不转移对所拥有财产的占有，将该财产作为债权的担保。债务人不履行债务时，债权人有权依法从将该财产折价或者拍卖、变卖该财产的价款中优先受偿。

34. 投标担保可以采用银行保函、担保公司担保书、同业担保书和投标保证金担保方式。

35. 发包人（业主）的合作责任通常有：①业主雇用工程师并委托其在授权范围内履行业主的部分合同责任；②业主和工程师有责任对平行的各承包人和供应商之间的责任界限作出划分，对这方面的争执作出裁决，对他们的工作进行协调，并承担管理和协调失误造成的损失；③及时作出承包人履行合同所必需的决策，如下达指令、履行各种批准手续、作出认可、答复请示，完成各种检查和验收手续等；④提供施工条件，如及时提供设计资料、图纸、施工场地、道路等；⑤按合同规定及时支付工程款，及时接收已完工程等。

36. 窝工费的计算，如系租赁设备，一般按实际租金和调进调出费的分摊计算；如系承包人自有设备，一般按台班折旧费计算，而不能按台班费计算，因台班费中包括了设备使用费。

37. 当两个或两个以上的延误事件从发生到终止的时间完全相同时，这些事件引起的延误称为共同延误。

38. 施工合同跟踪过程中，可以将工程施工任务分解交由不同的工程小组或发包给专业分包完成，工程承包人必须对这些工程小组或分包人及其所负责的工程进行跟踪检查、协调关系，提出意见、建议或警告，保证工程总体质量和进度。

39. 由于业主要求、政府部门要求、环境变化、不可抗力、原设计错误等导致的设计修改，应该由业主承担责任。由此所造成的施工方案的变更以及工期的延长和费用的增加应该向业主索赔。

40. 诚信行为记录由各省、自治区、直辖市建设行政主管部门在当地建筑市场诚信信息平台上统一公布。其中，不良行为记录信息的公布时间为行政处罚决定作出后 7 日内，公布期限一般为 6 个月至 3 年；良好行为记录信息公布期限一般为 3 年；法律、法规另有规定的从其规定。

41. 工期延误按照延误事件之间的关联性划分为单一延误、共同延误和交叉延误三种。

42. 《EPC交钥匙项目合同条件》适用于在交钥匙的基础上进行的工程项目的设计和施工，承包商要负责所有的设计、采购和建造工作，在交钥匙时，要提供一个设施配备完整、可以投产运行的项目。合同计价采用固定总价方式，只有在某些特定风险出现时才调整价格。在该合同条件下，没有业主委托的工程师这一角色，由业主或业主代表管理合同和工程的具体实施。与《施工合同条件》《永久设备和设计—建造合同条件》的条件相比，承包商要承担较大的风险。

43. 《永久设备和设计—建造合同条件》适用于由承包商做绝大部分设计的工程项目，承包商要按照业主的要求进行设计、提供设备以及建造其他工程（可能包括由土木、机械、电力等工程的组合）。

44. FIDIC标准合同主要适用于世界银行、亚洲开发银行等国际金融机构贷款项目以及其他国际工程，是我国工程界最为熟悉的国际标准合同条件，也是我国《建设工程施工合同（示范文本）》的主要参考蓝本。

45. 根据工程项目的规模和复杂程度，争端裁决委员会可以由一人、三人或者五人组成，其任命通常有三种方式：①常任争端裁决委员会，在施工前任命一个委员会，通常在施工过程中定期视察现场。在视察期间，DAB也可以协助双方避免发生争端；②特聘争端裁决委员会，由只在发生争端时任命的一名或三名成员组成，他们的任期通常在DAB对该争端发出其最终决定时期满；③由工程师兼任，其前提是，工程师是具有必要经验和资源的独立专业咨询工程师。

46. DAB的成员一般为工程技术和管理方面的专家，他不应是合同任何一方的代表，与业主、承包商没有任何经济利益及业务联系，与本工程所裁决的争端没有任何联系。DAB成员必须公正行事，遵守合同。

47. 采用DAB方式解决争端的优点在于：①DAB委员可以在项目开始时就介人项目，了解项目管理情况及其存在的问题。②DAB委员公正性、中立性的规定通常情况下可以保证他们的决定不带有任何主观倾向或偏见。DAB的委员有较高的业务素质和实践经验，特别是具有项目施工方面的丰富经验。③周期短，可以及时解决争议。④DAB的费用较低。⑤DAB委员是发包人和承包人自己选择的，其裁决意见容易为他们所接受。⑥由于DAB提出的裁决不是强制性的，不具有终局性，合同双方或一方对裁决不满意，仍然可以提请仲裁或诉讼。

1Z207000 建设工程项目信息管理

1. 项目的结构编码，依据项目结构图对项目结构的每一层的每一个组成部分进行编码。
2. 信息管理部门的主要工作任务包括：①负责编制信息管理手册，在项目实施过程中进行信息管理手册的必要修改和补充，并检查和督促其执行；②负责协调和组织项目管理班子中各个工作部门的信息处理工作；③负责信息处理工作平台的建立和运行维护；④与其他工作部门协同组织收集信息、处理信息和形成各种反映项目进展和项目目标控制的报表和报告；⑤负责工程档案管理等。
3. 建设项目的经济信息包括投资控制信息和工作量控制信息。
4. 组织类信息包括：编码信息、单位组织信息、项目组织信息和项目管理组织信息。
5. 进度控制的功能包括：①计算工程网络计划的时间参数，并确定关键工作和关键路线；②绘制网络图和计划横道图；③编制资源需求量计划；④进度计划执行情况的比较分析；⑤根据工程的进展进行工程进度预测。
6. 合同管理的功能包括：①合同基本数据查询；②合同执行情况的查询和统计分析；③标准合同文本查询和合同辅助起草等。